Wirtschaft – Schnell erfasst

Reihenherausgeber: Detlef Kröger, Gannertshofen, Deutschland

Wirtschaftliche Kenntnisse sind in Studium, Beruf und Gesellschaft von besonderer Bedeutung. Die Reihe "*Wirtschaft - Schnell erfasst*" setzt genau hier an und stellt in jedem Band ein Teilgebiet der Wirtschaftswissenschaften gut nachvollziehbar, kompakt und kompetent dar.

Durch die *verständliche Sprache*, die *Übersichtlichkeit der Darstellung* und die *Konzentration auf das Wesentliche* werden auch komplexe und umfassende Bereiche gut und gründlich präsentiert.

Zielgruppen der Buchreihe sind Studierende, die BWL oder VWL als Haupt- oder Nebenfach studieren sowie alle, die sich schnell einen Überblick zum aktuellen Stand des ausgewählten Faches oder einfach den "wirtschaftlichen Durchblick" verschaffen wollen.

Prof. Dr. André Dechange
Fachbereich Wirtschaft, Fachhochschule Dortmund,
Dortmund, Deutschland

André Dechange

Projektmanagement – Schnell erfasst

2., akutalisierte und ergänzte Auflage

 Springer Gabler

André Dechange
Fachbereich Wirtschaft
Fachhochschule Dortmund
Dortmund, Deutschland

ISSN 1861-7719   ISSN 2363-9490   (electronic)
Wirtschaft – Schnell erfasst
ISBN 978-3-662-68168-8   ISBN 978-3-662-68169-5   (eBook)
https://doi.org/10.1007/978-3-662-68169-5

Die Deutsche Nationalbibliothek verzeichnet diese Publikation in der Deutschen Nationalbibliografie;
detaillierte bibliografische Daten sind im Internet über https://portal.dnb.de abrufbar.

Cartoons: Dirk Hoffmann

Planung/Lektorat: Margit Schlomski
Springer Gabler ist ein Imprint der eingetragenen Gesellschaft Springer-Verlag GmbH, DE und ist ein
Teil von Springer Nature.
Die Anschrift der Gesellschaft ist: Heidelberger Platz 3, 14197 Berlin, Germany

Vorwort zur 2. Auflage

Aufgrund des rasanten Fortschreitens des Projektmanagements durch die agilen Themen und die daraus resultierenden neuen Ansätze, Methoden und Vorgehensmodelle ist die 2. Auflage dieses Buches entstanden. Das Buch wurde hinsichtlich folgender Themen erweitert und in einigen Bereichen neu verfasst.

- Update und Erweiterung des Kapitels „Agiles Projektmanagement".
- Hier wurde insbesondere der Design Thinking Ansatz neu mit aufgenommen.
- Neues Kapitel zum hybriden Projektmanagement.
- Der steigenden Bedeutung des hybriden Projektmanagements wurde durch ein eigenes Kapitel Rechnung getragen. Dadurch gibt es jetzt jeweils ein Kapitel zum traditionellen, agilen und hybriden Projektmanagement.
- Update der Kapitelstruktur analog der Vorgehensweise in der Praxis.
- Hierdurch erfolgt eine Gleichgewichtung der drei grundsätzlichen Formen des modernen Projektmanagements (traditionell, agil, hybrid).
- Erweiterung des Fallbeispiels Ei-Ti AG um die agilen, hybriden Themen und im Rahmen des Themas „Persönliche und soziale Kompetenzen".
- Fehlerkorrekturen der 1. Auflage.
- Schärfung von Begrifflichkeiten (wie z. B. Abgrenzung „Vorgehensmodell" und „Ansatz").
- Neugestaltung aller Abbildungen.

- **Wie ist das Buch aufgebaut?**
Zunächst werden im ersten Kapitel (▶ Kap. 1) die theoretischen Grundlagen für Projekte und das Projektmanagement beschrieben und anhand von Beispielen erklärt. Im Rahmen der Projektdarstellung geht es um die Merkmale und Begrifflichkeiten sowie die Strukturierung und Kategorisierung von Projekten. Das Projektmanagement wird zunächst definiert, darüber hinaus werden traditionelle und agile Vorgehensmodelle vorgestellt. Anschließend werden die ablauforientierte sowie die funktionale Sichtweise des Projektmanagements erklärt. Sie sind auch Grundlage für die Struktur dieses Buches.

Kapitel drei bis fünf spiegeln die drei wesentlichen Bereiche des modernen Projektmanagements: traditionelles Projektmanagement (▶ Kap. 3), agiles Projektmanagement (▶ Kap. 4) und hybrides Projektmanagement (▶ Kap. 5) wider. In diesen Kapiteln werden insbesondere auf die Aufgaben, Ansätze, Vorgehensmodelle, Methoden und Instrumente des Projektmanagements eingegangen.

Da die sogenannten Softskills (*weiche Faktoren*) eine hohe Bedeutung für den Projekterfolg haben und für die Zufriedenheit der Projektbeteiligten wichtig sind, werden im sechsten Kapitel (▶ Kap. 6) die relevanten Kompetenzbereiche Selbstmanagement, Kommunikation, Führung, Teamarbeit und Konfliktmanagement vorgestellt.

Das siebte Kapitel (▶ Kap. 7) widmet sich dem Multiprojektmanagement.

Ein im gesamten Buch durchgängiges Praxisbeispiel veranschaulicht die verschiedenen Methoden und Instrumente und versetzt den Leser besser in die Lage, diese anwenden zu können. Darüber hinaus werden am Ende jedes Kapitels Fragen und Übungsaufgaben gestellt, mit denen der Leser seinen Lernerfolg überprüfen und das Thema vertiefen kann.

Beispiele, Tipps und weitere Hilfsmittel sind zum schnellen Erkennen in übersichtliche Kästen gestellt.

André Dechange
Dortmund, Deutschland
Januar 2024

Vorwort zur 1. Auflage

- **Um was geht es in diesem Buch?**

Das Arbeiten in Projektform steigt seit Jahrzehnten stetig an und der Anstieg wird auch in den nächsten Jahren weitergehen. Dabei machen Projekte vor keiner Branche und keiner Unternehmensform mehr halt. Sie finden sich mittlerweile auch verstärkt in Non-Profit-Organisationen (Vereinen, öffentlichen Einrichtungen, NGOs) und Branchen, die bisher weniger mit Projekten zu tun hatten. Im Jahr 2013 war bereits jeder deutsche Arbeitnehmer im Durchschnitt zu ca. einem Drittel seiner Arbeitszeit in Projekten beschäftigt. Dieser Anteil wird in den nächsten Jahren auf 40 % bis 50 % steigen (GPM Deutsche Gesellschaft für Projektmanagement e. V. 2015, S. 1).

Um Projekte erfolgreich abzuwickeln und die immer größer werdende Komplexität durch Globalisierung, Digitalisierung, Mobilität, Technologie auf der einen Seite und die Forderung nach Gesundheitsbewusstsein, Flexibilität, Selbstorganisation auf der anderen Seite gerecht zu werden, bedarf es der Kenntnis und Anwendung eines professionellen Projektmanagements. Dazu gehören adäquate Vorgehensmodelle, Methoden und Instrumente sowie gut ausgebildete Projektmanager.

- **Was bringt das Buch?**

Ziel des vorliegenden Lehrbuches ist es, einen Überblick über Projekte und Projektmanagement zu liefern und die wesentlichen Methoden und Instrumente des traditionellen und agilen Projektmanagements darzustellen. Anhand eines durchgängigen Beispiels sowie mithilfe von Fragen und Übungen wird der Anwendungsbezug hergestellt. Bei der Verwendung des Buchs soll der Leser in die Lage versetzt werden, kleinere und mittelgroße Projekte zu strukturieren und eigenständig leiten zu können.

Die „Projektmanagement-Neulinge" möchte das Buch dabei unterstützen, in ihren Projekten erfolgreicher und zufriedener zu arbeiten.

- **An wen wendet sich das Buch?**

Vor diesem Hintergrund ist das Buch sowohl für Studierende, Teilnehmer von Weiter- und Fortbildungsveranstaltungen als auch für Praktiker geschrieben, die gewisse Themen, Methoden und Instrumente nachlesen möchten oder theoretisch nachvollziehen wollen.

- **Was charakterisiert dieses Buch?**

Das Buch zeichnet sich durch folgende Merkmale aus:
- Es ist **ablauforientiert** aufgebaut. Das heißt die Abschnitte des Buches entsprechen dem Ablauf eines Projektes, insbesondere im traditionellen Projektmanagement.
- Ein Projekt wird als **ganzheitliches** System betrachtet, das sein Umfeld und alle relevanten Elemente ebenfalls miteinbezieht.

- Das Buch beschreibt die Projektmanagementthemen **umfassend.** Neben dem traditionellen und agilen Einzelprojektmanagement werden auch das Multiprojektmanagement dargestellt und die relevanten Themen der persönlichen und sozialen Kompetenz (Softskills) erläutert.
- Mithilfe des durchgängigen Beispiels werden die Themen **praxisgerecht** dargestellt. Darüber hinaus gibt es zahlreiche konkrete Praxistipps.
- Übersichtliche Begriffsdefinitionen und ein umfassendes Indexverzeichnis machen das Buch zu einem einfachen **Nachschlagewerk.**
- Eine Zusammenfassung am Ende eines jeden Kapitels sowie Wiederholungsfragen unterstreichen den Charakter eines Lehr- und **Übungsbuches.**

■ **Anmerkungen zur Handhabung dieses Buches**
Zur besseren Lesbarkeit wird durchgängig die männliche Form gewählt.

Das durchgängige Beispiel in diesem Buch ist bewusst einfach und damit leicht nachvollziehbar entwickelt worden. In der Praxis sind sicherlich nicht alle Methoden und Instrumente in der dargestellten Detailtiefe anzuwenden. Aus didaktischen Gründen werden aber fast alle Methoden und Instrumente anhand dieses Beispiels praktisch erklärt. Alle Namen im Praxisbeispiel sind frei erfunden und damit fiktiv.

Falls trotz gründlicher Recherche Copyright- oder Produktnamenshinweise übersehen wurden, bitten wir dies zu entschuldigen.

André Dechange
Dortmund, Deutschland
März 2019

Inhaltsverzeichnis

Abkürzungsverzeichnis

APM	Agiles Projektmanagement
DIN	Deutsches Institut für Normung
F&E	Forschung und Entwicklung
i. w. S.	im weiteren Sinne
NGO	Non-governmental organization (Nicht Regierungsorganisation)
PAG	Projektauftraggeber
PL	Projektleiter
PM	Projektmanagement
PMA	Projektmitarbeiter
PMBOK	Project Management Body of Knowledge
PMO	Project Management Office
PRINCE2	Projects in Controlled Environments
RASCI	Responsible, Accountable, Supportive, Consulted, Informed
TPM	Traditionelles Projekmanagement
VEMI	Verantwortlich, Entscheider, Mitarbeit, Informiert
VKN	Vorgangsknoten-Netzplan

Abbildungsverzeichnis

Tabellenverzeichnis

Grundlagen des Projektmanagements

Inhaltsverzeichnis

© Der/die Herausgeber bzw. der/die Autor(en), exklusiv lizenziert an Springer-Verlag GmbH, DE, ein Teil von Springer Nature 2024
A. Dechange, *Projektmanagement – Schnell erfasst*, Wirtschaft – Schnell erfasst,
https://doi.org/10.1007/978-3-662-68169-5_1

1)

Lernziele dieses Kapitels

Nach der Lektüre dieses Kapitels ...
- können Sie die verschiedenen Projektmerkmale, und -arten nachvollziehen.
- kennen Sie die Definition und Abgrenzung von Projekten zu anderen Vorhaben.
- können Sie die Projektbeschränkungen herleiten.
- kennen Sie die Definition und Merkmale des Projektmanagements.
- kennen Sie die wichtigsten Projektmanagement-standards und können diese voneinander abgrenzen.
- verstehen Sie die unterschiedlichen Ansätze und Vorgehensmodelle im Projektmanagement aus dem traditionellen und agilen Bereich.
- können Sie die Unterscheidung von Projektphasen und Projektmanagementphasen nachvollziehen.
- können Sie die Projektmanagementelemente herleiten.
- kennen Sie die verschiedenen Rollen innerhalb der Projektorganisation.

1

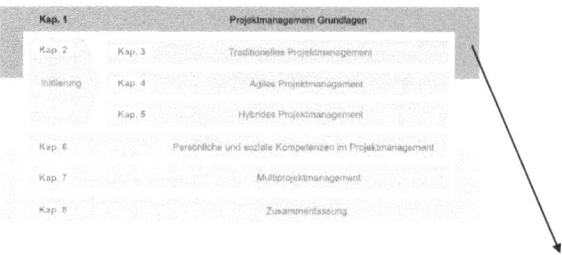

Kap. 1	Projektmanagement Grundlagen		
1.1	Projektverständnis	1.6	Projektmanagementelemente
1.2	Definition Projektmanagement	1.7	Projektorganisation und Rollen
1.3	Ansätze und Vorgehensmodelle	1.8	Kritische Erfolgsfaktoren
1.4	Standards im PM	1.9	Zusammenfassung
1.5	Projektmanagementphasen	1.10	Wiederholungsfragen

◘ **Abb. 1.1**   Struktur Kap. 1

Das erste Kapitel hat die in ◘ Abb. 1.1 gezeigte Struktur.

1.1 Projektverständnis

Wie im Vorwort bereits erwähnt, werden immer mehr Tätigkeiten in Organisationen in Projektform durchgeführt. Dabei werden unter dem Begriff Organisation alle Unternehmen, Vereine, Verbände, öffentliche Einrichtungen etc. subsumiert, d. h. alle strukturierten Zusammenschlüsse von Menschen, die ein gemeinsames Ziel verfolgen (vgl. Robbins & Fischer, 2017, S. 25 f.).

Projektifizierung   Man spricht in diesem Zusammenhang gern von der sog. Projektifizierung. Die Gründe hierfür liegen primär in den Trends von Globalisierung, Digitalisierung, Unternehmensnetzwerken, kürzeren Produktlebenszyklen, neuen Arbeits- und Führungsformen sowie dem erhöhten Wettbewerbsdruck und dem daraus entstehenden komplexeren Umfeld von Organisationen.

Dabei stellt sich zunächst die Frage: Was ist überhaupt ein Projekt? Diese Frage hat in Theorie und Praxis eine große Bedeutung, denn für das Managen von Projekten gibt es zahlreiche Methoden und Instrumente,[1] die die Planung und das Controlling vereinfachen und damit effizienter machen. Wenn man allerdings diese Methoden und Instrumente außerhalb der Projekte, z. B. auf Routinetätigkeiten, anwendet, tritt in vielen Fällen das Gegenteil zur Effizienzsteigerung ein: Die Tätigkeit wird verlangsamt und es führt zu Ineffizienz. Deshalb ist es wichtig, zwischen Projekten und anderen Arbeitsformen zu unterscheiden.

1.1.1 Definition und Merkmale von Projekten

Vor diesem Hintergrund soll in einem ersten Schritt der Begriff *Projekt* mit seinen wesentlichen Merkmalen definiert werden und das Projekt gegenüber anderen Vorhaben abgegrenzt werden. Dabei sind insbesondere die Merkmale eines Projektes von großer Bedeutung, die bei den gängigen Projektmanagementstandards in die gleiche Richtung gehen und sich meist nur in der Betonung einiger Merkmale unterscheiden.

Eine weitverbreitete und umfassende Definition des Projektbegriffes liefert die DIN 69901-5:

Projekt

„Ein Projekt ist ein Vorhaben, das im Wesentlichen durch Einmaligkeit der Bedingungen in ihrer Gesamtheit gekennzeichnet ist, wie zum Beispiel:

- Zielvorgabe
- Zeitliche, finanzielle, personelle und andere Begrenzungen
- Abgrenzungen gegenüber anderen Vorhaben
- Projektspezifische Organisation" (DIN, 2009c).

Projekt

---

1 Da in diesem Buch *Methoden und Instrumente* häufiger thematisiert werden, soll gleich an dieser Stelle eine kurze Begriffsabgrenzung erfolgen, um Missverständnisse zu vermeiden: Unter Methode ist ein planmäßiges Verfahren zur Zielerreichung zu verstehen, d. h. die Art und Weise, wie ein Ziel erreicht wird. Das Instrument ist ein konkretes Werkzeug, d. h. ein eingesetztes Mittel, um das Ziel zu erreichen. Beispielsweise ist die schriftliche Addition von Zahlen eine Methode. Ein Zettel, ein Stift und unser Verstand sind mögliche Instrumente.

1

Auf Basis dieser Definition lässt sich eine Reihe wesentlicher Projektmerkmale ableiten, die einerseits für die Bestimmung von Projekten, die sog. Projektwürdigkeit, wichtig sind und andererseits wichtige Anforderungen an das Projektmanagement stellen.

Projektwürdigkeit

> ┌─ **Projektwürdigkeit** ─────────────────────────────
> │ Mit der Projektwürdigkeit ist die Einschätzung und
> │ Festlegung gemeint, ob es sich bei einem Vorhaben
> │ überhaupt um ein Projekt handelt.

Projektmerkmale

◻ Tab. 1.1 gibt einen Überblick über die wesentlichen Merkmale eines Projektes und die Bedeutung für das Management dieser Merkmale (Projektmanagement).

◻ **Tab. 1.1** Merkmale von Projekten

Merkmal	Erklärung	Bedeutung für das Projektmanagement
Neuartig, einmalig	Das Projektergebnis ist zuvor noch nicht entwickelt worden.	– Ein Projekt muss vorbereitet und geplant werden. – Eine Vereinbarung in Form eines Projektauftrags (▶ Abschn. 2.7) sollte vor dem offiziellen Beginn vorliegen. – Die wesentlichen Beschränkungen, wie Zeit, Kosten, Ressourcen und Projektorganisation, sollten transparent sein.
Zielvorgabe	Es gibt Vorgaben und Vereinbarungen darüber, was mit dem Projekt erreicht werden soll, wann es fertiggestellt werden soll und wie teuer es werden darf.	Die beteiligten und verantwortlichen Personen in einem Projekt haben sich schriftlich und eindeutig über die Projektziele geeinigt.
Temporär	Das Projekt ist zeitlich befristet. Es gibt einen eindeutigen Start- und Endtermin.	Es gibt eine Vereinbarung über den geplanten Start- und Endtermin, der auf einer realistischen Planung basiert und von den relevanten Personen im Projekt mitgetragen wird.
Projektbudget	Es existieren ein konkreter finanzieller Rahmen (Budget) bzw. limitierte Projektkosten.	Es gibt eine Vereinbarung über das zur Verfügung stehende Budget für das Projekt sowie über die entstehenden Kosten.

◻ **Tab. 1.1** (Fortsetzung)

Merkmal	Erklärung	Bedeutung für das Projektmanagement
Projekt-spezifische Organisation	Es gibt eine temporäre Projekt-organisation mit spezifischen Projektrollen (z. B. Projektauf-traggeber, Projektleiter).	– Die Rollen im Projekt sind definiert und beschrieben, z. B. Auftraggeber, Projektleiter, Projektkernteam. – Die personellen Ressourcen sind qualitativ und quantitativ geplant. – Den notwendigen Rollen sind Personen unter Berücksichtigung der individuellen Verfügbarkeit zugewiesen. – Die Personen haben die Art der Zusammenarbeit geregelt.
Soziales System	Jede Organisation, bei der Menschen gemeinsam an etwas arbeiten, kann als soziales System verstanden werden. Soziale Systeme sind per se komplex und lassen sich nicht komplett planen und steuern.	Folgende Elemente helfen, um das gemeinsame Arbeiten effizienter und konfliktfreier zu gestalten: – klare Ziele und Abgrenzung gegenüber der Umwelt. – Aufbau- und Ablaufstrukturen innerhalb des Projektes. – Rollenbeschreibungen, – Kommunikationsstrukturen innerhalb des Projektes.
Komplexität	Das Projekt ist nicht 100 %-ig planbar, d. h. es ergeben sich immer wieder neue Herausforderungen, die bestanden werden müssen.	– Es werden Personen mit verschiedenen Kompetenzen benötigt, die interdisziplinär im Team zusammenarbeiten. – Es sollte einerseits vorausschauend geplant werden, andererseits sollte das Projektteam so sensibilisiert sein, dass es auf Änderungen entsprechend schnell und flexibel reagieren kann.
Strategische Bedeutung	Projekte haben häufig eine strategische Bedeutung für die Organisation oder eine Organisationseinheit, meist in Form von Gewinnsteigerung, Kostenreduzierung oder Imageverbesserung.	Der Grund bzw. Zweck des Projektes sowie die daraus abgeleiteten Projektziele müssen bekannt sein und regelmäßig während des Projektes reflektiert werden.
Risiko	Es existieren Unsicherheiten (Risiken und Chancen) während des Projektes (▶ Abschn. 3.1.10).	Es muss ein professionelles Risikomanagement aufgesetzt werden, das die Risiken und Chancen identifiziert, Risiken reduziert und Chancen verwirklicht.

1

Wie man anhand der Tabelle sehen kann, werden alle Merkmale eines Projektes im Rahmen des Projektmanagements berücksichtigt. Die Merkmale Zielvorgabe, Temporär, Projektbudget, Projektspezifische Organisation und Risiko werden in sog. Projektmanagementelemente (▶ Abschn. 1.6) überführt. Die Planung und das Controlling dieser Projektmanagementelemente machen einen wesentlichen Teil des Projektmanagements aus.

Eine klare Abgrenzung zwischen Projektarbeit und Routinetätigkeit muss unbedingt getroffen werden, d. h. die Projektwürdigkeit muss festgestellt werden. Denn Projekte lassen sich nicht einfach und erfolgreich im Rahmen der Routine des „Tagesgeschäftes" bearbeiten. Hierzu sind im Laufe der Zeit Methoden und Instrumente entwickelt worden, die ein effizientes Management dieser Projekte ermöglichen. Aber genauso ineffizient kann es auch sein, mit den Methoden und Instrumenten des Projektmanagements Routinetätigkeiten abzuwickeln.

Arbeitsform

Grundsätzlich können drei Arbeitsformen in Organisationen unterschieden werden. Diese Unterscheidung zeigt ◻ Tab. 1.2.

Vorhaben

Der Oberbegriff für alle drei Arbeitsformen ist Vorhaben. Damit sollte zunächst bei jedem Vorhaben überprüft werden, welche Arbeitsform zur Abarbeitung die sinnvollste und damit auch die effizienteste ist.

Routine

Die Routine zeichnet sich in erster Linie durch einfache Standardaufgaben aus, die meist keine Vorbereitungszeit benötigen und einen niedrigen Komplexitätsgrad haben.

Die Merkmale eines Projekts sind bereits in ◻ Tab. 1.1 dargestellt worden.

Prozess

Beim Prozess steht der Effizienzansatz, also die Produktivität, an vorderster Stelle, d. h. ein Prozess wird in einer Organisation geplant und etabliert, wenn es sich wiederholende Vorhaben gibt, die immer gleich durchlaufen werden.

◘ **Tab. 1.2** Übersicht Arbeitsformen

Kriterium	Routine	Projekt	Prozess
Managementart	Linienmanagement	Projektmanagement	Prozess-management
Zeitlicher Horizont	Eher kurzfristig	Mittel- bis langfristig	Kurz- bis mittel-fristig
Wiederholungsgrad	Häufig mehrfache gleiche oder ähnliche Tätigkeiten	Einmalig	Wiederholend
Komplexitätsgrad	Eher einfachere/ Standard-Tätigkeiten	Komplex	Kompliziert
Zusätzliche Managementaufgaben	Nein	– Planungsaufwand im Vorfeld inkl. Risikomanagement – Steuerungsaufwand während der Ausführung	Einmaliger Aufwand bei der Definition und Etablierung von Prozessen
Teamzusammensetzung	Allein oder innerhalb einer Organisationseinheit	Organisationseinheit-übergreifend im Team	Organisationseinheit-übergreifend allein oder im Team
Beispiele	Tabellenkalkulation erstellen, Reisebuchungen vornehmen	Bau eines Gebäudes, Produktentwicklung, Vertriebskonzepterstellung, Planung und Durchführung von Events	Produktion von Konsumgütern, Warenbestellungen (Workflow)

Praxistipp

Projektwürdigkeit und Projektgröße

In der Praxis lässt sich die Projektwürdigkeit insbesondere anhand der Merkmale bzw. Kriterien Projektbudget, Projektdauer (Start- und Endtermin), Komplexität (Anzahl beteiligter Organisationseinheiten) und der Neuartigkeit feststellen, da diese Merkmale leicht zu ermitteln sind.

Es kann dabei neben der Projektwürdigkeit auch noch die Projektgröße festgestellt werden, indem die Kriterien nach verschiedenen Werten kategorisiert werden.

Hier kann über eine einfache Matrix festgestellt werden, ob es sich um ein Projekt handelt und um welche Projektgröße.

1

⊡ Tab. 1.3   Beispiel Nutzwerttabelle zur Ermittlung der Projektwürdigkeit und Projektgröße

Kriterium	0 Punkte	2 Punkte	4 Punkte	6 Punkte
Projektbudget	Keines vorhanden	< 10.000 €	10.000–100.000 €	> 100.000 €
Projektdauer	Im Stunden- oder Tagesbereich	< 3 Wochen	3 Wochen–3 Monate	> 3 Monate
Anzahl beteiligter Organisationseinheiten	1	2	3–4	28 > 5
Neuartigkeit	Vorhaben mehrmals durchgeführt	Vorhaben ähnlich durchgeführt	Einige Aufgaben innerhalb des Vorhabens ähnlich	Komplett neuartig

0–4 Punkte: Routinetätigkeit
5–15 Punkte: kleines Projekt
16–25 Punkte: mittleres Projekt
> 26 Punkte: großes Projekt

Dabei kann ⊡ Tab. 1.3 eingesetzt werden, die mit Beispieldaten gefüllt ist. Die Werte können je nach Branche und Größe der Organisation unterschiedlich ausfallen.

1.1.2 Projektarten

Projektarten

Die Einteilung von Projekten nach sog. Projektarten ist bei der Abwicklung von Projekten von Bedeutung. Hierdurch werden die Vorgehensmodelle, Methoden, Instrumente und auch Vorlagen bestimmt. Diese Festlegung erhöht wiederum die Effizienz bei der Abwicklung. ⊡ Tab. 1.4 gibt einen Überblick über die Projektarten mit den entsprechenden Ausprägungen und Messgrößen.

Projektgröße
Projektklasse

Die Projektgröße ist sicherlich die in der Praxis am meisten angewendete Projektart. Speziell bei dieser Projektart in Abhängigkeit der Größe spricht man auch von der Projektklasse. Hierbei wird über entsprechende Kriterien, wie z. B. das Projektbudget, die Anzahl der Mitarbeiter im Projekt, die Projektdauer, eine Einteilung in die Ausprägungen, wie klein, mittel oder groß vorgenommen. Diese Einteilung hat Einfluss auf den Einsatz und die Art von Methoden, Instrumenten und Vorlagen.

◘ **Tab. 1.4** Projektarten

Projektart hinsichtlich ...	Ausprägung	Messgröße
Größe	Klein, mittel, groß	Budget, Dauer, Anzahl Mitarbeiter
Auftraggeber des Projektes	Interne vs. externe Projekte	Auftraggeber (Kunde) innerhalb oder außerhalb der Organisation
Branche	Banken/Versicherungen, Informations- und Telekommunikation (ITK), Pharmazie, Handel, Bauwesen, Anlagen- und Maschinenbau etc.	Branche, in der das Projekt durchgeführt wird bzw. zu der das Projektlieferobjekt zählt
Projektinhalt	Forschung und Entwicklung, Strategie, Organisation, Marketing, Investition etc.	Thematische Zuordnung des Projektlieferobjekts innerhalb der Organisation
Geografie	Regional, national, international, global	Standortverteilung der involvierten Organisationseinheiten
Wiederholbarkeit	Einmalig, teilweise wiederholend, wiederholend	Komplett neuartig oder bereits in anderer Form durchgeführt
Umfeld	Privat, Non-Profit-Organisation, Unternehmen etc.	Rechtsform der ausführenden Organisation (Unternehmen; Non-Profit-Unternehmen) oder im privaten Umfeld

Beim Projektauftraggeber ist die Unterscheidung in einen Auftraggeber bzw. Kunden innerhalb der eigenen Organisation (internes Projekt) oder außerhalb der Organisation (externes Projekt) wichtig, insbesondere für die Abstimmung von Projektmanagementprozessen und Vorlagen. Bei einem externen Auftraggeber haben häufig dessen Wünsche und Anforderungen an das Projektmanagement eine hohe Bedeutung bzw. müssen umgesetzt werden.

Projektauftraggeber

Die Branche hat ebenfalls Einfluss auf die Prozesse des Projektmanagements sowie den Projektmanagementansatz (► Abschn. 1.3). So haben verschiedene Branchen ggfs. eigene Projektmanagementansätze, wie z. B. die agile Vorgehensweise (► Kap. 4) im IT-Umfeld. Die Ausprägung hängt dabei von der Branche des Lieferobjektes ab und nicht von der Branche des Kunden. So ist zum Beispiel die Entwicklung eines Logistikprogramms (Software) für ein Handelsunternehmen ein IT-Projekt.

Branche

1

Projektinhalt

Der Projektinhalt verweist direkt auf das Lieferobjekt und indirekt auf den Bereich der Organisation, für die das Projektlieferobjekt maßgeblich entwickelt bzw. durchgeführt wird (Auftragnehmer). Die verschiedenen Organisationsbereiche haben unterschiedliche Prozesse und Abläufe, die das Projektmanagement berücksichtigen muss. So müssen ggfs. bei einem Forschungs- und Entwicklungs(F&E)-Projekt, dessen Lieferobjekt ein neues Produkt ist, die F&E-Prozesse des Unternehmens beim Projektmanagement berücksichtigt werden. Bei dieser Projektart kann es zu Überschneidungen bzw. Mischformen kommen. So kann z. B. eine Softwareeinführung im Vertrieb sowohl F&E-Anteile, IT-Anteile als auch Vertriebsanteile beinhalten.

Geografie

Die Geografie eines Projektes, d. h. ob die Abwicklung und das Management des Projektes in einer Region (regional), in einem Land (national), zwischen zwei Ländern (international) oder auf mehrere Länder (global) verteilt ist, hat großen Einfluss auf die Organisationsstruktur und Kommunikation eines Projektes. Z. B. ergeben sich durch unterschiedliche Sprachen, Zeitzonen oder Gesetzgebungen erhöhte Anforderungen an Dokumentation (einheitliche Sprache), Besprechungen (Ort und Zeit), Verantwortlichkeiten (zentral vs. dezentral) und Führungsansätze (z. B. virtuelle Führung).

Wiederholbarkeit

Die Wiederholbarkeit drückt aus, inwieweit ein Projekt komplett neuartig ist und in dieser Art und Weise noch nicht realisiert wurde. Hierzu gehören sicherlich die meisten Innovationsprojekte. Es gibt aber auch Projekte, die nur einige neue Komponenten enthalten, wie z. B. die Entwicklung eines neuen Autoprototypen oder eines neuen Handyprototypen. Außerdem gibt es Projekte mit hohem Wiederholungscharakter, d. h. diese wurden schon häufiger in dergleichen Art und Weise mit ähnlichen Komponenten durchgeführt, sind aber aufgrund der unterschiedlichen Umfeldbedingungen neuartig. Hierzu zählen sog. Eventprojekte (z. B. die jährliche Weihnachtsfeier in einer Organisation) oder der Bau von identischen Reihenhäusern. Mit zunehmendem Wiederholungsgrad wird das Projektmanagement entsprechend einfacher.

Umfeld

Das Umfeld entspricht der Rechtsform der Organisation (z. B. Unternehmen, Verein, privater Bereich), in dem das Projekt durchgeführt wird. Diese spielt bei der Auswahl der Projektmanagementmethoden und -instrumente sowie bei den rechtlichen Themen (Vertragsrecht, Einkauf etc.) eine entscheidende Rolle.

Somit hat die Projektart einen Einfluss auf das Projektmanagementvorgehensmodell (▶ Abschn. 1.3).

Ein Projekt kann durch alle o. g. Arten beschrieben werden.

1.1.3 Projektbeschränkungen

Projektbeschränkungen sind die limitierenden Faktoren eines Projektes, die im Rahmen des Projektmanagements geplant, überwacht und gesteuert werden. Die Projektbeschränkungen ergeben sich direkt oder indirekt aus den o. g. Projektmerkmalen. Der temporäre Projektcharakter ist z. B. die zeitliche Beschränkung.

Projektbeschränkung

Jedes Projekt hat immer dieselben Beschränkungen bzw. limitierende Faktoren mit unterschiedlichen Ausprägungen. Die im Unternehmenskontext wichtigsten Beschränkungen sind das Lieferobjekt, die Arbeit, die Qualität, die Zeit, die Ressourcen und die daraus resultierenden Kosten. Die Beschränkungen *Lieferobjekt, Qualität* und *Arbeit* werden häufig zu dem Element Leistungsumfang (oder nur Leistung oder Umfang) zusammengefasst. Die Beschränkungen Leistungsumfang, Zeit und Ressourcen/ Kosten werden als Dreieck dargestellt. Da sich diese Faktoren gegenseitig beeinflussen, wird häufig vom magischen Dreieck gesprochen, das in ◻ Abb. 1.2 dargestellt ist.

In diesem Buch werden die Beschränkungen *Ziel/ Lieferobjekt, Qualität* und *Arbeit* separat behandelt, da sie unterschiedliche Merkmale aufweisen und somit unterschiedliche Methoden und Instrumente beinhalten.

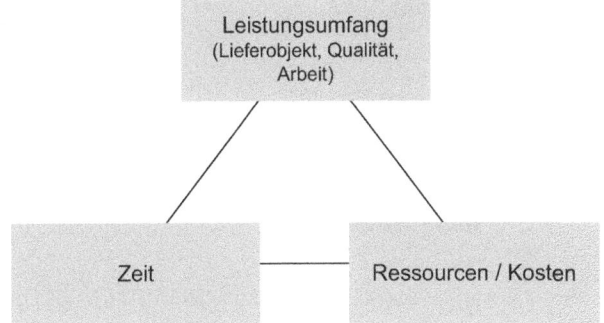

◻ **Abb. 1.2**   Das magische Dreieck des Projektmanagements

1

Die Unterscheidung zwischen dem Lieferobjekt und der Arbeit und die Zusammenfassung inkl. der Qualität unter dem Begriff *Leistungsumfang* wird in ◘ Tab. 1.5 noch einmal verdeutlicht.

Ergänzend gibt es aber noch mehr Projektbeschränkungen, z. B. ist der Mensch selbst in quantitativer und qualitativer Hinsicht ein limitierender Faktor. Auch das Umfeld beschränkt das Projekt. ◘ Abb. 1.3 gibt eine Übersicht über die beschränkenden Faktoren eines Projektes.

◘ **Tab. 1.5**   Unterschied Lieferobjekt und Arbeit

	Lieferobjekt	**Arbeit**
Erklärung	Output des Projekts in Form eines materiellen oder immateriellen Produktes oder einer Dienstleistung	Tätigkeiten im Rahmen der Erstellung des Lieferobjekts
Alternative Begriffe	Objekt, Ergebnis, Produkt, Projektgegenstand, Projektinhalt, Projektergebnis, Produktleistung, Produktumfang, Produktleistungsumfang	Projektaufgaben, Projekttätigkeiten, Projektaktivitäten, Projektleistung, Projektumfang, Projektleistungsumfang
Aufteilung Leistungsumfang	Lieferobjekt inkl. Produktqualität (s. ► Abschn. 3.1.2)	Arbeit inkl. Projektqualität (s. ► Abschn. 3.1.2)

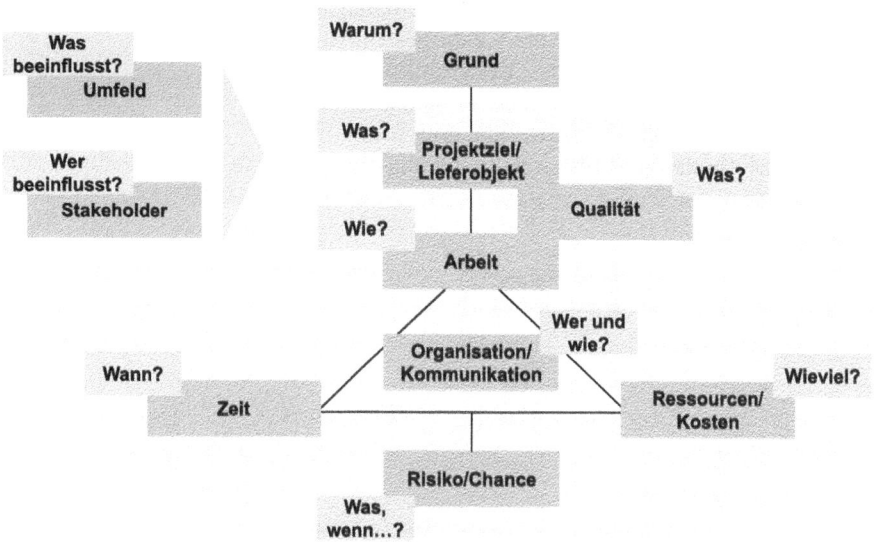

◘ **Abb. 1.3**   Projektbeschränkungen

Im Folgenden wird auf die einzelnen beschränkenden Faktoren kurz eingegangen und ein Verweis gegeben, in welchem Abschnitt die Beschränkung ausführlicher erklärt wird.

Der Grund ist der Auslöser eines Projektes und beantwortet die Frage, *warum ein Projekt durchgeführt wird.* Gründe können vielfältiger Natur sein. Es können rechtliche Vorschriften, Ideen, Strategien, Unternehmensziele etc. sein, die einen Auslöser für ein Projekt darstellen. Beispiele sind eine Umweltauflage, die Idee eines Vertriebsleiters, die Vertriebsprozesse zu optimieren oder die Strategie, in einem bestimmten Land eine neue Produktionsstätte aufzubauen.

Grund

Aus dem Grund werden Projektziele abgeleitet. Ein Ziel ist ein angestrebter Zustand in der Zukunft, insbesondere hinsichtlich der drei Zielgrößen Leistungsumfang, Zeit und Ressourcen/Kosten (mehr dazu in ▶ Abschn. 2.4). Das Projektziel beantwortet die Frage, *was am Ende des Projekts erreicht werden soll.*

Projektziele

Das Projektlieferobjekt ist das Ergebnis des Projekts in Form eines materiellen oder immateriellen Guts, z. B. ein Haus, ein Prototyp, eine App, ein Konzept in Papierform oder elektronischer Form. Es kann aber auch eine Lizenz am Ende herauskommen. Das Projektlieferobjekt beantwortet die Frage, *was am Ende des Projekts erstellt bzw. geliefert wird.* Das Lieferobjekt hängt sehr eng mit der Zielsetzung hinsichtlich der Leistung zusammen. Vor diesem Hintergrund werden diese beiden Beschränkungen zusammen betrachtet (mehr dazu in ▶ Abschn. 2.4).

Projektlieferobjekt

Die Arbeit entspricht den Tätigkeiten, die durchgeführt werden müssen, um das Lieferobjekt zu entwickeln. Die Tätigkeiten werden in Projekten in sog. Arbeitspaketen gebündelt. Damit beschreibt die Arbeit das *Wie* und somit die Umsetzung des Lieferobjekts (mehr dazu in ▶ Abschn. 3.1.3).

Arbeit

Die Qualität ist die Übereinstimmung der Anforderungen an das Lieferobjekt mit dem Ergebnis des Projektlieferobjekts. Es ist letztendlich eine Art *Soll-/Ist-Abgleich.* Die Qualität beantwortet dabei ebenfalls die gleiche Frage nach dem *Was,* wie das Projektlieferobjekt. In ▶ Abschn. 3.1.2 wird auf dieses Thema im Rahmen des Projektmanagements eingegangen.

Qualität

Jedes Projekt hat mindestens einen Start und ein Ende und damit eine Dauer. Diese terminliche Beschränkung wird Zeit genannt. Es beantwortet die Fragen nach dem *Wann.*

Zeit

1

Ressourcen/Kosten

Organisation/Kommunikation

Risiken

Umfeld

Stakeholder

Neben der zeitlichen Beschränkung ist die Beschränkung hinsichtlich der eingesetzten Ressourcen und des Budgets eine wichtige Größe.

Als Ressourcen werden die für Abwicklung eines Projektes relevanten Mittel (z. B. Personal, Material, Hilfsmittel etc.) betrachtet.

Die Finanzmittel (Budget), die aus betriebswirtschaftlicher Sicht ebenfalls eine Ressource darstellen, werden im Rahmen des Projektmanagements unter dem Projektmanagementelement *Kosten* behandelt. So wird im Projektmanagement mit dem Begriff Ressourcen und Kosten die Frage, *wieviel wird benötigt und verbraucht,* beantwortet. Eine genauere Beschreibung und Erklärung erfolgen in ▶ Abschn. 3.1.6.

Die Organisation und Kommunikation beschreibt und regelt das Miteinander der Menschen im Projekt und beantwortet damit die Frage, *wer arbeitet mit wem wie zusammen.* Details werden in ▶ Abschn. 3.1.4 erklärt.

Risiken beschränken Projekte ebenfalls indirekt, da diese wiederum Auswirkungen auf die anderen beschränkenden Faktoren haben. So hat z. B. das Projektrisiko Frost beim Bau Auswirkungen auf die Fertigstellung und damit auf die Zeit. Die entsprechende Frage lautet: *Was ist, wenn?* (▶ Abschn. 3.1.10)

Ein Projekt wird vom Umfeld[2] direkt oder indirekt beeinflusst und damit beschränkt. Zu einem Projektumfeld gehören auch die Menschen, die ein Projekt „von außerhalb" beeinflussen können. Diese werden aber in der Beschränkung *Stakeholder* separat adressiert, sodass man beim Umfeld an dieser Stelle von einem sachlichen Umfeld sprechen könnte.

Die Personen oder Personengruppen, die ein Projekt beeinflussen können oder vom Projekt beeinflusst werden, werden Stakeholder genannt.

Dabei werden interne und externe Stakeholder unterschieden. Die Unterscheidung in interne und externe Stakeholder soll anhand der Abgrenzung des Projekts mit seinem Umfeld getroffen werden. Interne Stakeholder arbeiten im Projekt mit und sind Teil der Projekt-

---

2   Das Umfeld eines Projektes repräsentiert alle Normen, Gesetze, Vorgaben und andere Projekte, die Einfluss auf das Projekt haben. Grundsätzlich gehören auch Stakeholder dazu. Diese werden aber getrennt ausgewiesen, da die Personen, die ein Projekt beeinflussen oder durch dieses beeinflusst werden, auch innerhalb eines Projektes existieren.

organisation (▶ Abschn. 1.7). Externe Stakeholder sind
außerhalb der Projektorganisation zu finden. So handelt
es sich beispielsweise beim Projektleiter um einen internen
Stakeholder und bei einem Abteilungsleiter, der Personen
für ein Projekt bereitstellt oder einen Lieferanten, um
einen externen Stakeholder aus Projektsicht. Diese Thematik wird in ▶ Abschn. 2.6 weiter vertieft.

1.1.4 Projektphasen

Projektphasen gliedern ein Projekt inhaltlich und zeitlich   Projektphase
auf der obersten bzw. gröbsten Ebene.
   In der Regel bilden die aufeinanderfolgenden Projektphasen den Gesamtablauf eines Projektes.
   Projekte werden in Projektphasen strukturiert, um den
Ablauf besser zu planen und zu steuern und damit effizienter arbeiten zu können. Die Phasen eines Projektes sind
individuell, da das Projekt einen einmaligen Charakter
hat. Allerdings finden sich in der Praxis für verschiedene
Projektarten auch dieselben bzw. ähnliche Projektphasen.
◘ Abb. 1.4 zeigt beispielhaft vier Projekte aus unterschiedlichen Branchen mit möglichen Projektphasen.

Projektart / Branche	Beispielhafte Projektphasen					
IT-Integration	IT-Konzept	Entwicklung	Integration	Test und Abnahme		
Bauprojekte	Entwurf	Geneh-migung	Bauplan	Vergabe	Bau	Abnahme
Prozess-einführung	Aufnahme Ist-Struktur	Konzept Soll-Struktur	Einführungs-planung	Implemen-tierung		
Anlagenplanung	Grundlagen-ermittlung	Vorplanung	Entwurfs-planung	Geneh-migungs-planung	Ausfüh-rungs-planung	

◘ **Abb. 1.4** Beispiele Projektphasen

1

Die Projektphasen werden dabei auf Basis des Projektziels bzw. Projektlieferobjekts definiert. In einer Organisation sind sie häufig bei gleicher Projektart standardisiert. Die Projektphasen werden im weiteren Verlauf eines Projektes in Arbeitspakete unterteilt.

▶ **Projekt Weihnachtsfeier – Projektphasen**

Beispielhaft werden hier Projektphasen einer Weihnachtsfeier in einer Organisation vorgestellt.

Projektphasen einer Weihnachtsfeier

Konzeption	Vorbereitung	Durchführung
• Grobkonzept hinsichtlich Räumlichkeiten, Gästen, Getränken und Speisen und Unterhaltung erstellen • Programmablauf erstellen	• Gäste einladen • Räumlichkeiten vorbereiten • Getränke und Speisen bestellen oder vorbereiten • Programmpunkte vorbereiten	• Koordination der Feier • Abschlussarbeiten, wie Feedback auswerten etc.

Das Projekt kann in drei Phasen gegliedert werden.

In der Konzeptionsphase wird das Konzept für die Weihnachtsfeier entwickelt. Das heißt in dieser Phase werden die wesentlichen Bestandteile einer großen Feier – wie Gäste, Bewirtung (Speisen und Getränke), Unterhaltungsprogramm, Räumlichkeiten, Service, Sicherheit – festgelegt. Während dieser Phase wird „nur" geistige Arbeit erzeugt und noch kein Geld ausgegeben. Das Ergebnis dieser Projektphase ist das Konzept für eine Weihnachtsfeier.

Die Vorbereitungsphase dient der Umsetzung des Konzepts. Das heißt die unterschiedlichen Bestandteile, wie Gäste, Bewirtung, Unterhaltung, werden jetzt eingeladen, beauftragt, beschafft oder hergestellt. Das Ergebnis dieser Phase ist die Bereitstellung aller relevanten Bestandteile der Weihnachtsfeier.

Die letzte Phase ist die eigentliche Weihnachtsfeier. Diese dauert je nach inhaltlicher Definition zwischen ein paar Stunden und ein paar Tagen. Die Dauer hängt z. B. davon ab, ob eine Evaluierung der Weihnachtsfeier stattfindet, die erst Tage nach der Weihnachtsfeier in Form eines kleinen Berichtes zur Verfügung gestellt wird.

Dieses Beispiel wird in ▶ Kap. 2 aufgegriffen und vertieft. ◀

1.1.5 Abgrenzung Projekt, Programm und Portfolio

Im Projektmanagement gibt es einige Begriffe, die an dieser Stelle kurz erklärt werden sollen, da sie ebenfalls zur Abgrenzung des Projektebegriffs dienen oder an verschiedenen Stellen des Buches benutzt werden.

Sehr eng mit dem Begriff Projekt sind das Programm und das Portfolio verknüpft.

In den meisten Standards und einschlägigen Literaturquellen werden die Begriffe sinngemäß wie folgt definiert (vgl. PMBOKs, 2021; DIN 69901, DIN, 2009c, DIN; PRINCE2, Axelos, 2017).

┌─ **Programm** ──────────────────────┐
│ Ein Programm besteht aus mehreren Projekten, die eine   Programm
│ gemeinsame Zielsetzung haben.
└──────────────────────────────────────┘

Ein Programm hat im Grunde dieselben Merkmale wie ein Einzelprojekt (z. B. temporären Charakter), es ist nur wesentlich größer und damit auch komplexer.

┌─ **Portfolio** ─────────────────────┐
│ Ein Portfolio ist eine Bündelung von Projekten oder   Portfolio
│ Programmen innerhalb der Organisation oder
│ Organisationseinheit.
└──────────────────────────────────────┘

Ein Portfolio hat im Gegensatz zu einem Programm nicht unbedingt eine gemeinsame Zielsetzung. Es werden Projekte nach verschiedenen Kriterien (z. B. hinsichtlich der Projektart *interne Projekte*) gebündelt und priorisiert.

◼ Abb. 1.5 verdeutlicht die Abgrenzung von Projekten, Programmen und Portfolios.

In ▶ Kap. 7 wird das Management von Programmen und Portfolios näher beschrieben, das unter dem Begriff des *Multiprojektmanagements* zusammengefasst wird.

1

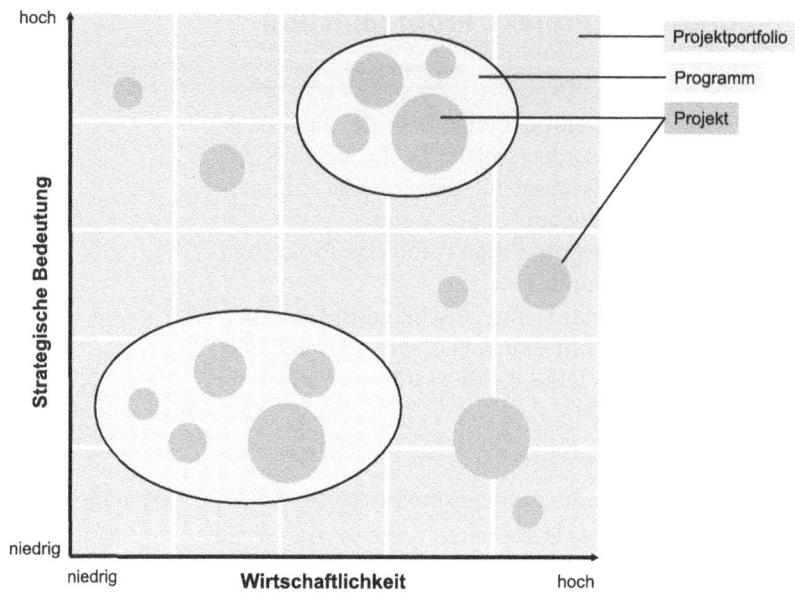

◻ **Abb. 1.5** Abgrenzung Projekt, Programm und Portfolio

1.1.6 Einbindung des Projekts in die Unternehmensorganisation

In ◻ Tab. 1.1 ist ein Merkmal von Projekten die temporäre Organisation, d. h. es handelt sich hierbei um eine Organisation auf Zeit, und zwar für die Dauer des Projekts. Diese temporäre Organisation hat eigene Organisationsmerkmale, d. h. eigene Aufbau- und Kommunikationsstrukturen sowie häufig eigene Rollen und Regeln. Dieselben Personen haben auch in der permanenten Organisation eine bestimmte Rolle bzw. Funktion und unterwerfen sich Regeln. Vor diesem Hintergrund kann es zu Konflikten zwischen der permanenten Organisation und dem Projekt (temporäre Organisation) kommen. So ist z. B. ein Mitarbeiter M dem Abteilungsleiter A in der permanenten Organisation unterstellt. In einer Projektorganisation könnte dieser Mitarbeiter M gleichzeitig Projektleiter sein, dem ggfs. sogar sein Abteilungsleiter A unterstellt wäre, wenn dieser im Projekt eine Projektmitarbeiterrolle hätte.

Temporäre Organisation

◻ Abb. 1.6 zeigt beide Organisationstypen.

Auch wenn es sich um zwei verschiedene Organisationstypen handelt, so muss aufgrund der inhaltlichen und personellen Verzahnung die Projektorganisation in die per-

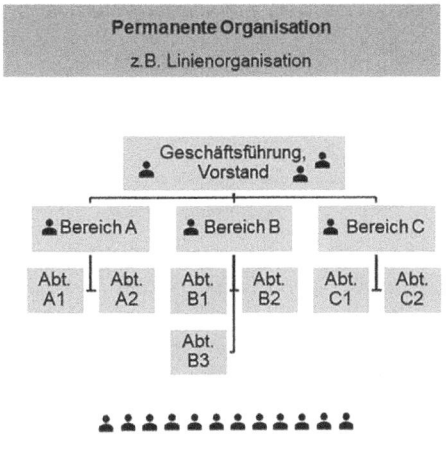
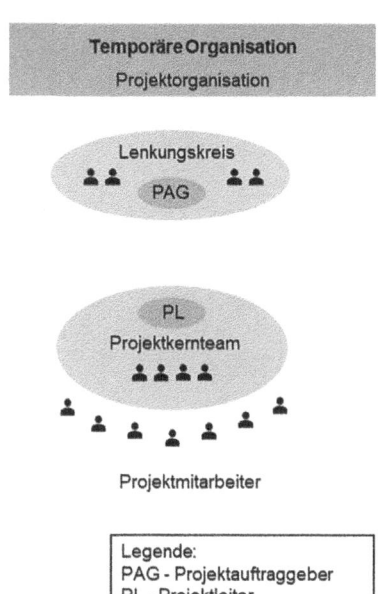

■ **Abb. 1.6** Permanente vs. temporäre Organisation

manente Organisation eingebunden werden. Dabei kann die Einbindung eines Projektes in die permanente Organisation in Abhängigkeit von der Kompetenzverteilung (Befugnissen) zwischen Projekt und permanenter Organisation unterschiedliche Ausprägungen haben (■ Abb. 1.7).

Bei der Einfluss-Projektorganisation hat der Projektleiter meist nur eine Koordinationsfunktion, da er keine Weisungsbefugnisse innerhalb der Linie hat. Die Projektmitarbeiter bleiben in den einzelnen Organisationseinheiten. Diese Form der Einbindung des Projektes kann sehr schnell umgesetzt werden, da keine organisatorische Anpassung in der permanenten Organisation erfolgen muss. Allerdings hat der Projektleiter aufgrund der mangelnden Befugnisse kaum Führungs- und Leitungsmöglichkeiten und ist auf die Führung in der permanenten Organisation angewiesen. Die Identifikation mit dem Projekt ist für die Mitarbeiter eher gering. Auf der anderen Seite erfolgt in dieser Form ein guter fachlicher Wissenstransfer. Der Wissenstransfer aus Projektmanagementsicht ist eher gering. Der Projektleiter kann bei dieser Form auch direkt in einer Organisationseinheit ansässig sein. Im Extremfall kommen Projektleiter und alle Projektmitarbeiter aus einer Organisationseinheit.

Einfluss-Projektorganisation

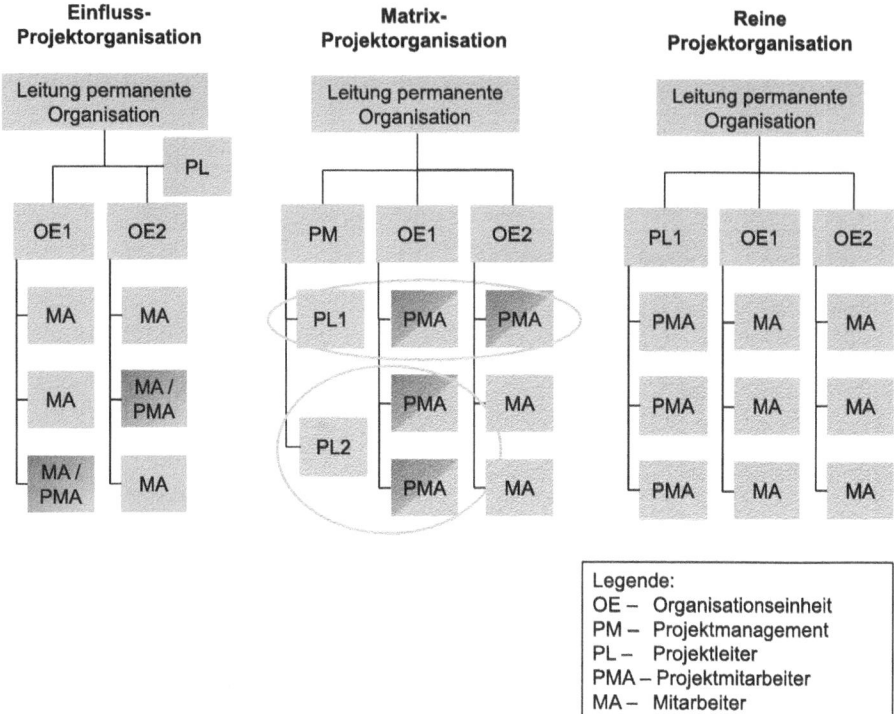

◘ Abb. 1.7   Verschiedene Einbindungen des Projektes in die permanente Organisation

Matrix-Projekt-
organisation

Bei der Matrix-Projektorganisation werden die Projektmitarbeiter fachlich dem Projektleiter unterstellt. Die disziplinarische Verantwortung bleibt in der permanenten Organisation. In dieser Form der Einbindung haben die Projektmitarbeiter zwei Vorgesetzte, die permanente Führungskraft und den Projektleiter. Diese Konstellation kann zu Konflikten zwischen permanenter Führungskraft und Projektleiter führen, die manchmal zulasten der Mitarbeiter geht. Die Projektmitarbeiter bleiben aus Organisationsstruktursicht ebenfalls noch in der permanenten Organisation, sodass auch diese Form relativ schnell umzusetzen ist.

Reine Projekt-
organisation

Die reine Projektorganisation (autonome Projektorganisation) stellt den stärksten Bezug zu Projekten dar bzw. ist am unabhängigsten von der permanenten Organisation. Hierbei werden die Projektmitarbeiter fachlich und disziplinarisch dem Projektleiter unterstellt. Es erfolgt eine eindeutige Zuordnung von Projektmitarbeitern zu einem Projekt, was eine starke Identifikation der Projektmitarbeiter mit dem Projekt zur Folge hat. Die Einrichtung dieser Form ist dafür aber auch aufwendiger als bei den beiden anderen Formen. Diese Organisationsform eignet sich daher nur für große Projekte.

In Abhängigkeit von der Einbindung des Projektes in die Aufbaustruktur der permanenten Organisation hat auch das Projekt unterschiedliche Kommunikations- und Eskalationswege. Darüber hinaus haben die unterschiedlichen Strukturen der permanenten Organisation Auswirkungen auf die Rollen der verschiedenen Projektbeteiligten, insbesondere auf die Befugnisse des Projektmanagers. ◪ Tab. 1.6 fasst die drei Strukturarten mit den wesentlichen Merkmalen sowie Vor- und Nachteilen zusammen.

◪ **Tab. 1.6** Merkmale der verschiedenen Strukturarten

	Einfluss-Projekt-organisation	**Matrix-Projekt-organisation**	**Reine Projekt-organisation**
Einbindung Projektleiter	Meist als Stabsstelle außerhalb der OEs	PL meist in eigener OE, der MA aus anderen OE temporär zugewiesen bekommt	Das Projekt und der PL mit seinen PMAs werden als eigene OE in die Organisation eingebunden.
Kompetenzverteilung	– Fachliche und disziplinarische Befugnis bei den Vorgesetzten der PMA in den OEs – PL hat meist nur Koordinationsfunktion	– PL hat fachliche Weisungskompetenz – disziplinarische Kompetenz bleibt beim Vorgesetzten des PMA	Fachliche und disziplinarische Kompetenz beim PL
Anwendung dieser Form	Kleine Projekte innerhalb einer OE	Mittlere bis große Projekte unter Beteiligung mehrerer OEs	– Große Projekte – häufig bei Investitionsprojekten
Vorteile	– Keine Personalverschiebungen – schnelle Einrichtung – guter fachlicher Wissenstransfer	– Klare Regelung der Gesamtverantwortung – Flexibilität bei der Auslastung der MA	– Hohe Identifikation mit dem Projekt – klare Regelung der Gesamtverantwortung – volle Fokussierung auf das Projekt – einfache Kommunikations- und Eskalationswege

(Fortsetzung)

1

☐ Tab. 1.6   (Fortsetzung)

	Einfluss-Projekt-organisation	Matrix-Projekt-organisation	Reine Projekt-organisation
Nachteile	– geringe Einfluss-möglichkeiten des PLs – geringe Identifikation der PMA mit dem Projekt – bei Eskalationen lange Entscheidungs-wege	Konfliktpotenzial durch zwei Vorgesetze	– Aufwand bei der Projekteinrichtung – Eingliederung der MA nach Projekt-abschluss z. T. schwierig

OE – Organisationseinheit
PL – Projektleiter
PMA – Projektmitarbeiter
MA – Mitarbeiter

1.2   Definition und Abgrenzung Projektmanagement

Auf Basis der verschiedenen Definitionen der Projekt-managementstandards sowie weiterer relevanter Quellen, soll Projektmanagement folgendermaßen definiert wer-den:

> **Projektmanagement**
>
> Das Projektmanagement umfasst die Gesamtheit von Vorgehensweisen, Prozessen, Methoden, Instrumenten und Vorlagen sowie die Kompetenzen, um Projekte erfolgreich umzusetzen (basierend auf Axelos, 2017, S. 309; DIN, 2009c; IPMA, 2015, S. 36).

Einzelprojekt-management

Multiprojekt-management

Diese Definition bezieht sich auf das sog. Einzelprojekt-management, welches auf das Management eines einzel-nen Projektes Bezug nimmt.

Im Gegensatz hierzu hat das Multiprojektmanagement alle oder mehrere Projekte einer Organisation oder einer Organisationseinheit im Blick und wird an dieser Stelle folgendermaßen definiert.

┌─ **Multiprojektmanagement** ─────────────────

Das Multiprojektmanagement schafft einen aufbau-
und ablauforganisatorischen Rahmen für das Management mehrerer einzelner Projekte. Das Multiprojektmanagement kann in Form von Programmen oder
Portfolios organisiert werden. Dazu gehört insbesondere die Koordinierung mehrerer Projekte bezüglich der Zuordnung gemeinsamer Ressourcen zu den
einzelnen Projekten (basierend auf DIN, 2009c; ISO,
2012).

└──

Die folgenden Kapitel (▶ Kap. 2 bis 5) beziehen sich auf
das Einzelprojektmanagement. In ▶ Kap. 7 wird näher
auf das Multiprojektmanagement eingegangen. Zum Verständnis und zur Anwendung des Multiprojektmanagements gehört das Verständnis des Einzelprojektmanagements. Wenn in diesem Buch von Projektmanagement geschrieben wird, bezieht sich das, wenn
nicht anders erwähnt, auf das Einzelprojektmanagement.
Das Projektmanagement wird nach verschiedenen
Sichtweisen strukturiert. ▶ Abschn. 1.3 gibt einen Überblick über die verschiedenen Ansätze und Modelle im
Projektmanagement. Im Projektmanagement haben sich
verschiedenen Standards etabliert (▶ Abschn. 1.4). Wie
bei Projekten kann das Projektmanagement auch durch
Phasen in eine logische Reihenfolge gebracht werden
(▶ Abschn. 1.5). Des Weiteren nimmt das Projektmanagement die Beschränkungen der Projekte auf und
stellt Methoden, Instrumente und Vorlagen in sog.
Projektmanagementelementen bereit (▶ Abschn. 1.6).

1.3 Ansätze und Vorgehensmodelle im Projektmanagement

Bevor verschiedene Ansätze vorgestellt werden, sollen zunächst die Begriffe „Ansatz" und „Vorgehensmodell" erklärt und abgegrenzt werden.

Vorgehensmodell

1

> ┌─ **Vorgehensmodell** ─────────────────────
> │
> │ Unter Vorgehensmodell ist dabei die Beschreibung des
> │ Projektmanagements auf Basis von strukturgebenden
> │ Elementen, von funktionalen Elementen, der Metho-
> │ den und Instrumente sowie der personenbezogenen
> │ Themen (Mensch) zu verstehen. (Kurz: Struktur, Funk-
> │ tion, Methode und Mensch)

Bei der Struktur handelt es sich insbesondere um die Ab-
lauf- und Aufbaustruktur des Projektmanagements. Der
Ablauf kann dabei z. B. in Phasen, Prozessen, Iterationen
etc. strukturiert werden.

Die Funktionen spiegeln die Themen wider, die innerhalb des Projektmanagements behandelt werden sollten
(z. B. Inhalt, Zeit, Kosten, Risiko etc.).

Die Methoden umfassen neben den eigentlichen Methoden Instrumente, Checklisten und Vorlagen.

Die personenbezogenen Themen beinhalten u. a. die
Kompetenzen der Projektbeteiligten, Kulturelle Aspekte,
kompetenzbildende Maßnahmen wie Trainings, Coaching
etc.

Das Thema Vorgehensmodelle wird in ▶ Abschn. 5.4
weiter vertieft.

Nicht jedes Vorgehensmodell muss zwingend alle genannten Elemente wie Phasen, Prozesse, Iterationen, Methoden, Instrumente, Strukturen, Checklisten und Vorlagen beinhalten. Es gibt gröbere und detailliertere Modelle.

Im Gegensatz zu einem Vorgehensmodell ist ein Ansatz die wesentlich vereinfachte Form eines Vorgehensmodells, die häufig nur die Art des Ablaufs (z. B. phasenorientiert, d. h. traditionell oder iterativ, d. h. agil) an-
deutet. Alternativ zum Begriff „Ansatz" wird auch häufig
der Begriff „Vorgehensweise" verwendet.

Ansatz   Es ist nicht immer einfach, im Projektmanagement
Ansätze und Vorgehensmodelle trennscharf abzugrenzen,
insbesondere da in der Theorie und in der Praxis häufig
beide Begriffe synchron verwendet werden. In diesem
Buch werden beide Begriffe basierend auf ihrer Definition
verwendet. Ausnahmen werden bei bereits stark etablierten Begriffen gemacht, wie z. B. beim Wasserfallmodell.

Phase   Unter einer Phase im Allgemeinen ist ein zeitlich zu-
sammenhängender Abschnitt zu verstehen. Eine Phase
kann wiederholend oder einmalig sein.

Ein Prozess beinhaltet festgelegte Tätigkeiten und Ressourcen (Einsatzmittel), die Inputs in ein Ergebnis umwandeln. Es erfolgt hierbei eine Wertschöpfung. Prozesse sind immer wiederkehrend (ISO, 2000).

Prozess

Sowohl Phasen als auch Prozesse sind zeitlich begrenzt. Der Unterschied zwischen einem Prozess und einer Phase ist die Wertschöpfung, d. h. die Umwandlung von Eingaben (Input) in Ergebnisse (Output), die einem Prozess zugeschrieben wird, aber nicht zwingend einer Phase, auch wenn in der Praxis die meisten Phasen auch eine Wertschöpfung erfahren. Außerdem sind Phasen sequenziell angeordnet und haben keine Überlappung, Prozesse hingegen können sowohl sequenziell, überlappend als auch parallel ablaufen.

Unter Methode ist ein planmäßiges Verfahren zur Zielerreichung zu verstehen, d. h. die Art und Weise, wie ein Ziel erreicht wird.

Methode

Das Instrument ist ein konkretes Werkzeug, d. h. ein eingesetztes Mittel, um das Ziel zu erreichen. Das heißt eine Aufbauanleitung für einen Schrank ist eine Methode, die eingesetzten Werkzeuge, wie Schraubendreher und Wasserwaage sind Instrumente.

Instrument

Es existieren drei grundsätzliche Ansätze innerhalb des Projektmanagements:
- planbasierter Ansatz
- adaptiver Ansatz
- hybrider Ansatz

Die meist in der Theorie genannten und der Praxis verwendeten Modelle sind:
- sequenzielle Modelle,
- parallele/überlappende Modelle,
- wiederholende/iterative Modelle,
- agile Modelle.

Dabei werden die ersten beiden Modelle eindeutig dem *traditionellen Ansatz* zugeordnet. Wiederholende/iterative Modelle finden sich sowohl im traditionellen als auch im agilen Projektmanagement.

Die Vorgehensmodelle sollten nicht isoliert betrachtet werden und auch nicht pauschal in gut und schlecht eingeteilt werden. Es sollte vielmehr das passende Modell nach Projektart und Projektkontext ausgewählt werden. Dabei kann es auch einen Mix aus den verschiedenen Modellen geben (z. B. aus traditionellen und agilen Modellen). Es wird dann vom hybriden Projektmanagement gesprochen (▶ Kap. 5).

Traditioneller Ansatz

1

1.3.1 **Traditionelles Projektmanagement**

Traditionelles Projektmanagement zeichnet sich durch eine intensive Planungsphase aus, bei der die Abwicklung des Projektes so gut wie möglich im Vorfeld vorbereitet wird (Planung). Darüber hinaus haben traditionelle Projektmanagementmodelle meist eine sequenzielle oder parallele Ablaufstruktur.

1.3.1.1 **Sequenzielle Vorgehensmodelle**
■ **Wasserfallmodell**

Wasserfallmodell

Dieses Modell beschreibt eine phasenorientierte lineare Vorgehensweise bei der Projektabwicklung. Im Wasserfallmodell wird das Projekt in verschiedene Phasen aufgeteilt, die konsequent sequenziell abgewickelt werden. Streng genommen kann eine Projektphase erst begonnen werden, wenn die vorherige abgeschlossen ist. Anders als bei einem echten Wasserfall kann aber bei Bedarf in die zurückliegende Phase gesprungen werden, falls Änderungen nötig sind.

◘ Abb. 1.8 zeigt schematisch die Logik eines Projekts auf Basis des Wasserfallmodells.

Ein bekannter Vertreter dieses Modells in der Praxis ist das sog. Stage-Gate-Modell, bei dem im Vorfeld genau definiert wird, welche Ergebnisse in welcher Qualität vorliegen müssen, damit durch das Gate *(dt. Tor)* gegangen werden darf, um die nächste Phase zu beginnen. Da hier-

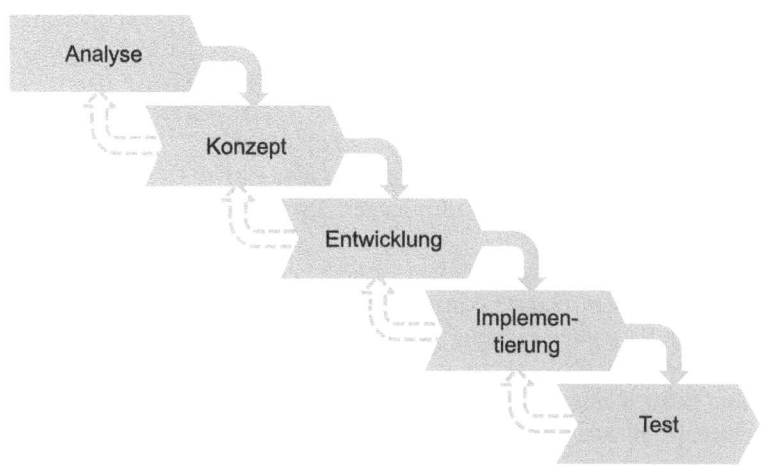

◘ **Abb. 1.8** Wasserfallmodell

bei die Qualität entscheidend ist, wird auch von Quality Gates anstelle von Stage Gates gesprochen.

■ **V-Modell**

Das V-Modell ist ein für die Produktentwicklung ge-   V-Modell
eigneter Ansatz, wobei die Projektphasen in einer V-Form
angeordnet sind (■ Abb. 1.9). Diese Form hat dem Modell den Namen gegeben.

Im linken Ast wird das zu erstellende Projektlieferobjekt
top-down geplant. Dabei wird mit der Projektphase
Kundenwunsch, bei der die Kundenanforderungen ermittelt
und in einem Lastenheft dokumentiert werden, gestartet.
Die Kundenanforderungen werden in der nächsten Phase
Systemspezifikation im Rahmen einer Pflichtenheft-
erstellung in technische Funktionen umgesetzt, die anschließend im Systemdesign weiter detailliert werden. Auf
Basis des Systemdesigns erfolgt das Design der einzelnen
Komponenten des Systems. Diese werden dann implemen-
tiert (Phase *Implementierung*). Der rechte Ast beschreibt
die Verifizierung und Validierung des implementierten Systems. Zunächst werden die Komponenten getestet und
damit verifiziert. Das Systemdesign wird durch den
Integrationstest überprüft, bevor im Systemtest die System-

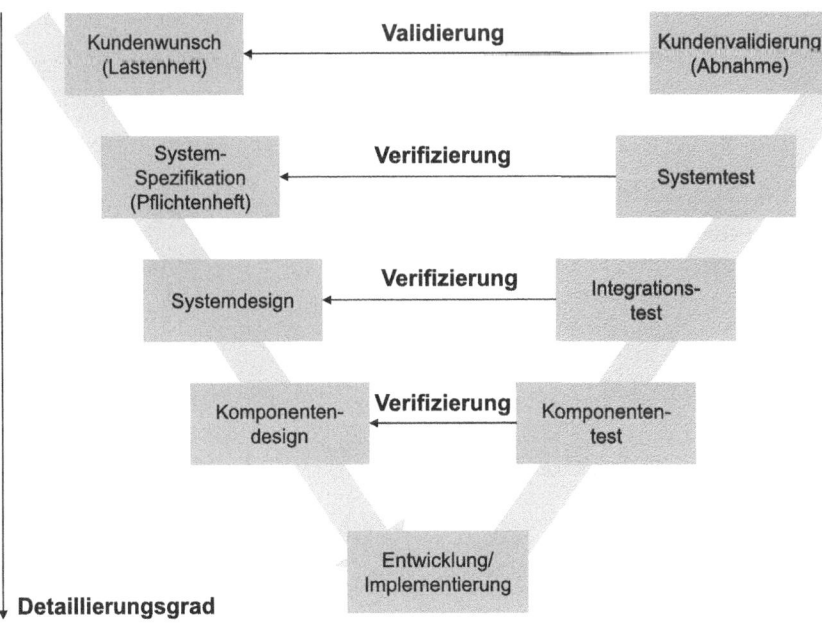

■ **Abb. 1.9** V-Modell

1

spezifikation verifiziert wird. Zuletzt erfolgt die Validierung des Lieferobjektes, was einer Abnahme durch den Kunden entspricht. Deshalb spricht man an dieser Stelle auch nicht mehr von Verifikation (Nachweis, dass eine bestimmte Anforderung erfüllt ist), sondern von Validierung, die sich auf die Erfüllung der Kundenanforderung im Ganzen bezieht.

1.3.1.2 Parallele/Überlappende Modelle

Parallele bzw. überlappende Vorgehensmodelle zeichnen sich durch den Verzicht von sequenziellen Phasen oder Prozessen innerhalb des Projektes aus. Das heißt es können Phasen oder Prozesse bereits eher (überlappend) oder sogar gleichzeitig (parallel) abgewickelt werden, wenn genügend Informationen vorliegen.

■ Simultaneous Engineering

Simultaneous Enginee-
ring

Simultaneous Engineering ist die bekannteste Methodik innerhalb der überlappenden bzw. parallelen Ansätze. In ❏ Abb. 1.10 wird dieser Ansatz schematisch dargestellt.

Der Chance, Zeitgewinne durch Parallelisierung zu generieren, steht das Risiko gegenüber, Zeitverluste bzw. Mehraufwände durch Korrekturen in den parallelen bzw. über-

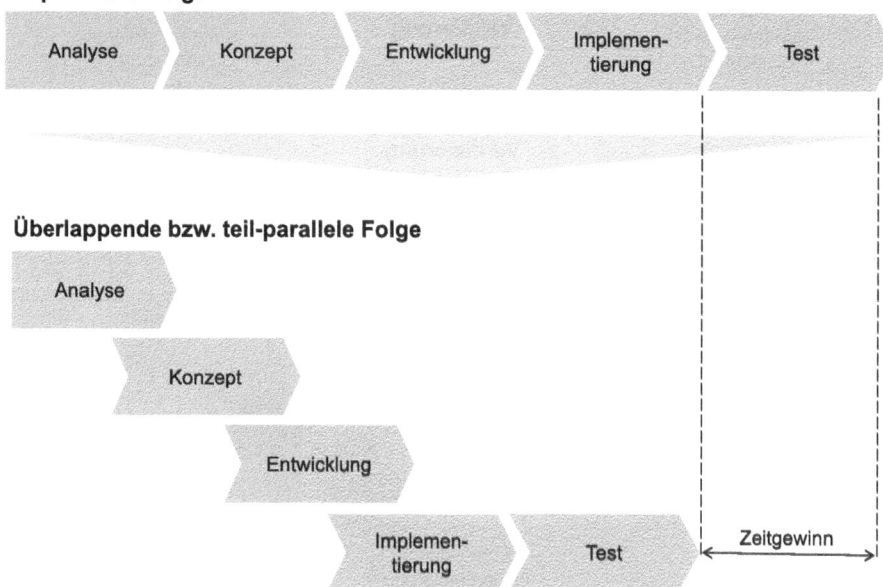

Sequenzielle Folge

Analyse   Konzept   Entwicklung   Implementierung   Test

Überlappende bzw. teil-parallele Folge

Analyse

Konzept

Entwicklung

Implementierung   Test   Zeitgewinn

❏ **Abb. 1.10**   Schematische Darstellung Simultaneous Engineering

lappenden Phasen zu erhalten. Eine wichtige Voraussetzung, dass die Chance größer ist als das Risiko und damit ein Nutzen gegenüber einer seriellen Abwicklung generiert wird, ist das Vorhandensein von ausreichend Ressourcen, insbesondere Personal sowie ausreichende Informationen und Ergebnisse aus der Vorphase bzw. dem vorgelagerten Prozess.

1.3.1.3 Wiederholende/Iterative Modelle

Wiederholende bzw. iterative Projektmanagementansätze sind bei Projekten zu finden, die einen hohen Wiederholungsgrad bei ähnlichen Teilprodukten haben, wie z. B. einem Roll-out-Projekt für mehrere IT-Arbeitsplätze in einem Unternehmen an verschiedenen Standorten. Hierbei werden für jeden Arbeitsplatz immer dieselben Schritte durchlaufen (Anforderungen erheben, Infrastruktur bereitstellen, Hardware und Software installieren, System testen). Diese Art von wiederholenden/iterativen Modellen kann dem traditionellem Projektmanagement zugeordnet werden. Des Weiteren wird dieser Ansatz gewählt, wenn die Anforderungen an ein Projektlieferobjekt nicht gänzlich bekannt sind und die Entwicklung schrittweise für einzelne Komponenten des gesamten Projektlieferobjekts erfolgt. Diese Art von wiederholenden/iterativen Modellen kann eher dem agilen Ansatz zugeschrieben werden. Dabei hängt die grundsätzliche Entscheidung, ob ein Projekt eher traditionell oder eher agil durchgeführt wird, maßgeblich von der Möglichkeit der vollständigen Planung vor der Umsetzung ab (traditionelles Projektmanagement).

■ **Inkrementelles Modell**

Das inkrementelle Modell ist eine Art schrittweise (inkrementelle) Annäherung an das Produktlieferobjekt durch Erstellung von Teilen des Ganzen, wobei die Ergebnisse eines Teillieferobjektes (Inkrement) immer wieder in die Erstellung des nächsten Inkrements einfließen. Dieses Modell wird schematisch in ◘ Abb. 1.11 dargestellt.

Inkrementelles Modell

■ **Spiralmodell**

Beim Spiralmodell werden die Zyklen Zieldefinition, Risikoanalyse und -minimierung, Entwicklung und Test sowie Planung des nächsten Zyklus solange durchlaufen, bis das geplante Lieferobjekt zufriedenstellend erreicht wird. Dieser Ansatz wird in ◘ Abb. 1.12 verdeutlicht.

Spiralmodell

1

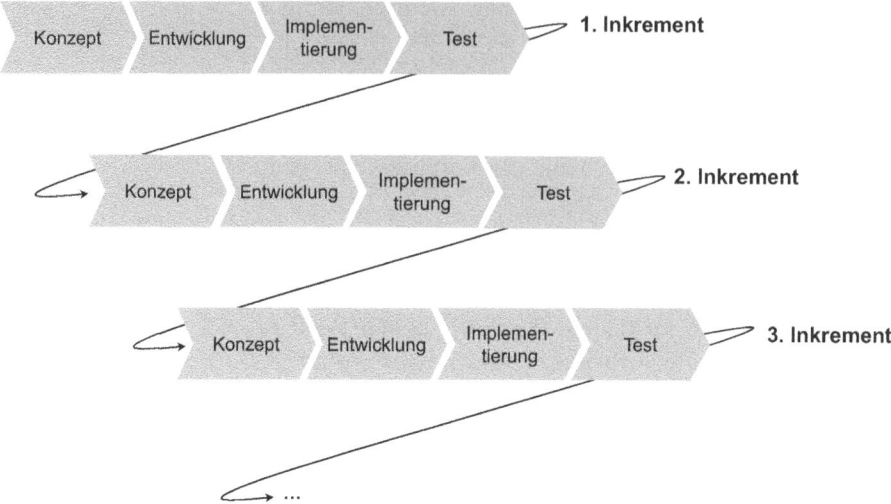

◻ **Abb. 1.11** Inkrementeller Ansatz

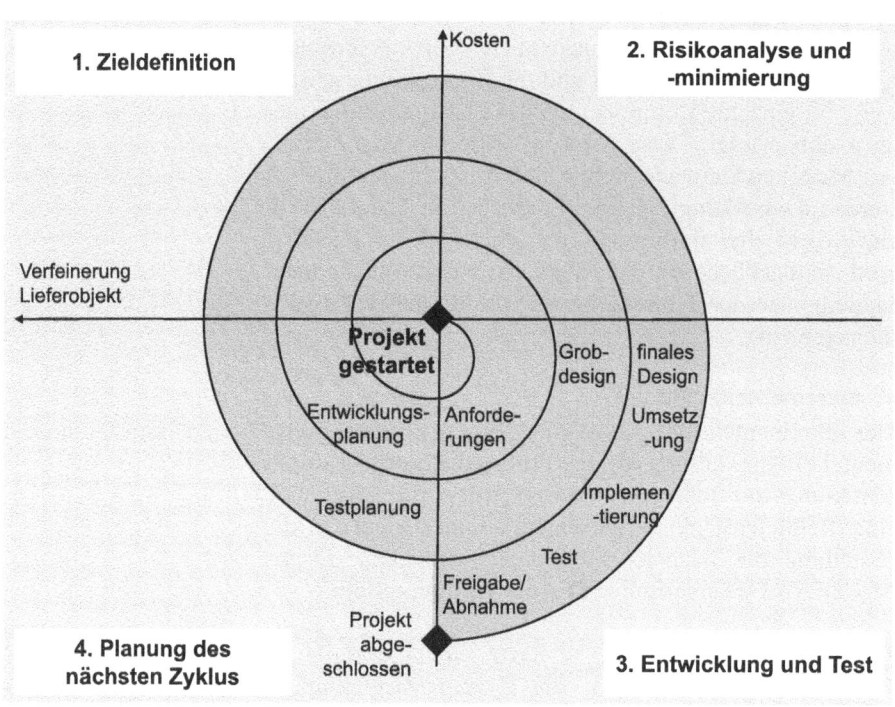

◻ **Abb. 1.12** Spiralmodell

1.3.2 Agiles Projektmanagement

Das agile Projektmanagement hat heutzutage eine wichtige Bedeutung im Projektmanagement bekommen. Vor dem Hintergrund der vielen nicht erfolgreichen Projekte insbesondere im IT-Umfeld gab es Ende des letzten Jahrhunderts die Entwicklung neuer Ansätze zur Softwareentwicklung. Allen Ansätzen ist der agile Charakter gemeinsam. Agil soll hierbei im Sinne von *wendig* und *anpassungsfähig* verstanden werden.

Der wesentliche Unterschied zum traditionellen Projektmanagement liegt aber in der Philosophie, den Werten und Prinzipien der Agilität. Im Gegensatz zum traditionellen Projektmanagement wird im agilen Projektmanagement das Projekt nicht am Anfang komplett geplant und versucht, diesen Plan so gut wie möglich einzuhalten, sondern stattdessen wird iterativ und adaptiv vorgegangen. Vor diesem Hintergrund sind die wiederholenden/Iterativen Modelle (▶ Abschn. 1.3.1.3). Des Weiteren sind es die Werte und Prinzipien, die das agile Projektmanagement ausmachen.

Das agile Projektmanagement stützt sich auf das im Jahr 2001 entwickelte Manifest für agile Softwareentwicklung, das auf vier Werten basiert Magnalie „Agiles Manifest".

- „Individuen und Interaktionen mehr als Prozesse und Instrumente
- Funktionierende Software mehr als umfassende Dokumentation
- Zusammenarbeit mit dem Kunden mehr als Vertragsverhandlung
- Reagieren auf Veränderung mehr als das Befolgen eines Plans" (Beck et al., 2001).

Agiles Projektmanagement

Agiles Manifest

Agil durchgeführte Projekte weisen damit eine starke Fokussierung auf den Menschen (Stakeholder) und die Kommunikation untereinander auf. Sie stellen das Ergebnis, das in enger Abstimmung mit dem Kunden erarbeitet wird, sowie Möglichkeiten zu Änderungen im Projekt in den Vordergrund (s. ◼ Abb. 1.13).

In der Praxis sind die agilen Vorgehensmodelle Scrum, Kanban, Design Thinking sowie hybride Modelle, die häufig eine Kombination aus traditionellen und agilen Vorgehensmodellen darstellen, verbreitet.

Aufgrund der hohen Bedeutung des agilen Projektmanagements wird in ▶ Kap. 4 detaillierter auf das agile Projektmanagement mit seinen verschiedenen Vorgehensmodellen und Besonderheiten eingegangen.

1

Agiler Ansatz (inkrementell und iterativ)

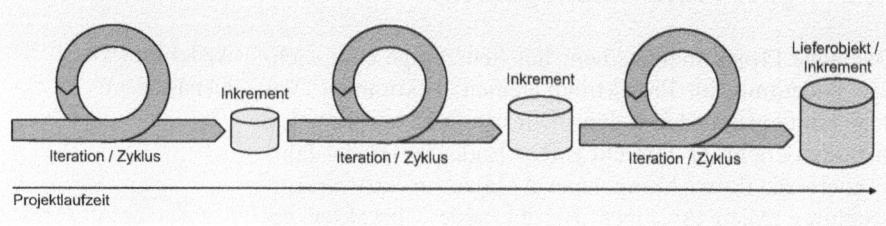

○ **Abb. 1.13**   Agiles Projektmanagement

1.3.3 **Hybrides Projektmanagement**

Hybrides Projektmanagement versucht das Beste aus verschiedenen Vorgehensmodellen der traditionellen und agilen Ansätze zu vereinen und damit ein am besten geeignetes Vorgehensmodell für ein Projekt oder eine Projektart zu liefern. Neben der Kombination von bestehenden Modellen werden beim hybriden Projektmanagement aber auch individuelle Vorgehensmodelle entwickelt. Wie das funktioniert und welche Standardansätze und Standardvorgehensmodellen es im hybriden Projektmanagement gibt, wird in ► Kap. 5 erläutert.

1.4 **Standards des Projektmanagements**

Vorgehensmodell

Standardisierung ist im Projektmanagement ein wichtiges Thema. Bezogen auf das Projektmanagement bedeutet Standardisierung, Projekte auf Basis vereinheitlichter Vorgehensmodelle abzuwickeln.

Im Rahmen der Standardisierung des Projektmanagements ist eine Balance zwischen starren Vorgehensmodellen und Flexibilität wichtig. Auf der einen Seite ist aufgrund der Charakteristik eines Projektes als einzigartiges Vorhaben eine Flexibilität erforderlich, denn jedes Projekt erfordert individuelles Management. Auf der anderen Seite ist aber auch die effiziente und effektive Abwicklung von großer Bedeutung, da diese gerade den Erfolg für das Projekt ausmachen. Effektivität und Effizienz werden u. a. durch eine gewisse Standardisierung erreicht. Diese Balance ist bei vielen Organisationen eine Herausforderung, d. h. die Beantwortung der Frage: *Wie viel standardisiertes Projektmanagement benötigt die Organisation?*

Zu den wichtigsten Standards zählen:
- DIN 69901,
- IPMA Competence Baseline (ICB),
- Projektmanagement Body of Knowledge (PMBOK),
- ISO 21500,
- Projects in Controlled Environments (PRINCE2),
- Scrum.

■ **DIN 69901**

Die DIN 69901 ist in Deutschland einer der wichtigsten   DIN 69901
Projektmanagementstandards. Sie wird vom Deutschen
Institut für Normung (kurz DIN) herausgegeben und um-
fasst fünf Teile:
- DIN 69901-1: Grundlagen,
- DIN 69901-2: Prozesse und Prozessmodell,
- DIN 69901-3: Methoden,
- DIN 69901-4: Daten, Datenmodell,
- DIN 69901-5: Begriffe.

Die DIN 69901–2 enthält ein Prozessmodell, das die fünf
Phasen mit den elf Prozessgruppen in einer Matrix mit
59 Prozessen verknüpft (❏ Abb. 1.14).

Prozess-untergruppen	Projektmanagementphasen				
	Initialisierung	Definition	Planung	Steuerung	Abschluss
Ablauf und Termin	---	ʁ ᵃ	Vorgänge planen		---
Änderungen					
Information, Kommunikation. Dokumentatior					
Kosten und Finanzen		59 Prozesse des Projektmanagements sind funktional in 11 Prozessgruppen und phasenorientiert auf 5 Phasen in einer Matrix aufgeteilt			
Organisatior					
Qualität					₃hrung ₃rn
Ressourcen					₃ourcen ᴜckführen
Risiko					---
Projektstruktur	·				---
Verträge und Nachforderungen	---				Verträge beenden
Ziele	Ziele skizzieren	Ziele definieren	---	Zielerreichung steuern	---

❏ **Abb. 1.14**   Prozessmodell nach DIN 69901-2. (Quelle: In Anlehnung an Timinger, 2017, S. 16)

1

Kompetenz

- **Individual Competence Baseline (ICB)**

Die Individual Competence Baseline (ICB) in der Version 4.0 (kurz ICB4) der International Project Management Association (IPMA) ist ein Standard, der die Kompetenzen der einzelnen Personen im Bereich des Projektmanagements in den Mittelpunkt stellt. Kompetenz umfasst Wissen, Fertigkeiten und Fähigkeiten einer Person, ein gewünschtes Ergebnis zu erzielen (IPMA, 2015, S. 15).

Individual Competence Baseline (ICB)

Die DIN 69901 und die unten genannten weiteren Standards basieren eher auf Prozessen. Dadurch unterscheidet sich dieser Standard im Grundsatz von den anderen Projektmanagementstandards. Die Individual Competence Baseline (ICB) unterscheidet die drei Kompetenzbereiche Kontext (Perspective), Person (People) und Technik (Practise) mit insgesamt 29 Kompetenzen.

Das vorliegende Buch nimmt immer wieder an entsprechender Stelle die Kompetenzbereiche und einzelne Kompetenzen auf. Große Teile des Kompetenzbereichs *Selbstmanagement und soziale Kompetenz* (People) werden in ► Kap. 6 dargestellt.

Die Kompetenzen werden in der ICB4 für Projekte, Programme und Portfolios dargestellt und enthalten neben einer Definition und Beschreibung auch das benötigte Wissen und die Fertigkeiten, die im Rahmen einer Kompetenz benötigt werden (◘ Abb. 1.15). Neben der ICB gibt es eine OCB (Organisational Competence Baseline), die die projektorientierte Organisation erklärt sowie eine PEB (Project Excellence Baseline), die die Bewertung der Fähigkeiten von Organisationen erklärt.

Darüber hinaus bietet die IPMA über seine verschiedenen Länderverbände[3] Zertifizierungen an. Bei den personengebundenen Zertifizierungen handelt es sich um:

- IPMA Level D – Zertifizierter Projektmanagementfachmann (GPM): Grundlagenzertifizierung für in Projekten tätige Personen,
- IPMA Level C – Zertifizierter Projektmanager (GPM): Zertifizierung für Projektmanager in begrenzt komplexen Projekten,
- IPMA Level B – Zertifizierter Senior Projektmanager (GPM): Zertifizierung für Projektmanager in komplexen Projekten,
- IPMA Level A – Zertifizierter Projektdirektor (GPM): Zertifizierung für Manager von Projektportfolios.

---

3   In Deutschland über die Gesellschaft für Projektmanagement (GPM).

Kompetenzbereiche		
Kontext-Kompetenz (Perspective)	**Persönliche und soziale Kompetenzen (People)**	**Technische Kompetenzen (Practice)**
1.1 Strategie	2.1 Selbstreflexion und Selbstmanagement	3.1 Projektdesign
1.2 Governance, Strukturen und Prozesse	2.2 Persönliche Integrität und Verlässlichkeit	3.2 Anforderungen und Ziele
1.3 Compliance, Standards und Regelwerke	2.3 Persönliche Kommunikation	3.3 Leistungsumfang und Lieferobjekte
1.4 Macht und Interessen	2.4 Beziehungen und Engagement	3.4 Ablauf und Termine
1.5 Kultur und Werte	2.5 Führung	3.5 Organisation, Information und Dokumentation
	2.6 Teamarbeit	3.6 Qualität
	2.7 Konflikte und Krisen	3.7 Kosten und Finanzierung
	2.8 Vielseitigkeit	3.8 Ressourcen
	2.9 Verhandlungen	3.9 Beschaffung
	2.10 Ergebnisorientierung	3.10 Planung und Steuerung
		3.11 Chancen und Risiken
		3.12 Stakeholder
29 Kompetenzen in 3 Kompetenzbereichen		3.13 Change und Transformation
		3.14 Auswahl und Balance (nur bei Portfolio- und Programmmanagement)

◘ **Abb. 1.15**   Kompetenzmodell der ICB4. (Quelle: IPMA, 2015)

◘ **Abb. 1.16**   Modell des PMBOKs

■ **Project Management Body of Knowledge (PMBOK)**

A Guide to the Project Management Body of Knowledge (PMBOK) ist ein US-amerikanischer Standard, der vom Project Management Institute in den 1980er-Jahren entwickelt wurde (◘ Abb. 1.16). Er liegt zurzeit in der siebten Version vor. Er wird weltweit angewandt und ist zugleich ein Standard des American National Standards Institute (ANSI).

PMBOK

1

Er nennt zwölf Prinzipien, die die Grundlage für ein effektives Projektmanagement bilden. Sie betonen unter anderem die Bedeutung des Wertes für die Stakeholder, den kontinuierlichen Lernprozess, das Fokussieren auf Ergebnisse und die Anpassung an die Projektumgebung. Die zwölf Prinzipien bilden die grundlegenden Werte und Orientierungspunkte für das Projektmanagement. Im Einzelnen umfassen die Prinzipien folgende Themen:

Prinzipien nach PMBOK

- Gewissenhafte, respektvolle und fürsorgliche Vertrauensperson
- Kooperatives Teamumfeld
- Einbindung Stakeholder
- Fokussierung auf den Wert
- Systemische Betrachtungsweise
- Führungsverhalten
- Anpassung an Umgebung
- Fokus auf Qualität
- Umgang mit Komplexität
- Risikobewältigungsstrategie
- Resilienz
- Flexibilität/Agilität

Die zwölf Prinzipien bilden die Basis für acht Leistungsdomänen, die die Kernkompetenzen eines Projektmanagers darstellen. Diese Domänen umfassen die Aspekte:

Leistungsdomänen des PMBOKs

- Stakeholder
- Team
- Entwicklungsansatz und Lebenszyklus
- Planung
- Projektarbeit
- Lieferung
- Messung
- Unsicherheit

Durch die Betonung dieser Leistungsdomänen wird sichergestellt, dass Projektmanager die notwendigen Fähigkeiten und Kenntnisse besitzen, um Projekte erfolgreich zu planen, umzusetzen und zu kontrollieren. Die zwölf Prinzipien und acht Leistungsdomänen bieten einen klaren Rahmen für ein erfolgreiches Projektmanagement und tragen dazu bei, Projekte effizienter und effektiver zu gestalten.

Die 7. Ausgabe legt den Fokus auf einen adaptiven und agilen Ansatz, um den ständigen Veränderungen und Herausforderungen in der Projektlandschaft gerecht zu werden (s. Project Management Institute, 2021).

Das PMI bietet ebenfalls verschiedene Zertifizierungsmöglichkeiten für Projektmanagementpraktiker an, wie den
- Certified Associate in Project Management (CAPM): Grundlagenzertifizierung,
- Project Management Professional (PMP): Zertifizierung für Projektleiter,
- Programm Management Professional (PgMP): Zertifizierung von Programmleitern,
- Portfolio Management Professional (PfMP): Zertifizierung für Portfoliomanager.

■ **ISO 21500**

Die ISO 21500 ist ein Projektmanagementstandard der International Organization for Standardisation (kurz: ISO), der in 2012 erschienen ist. Die ISO 21500 beschreibt die typischen Begriffe des Projektmanagements sowie die Projektmanagementphasen, hier Prozessgruppen (Process Groups), und Kompetenzgebiete, hier Fachgruppen (Subject Groups).

Dabei sind die Prozessgruppen und die Fachgruppen an das Projektmanagement Body of Knowledge (PMBOK) angelehnt. Die ISO 21500 (◘ Abb. 1.17) strukturiert das Projektmanagement in fünf Prozessgruppen sowie in zehn

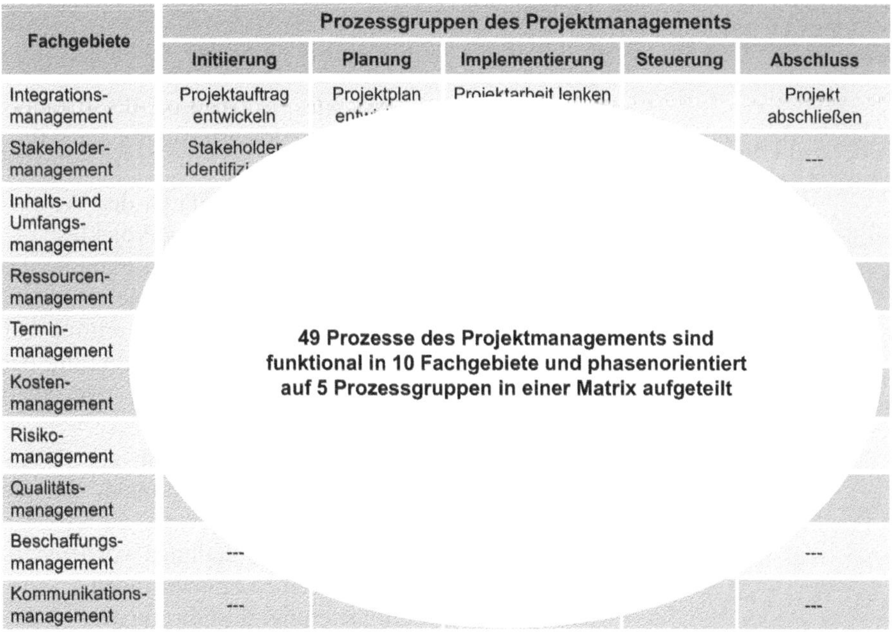

ISO 21500

Fachgebiete	Prozessgruppen des Projektmanagements				
	Initiierung	Planung	Implementierung	Steuerung	Abschluss
Integrationsmanagement	Projektauftrag entwickeln	Projektplan ent...	Projektarbeit lenken		Projekt abschließen
Stakeholdermanagement	Stakeholder identifiz...				---
Inhalts- und Umfangsmanagement					
Ressourcenmanagement					
Terminmanagement					
Kostenmanagement					
Risikomanagement					
Qualitätsmanagement					
Beschaffungsmanagement	---				---
Kommunikationsmanagement	---				---

49 Prozesse des Projektmanagements sind funktional in 10 Fachgebiete und phasenorientiert auf 5 Prozessgruppen in einer Matrix aufgeteilt

◘ **Abb. 1.17** Prozessmodell nach ISO 21500

1

Fachgebiete (Subject Groups), die eine Matrix mit 49 Prozessen aufspannen (ISO, 2012).

- **Projects in Controlled Environments (PRINCE2)**

PRINCE2

Der Standard Projects in Controlled Environments (PRINCE2) basiert auf sieben Grundprinzipien, sieben Themen und sieben Prozessen. Ursprünglich als Regierungsstandard für IT-Projekte im Jahre 1989 veröffentlicht, hat sich auch PRINCE2 weltweit etabliert und ist aufgrund der Weiterentwicklungen in den Jahren 1996 und 2009 heutzutage unabhängig von Branche und Projektart. Der Standard wird vom britischen Unternehmen Axelos Ltd. vertrieben.

Das Prozessmodell von PRINCE2 ist durch mindestens vier Projektmanagementphasen
- vor dem Projekt,
- Initiierungsphase,
- mindestens eine nachfolgende Managementphase und
- die letzte Phase

und drei Projektebenen,
- Lenken,
- Managen und
- Liefern,

aufgespannt und enthält sieben Prozesstypen:
- Vorbereiten eines Projektes: Erarbeitung des Business Cases zur Überprüfung der Rechtfertigung eines Projektes;
- Lenken eines Projektes: Alle Aktivitäten des Projektlenkungsausschusses zur Steuerung des Projektes;
- Initiieren eines Projektes: Definition und Planung des Projektes auf der Projektmanagementebene;
- Managen eines Phasenüberganges: Vorbereitung zur Abnahme der aktuellen Phase und Vorbereitung der nächsten Phase inkl. Aktualisierung der relevanten Pläne und Dokumente;
- Steuern einer Phase: Alle Aktivitäten zur Überwachung und Einleitung von Maßnahmen, um die Projektziele zu erreichen;
- Abschließen eines Projektes: Abnahmen vorbereiten, Produkte übergeben, Wissen zusammentragen;
- Managen der Produktlieferung: Ausführung der Arbeitspakete, d. h. Umsetzung des Projektes (Axelos, 2017).

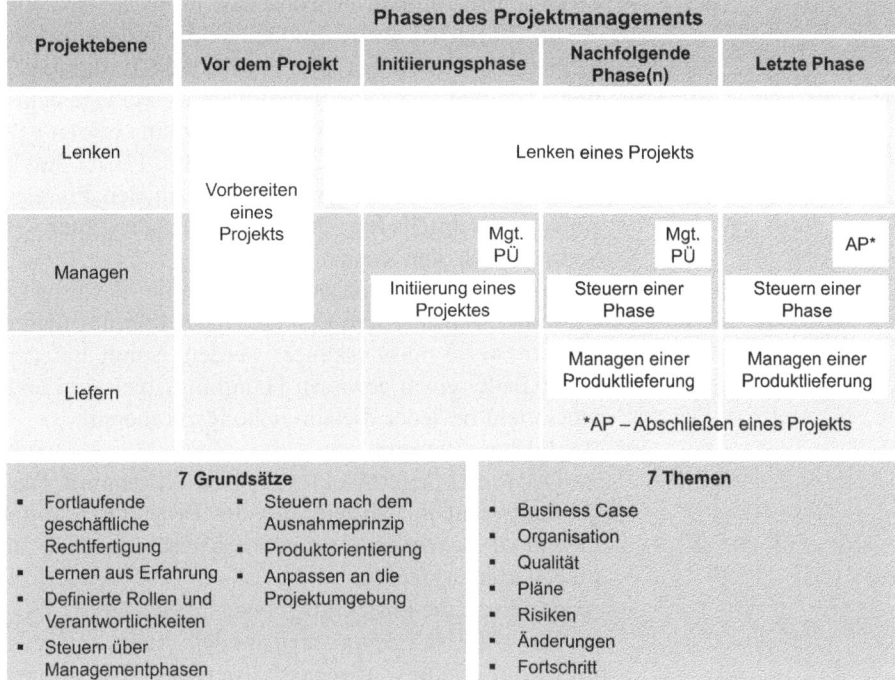

Projektebene	Phasen des Projektmanagements			
	Vor dem Projekt	Initiierungsphase	Nachfolgende Phase(n)	Letzte Phase
Lenken		Lenken eines Projekts		
Managen	Vorbereiten eines Projekts	Mgt. PÜ	Mgt. PÜ	AP*
		Initiierung eines Projektes	Steuern einer Phase	Steuern einer Phase
Liefern			Managen einer Produktlieferung	Managen einer Produktlieferung
				*AP – Abschließen eines Projekts

7 Grundsätze		7 Themen
• Fortlaufende geschäftliche Rechtfertigung • Lernen aus Erfahrung • Definierte Rollen und Verantwortlichkeiten • Steuern über Managementphasen	• Steuern nach dem Ausnahmeprinzip • Produktorientierung • Anpassen an die Projektumgebung	• Business Case • Organisation • Qualität • Pläne • Risiken • Änderungen • Fortschritt

☐ **Abb. 1.18** Grundsätze, Themen und Prozessmodell von PRINCE2

PRINCE2 basiert auf den in ☐ Abb. 1.18 genannten Grundsätzen:
— Fortlaufende geschäftliche Rechtfertigung
Jedes Geschäftsprojekt sollte einen geschäftlichen Grund haben, wie z. B. Unterstützung einer Strategie, Erhöhung des Gewinns, Reduzierung der Kosten, Verbesserung der Kundenbeziehungen. Die Gründe sollen transparent sein und regelmäßig überprüft werden. Besteht ein Grund nicht mehr, sollte auch das Projekt beendet werden.
— Lernen aus Erfahrung
Wissensmanagement ist ein weiterer Grundsatz bei PRINCE2. Vor diesem Hintergrund sollen am Ende eines Projektes das Wissen und die Erfahrungen des Projektes gesichert und weiteren Projekten zur Verfügung gestellt werden.
— Definierte Rollen und Verantwortlichkeiten
Eine professionelle Projektorganisation benötigt eindeutige Rollen und Verantwortlichkeiten. Daher sind Rollen und Verantwortlichkeiten zu definieren und transparent zu machen.

1

- Steuern über Managementphasen

  Im PRINCE2 Prozessmodell sind mindestens vier Projektphasen verankert (vor dem Projekt, Initiierungsphase, mindestens eine nachfolgende Managementphase und die letzte Phase). Der Übergang erfolgt wie bei einem Stage-Gate-Modell ▶ Abschn. 1.3.1.1 durch Freigabe auf der Managementebene an den Phasenübergängen durch einen Projektlenkungsausschuss.
- Steuern nach dem Ausnahmeprinzip

  Für die Projektziele werden zu Beginn des Projektes Toleranzen definiert. Erst bei Überschreitung dieser Toleranzwerte muss eskaliert werden. Somit hat der Projektleiter einen gewissen Handlungsspielraum und muss nicht bei jeder Zielabweichung eskalieren.
- Produktorientierung

  Das Projektlieferobjekt wird Produkt genannt. Das Produkt steht im Mittelpunkt des Projektes und an diesem ist das gesamte Projekt auszurichten, d. h. zu planen und zu steuern.
- Anpassen an die Projektumgebung

  Das PRINCE2-Vorgehensmodell kann an jede Projektumgebung angepasst werden. Damit ist PRINCE2 unabhängig von der Projektart (z. B. Branche oder Projektgröße).

Des Weiteren stehen bei PRINCE2 sieben Themen im Mittelpunkt, die mit den Prozessgruppen nach DIN 69901 oder den Wissensgebieten nach PMBOK verglichen werden können. Die sieben Themen beantworten relevante *W-Fragen.* Einige dieser Fragen findet man bereits bei den Projektbeschränkungen in ▶ Abschn. 1.1.3.

Die entsprechenden Fragen in PRINCE2 lauten:

- Business Case: Warum?
- Organisation: Wer?
- Qualität: Was?
- Pläne: Wie?, Wie viel?, Wann?
- Risiken: Was ist, wenn?
- Änderungen: Was sind die Auswirkungen?
- Fortschritt: Wo stehen wir?, Wie geht es weiter?

Für PRINCE2 gibt es drei Zertifizierungsstufen:

- PRINCE2-Foundation: Grundlagenzertifizierung,
- PRINCE2-Practitioner: Zertifizierung für Personen mit Foundation-Zertifikat,
- PRINCE2-Professional: Zertifizierung für Personen mit Practitioner-Zertifikat.

1.5 Projektmanagementphasen

In diesem Buch wird von Projektmanagementphasen gesprochen, wenn das Projektmanagement zeitlich strukturiert werden soll. Dabei werden vier Phasen definiert, die häufig in der Praxis vorzufinden sind.

Im Gegensatz zu den Projektphasen, in denen die Wertschöpfung des Projektes erfolgt, d. h. das Projektlieferobjekt geschaffen wird, beziehen sich die Projektmanagementphasen auf die Managementaktivitäten innerhalb des Projektes. ◘ Abb. 1.19 stellt diese Abgrenzung dar.

- **Initiierungsphase**

In der Initiierungsphase wird eine Projektidee hinsichtlich der Machbarkeit, der strategischen Bedeutung sowie der Projektwürdigkeit bewertet und hinsichtlich der wesentlichen Projektmanagementelemente, wie Lieferobjekt, Zeiten, Kosten, Risiken, grob abgeschätzt. Diese Phase hat zum Ziel, eine Basis zu schaffen, auf der eine Go-/No-Go Entscheidung gefällt werden kann sowie die wesentliche Planungsbasis zu legen, um das Projekt offiziell zu starten. Das wesentliche Ergebnisdokument dieser Phase ist der Projektauftrag. Im Allgemeinen endet diese Phase mit der offiziellen Genehmigung des Projektes. Es ist sinnvoll, in dieser Phase schon den Projektleiter zu benennen.

- **Planungsphase**

Die Planungsphase beinhaltet alle Aktivitäten, Methoden und Instrumente, die notwendig sind, um einen soliden Projektplan zu erstellen, der die Grundlage für die Projektumsetzung ist. Dabei werden die in ► Abschn. 1.6 be-

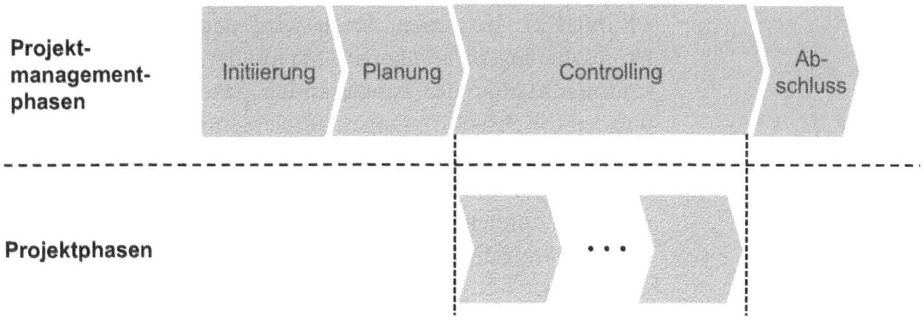

◘ **Abb. 1.19** Zusammenhang und Abgrenzung Projektmanagementphasen und Projektphasen. (Quelle: Dechange & Friedrich, 2013, S. 104)

1

schriebenen Projektmanagementelemente geplant. Dazu bedarf es eines Projektkernteams, das in dieser Phase zusammengestellt wird und das Projekt gemeinsam mit dem Projektleiter plant und steuert. Die Planungsphase schließt in der Regel mit der Fertigstellung und Genehmigung des Projektplans.

- **Controllingphase**

In der Controllingphase findet die Überwachung und Steuerung der Projektdurchführung statt. Das heißt in dieser Phase wird der in der Planungsphase erstellte Plan der Ist-Situation gegenübergestellt. Bei Abweichungen werden Maßnahmen ergriffen, um das Projekt wieder auf Kurs zu bringen, ggfs. muss der Plan angepasst werden. Alternativ wird auch von der Steuerungsphase gesprochen. Da der Begriff *Controlling* aber umfassender ist als der Begriff *Steuerung,* wird diese Phase hier *Controllingphase* genannt.

- **Abschlussphase**

In der Abschlussphase werden die finale Projektdokumentation erstellt, eine Reflexion des Projektes vorgenommen und das Projekt administrativ geschlossen.

1.6 Projektmanagementelemente

Neben der zeitlichen Strukturierung des Projektmanagements in Phasen kann eine funktionale Strukturierung in Projektmanagementelemente erfolgen. Die in ▶ Abschn. 1.4 genannten Standards benutzen dabei unterschiedliche Begrifflichkeiten (Prozessgruppen nach DIN 69901, Kompetenzen nach ICB, Wissensgebiete nach PMBOK, Fachgruppen nach ISO21500, Themen nach PRINCE2). In diesem Buch wird der neutrale Begriff *Projektmanagementelement* verwendet, der eine Zusammenfassung der existierenden Standards ist. Dabei wurden die Projektmanagementelemente im Wesentlichen aus den Projektbeschränkungen in ▶ Abschn. 1.1.3 abgeleitet. Im Einzelnen handelt es sich um folgende Projektmanagementelemente (◘ Abb. 1.20):

- Projektziele/Lieferobjekt,
- Arbeit,
- Qualität,
- Organisation und Kommunikation,
- Zeit,

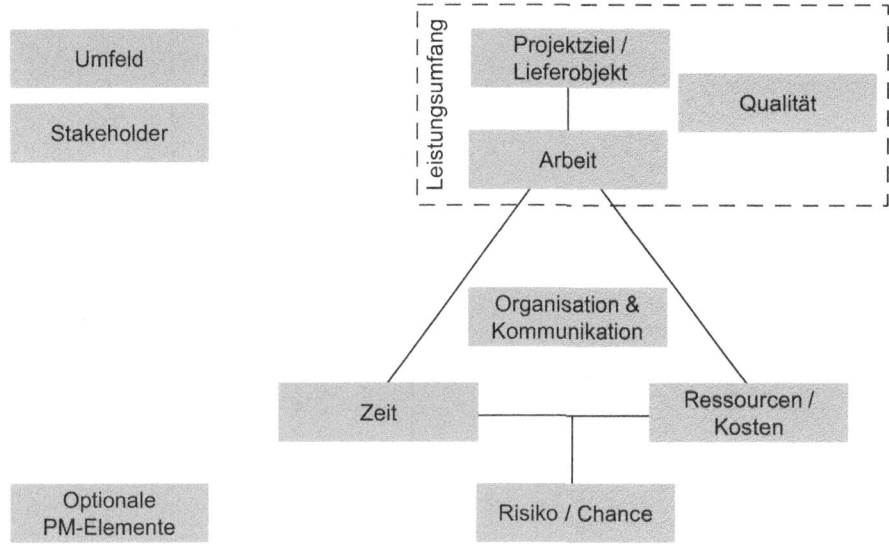

Abb. 1.20 Projektmanagementelemente

- Ressourcen und Kosten,
- Umfeld,
- Stakeholder,
- Risiko.

In Abhängigkeit der Projektart kann es noch weitere Elemente (optionale Projektmanagementelemente) geben, die berücksichtigt werden müssen. Dabei handelt es sich um:
- Beschaffungsmanagement,
- Vertragsmanagement,
- Change Management,
- Projektmarketing.

Wie bereits erwähnt, werden das Lieferobjekt und die Arbeit unter dem Begriff *Leistungsumfang (Scope)* zusammengefasst. Auch die Qualität kann unter dem Begriff *Umfang* subsumiert werden, wie es bei der Darstellung des magischen Dreiecks (■ Abb. 1.2) erfolgt ist.

In diesem Buch werden all jene Prozesse des Projektmanagements zugrunde gelegt, die sich in der in ■ Tab. 1.7 gezeigten Matrix darstellen lassen.

Die Zuordnung von Projektmanagementprozessen zu den Projektphasen ist abhängig von der Struktur der Projektmanagementphasen, der Projektmanagementelemente sowie der Sichtweise des Erstellers. So finden sich bei verschiedenen Projektmanagementstandards, ver-

1

◼ Tab. 1.7 Prozesse des Projektmanagements

Projektmanagementelemente	Projektmanagementphasen			
	Initiierung	Planung	Controlling	Abschluss
Projektziele/Lieferobjekt	Projektziele und Lieferobjekt definieren	Projektziele validieren und ggfs. verfeinern ggfs. Lieferobjekt verfeinert definieren	Projektziele und Lieferobjekt überwachen und ggfs. anpassen	Erfüllungsgrad der Ziele und des Lieferobjekts bewerten Lessons-Learned-Ziel und -Lieferobjekt
Arbeit	Projektphasen festlegen	Projektstrukturplan erstellen	Projektstrukturplan überwachen und ggfs. anpassen	Projektstruktur bewerten Lessons-Learned-Projektstruktur
Organisation/Kommunikation	Wesentliche Rollen (mind. PL, PAG) namentlich bestimmen	Projektorganisation inkl. Kommunikation festlegen	Mitarbeiter führen Team managen Projektorganisation und Kommunikation überwachen und ggfs. anpassen Soziales Controlling durchführen	Mitarbeiter freigeben Organisation und Kommunikation bewerten Lessons-Learned-Organisation und -Kommunikation
Qualität	Wesentliche Qualitätsanforderungen festlegen	Qualitätsmerkmale und -anforderungen festlegen	Controlling der Qualitätsmerkmale und Sicherstellung der Qualität	Qualität bewerten Lessons-Learned-Qualitätsmanagement
Zeit	Meilensteine festlegen	Terminplan erstellen	Terminplan überwachen und ggfs. anpassen	Zeitmanagement abschließend bewerten Lessons-Learned-Zeitmanagement
Ressourcen und Kosten	Projektbudget und ggfs. internen Aufwand festlegen	Ressourcen- und Kostenplan erstellen	Ressourcen- und Kostenplan überwachen und ggfs. anpassen	Ressourcen- und Kostenmanagement bewerten Lessons-Learned-Ressourcen- und -Kostenmanagement

◘ Tab. 1.7 Prozesse des Projektmanagements

Projektmanagementelemente	Projektmanagementphasen			
	Initiierung	Planung	Controlling	Abschluss
Umfeld	Wesentliche Einflussfaktoren des sachlichen Umfelds identifizieren	Einflussfaktoren des sachlichen Umfelds analysieren und Maßnahmen ableiten	Maßnahmen umsetzen, sachliches Umfeld überwachen und ggfs. Einflussfaktoren anpassen	Ressourcen- und Kostenmanagement bewerten Lessons-Learned-Ressourcen- und -Kostenmanagement
Stakeholder	Wesentliche Stakeholder identifizieren	Stakeho der analysieren und Maßnahmen ableiten	Maßnahmen umsetzen und überwachen und ggfs. Stakeholder anpassen	Stakeholdermanagement bewerten Lessons-Learned-Stakeholdermanagement
Risiko	Wesentliche Risiken identifizieren	Risiken/Chancen analysieren und Maßnahmen ableiten	Maßnahmen umsetzen und überwachen und ggfs. Risiken anpassen	Risikomanagement bewerten Lessons-Learned Risikomanagement
Nach Bedarf weitere Elemente: – Beschaffungsmgt. – Vertragsmgt. – Claimmgt. – Change Mgt. – Projektmarketing	Festlegung, welche Elemente für das Projekt benötigt werden	Entsprechende Teilpläne erstellen	Teilpläne überwachen und ggfs. anpassen	Elemente bewerten Lessons Learned der angewandten Elemente durchführen

Beschaffungsmgt. – Beschaffungsmanagement
Vertragsmgt. – Vertragsmanagement
Claimmgt. – Claimmanagement
Change Mgt. – Change Management

schiedenen Unternehmensstandards und in unterschiedlichen Literaturquellen unterschiedliche Zuordnungen mit z. T. unterschiedlichen Begriffen. Entscheidend ist aber immer die Vollständigkeit dieser Prozesse, sodass keine Projektmanagementtätigkeit vergessen wird.

Bedeutung der Projektmanagementelemente im traditionellen und agilen Bereich

Des Weiteren sind die Projektmanagementelemente sowohl im traditionellen, im agilen als auch im hybriden Projektmanagement von Bedeutung. Die Projektphasen beziehen sich auf das traditionelle Projektmanagement und ggfs. in Abhängigkeit des Vorgehensmodell auf das hybride Projektmanagement. Im agilen Projektmanagement werden die Elemente iterativ gemanagt (▶ Kap. 4).

Die Umsetzung der in ◻ Tab. 1.7 dargestellten Projektmanagementprozesse wird in den Kapiteln ▶ Kap. 2 bis 5 ausführlich mit den relevanten Methoden und Instrumenten beschrieben.

1.7 Projektorganisation und Rollen des Projektmanagements

Projektrollen

Wie bereits in ▶ Abschn. 1.1.6 dargestellt, gibt es im Projektmanagement verschiedene Rollen, die temporär in einer Projektorganisation strukturiert werden.

Rolle

Unter einer Rolle im Projektmanagement versteht man eine temporäre Position einer Person oder eines Gremiums innerhalb oder außerhalb der Projektorganisation, die mit gewissen Befugnissen/Kompetenzen und Verantwortlichkeiten ausgestattet ist.

Rollen sind personenunabhängig, d. h. eine Person kann z. B. mehrere Rollen ausüben. So kann bei kleinen Projekten der Projektleiter gleichzeitig Arbeitspaketverantwortlicher und Projektmitarbeiter sein.

Rollen werden auf Basis von gegenseitigen Erwartungen ausgehandelt und festgelegt. In der Praxis gibt es aber häufig vordefinierte Rollenbeschreibungen für immer wiederkehrende Rollen, wie z. B. den Projektleiter, den Projektauftraggeber, den Lenkungskreis (als Gremium) etc. Diese können dann ggfs. im Projekt angepasst werden.

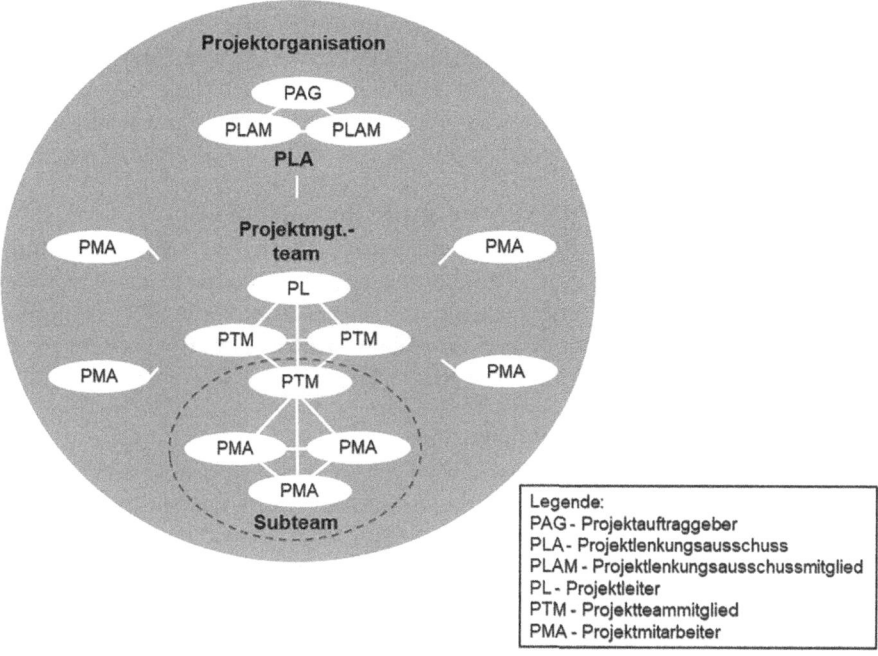

Legende:
PAG - Projektauftraggeber
PLA - Projektlenkungsausschuss
PLAM - Projektlenkungsausschussmitglied
PL - Projektleiter
PTM - Projektteammitglied
PMA - Projektmitarbeiter

◘ **Abb. 1.21** Projektorganisation mit wesentlichen Rollen

◘ Abb. 1.21 zeigt die wesentlichen Rollen einer Projektorganisation.

Im Folgenden werden die wesentlichen Rollen kurz vorgestellt. In ► Abschn. 3.1.4 wird ausführlicher auf die einzelnen Rollen eingegangen.

■ **Projektlenkungsausschuss**

Der Projektlenkungsausschuss ist ein Kontroll- und Steuergremium für das gesamte Projekt. Hier werden die Ziele des Projektes gemeinsam festgelegt und finanzielle Mittel freigegeben. Alle Entscheidungen, die zur Veränderung der Projektbeschränkungen Ziel, Lieferobjekt, Zeit, Kosten und Ressourcen führen, müssen hier genehmigt werden. Der Projektlenkungsausschuss ist bei Konflikten die finale Entscheidungsinstanz. Er besteht aus dem Projektauftraggeber und den Projektlenkungsausschussmitgliedern.

Projektlenkungsausschuss

■ **Projektauftraggeber**

Der Projektauftraggeber hat den Vorsitz im Projektlenkungsausschuss und ist federführend verantwortlich für das Projekt, von der Initiierung bis zum Abschluss. Er

Projektauftraggeber

1

ist bei internen Projekten häufig der Projektkunde oder vertritt die Endanwender und Nutzer des Projektlieferobjektes. Der Auftraggeber formuliert und verantwortet im Zusammenspiel mit dem Projektlenkungsausschuss die Projektziele. Er ist für die Gesamtabnahme des Projektes verantwortlich und ist berechtigt, das Projekt zu beenden.

■ **Projektlenkungsausschussmitglied**

Projektlenkungsaus-
schussmitglied

Das Projektlenkungsausschussmitglied ist ein Individuum des Projektlenkungsausschusses und meist aus dem höheren Management. Ein Projektlenkungsausschussmitglied sollte ein direktes oder indirektes Interesse an dem Projekt haben.

■ **Der Projektleiter**

Projektleiter

Der Projektleiter ist für eine erfolgreiche Abwicklung des Projektes verantwortlich. Er führt gemeinsam mit dem Projektmanagementteam alle Aktivitäten zur Planung, zum Controlling und zum Abschluss des Projektes durch und ist für die erfolgreiche Umsetzung des Projektes im Rahmen der im Projektauftrag fixierten Ziele operativ verantwortlich. Er hat dafür fachliche Weisungsbefugnisse gegenüber dem jeweiligen Projektmanagementteam. Der Projektleiter wird durch den Auftraggeber bestimmt.

■ **Projektmanagementteam (oder Projektkernteam)**

Projektmanagement-
team

Das Projektmanagementteam ist für das Projektmanagement verantwortlich. Es besteht aus dem Projektleiter und den Projektteammitgliedern.

■ **Projektteammitglied**

Projektteammitglied

Die Mitglieder des Projektmanagementteams planen und steuern Teilprojekte oder Arbeitspakete.

■ **Subteam**

Subteam

Ein Subteam bearbeitet ein Teilprojekt oder ein Arbeitspaket und setzt sich aus einem Projektteammitglied und den Projektmitarbeitern zusammen.

■ **Projektmitarbeiter**

Projektmitarbeiter

Der Projektmitarbeiter ist für die Umsetzung des Lieferobjektes zuständig und hat keine Funktion innerhalb des Projektmanagements. Deshalb ist er auch nicht Mitglied des Projektmanagementteams.

1.8 Kritische Erfolgsfaktoren

Die wesentlichen Herausforderungen an das Projektmanagement sind heutzutage in den Bereichen Führung, Planung inkl. Zielmanagement, Umgang mit Komplexität und Unsicherheiten, Kommunikation sowie Selbst- und Sozialkompetenz zu finden (vgl. Dechange, 2016, S. 18).

Auf Basis dieser Herausforderungen können die entsprechenden Erfolgsfaktoren abgeleitet werden, die in ◨ Abb. 1.22 dargestellt sind.

Erfolgreiches Projektmanagement basiert auf den in ◨ Abb. 1.22 genannten Erfolgsfaktoren. Das vorliegende Buch beschreibt in den verschiedenen Kapiteln die entsprechenden Vorgehensweisen, Methoden und Instrumente sowie die benötigten Kompetenzen.

Wesentliche Herausforderungen	Erfolgsfaktoren des Projektmanagements
• Unklare Ziele, • Komplexität und Unsicherheit, • Personalengpässe (qualitativ und quantitativ), • Schlechte Führung, • Schlechte Kommunikation, • Unangemessene Planung, • Überforderung und Stress.	• Transparente und klare Ziele, • Zur Projektart passendes Projektmanagementmodell, • Angemessener Umgang mit Komplexität und Unsicherheiten, • Ausreichende Qualität und Quantität von Personal, • Moderne Führungsstile und –kompetenzen, • Hohe Sozialkompetenz, • Gutes Selbstmanagement im Rahmen der Komplexität, Führung, Kommunikation und des Stressmanagements.

◨ **Abb. 1.22** Herausforderungen und Erfolgsfaktoren des Projektmanagements. (Quelle: In Anlehnung an Dechange, 2016, S. 18)

1

1.9 Zusammenfassung

■ **Grundlagen des Projektmanagements**

— Projekte lassen sich über verschiedene Merkmale – wie Einmaligkeit, Zielvorgaben, temporärer Charakter, finanzielle Beschränkung (Projektbudget), projektspezifische und temporäre Organisation, soziales System, Komplexität, strategische Bedeutung und risikobehaftetes Vorhaben charakterisieren.

— Vorhaben sollten aus Effizienzgründen ihrer Arbeitsform entsprechend *(Routine, Projekt* oder *Prozess)* durchgeführt werden.

— Die Kenntnis der Projektart (Größe, Auftraggeber, Branche, Projektinhalt, Geografie, Wiederholbarkeit und Umfeld) unterstützt die Auswahl des Projektmanagementvorgehensmodells, inkl. der Auswahl von Methoden und Instrumenten.

— Aus den Projektmerkmalen lassen sich die wesentlichen Projektbeschränkungen – wie Grund, Projektziele, Projektlieferobjekt, Arbeit, Zeit, Ressourcen, Kosten, Organisation, Kommunikation, Risiken, Umfeld und Stakeholder – ableiten. Die Projektbeschränkungen werden im Rahmen des Projektmanagements geplant und gesteuert.

— Die Beschränkungen Projektziel, Projektlieferobjekt, Qualität und Arbeit können zum *Leistungsumfang* zusammengefasst werden und ergeben mit den Beschränkungen *Zeit* und *Ressourcen/Kosten* das sog. magische Dreieck.

— Projektphasen sind projektspezifisch und strukturieren das Projekt in seinem Ablauf.

— Ein Projekt kann auf unterschiedliche Arten in die Organisation eingebunden werden. Die bekanntesten sind die Einfluss-Projektorganisation, die Matrix-Projektorganisation und die reine Projektorganisation.

— Im Rahmen des Projektmanagements gibt es eine Einzelprojektmanagement- und eine Multiprojektmanagementsicht.

— Die wichtigsten Standards des Projektmanagements sind DIN 69901, ISO 21500, PMBOK, ICB und PRINCE2.

— Allgemein angewandte Vorgehensmodelle im Projektmanagement sind im Rahmen des traditionellen Projektmanagements das Wasserfallmodell, das V-Modell, Simultanous Engineering, das inkrementelle Modell und das Spiralmodell. Im Rahmen des agilen

Projektmanagements sind es Scrum, Kanban und Design Thinking.

— Projektmanagement lässt sich ablauforientiert in die Phasen *Initiierung, Planung, Controlling* und *Abschluss* einteilen.

— Projektmanagement kann funktional in die Projektmanagementelemente *Projektziele/Lieferobjekt, Arbeit, Organisation/Kommunikation, Qualität, Zeit, Ressourcen/Kosten, Umfeld, Stakeholder* und *Risiko* eingeteilt werden.

— Die Projektorganisation besteht aus verschiedenen Rollen, die personenunabhängig sind. Die wichtigen Rollen im Projektmanagement sind der Projektlenkungsausschuss, der Projektauftraggeber, das Projektlenkungsausschussmitglied, der Projektleiter, das Projektteam, das Projektteammitglied, das Subteam und der Projektmitarbeiter.

— Die kritischen Erfolgsfaktoren im Projektmanagement sind *Transparente und klare Ziele, passende Projektmanagementmodelle, angemessener Umgang mit Komplexität und Unsicherheiten, ausreichende Qualität und Quantität von Personal, moderne Führungskompetenz, hohe Sozialkompetenz* und *gutes Selbstmanagement.*

1.10 Wiederholungsfragen

❓ Grundlagen des Projektmanagements

1. Warum ist es wichtig, die Projektwürdigkeit festzustellen, d. h. die Aussage zu treffen, ob es sich bei einem Vorhaben überhaupt um ein Projekt handelt? (*Lösung* ► Abschn. 1.1.1)

2. Anhand welcher Kriterien kann man feststellen, ob es sich bei einem Vorhaben um ein Projekt handelt und wie kann man diese messen? (*Lösung* ► Abschn. 1.1.1)

3. Warum sollten Projekte kategorisiert werden, d. h. in Projektarten eingeteilt werden? (*Lösung* ► Abschn. 1.1.2)

4. Warum ist die Kenntnis der Projektbeschränkungen wichtig? (*Lösung* ► Abschn. 1.1.3)

5. Wie sind Projekt, Programm und Portfolio voneinander abzugrenzen? (*Lösung* ► Abschn. 1.1.5)

6. Wie können Projekte in die permanente Organisation eingebunden werden? (*Lösung* ► Abschn. 1.1.6)

1

7. Was sind Unterschiede der wichtigsten Projektmanagementstandards? (*Lösung* ► Abschn. 1.4)

8. Welche allgemeinen Vorgehensmodelle gibt es im Projektmanagement und welches sind die wesentlichen Merkmale der einzelnen Modelle? (*Lösung* ► Abschn. 1.3)

9. Welches sind die vier Phasen des Projektmanagements und was ist die Hauptaufgabe jeder Phase? (*Lösung* ► Abschn. 1.5)

10. Welche Strukturierungsansätze gibt es beim Projektmanagement und wie hängen diese zusammen? (*Lösung Antwort* ► Abschn. 1.5 und 1.6)

11. Warum ist es sinnvoll, das Projektmanagement zu strukturieren? (*Lösung* ► Abschn. 1.5 und 1.6)

12. Warum kann man bei der Betrachtung des Leistungsumfangs (Ziele/Lieferobjekt, Qualität und Arbeit), Zeit und Kosten von einem magischen Dreieck sprechen? (*Lösung* ► Abschn. 1.1.3)

13. Was sind die wesentlichen Aufgaben und Unterschiede der in ► Abschn. 1.7 dargestellten Rollen im Projekt? (*Lösung* ► Abschn. 1.7)

Projektinitiierung

Inhaltsverzeichnis

© Der/die Herausgeber bzw. der/die Autor(en), exklusiv lizenziert an Springer-Verlag GmbH, DE, ein Teil
von Springer Nature 2024
A. Dechange, *Projektmanagement – Schnell erfasst*, Wirtschaft – Schnell erfasst,
https://doi.org/10.1007/978-3-662-68169-5_2

Lernziele dieses Kapitels

Nach der Lektüre dieses Kapitels …

- kennen Sie die wesentlichen Projektmanagementaufgaben und -tätigkeiten innerhalb der Initiierungsphase.
- kennen Sie die verschiedenen Methoden und Instrumente der Initiierungsphase und können diese anwenden.
- kennen Sie den Ablauf zur Festlegung des Projektmanagementansatzes und des Vorgehensmodells.
- kennen Sie die Bedeutung der Projektziele und können Ziele strukturieren.
- kennen Sie die Bedeutung des Projektumfelds und der Stakeholder und können diese für ein Projekt beschreiben.
- können Sie den Aufbau eines Projektauftrages nachvollziehen.
- können Sie einen Projektauftrag erstellen.
- kennen Sie die wichtigsten Methoden und Instrumente der täglichen Projektarbeit und können diese anwenden.

2

Das zweite Kapitel hat die in ◘ Abb. 2.1 gezeigte Struktur.

Die Initiierungsphase ist die erste Phase des Projektmanagements. In der Initiierungsphase wird ein Projekt zunächst einmal nach verschiedenen Gesichtspunkten beschrieben, bewertet und z. T. grob geplant. Des Weiteren erfolgt die Festlegung des Vorgehensmodells. In den meisten Fällen erfolgt die Bewertung eines Projekts nach folgenden Kriterien:

- Projektwürdigkeit, d. h.: Ist das Vorhaben überhaupt ein Projekt? (s. ► Abschn. 1.1.1 und 2.2),
- Projektart, d. h.: Welcher Ansatz bzw. welches Vorgehensmodell muss gewählt werden, um das Projekt effizient zu managen? (s. ► Abschn. 1.1.2 und 1.3)
- Strategie, d. h.: Unterstützt das Projekt die Zielsetzung der Organisation? (► Abschn. 2.2)
- Machbarkeit, d. h.: Ist das Projekt überhaupt umsetzbar? (► Abschn. 2.2.4)

Die Managementelemente Ziele, Stakeholder und sachliches Umfeld werden in diesem Kapitel vor dem Hintergrund der Bedeutung in dieser Phase ausführlicher beschrieben.

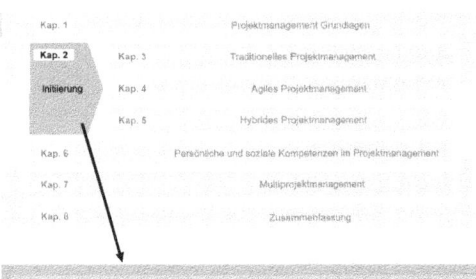

Kap. 1	Projektmanagement Grundlagen
Kap. 2	Kap. 3	Traditionelles Projektmanagement
Initiierung	Kap. 4	Agiles Projektmanagement
	Kap. 5	Hybrides Projektmanagement
Kap. 6	Persönliche und soziale Kompetenzen im Projektmanagement
Kap. 7	Multiprojektmanagement
Kap. 8	Zusammenfassung

Kap. 2	Projektinitiierung		
2.1	Projektbeschreibung	2.6	Stakeholder
2.2	Projektbewertung	2.7	Projektauftrag
2.3	Ansatz und Vorgehensmodell	2.8	Exkurs
2.4	Ziel / Lieferobjekt	2.9	Zusammenfassung
2.5	Sachliches Umfeld	2.10	Wiederholungsfragen

◘ **Abb. 2.1**   Struktur Kap. 2

Die Ergebnisse dieser Abschätzung und Beschreibung werden in einem sog. Projektantrag *(Projektsteckbrief, Projektspezifikation, Project Charter)* dokumentiert (▶ Abschn. 2.7). Der Abschluss dieser Phase ist die Genehmigung oder Nicht-Genehmigung des Projektantrags.

Da im Rahmen eines Projekts auch zahlreiche operative Aufgaben zu erfüllen sind, werden in einem Exkurs wesentliche Methoden und Instrumente der täglichen Projektarbeit vorgestellt (▶ Abschn. 2.8).

Weihnachtsfeier Ei-Ti AG – Einführung

Hier greifen wir unser Beispielprojekt der Weihnachtsfeier aus ▶ Abschn. 1.1.4 wieder auf, stellen es nun eingehender vor und führen es im Verlauf der nächsten Kapitel fort.

Laura Leiter hat gerade ihren Master in Projektmanagement erfolgreich absolviert und vor einigen Wochen ihren neuen Job bei der Ei-Ti AG begonnen. Die Ei-Ti AG ist auf die Entwicklung von IT-Lösungen spezialisiert. Das Unternehmen hat seine Zentrale in Berlin und zwei weitere Standorte in Deutschland (Dresden und München). Überdies gibt es zwei Standorte im Ausland, in Budapest (Ungarn) und Helsinki (Finnland). Laura Leiter durchläuft ein Traineeprogramm bei der Ei-Ti AG und befindet sich zurzeit in der Personalabteilung. Aufgrund ihrer Projektmanagementausbildung hat Laura Leiter von ihrem Chef Paul Perso die Aufgabe bekommen, die diesjährige Weihnachtsfeier zu planen und vorzubereiten.

Zudem hat der Geschäftsführer der Ei-Ti AG Gerd Genau mitbekommen, dass Laura Leiter ein Studium in Projektmanagement absolviert hat und hat den Wunsch geäußert, die bestehenden Methoden und Instrumente des Projektmanagements, die für IT-Projekte vor Jahren einmal in einem Ordner zusammengestellt wurden, im Rahmen des Projekts zu strukturieren und ggfs. neue Methoden und Instrumente zu dokumentieren.

Darüber hinaus hat Gerd Genau mit dem Vertriebsleiter Volker Verse und der Marketingleiterin Martina Mark die Idee, eine Mitarbeiter-App zu entwickeln, die zukünftig auch anderen Unternehmen angeboten werden soll. Die App soll in einem ersten Schritt folgende Funktionen beinhalten:

- Feedback zu Veranstaltungen sammeln,
- grafische Auswertung nach verschiedenen Funktionsbereichen,
- Unternehmensquiz mit einfachem Einspielen von Fragen,
- Mehrsprachigkeit,
- Kommunikationsplattform für Mitarbeiter (Nachrichten, Bilder etc.),
- Unternehmensinformationsplattform (z. B. Unternehmenskennzahlen Mitarbeiter, Getränke & Speisen, Projekte etc.).

2

Des Weiteren möchte Gerd Genau endlich das Thema agiles Projektmanagement in der Ei-Ti AG etablieren. Hierzu möchte er ebenfalls mithilfe von Laura Leiter ein Pilotprojekt starten.

„Der Pilot" sollte ebenfalls zur Weihnachtsfeier vorliegen und im Rahmen des Weihnachtsfeierprojekts gemanagt werden. Gerd Genau ist bereit, hierfür eigenes Personal zur Verfügung zu stellen.

2.1 Projektbeschreibung

Zunächst sollte das Vorhaben[1] kurz beschrieben bzw. dargestellt werden, um es anschließend zu bewerten. Die Projektbeschreibung dient ebenfalls dazu, ein gemeinsames Verständnis des Projekts zu schaffen. Hierzu können Methoden und Instrumente zur Beschreibung und Strukturierung, wie das Project Canvas oder die Abgrenzungs- und Kontextanalyse eingesetzt werden.

2.1.1 Project Canvas

Project Canvas

Das Project Canvas ist eine relativ junge Methode bzw. ein junges Instrument. Es verfügt dabei über folgende Eigenschaften:

- einfacher Aufbau,
- leicht verständliche Sprache,
- Anwendung sowohl im agilen als auch im traditionellen Projektmanagement (Frank Habermann, 2016).

◗ Abb. 2.2 zeigt die Struktur mit den wesentlichen Betrachtungselementen eines Project Canvas.

Die Betrachtungselemente eines Project Canvas sind identisch mit den Projektmanagementelementen. Deshalb wird nicht noch mal auf die einzelnen Felder eingegangen.

---

1   Zu diesem Zeitpunkt steht noch nicht fest, ob es sich wirklich um ein Projekt handelt. Vor diesem Hintergrund wird an dieser Stelle noch der neutrale Begriff *Vorhaben* anstelle von *Projekt* verwendet.

Project Canvas für das Projekt:			
Zweck	Lieferobjekt	Qualität	Budget
Meilensteine	Ressourcen	Team	Risiken und Chancen
Umfeld und Rahmenbedingungen	Kunde	Stakeholder	Erstellungsdatum und Autoren
			Datum: Autoren:

◻ Abb. 2.2 Beispiel Project Canvas

2.1.2 Projektabgrenzung und -kontext

Ein Projekt kann als soziales System betrachtet werden (s. ▶ Abschn. 1.1.3). Zur Beschreibung sozialer Systeme im Allgemeinen und als Analyse- und Strukturierungshilfe für Projekte im Speziellen wird ein Projekt aus zeitlicher, sachlicher und sozialer Sicht abgegrenzt und der Kontext beschrieben. Damit ergibt sich die folgende 6-Felder-Matrix, die als Abgrenzungs- und Kontextanalyse bezeichnet wird (◻ Tab. 2.1).

Abgrenzungs- und Kontextanalyse

Die zeitliche Abgrenzung beschreibt den Start- und Endtermin. Einige Projekte hängen neben dem absoluten Start- und Endtermin von Ereignissen beim Start und Ende ab. Diese sind dann wichtige Ergänzungen. So kann z. B. erst mit der Entwicklung einer neuen Vertriebssoftware begonnen werden, wenn in einem vorgelagerten Projekt die Vertriebsprozesse optimiert wurden. Bei Verzögerung des vorgelagerten Projekts verschiebt sich auch der Starttermin des Entwicklungsprojekts. Genauso kann ein Endtermin von einem Ereignis abhängen, dessen Termin noch nicht feststeht.

zeitliche Abgrenzung

2

◘ Tab. 2.1 Abgrenzungs- und Kontextanalyse auf Basis von Sterrer & Winkler, 2009, S. 16

	Zeitlich	Sachlich	Sozial
Ab-grenzung	**Start- und End-termin**	**Ziele, Lieferobjekt, Pha-sen, Budget**	**Interne Stakeholder/Projekt-organisation**
	– Starttermin und/oder Startereignis – Endtermin und/oder Endereignis	Beschreibung von – Projektzielen, ggfs. Nicht-Zielen, – Lieferobjekt, – Projektphasen, – ggfs. Haupt-komponenten des Liefer-objekts, – ggfs. Qualitätsmerk-malen, – Budget	Nennung der bis dato ge-planten Projektorganisation mit Projektauftraggeber, Projektleiter, ggfs. Projekt-teammitgliedern
Kontext	**Vor- und Nach-projektphase**	**Sachliches Umfeld**	**Externe Stakeholder/Sozia-les Umfeld**
	Identifikation und Beschreibung vor- und nachgelagerter Projekte oder Pha-sen	Identifikation und Be-schreibung des sachlichen Umfelds, das einen Ein-fluss auf das Projekt hat, wie z. B. – Strategien, – Normen und Gesetze, – andere Projekte	Identifikation von externen Stakeholdern, wie z. B. – Kunden, – Lieferanten, – Behörden, – Wettbewerbern

sachliche Abgrenzung

Innerhalb der sachlichen Abgrenzung werden die Ziele, ggfs. Nicht-Ziele, das Lieferobjekt, die wichtigsten Pha-sen, ggfs. die Hauptkomponenten und ggfs. die Qualität des Lieferobjekts beschrieben. Zusammenfassend wird hier der Umfang grob beschrieben. Darüber hinaus wer-den innerhalb der sachlichen Abgrenzung das Budget fest-gelegt und/oder die Kosten grob abgeschätzt.

soziale Abgrenzung

Die soziale Abgrenzung legt die Projektorganisation fest. Dabei sollten zumindest der Projektauftraggeber und Projektleiter identifiziert sein. Diese Rollen gibt es in jedem Projekt, sie sollten namentlich feststehen. Weitere Rollen und Personen, die zu diesem Zeitpunkt schon be-kannt sind, werden ebenfalls in der sozialen Abgrenzung dargestellt. Damit kann ein grobes Projektorganigramm bereits erstellt werden. Die soziale Abgrenzung entspricht den internen Stakeholdern.

Der zeitliche Kontext beschreibt ggfs. vorhandene vor- und nachgelagerte Projekte oder Phasen, die das eigentliche Projekt beeinflussen und damit Berücksichtigung finden sollten.

zeitlicher Kontext

Alles was ein Projekt „von außen" beeinflusst und nicht direkt durch Personen geschieht, wird im sachlichen Kontext dargestellt. Hierzu gehören z. B. Strategien, Gesetze, Verordnungen und andere Projekte. Der sachliche Kontext ist damit das sachliche Umfeld.

sachlicher Kontext

Der soziale Kontext ist das soziale Umfeld, mit anderen Worten die externen Stakeholder. Wie bei der sozialen Abgrenzung (interne Stakeholder), wird in dieser Phase grob analysiert bzw. eingeschätzt.

sozialer Kontext

Insgesamt kann für die Abgrenzungs- und Kontextanalyse festgehalten werden, dass sie eine erste grobe, strukturierte Analyse oder eine strukturierte Einschätzung ist, auf deren Basis das Projekt genehmigt und ggfs. priorisiert werden kann. Die Ergebnisse der Abgrenzungs- und Kontextanalyse fließen in den Projektauftrag (► Abschn. 2.7) ein.

Praxistipp

Arbeitstechniken zur Erstellung von Project Canvas und Projektabgrenzung und -kontext

In der Praxis empfiehlt es sich, ein Project Canvas oder die Abgrenzungs- und Kontextanalyse gemeinsam im bis dato bestehenden Team (ggfs. mit Auftraggeber) zu erstellen. Hierdurch entsteht eine bessere gemeinsame Sichtweise und dadurch meist ein höheres Engagement für das Projekt.

2

Weihnachtsfeier Ei-Ti AG – Project Canvas

Laura Leiter möchte für ihr Projekt ein Project Canvas nutzen, um einen gemeinsamen und strukturierten Überblick über das Projekt zu schaffen. Sie bittet ihren Auftraggeber Paul Perso und die beiden potenziellen Projektmitglieder Sabine Schein und Sven Soft, an der Erstellung eines Project Canvas mitzuwirken. Hierzu reserviert Laura Leiter einen Besprechungsraum mit einem Flipchart und einer Metaplanwand für ca. 90 min.

Nach ca. 60 min, in denen viel diskutiert wurde, sind die wesentlichen Ergebnisse herausgearbeitet worden. Sie wurden auf einem Flipchart festgehalten. Laura Leiter macht ein Foto des Flips und überträgt die Ergebnisse in eine Tabelle.

Project Canvas der Weihnachtsfeier bei der Ei-Ti AG			
Zweck	**Lieferobjekt**	**Qualität**	**Budget**
– Mitarbeiterbindung, Verbesserung der Unternehmenskultur, Wertschätzung der Mitarbeiter	– Lieferobjekt: Weihnachtsfeier und Mitarbeiter-App – Nicht Lieferobjekt: Mitarbeitergeschenke	– Pünktlichkeit – Reibungsloser Ablauf – Mindestens gutes Bewertungsergebnis bei Umfrage	– Budget: 75.000 €
Meilensteine	**Ressourcen**	**Team**	**Risiken und Chancen**
– Start: 1.8. – Ende: nach Abschluss der Auswertung (ca. bis 31.12.)	– Know-how der Teammitglieder von vergangenen Weihnachtsfeiern – Teamraum	– Projektauftraggeber: Paul Perso (Chef HR) – Projektleiter: Laura Leiter – Projektteammitglieder: Sabine Schein, Sven Soft	– DJ fehlt wegen Krankheit – Mitarbeiter fehlen – Caterer verspätet sich
Umfeld und Bedingungen	**Kunde**	**Stakeholder**	**Erstellungsdatum und Autoren**
– Regelung geldwerter Vorteil – Restrukturierungsprojekt *Restrukt* – alle Softwareentwicklungsprojekte – Richtlinie zum Umgang mit personenbezogenen Daten der Ei-Ti AG	Besucher der Weihnachtsfeier, Familienmitglieder, Geschäftspartner	– CFO Frank Findus – Marketingchef Martina Mark – Caterer – DJ – Sicherheitsfirma	Datum: xx Autoren: xx

Folgende Anmerkungen hat sich Laura Leiter noch zusätzlich gemacht:

Meilensteine

Der Starttermin ist auf Basis der Erfahrungen der letzten Jahre vom Auftraggeber vorgegeben worden.

Der Endtermin hängt grundsätzlich am Ereignis *Auswertung erstellt,* ist aber zusätzlich mit dem Datum 31.12. als spätesten Termin festgesetzt worden.

Lieferobjekt

Bei diesem Projekt gibt es aufgrund des Wunsches des Geschäftsführers Gerd Genau zwei Lieferobjekte. Neben der Weihnachtsfeier soll auch eine Mitarbeiter-App entwickelt werden. Paul Perso ist von dieser Idee ebenfalls begeistert, da hierdurch die Mitarbeiterzufriedenheit erhöht und die Unternehmenskultur gestärkt werden kann. Darüber hinaus sind die Kompetenz und das Personal im eigenen Hause angesiedelt, sodass keine zusätzlichen Personalausgaben entstehen.

Umfeld und Rahmenbedingungen

Zurzeit wird ein Restrukturierungsprojekt Restrukt durchgeführt, das eine organisatorische Konsolidierung in einigen Bereichen vorsieht. Es sollen zwar keine Mitarbeiter entlassen werden, aber die Gerüchteküche brodelt und einige Mitarbeiter sind sehr verunsichert.

Team:

- CFO Frank Findus,
- Marketingchefin Martina Mark.

In der Initiierungsphase erfolgt bereits eine grobe Zielplanung, die die Ausgangsbasis für das Lieferobjekt bildet. Vor diesem Hintergrund wird das Projektmanagementelement *Ziele/Lieferobjekt* im Folgenden detaillierter dargestellt (▶ Abschn. 2.4).

2.2 Projektbewertung

In einem nächsten Schritt wird das Vorhaben hinsichtlich Projektwürdigkeit, Projektart, wirtschaftlicher Bedeutung und technischer Machbarkeit bewertet. Die strategische Bedeutung des Vorhabens wird innerhalb des Multiprojektmanagements abgeschätzt (s. ▶ Kap. 7). Darüber hinaus werden anhand der Projektart und weiterer Kriterien der Projektmanagementansatz (traditionell, agil oder hybrid) sowie das Vorgehensmodell bestimmt.

2

2.2.1 Projektwürdigkeitsanalyse

Nachdem eine Vorhabensidee entstanden ist, sollte zunächst bewertet werden, um was für eine Art Vorhaben (Linientätigkeit, Projekt oder Prozess) es sich handelt. Wenn es sich bei dem Vorhaben um ein Projekt handelt, sollte die Projektart anschließend ermittelt werden, um einen passenden Projektmanagementansatz festzulegen (s. ► Abschn. 1.3).

Weihnachtsfeier Ei-Ti AG – Projektwürdigkeitsanalyse

Laura Leiter hat in ihrem Studium etwas über eine Projektwürdigkeitsanalyse gehört und dass es im ersten Schritt wichtig ist festzustellen, ob es sich bei einem Vorhaben überhaupt um ein Projekt handelt, damit das richtige Vorgehensmodell inkl. der entsprechenden Methoden und Instrumente ausgewählt werden kann.

Hierzu werden bei der Ei-Ti AG die Kriterien Neuartigkeit, Größe (Dauer) und Komplexität (beteiligte Organisationseinheiten) herangezogen.

Laura Leiter überprüft daraufhin die drei Kriterien für das bevorstehende Vorhaben:

- **Neuartigkeit:** Laura Leiter ist sich nicht sicher, ob es sich um ein wirklich neues Vorhaben handelt, denn immerhin gibt es jedes Jahr eine Weihnachtsfeier. Deshalb fragt sie den erfahrenen Projektleiter Emil Expert, wie er dieses Kriterium einschätzt. Emil Expert erklärt ihr, dass es sich bei der Neuartigkeit nicht ausschließlich um das Ergebnis handelt, auch der Weg zum Ergebnis muss berücksichtigt werden. Die Vorbereitung einer so großen Party hat immer einen anderen Verlauf hinsichtlich der unterschiedlichen Zielsetzung sowie der verschiedenen Stakeholder und Probleme, die sich ergeben. Er erklärt Laura Leiter, dass es Vorhaben gibt, die zwar einen wiederholenden Charakter haben, aber dennoch aufgrund der immer unterschiedlichen Beschränkungen die Projektmerkmale erfüllen.
- **Größe:** Bzgl. der Dauer weiß Laura Leiter, dass die Vorbereitung und Planung der letzten Weihnachtsfeier fast ein halbes Jahr beansprucht hat. Diese lange Dauer weist eindeutig daraufhin, dass es sich um ein Projekt handelt. Die Ei-Ti AG hat eine Mindestdauer von zwei Wochen festgelegt, bei der ein Vorhaben als Projekt eingestuft werden kann.

— **Komplexität:** Laura Leiter hat noch nie eine so große Party geplant. Dennoch weiß sie, dass Caterer, DJ und Technik bei einer so großen Party als Beteiligte nötig sind. Darüber hinaus ist mit der IT-Abteilung zur Entwicklung der Mitarbeiter-App eine weitere Organisationseinheit bei der Ei-Ti AG involviert. Auch das Kriterium *Komplexität* ist damit erfüllt.

Alle drei Kriterien sind somit erfüllt: es handelt sich bei dem Vorhaben also um ein Projekt.

2.2.2 Feststellung Projektart

Die Projektbewertung hat einen großen Einfluss auf die Wahl des Projektmanagementmodells und somit auf die Effizienz des Projektmanagements.

Weihnachtsfeier Ei-Ti AG – Projektart
Emil Expert geht mit Laura Leiter die Projektarten aus ▶ Tab. 1.4 durch und sie kommen zu folgendem Ergebnis.

Projektgröße
Bei der Ei-Ti AG sind die Projektgrößenklassen folgendermaßen definiert:

Kriterien	Projektklasse A	Projektklasse B	Projektklasse C
Dauer	> 24 Wochen	Zwischen 8 und 24 Wochen	Zwischen 2 und 8 Wochen
Budget/Aufwand	> 200.000 € oder > 100 PT	Zwischen 20.000 und 200.000 € oder zwischen 50 und 100 PT	Zwischen 10.000 und 20.000 € oder zwischen 20 und 50 PT
Anzahl Projektbeteiligte	> 10 MA	Zwischen 5 und 10 MA	Zwischen 2 und 5 MA

PT – Personentage
MA – Mitarbeiter

2

Hierbei gilt, dass mindestens zwei Kriterien erfüllt sein müssen, um ein Projekt einer Projektklasse zuzuordnen.

Vom letzten Jahr weiß Laura Leiter, dass die Weihnachtsfeier zwar hinsichtlich der Dauer der Klasse A zugeordnet werden kann, allerdings weisen das Budget und die Anzahl der Projektbeteiligten aus dem letzten Jahr eher auf die Klasse B hin. Somit handelt es sich bei der Weihnachtsfeier um die Projektklasse B. Sobald sie die Projektkosten und die Anzahl der Projektbeteiligten genau geplant hat, will sie die Kriterien nochmal überprüfen.

Auftraggeber des Projektes
Der Auftraggeber des Projekts ist ihr Chef Paul Perso, sodass es sich hierbei um ein internes Projekt handelt. Das heißt Laura Leiter hat keine vertraglichen Beziehungen als Projektlieferant. Dabei spielt es keine Rolle, ob ggfs. noch externe Zulieferer (z. B. für das Catering) im Projekt existieren.

Branche
Die Branche hängt vom Projektlieferobjekt ab. Bei diesem Projekt handelt es sich um ein Projekt aus dem Eventbereich für die reine Weihnachtsfeier und dem IT-Bereich (Softwareentwicklung) für die Mitarbeiter-App. Da Laura Leiter während ihres Studiums etwas über Standardvorgehensmodelle gelernt hat, weiß sie, dass die Weihnachtsfeier als Eventprojekt traditionell und die App-Entwicklung am besten nach einem agilen Vorgehensmodell, wie z. B. Scrum, gemanagt werden sollte.

Projektinhalt
Die Weihnachtsfeier wurde in den letzten Jahren zwar immer in der Personal-abteilung der Ei-Ti AG verantwortlich abgewickelt, allerdings hat die Marketingab-teilung hierbei sehr stark inhaltlich unterstützt. Laura Leiter und Emil Expert be-schließen, dass es eine Kombination aus Personal- und Marketingprojekt ist.

Geografie
Das Projekt wird nur an einem Standort gemanagt (Berlin). Somit handelt es sich um ein regionales Projekt.

Wiederholbarkeit
Das Projekt ist zwar für Laura Leiter neu, aber es gab schon zahlreiche Weihnachts-feiern bei der Ei-Ti AG. Diese Tatsache kann Laura Leiter nutzen, indem sie die Projektleiter und/oder Experten der vergangenen Jahre in das Projekt einbindet oder hier mindestens einen Austausch plant.

Umfeld
Da das Projekt innerhalb der Ei-Ti AG stattfindet, handelt es sich um ein Geschäfts-projekt.

2.2.3 Wirtschaftliche Bewertung

Bei der wirtschaftlichen Bewertung wird anhand der Gegenüberstellung von Projektkosten und dem erwarteten Projektnutzen eine Aussage darüber getroffen, ob sich das Projekt überhaupt aus wirtschaftlichen und/oder strategischen Gesichtspunkten lohnt. Diese Gegenüberstellung wird mithilfe einer Kosten-Nutzen-Darstellung bzw. eines sog. Business Case berechnet. Wesentliches Merkmal der Kosten-Nutzen-Darstellung ist die Gegenüberstellung von Kosten des Projekts (z. B. für Personal oder Material) und dem zu erwartenden quantitativen Nutzen, d. h. z. B. Kosteneinsparungen oder Umsatzsteigerungen. Meist wird eine Kosten-Nutzen-Rechnung über einen gewissen Betrachtungszeitraum von mehreren Jahren dargestellt und liefert eine Aussage zur Wirtschaftlichkeit eines Projektes.

Kosten-Nutzen-Rechnung

Weihnachtsfeier Ei-Ti AG – Business Case

Laura Leiter weiß noch aus ihrem Studium, wie wichtig die Kosten-Nutzen-Rechnung ist. Also geht sie zu ihrer Kollegin Sabine Schein, die ebenfalls im Personalbereich arbeitet und letztes Jahr für die Weihnachtsfeier verantwortlich war. Sie fragt sie, wie sie hier am besten vorgehen soll und ob es eine Kosten-Nutzen-Rechnung vom letzten Jahr gibt. Sabine Schein schaut sie nur verständnislos an und sagt, dass sie sich so viel Aufwand im letzten Jahr nicht gemacht und man auch keine Rechnung von ihr verlangt habe. Sabine Schein fragt Laura Leiter, wie sie sich denn die Berechnung der Nutzenseite vorstelle. Darauf weiß sie auch keine Antwort und fragt im Controlling nach. Ein Mitarbeiter aus dem Controlling erklärt ihr, dass bei einigen internen Projekten eine quantitative Nutzenberechnung, d. h. die Berechnung in Geldeinheiten, nicht oder nur sehr schwierig möglich sei. Diese Problematik gibt es bei Projekten, die z. B. zur Verbesserung des Images oder der Mitarbeiterzufriedenheit durchgeführt werden. Das wisse aber auch die Geschäftsführung und für solche Projekte muss bei der Ei-Ti AG kein quantitativer Nutzen berechnet werden. Es sollten nur ein paar qualitative Nutzenargumente zusammengetragen werden. Laura Leiter bedankt sich bei dem Controllingmitarbeiter und macht sich daran, eine Kosten-Nutzen-Darstellung zu erstellen. Hierzu hat sie aus dem Controlling noch eine Vorlage erhalten. Gemeinsam mit Sabine Schein, die die Kosten von der letzten Weihnachtsfeier noch gespeichert hat, und Emil Expert, der die Schätzung für die Mitarbeiter-App vornimmt, kommen die drei auf folgende Kosten-Nutzen-Betrachtung:

2

Kosten		Nutzen	
Sachkosten Weih-nachtsfeier (Speisen, Getränke, Dekoration und Reisekosten der Mitarbeiter)	ca. 50.000 €	Quantitativer Nutzen Weih-nachtsfeier und Mitarbeiter-App	Nicht möglich
Sachkosten Mit-arbeiter-App (Lizenzen)	ca. 20.000 €	Qualitativer Nutzen Weihnachts-feier und Mit-arbeiter-App	– Erhöhung Mit-arbeiter-zufriedenheit – Entwicklung der Unter-nehmenskultur
Personalkosten extern Weihnachtsfeier	ca. 5000 €		
Personalkosten extern Mitarbeiter App	–		
Personalaufwände in-tern Weihnachtsfeier	ca. 50 Personen-tage		
Personalaufwände in-tern Mitarbeiter-App	ca. 60 Personen-tage		
Gesamtkosten	**75.000 €**		
Gesamtaufwände in-tern	**110 Personen-tage**		

2.2.4 Technische/Sachliche Bewertung

Machbarkeitsstudie

Neben der wirtschaftlichen Betrachtung ist bei einigen Projekten, insbesondere bei Innovationsprojekten bzw. Projekten mit neuen technischen Komponenten, die Bewertung der fachlichen, vor allem technischen Machbarkeit von großer Bedeutung. Dies erfolgt in einer sog. Machbarkeitsstudie (engl. *Feasibility Study*).

Bei sehr komplizierten technischen Fragestellungen kann die Machbarkeitsstudie zunächst in einem eigenen Projekt abgewickelt werden. Das heißt hier wird die fachliche bzw. technische Bewertung nicht „mal eben neben-bei" durchgeführt, sondern es wird ein Projektteam offiziell benannt, das sich im Rahmen eines Projektes mit der Machbarkeit beschäftigt.

Weihnachtsfeier Ei-Ti AG – Machbarkeitsstudie
Hierum braucht sich Laura Leiter nicht zu kümmern, da sie aus Gesprächen mit Sabine Schein weiß, dass es zwar herausfordernd war, so ein großes Fest zu managen, aber die Machbarkeit eines Festes kaum eine technisch nicht lösbare Aufgabe darstellt.

Interessanter ist die Diskussion mit Sven Soft, einem Softwareentwickler und Experten auf dem Gebiet. Sven Soft weiß aus Erfahrung, dass die Entwicklung einer Mitarbeiter-App zwar auch noch nicht in dieser Form bei der Ei-Ti AG durchgeführt wurde, aber alle Kompetenzen bei der Ei-Ti AG prinzipiell vorhanden sind.

Damit kann Laura Leiter auf eine Machbarkeitsstudie nach Absprache mit dem Auftraggeber Paul Perso verzichten.

2.3 Projektmanagementansatz und Vorgehensmodell

Die Projektart (▶ Abschn. 2.2.1) ist eines von mehreren Kriterien, um zu entscheiden, ob ein Projekt eher traditionell, agil oder hybrid durchgeführt wird (Projektmanagementansatz). Darüber hinaus muss festgelegt werden, wie man das Projekt konkret abwickelt, d. h. das Projektmanagement Vorgehensmodell muss definiert werden. Der Ablauf zur Entscheidung des Projektmanagementansatzes und des Vorgehensmodells ist in der ◘ Abb. 2.3 dargestellt.

1. Projektdarstellung	2. Projektbewertung	3. Ansatz und Vorgehensmodell wählen	4. Optional: Vorgehensmodell designen
• Project Canvas • Abgrenzungs- und Kontextanalyse • Projektsteckbrief • Projektauftrag • etc.	• Standardmodelle (Stacey Matrix, Cynefin etc.) • Kriterienliste • Eignungsmatrix / Spinnendiagramme • Experten • Erfahrungen / Wissensmanagement • etc.	a) Ansatz wählen: Traditionell, Agil, Hybrid b) Auswahl Standard Vorgehensmodell wie z.B. Wasserfall nach PMI, Prince2, Scrum, Unternehmensstandard	Falls es sich nicht um ein Standardmodell handelt oder Details offen sind, Ausgestaltung der vier Komponenten: • Struktur • Funktion • Methode • Mensch

◘ **Abb. 2.3** Ablauf Projektdesign

2

In ersten Schritt wird das Projekt beschrieben, hierzu stehen unterschiedliche Methoden zur Verfügung (s. ▶ Abschn. 2.1). Anschließend wird das Projekt bewertet (Schritt 2), um im dritten Schritt den Ansatz und ggfs. ein Standardvorgehensmodell auszuwählen. Bei der Bewertung stehen zahlreiche Alternativen zur Verfügung, die in ▶ Abschn. 2.3.1 beschrieben werden. Falls es um kein standardisiertes Vorgehensmodell handelt, kann optional ein Vorgehensmodell im 4. Schritt entwickelt werden.

Im ▶ Kap. 5 wird das Thema Vorgehensmodell und insbesondere die Entwicklung von Vorgehensmodellen weiter detailliert.

2.3.1 Modelle zur Entscheidung des Projektmanagementansatzes

Zwei bekannte Modelle zur Entscheidung des passenden Projektmanagementansatzes sind die Stacey Matrix und das Cynefin Modell. Beide Modelle werden in den folgenden Abschnitten beschrieben.

2.3.1.1 Stacey Matrix

Um eine recht schnelle und einfache Einschätzung des passenden Projektmanagementansatzes zu bekommen, kann die Stacey Matrix verwendet werden. Es werden die beiden Kriterien „Anforderungen" und „Methodik" hinsichtlich des Projekts auf einer Skala von „bekannt" bis „nicht bekannt" eingeschätzt. Die Matrix ist in die Bereiche „einfach", „kompliziert", „komplex" und „Chaos" eingeteilt, so dass sich der Projektmanagementansatz folgender Logik ablesen lässt:

- Einfach = Traditionelles Projektmanagement
- Kompliziert = Eher Traditionelles Projektmanagement
- Komplex = Hybrides oder Agiles Projektmanagement
- Chaos = Spezielle Vorgehensmodelle des agilen Projektmanagements (z. B. Design Thinking oder Scrum mit kurzen Sprintdauern)

◨ Abb. 2.4. zeigt die Stacey Matrix.

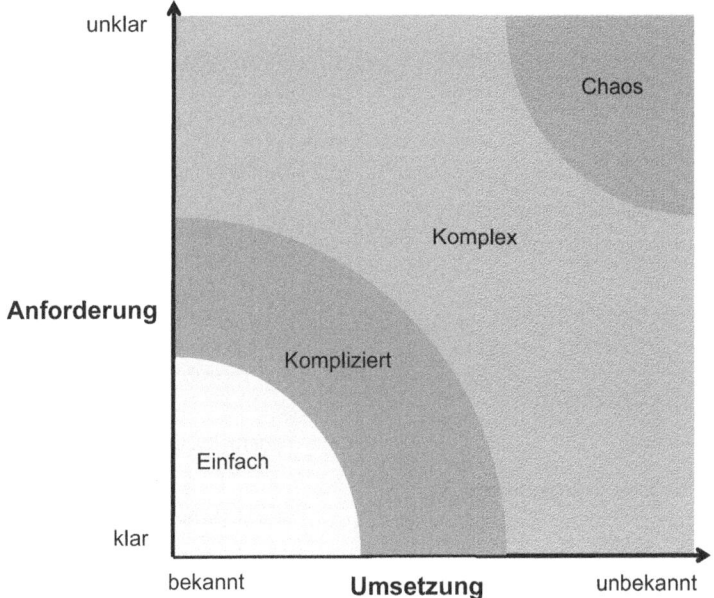

◘ Abb. 2.4   Stacey Matrix

2.3.1.2 Cynefin Modell

Das Cynefin Modell hilft im allgemeinen Systeme, Situationen oder Probleme zu kategorisieren und auf Basis der Kategorie bzw. Domänen allgemeine Lösungsansätze zu liefern. Da ein Projekt als soziales System betrachtet werden kann (▶ Abschn. 1.1, ▶ Tab. 1.1), kann das Cynefin Modell auch bei der Festlegung des Projektmanagementansatzes helfen.

Ähnlich wie die Stacey Matrix (▶ Abschn. 2.3.1.1) werden beim Cynefin Modell Projekte den Domänen „Einfach", „Kompliziert", „Komplex", „Chaotisch" oder „Unklar" zugeordnet. Die Domänen werden in einen ungeordneten Bereich (Komplex und Chaotisch) und in einen geordneten Bereich (Kompliziert und Einfach) eingeteilt. ◘ Abb. 2.5. stellt das Modell grafisch dar.

Das Modell liefert Lösungsansätze in Form von Handlungsstrategien. In ◘ Tab. 2.2 werden die fünf Domänen kurz erklärt inkl. Beispielen aus dem Projektmanagement, sowie die Handlungsstrategien und mögliche Methoden des Projektmanagements dargestellt.

2

Komplex	**Kompliziert**
▪ Alles ist im Fluss und nicht vorhersehbar	▪ Das System ist vorhersehbar
▪ Keine richtigen Antworten	▪ Ursache und Wirkung sind vorhanden aber nicht für jeden ersichtlich
▪ Etliche Unbekannte	▪ Expertenrat ist nötig
▪ Erkennbare Orientierungsmuster	▪ Mehr als eine richtige Antwort
▪ Konkurrierende Ideen	
▪ Kreative und innovative Ansätze	
Probiere – **erkenne – reagiere**	Erkenne – analysiere **- reagiere**

Unklar

Chaotisch	**Einfach**
▪ Hohe Turbulenz	▪ Wiederholbare Muster und eindeutige Ereignisse
▪ Keine Ursache-Wirkungs-Beziehungen	▪ Klare Ursachen und Wirkungen
▪ Sehr viele Unbekannte	▪ Klare Beziehungen
▪ Viele Entscheidungen unter hohem Zeitdruck	▪ Es gibt richtige Antworten
Handle – **erkenne – reagiere**	Erkenne – beurteile **- reagiere**

▯ **Abb. 2.5** Cynefin Modell

▯ **Tab. 2.2** Übersicht Cynefin Modell

Domäne	Erklärung und Beispiele	Handlungsstrategie	Projektmanagement Methoden
Einfach	– Linearer Ursachen – Wirkungszusammenhang mit wenig Variablen – Bewertung auf Basis von Beobachtung und Erfahrung – Voraussage einfach möglich – Beispiele: Reisekostenabrechnung, Dateneingabe, Vorbereitung eines Workshops (Projektes mit Wiederholungscharakter), Einfache Bauprojekte (Bau von mehreren gleichen Appartements)	Erfassen – Kategorisieren – Reagieren Durch Kontrollansatz und Best Practices	– Einfache Methoden des Projektmanagements – Checklisten

◘ **Tab. 2.2** (Fortsetzung)

Domäne	Erklärung und Beispiele	Handlungsstrategie	Projektmanagement Methoden
Kompliziert	– Ursachen – Wirkungszusammenhang mit vielen Variablen – Bewertung auf Basis von Analysen und Expertenwissen – Voraussage aufwendig möglich – Beispiel: Bauprojekte, Einfache Eventprojekte, Entwicklung von Hardware, Automobilbau	Erfassen – Analysieren – Reagieren Durch Analysetechniken und Experten	– Spezialmethoden des Projektmanagements (z. B. Netzpläne, Earned Value Methoden) – Szenariotechniken, – Expertensitzungen – Erfahrener Projektmanager
Komplex	– Mehrdeutiger, nicht linearer Wirkungszusammenhang mit vielen Variablen – Beschreibung möglich – Bewertung nicht möglich – Voraussage nicht möglich – Beispiele: Große Projekte mit vielen Stakeholdern, Innovationsprojekte (Neue Technologien), Entwicklungsprojekte mit unklaren Anforderungen und Vorgehensweisen	Probieren – Erfassen – Reagieren Durch Experimentieren und iterative und inkrementelle Vorgehensweisen	– Agile und hybride Vorgehensweisen – Iterativer Ansatz – Inkrementeller Ansatz
Chaotisch	– Mehrdeutiger, nicht linearer Wirkungszusammenhang mit vielen sich ändernden Variablen – Beschreibung kaum möglich – Bewertung nicht möglich – Voraussage nicht möglich – Beispiele: Unvorhersehbare Projekte wie Finanzkrisen, Pandemien	Agieren – Erfassen – Reagieren Durch Intuition, Erfahrung und schnelles Handeln	– Prototypenbau – Design Thinking – Sehr kurze Iterationen – PM-Experten mit Erfahrung
Gestört bzw. Unklar	Unklarheit bzgl. Zustand (einfach, kompliziert, komplex oder chaotisch) des Projekts	Projektanalyse zur Zuordnung in einer der vier o. g. Domänen	– Expertenwissen – PM-Experten

2

2.3.1.3 Kriterien

Neben den beiden Kriterien, die bei der Stacey Matrix genutzt werden, Bekanntheit der Anforderungen und die Methodik, gibt es noch weitere Kriterien, die bei der Entscheidung, ob eher ein traditioneller, agiler oder hybrider Ansatz verwenden wird, helfen können.

Dabei kommen folgende Kriterien zum Einsatz:

- Projektart im Sinne des Projektinhalts (Software-projekt, Investitionsprojekt, Bauprojekt etc.),
- Merkmale des Projektlieferobjekts:
  - Komplexität,
  - Anforderungen zu Beginn des Projekts bekannt und stabil während der Durchführung,
  - Möglichkeit der Herstellung von Inkrementen,
  - Möglichkeit der einfachen Änderung des Lieferobjekts oder von Teillieferobjekten (wie bei *Papierarbeit, Softwareentwicklung*),
- Projektart im Sinne der Projektgröße (kleines, mittleres, großes Projekt),
- Projektart im Sinne der regionalen Ausbreitung (regional an einem Standort, national verteilt auf mehreren Standorten, international über mehrere Zeitzonen verteilt),
- Teamgröße,
- Kompetenzlevel des Teams,
- Unternehmens- und Führungskultur in der Organisation,
- Vorgaben des Auftraggebers bzw. des Kunden,
- Rechtliche, insbesondere regulatorische Vorgaben an das Projektmanagement,
- Anforderungen an das Berichtswesen und die Projektdokumentation,
- Auslastung der Mitarbeiter (bei Scrum mindestens 50 % im Projekt).

Die Kriterien können gewichtet werden (Scoring Tabelle bzw. Nutzwertanalyse (s. ► Abschn. 2.8.4).

Sobald der Projektmanagementansatz ausgewählt wurde, sollte das passende Vorgehensmodell festgelegt werden. Verschiedene Standardmodelle des traditionellen oder agilen Projektmanagements werden in den ▶ Kap. 3 und 4 beschrieben. Die Kombination aus traditionellen und agilen Ansätzen bzw. die Kombination verschiedener Standardmodelle wird im ▶ Kap. 5 beschrieben. In einigen Fällen ist es sinnvoll, ein individuelles Vorgehensmodell zu entwickeln. Die Entwicklung bzw. das Design eines individuellen Vorgehensmodells wird ebenfalls in ▶ Kap. 5 beschrieben.

2.4 Ziel/Lieferobjekt

Ziele beschreiben angestrebte zukünftige Zustände (s. ▶ Abschn. 1.1.3). Damit ist ein Ziel nicht zu verwechseln mit dem eigentlichen Lieferobjekt, welches das Ergebnis (materieller und immaterieller Output) des Projekts repräsentiert. Das Projektziel ist Ausgangspunkt für die Beschreibung des Lieferobjekts anhand von Merkmalen und Anforderungen. Beispielsweise ist es ein Ziel, dass am Ende des Jahres 1000 Autos pro h von einem Punkt A zum Punkt B in drei Minuten fahren können (Zustand). Das Lieferobjekt ist eine Brücke von A nach B mit einer entsprechenden Anzahl von Fahrbahnen, um das Ziel des Durchsatzes von 1000 Autos pro h zu realisieren. In der Praxis werden diese beiden Begriffe häufig in einen Topf geworfen.

Ziele haben aber noch weitere Funktionen, die in ▶ Abschn. 2.4.1 beschrieben werden.

2.4.1 Funktionen von Zielen

Ziele haben grundsätzlich verschiedene Funktionen (◻ Tab. 2.3).

Zielfunktion

Der Grund eines Projektes ist ebenfalls ein Ziel auf höherer Organisationsebene. Häufig steht bei Unternehmen die Gewinnmaximierung als Grund bzw. Auslöser für Projekte im Vordergrund (s. hierzu auch das Beispiel in ◻ Abb. 2.6).

2

◘ **Tab. 2.3** Funktionen von Zielen

Funktion	Beschreibung
Planungsgrundlage und Orientierungshilfe	Einordnung des Projekts in ein großes Ganzes mithilfe einer Zielhierarchie (▶ Abschn. 2.4.2). Ziele informieren klar und knapp über wesentliche Merkmale des Lieferobjekts und sind der Ausgangspunkt für eine solide Planung
Entscheidungshilfe	Ziele sind die Basis und unterstützen bei der Priorisierung von Alternativen sowie dem Zeitpunkt, wann ein Projekt beendet ist. Ein Projekt ist beendet, wenn die inhaltlichen Projektziele (Lieferobjekt fertig) erreicht werden
Kontrollfunktion	Im Rahmen eines Projektcontrollings kann mithilfe von Zielen der Status des Projekts immer wieder überprüft werden. Hierbei geben die Ziele den Soll-Zustand an, der gegen den aktuellen Zustand gemessen wird. Auf Basis des Abgleichs können Steuerungsmaßnahmen eingeleitet werden. Ziele sind die Basis für die finale Bewertung eines Projektes (Erfolg/Misserfolg)
Koordinationsfunktion	Durch eine Zielhierarchie kann das Projekt strukturiert werden und somit Doppelarbeit vermieden werden
Motivationsfunktion	Die gemeinsame Erarbeitung von Zielen fördert den Teamgedanken (das Wir-Gefühl) sowie eine ergebnisorientierte Arbeitsweise

◘ **Abb. 2.6** Zielhierarchie

2.4.2 Zielhierarchie und Zielebenen

Ziele können auf verschiedenen Ebenen definiert werden. Dabei spricht man von einer Zielhierarchie oder auch Zielpyramide. Die Ziele der unteren Ebene leiten sich aus dem Ziel der übergeordneten Ebene ab.   Zielhierarchie

Das übergeordnete Ziel in ◻ Abb. 2.3 entspricht dem Grund des Projekts (s. ▶ Abb. 1.3).

Ziele lassen sich in die typischen Zielklassen

- Leistungsziele,
- Kostenziele,
- Zeitziele,
- soziale Ziele (z. B. Erhöhung der Mitarbeiterzufriedenheit) und
- Nicht-Ziele

unterteilen. Nicht-Ziele sind Zustände, die durch das Projekt nicht erreicht werden sollten. Diese Methode ist bei Projektarten verbreitet, bei denen es wichtig ist, Dinge zu beschreiben, die nicht erreicht werden sollen. Dies erfolgt meist aus vertraglicher Sicht, um während des Projekts zusätzliche Kundenwünsche gleich auszuschließen.

Weihnachtsfeier Ei-Ti AG – Zielhierarchie

Laura Leiter schaut sich noch einmal die Ergebnisse der Abgrenzungs- und Kontextanalyse in der sachlichen Abgrenzung an. Hier hat sie gemeinsam mit ihrem Auftraggeber und Chef Paul Perso folgende Ziele in einem ersten Schritt identifiziert: Weihnachtsfeier für alle Ei-Ti-AG-Mitarbeiter erfolgreich durchgeführt.

Laura Leiter weiß, wie wichtig es ist, die Ziele soweit herunter zu brechen, dass sie am Ende eindeutig messbar sind. Sie fragt Sabine Schein, ob sie sie aufgrund ihrer Erfahrung unterstützen kann. Gemeinsam legen die beiden die Zielklasse *Leistungsziele* fest.

Zum Schluss fragt Laura Leiter Paul Perso, mit welchen Kriterien sich wohl die Projektziele messen lassen und ab wann das Projekt als erfolgreich gilt. Paul Perso ist begeistert von dieser Übersicht und ergänzt die fehlenden Angaben. Damit ergibt sich für das Projekt die folgende Zielhierarchie:

2

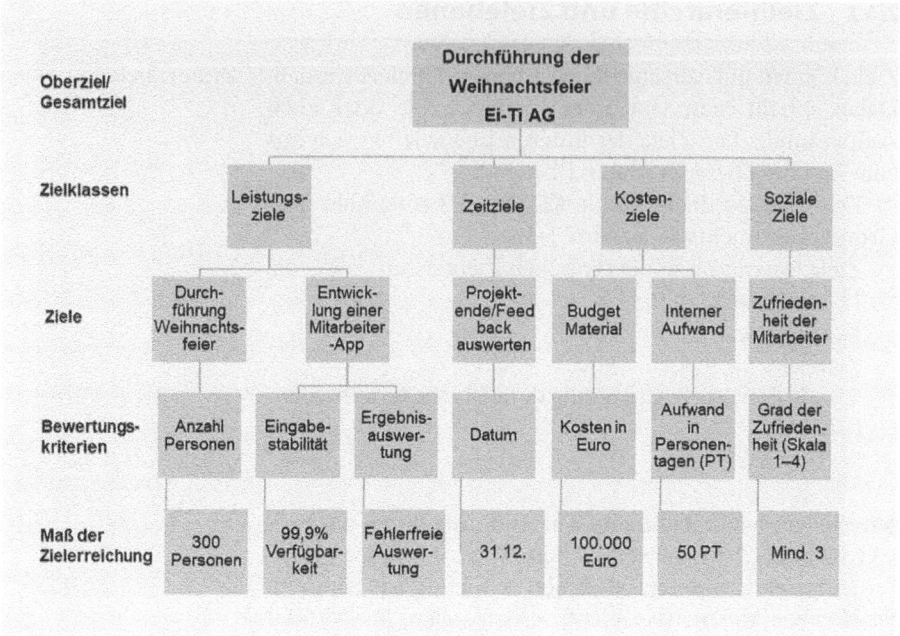

2.4.3 Zielformulierung und -eigenschaften

Neben der hierarchischen Abhängigkeit der Ziele gibt es weitere Beziehungen zwischen Zielen.

Folgenden Zielbeziehungen sind dabei zu nennen:

Zielidentität

Bei der Zielidentität handelt es sich um identische Ziele. Das heißt, wird das eine Ziel erreicht, wird automatisch auch das andere Ziel erreicht.

Zielkomplementarität

Bei der Zielkomplementarität fördert das Erreichen des einen Ziels das Erreichen des anderen Ziels. Dabei kann ein Ziel 1 entweder ein Ziel 2 komplett nach sich ziehen oder es teilweise unterstützen.

Zielneutralität

Bei der Zielneutralität haben die Ziele keine Beziehung zueinander und beeinflussen sich somit auch nicht gegenseitig.

Zielkonkurrenz

Zielkonkurrenz bedeutet, dass das eine Ziel das andere Ziel behindert, aber nicht komplett ausschließt.

Zielantinomie

Die Zielantinomie beschreibt Ziele, die sich gegenseitig ausschließen. Das heißt, wird ein Ziel erreicht, kann das andere Ziel nicht mehr erreicht werden.

◨ Tab. 2.4 fasst die unterschiedlichen Beziehungen zusammen, beschreibt kurz die Bedeutung und Auswirkung für die Projekte und nennt ein Beispiel zur Verdeutlichung.

◼ **Tab. 2.4** Verschiedene Beziehungen von Zielen

Beziehung	Bedeutung für das Projekt-management	Beispiel
Zielidentität	Ein Ziel kann vernachlässigt bzw. gestrichen werden (Redundanz)	Ziel 1: Die Projektkosten dürfen max. 100.000 € betragen. Ziel 2: Das Projektbudget darf nicht überschritten werden.
Ziel-komplementarität	Falls die Projektziele priorisiert werden, spielt die Abhängigkeit von Zielen eine Rolle	Ziel 1: Ein Swimmingpool soll im Garten errichtet werden. Ziel 2: Eine Gartendusche soll gebaut werden. Hinweis: Es sollte ein gemeinsamer Wasseranschluss gelegt werden.
Zielneutralität	Keine	Ziel 1: Ein Swimmingpool soll im Garten errichtet werden. Ziel 2: Im Haus soll eine Sauna gebaut werden.
Zielkonkurrenz	Falls die Projektziele priorisiert werden, spielt die Abhängigkeit von Zielen eine Rolle	Ziel 1: Ein Swimmingpool soll im Garten errichtet werden. Ziel 2: Eine Sonnenterrasse soll im Garten gestaltet werden. Hinweis: Bei einem kleinen Garten behindert das eine Ziel das andere bzgl. der Größe.
Zielantinomie	Da hierbei nicht alle Ziele erreicht werden können, muss die Zieldefinition nochmals angepasst werden	Ziel 1: Ein Swimmingpool soll im Garten errichtet werden. Ziel 2: Es soll ein Naturgarten ohne künstliche Elemente gestaltet werden.

Eine Methode zur Darstellung der Zielbeziehungen ist die Zielmatrix, bei der die Ziele sowohl horizontal als auch vertikal aufgelistet und dann für jedes *Zielpaar* die Beziehungen dargestellt werden. ◼ Abb. 2.7 verdeutlicht eine Zielmatrix.

Bei der Zielidentität und Zielneutralität kann man davon ausgehen, dass die Richtung der Wirkung von Ziel 1 auf Ziel 2 oder Ziel 2 auf Ziel 1 gleichbedeutend ist. Aber bei der Zielkomplementarität, Zielkonkurrenz und Zielantinomie kann die Wirkungsrichtung (Ziel 1 auf Ziel 2 oder Ziel 2 auf Ziel 1) von Bedeutung sein.

In der Praxis, insbesondere bei kleineren Projekten, ist die o. g. Zielhierarchie teilweise zu aufwendig. Hierzu gibt es die sog. SMART-Regel, die eine einfache Methode zum Operationalisieren von Zielen und auch zur Überprüfung der Güte von Zielen darstellt.

SMART-Regel

2

	Ziel 1	Ziel 2	Ziel 3	Ziel 4
Ziel 1		=	0	+
Ziel 2	=		!	0
Ziel 3	0	-		0
Ziel 4	+	0	0	

Legende:

=: Zielidentität

+: Zielkomplementarität

0: Zielneutralität

-: Zielkonkurrenz

!: Zielantinomie

Hinweis: Die Wirkrichtung der Ziele erfolgt dabei zeilenweise, d.h. die Ziele in der ersten Spalte wirken auf die Ziele in der Kopfzeile.

☐ Abb. 2.7 Zielmatrix

Die SMART-Regel steht für:

— Spezifisch: Das Ziel ist transparent, nachvollziehbar und eindeutig.

— Messbar: Der Erfolg des Projekts kann anhand einer Kennzahl gemessen werden.

— Akzeptiert: Sowohl Auftraggeber als auch Projektleiter nehmen das Ziel an.

— Realistisch: Das Ziel wird als erreichbar eingestuft.

— Terminiert: Das Ziel hat einen festgelegten Endtermin.

Die Vereinbarung von SMARTen Zielen ist ein wichtiger Schritt auf dem Weg zu einem erfolgreichen Projekt. Im Rahmen der Auftragsklärung innerhalb der Initiierungsphase werden die Ziele festgelegt. In der Planungsphase können die Ziele des Projektauftrags konkretisiert und detailliert werden. Als Ergebnis der Zieldefinition gibt es einen Projekt-Zielekatalog.

In der Praxis gestaltet sich das Definieren und Vereinbaren von Zielen oftmals kompliziert. Es muss im Rahmen des traditionellen Projektmanagements schon direkt am Anfang des Projekts vereinbart werden, welche Eigenschaften und Merkmale (Qualitätsanforderungen, Funktionalitäten etc.) das Projektlieferobjekt am Ende des Projekts haben soll. Diese Vereinbarung ist notwendig, um aus den Zielen konkrete Arbeitspakete abzuleiten.

Wie bereits in ▶ Abschn. 2.4.2 dargestellt, beziehen sich Projektziele aber nicht nur auf die Merkmale und Eigenschaften des Lieferobjekts, sondern auch auf Qualität, Zeit und Kosten. Wenn ein Ziel der SMART-Regel genügt, hat es bereits die zeitliche Komponente enthalten.

Die Projektziele sollten mindestens folgende Projektmanagementelemente abdecken:

- Projektlieferobjekt,
- Zeit,
- Kosten,
- Qualität.

Weihnachtsfeier Ei-Ti AG – Zieldefinition/Überprüfung der Ziele mit der SMART-Regel

Laura Leiter überprüft mithilfe der SMART-Regel die zwei Leistungsziele des Projektes:

SMART-Regel für die Weihnachtsfeier bei der Ei-Ti AG

Kriterien	Ziel 1: Durchführung der Weihnachtsfeier mit mindestens 300 Mitarbeitern am 07.12	Ziel 2: Entwicklung einer Mitarbeiter-App mit einer 99,9 %igen Verfügbarkeit und einer fehlerfreien Auswertung des Feedbacks
Spezifisch	Spezifische Angabe des Ziels über die Anzahl der teilnehmenden Mitarbeiter. Es ist nicht vorgesehen, die Zielgröße von 300 Mitarbeitern weiter runterzubrechen, z. B. Aufteilung in männliche und weibliche Teilnehmer	Spezifische Angabe des Ziels über die Verfügbarkeit und fehlerfreie Auswertung
Messbar	Durch die numerische Größe der Anzahl der teilnehmenden Mitarbeiter	Durch die Angabe der Verfügbarkeit und der Fehlerquote ist das Ziel messbar
Akzeptiert	Laura Leiter als Projektleiter und Paul Perso als Auftraggeber haben die Ziele gemeinsam besprochen und akzeptiert	Auch dieses Ziel ist von den relevanten Stakeholdern (Projektleiter, Auftraggeber und der IT) akzeptiert worden

2

Kriterien	Ziel 1: Durchführung der Weihnachtsfeier mit mindestens 300 Mitarbeitern am 07.12	Ziel 2: Entwicklung einer Mitarbeiter-App mit einer 99,9 %igen Verfügbarkeit und einer fehlerfreien Auswertung des Feedbacks
Realistisch	Aufgrund der Anzahl der Teilnehmer bei den letzten Weihnachtsfeiern (250 und 320) ist die Zielgröße von 300 Mitarbeitern realistisch	Eine Verfügbarkeit von 99,9 % ist für mobile Apps realistisch und auch die fehlerfreie Auswertung wird auf Basis von Erfahrungen der IT-Abteilung als realistisch eingestuft
Terminiert	Am 07.12	Am 07.12

Die beiden Leistungsziele sind somit SMART und haben damit eine hohe Zielgüte.

2.4.4 Ablauf des Zielmanagements

Ein erfolgreiches Zielmanagement sollte in den folgenden Schritten erfolgen:

Zielmanagement

1. Transparenz des übergeordneten Ziels (Unternehmensziel) und des Projektgrunds schaffen.
2. Ableitung des Gesamtprojektziels (Oberziel):
3. Auf Basis des Unternehmensziels oder des Projektgrunds kann es verschiedene Projektziele geben, die das Gesamtziel unterstützen, z. B. kann die Erhöhung der Kundenzufriedenheit (Unternehmensziel) durch die Verbesserung des Kundenportals (Gesamtziel mögliches Projekt 1), durch die Reduzierung der Preise (Gesamtziel mögliches Projekt 2), die Verbesserung der Lieferprozesse (Gesamtziel mögliches Projekt 3) oder die Einführung eines Rabattsystems (Gesamtziel mögliches Projekt 4) erreicht werden. Hier sollte dann in der Initiierungsphase für alle Ziele mithilfe einer Kosten-Nutzen-Analyse ermittelt werden, für welches Gesamtziel und damit für welches Projekt sich das Unternehmen entscheidet.
4. Gliederung der Ziele in Zielklassen und Ziele (Zielhierarchie).

5. Operationalisierung der Ziele auf Basis von Bewertungskriterien (Zielmetrik).
6. Überprüfung der Zielbeziehungen.
7. Zielcontrolling (Monitoring und Anpassung).

2.4.5 Lieferobjekt

Das Lieferobjekt wird in der Initiierungsphase grob beschrieben. Die Detaillierungstiefe der Beschreibung hängt dabei stark vom eigentlichen Lieferobjekt ab. Ist das Lieferobjekt einfach zu verstehen, wie z. B. ein Konzeptpapier, oder wurde es bereits in einem anderen Projekt konzipiert, so reicht die Nennung des Lieferobjekts, ggfs. mit ein paar neuen Merkmalen bzw. Anforderungen, um das Projekt hinreichend gut bzgl. der Kosten und Zeit abzuschätzen und eine Go-/No Go-Entscheidung zu treffen. Hingegen bedarf die Abschätzung eines großen Bauprojektes (Hochhaus, Brücke) oder einer innovativen neuen Software einer detaillierteren Beschreibung der Anforderungen, der Merkmale und damit einer groben Spezifikation des Lieferobjekts. Diese Spezifikation kann eine ganze Phase (Spezifikation) des Projekts umfassen oder als eigenständiges Projekt durchgeführt werden.

Auf die Planung des Lieferobjekts und die dazugehörigen Methoden und Instrumente wird in ▶ Abschn. 3.1.1 eingegangen.

2.5 Sachliches Umfeld

In der Abgrenzungs- und Kontextanalyse wird das sachliche Umfeld grob untersucht, um hier ggfs. bestehende *Projektstopper* zu identifizieren, d. h. Rahmenbedingungen aus dem Umfeld, die das Projekt erst gar nicht möglich machen oder ein zu großes Risiko darstellen. Eine Identifikation ist aber nur ein wichtiger, erster Schritt. Es sollte in einem nächsten Schritt analysiert werden, welche Auswirkungen mögliche Umwelteinflüsse auf das Projekt haben.

Dabei sind folgende Parameter von Bedeutung, um die Einflüsse zu kategorisieren und geeignete Maßnahmen zu identifizieren, wie man im Projekt mit diesen Einflüssen umgehen möchte:

2

- Der **Name** nennt das sachliche Umfeld, das einen Einfluss auf das Projekt hat.
- Das Kriterium **Einfluss** gibt grob die Stärke des Einflusses an. Hierbei kann im einfachsten Fall die Skala *gering, mittel, hoch* verwendet werden. Selbstverständlich kann und sollte eine Beschreibung den Einfluss kurz darstellen.
- **Maßnahmen** werden vorgeschlagen, wie mit dem entsprechenden Einfluss, der meist ein Problem oder ein Risiko darstellt, umzugehen ist. Falls es sich um ein Risiko handelt, sollte dieses Umfeld in die Risikoliste übernommen werden (▶ Abschn. 3.1.10).
- Es sollte einen **Verantwortlichen** geben, der sich um die Maßnahmen kümmert.
- Der **Termin** gibt an, bis wann die Maßnahme umgesetzt sein sollte.

Am sinnvollsten wird das sachliche Umfeld in einer Tabelle, wie ◙ Abb. 2.8, mit den o. g. Parametern dargestellt.

Diese Tabelle des sachlichen Umfelds kann in der Initiierungsphase bereits grob erstellt werden, sollte dann aber in der anschließenden Planungsphase detailliert werden. So können z. B. die Maßnahmen, Verantwortlichkeiten und Termine erst in der Planungsphase konkretisiert werden. Denn man weiß in der Initiierungssphase grundsätzlich noch nicht, ob das Projekt überhaupt durchgeführt wird.

Name	Einfluss	Maßnahmen	Verantwortlichkeit	Termin

◙ **Abb. 2.8**   Tabellarische Übersicht des sachlichen Umfelds

Weihnachtsfeier Ei-Ti AG – Übersicht des sachlichen Umfelds

Auf Basis des sachlichen Kontexts der Abgrenzungs- und Kontextanalyse vertieft Laura Leiter mit ihrem zukünftigen Projektteam Sabine Schein und Sven Soft die Ergebnisse. Insbesondere der Einfluss ist in dieser Phase wichtig, da hier schon entscheidende Risiken abgeleitet werden können, die eine Auswirkung auf die Einschätzung und damit die Genehmigung des Projekts haben.

Tabellarische Übersicht des sachlichen Umfelds des Projekts *Weihnachtsfeier bei der Ei-Ti AG*

Name	Einfluss	Maßnahmen	Verantwortlichkeit	Termin
Regelung geldwerter Vorteil	Beeinflusst das Finanzierungsmodell	*Wird später in der Planungsphase gefüllt*		
Restrukturierungsprojekt *Restrukt*	Mitarbeiter sind verunsichert und in einigen Abteilungen negativ gegenüber der Ei-Ti AG eingestellt			
Softwareentwicklungsprojekte bei der Ei-Ti AG	Kann bei paralleler Abwicklung Ressourcenengpässe erzeugen			
Richtlinie zum Umgang mit personenbezogenen Daten der Ei-Ti AG	Kann bei nicht korrekter Anwendung das Projekt bzw. die Funktion *Mitarbeiterdatenbank* stoppen			

Den Rest der Tabelle will Laura Leiter erst nach offizieller Genehmigung des Projekts ausfüllen.

Der Ablauf des Managements des sachlichen Umfelds ist identisch mit dem Ablauf des Stakeholdermanagements und wird in ▶ Abschn. 2.6 beschrieben.

2.6 Stakeholder

Weitere Einflüsse auf das Projekt stellen Personen oder Personengruppen dar, die sog. Stakeholder.

In Anlehnung an die Definitionen der Projektmanagementstandards PMBOK (2021), DIN 69901, (DIN, 2009c, DIN) und PRINCE2 (Axelos, 2017) werden Stakeholder folgendermaßen definiert.

Stakeholder

2

> ┌─ **Stakeholder** ──────────────────────────────
> Stakeholder sind Personen oder Personengruppen, die
> ein Projekt beeinflussen können oder vom Projekt be-
> einflusst werden.

Dabei sind Stakeholder am Projekt beteiligt, am Projektablauf interessiert oder von den Auswirkungen des Projekts betroffen.
Einer der Gründe, warum Projekte scheitern, ist das
mangelnde Verständnis bzw. die mangelnde Einbeziehung
der Personen und Gruppen, die ein Projekt negativ
beeinflussen können.
Vor allem interne Projekte bewirken häufig Veränderungen in der Organisation (z. B. Einführung neuer
Prozesse oder Systeme, Veränderung der Unternehmens-
strukturen, der Unternehmenszusammenführungen und
der Integration von Mitarbeitern). Diese Veränderungen
betreffen oder – noch deutlicher – treffen einzelne Mitarbeiter oder Mitarbeitergruppen. Aber auch die Projektmitarbeiter, Zulieferer und Kunden haben ein Interesse
am Projekt. All diese Personen und Gruppen werden unter
dem Begriff Stakeholder zusammengefasst.
Stakeholder haben ein begründetes Interesse am
Projekterfolg. Der Einfluss der Stakeholder auf den
Projekterfolg wird von Projektleitern oftmals unterschätzt
bzw. vernachlässigt.
Je nachdem, wie das Projekt von diesen Personen bzw.
Gruppen wahrgenommen wird, können diese z. B. als
Unterstützer oder als Blockierer agieren. Es empfiehlt sich
deshalb, in einem Projekt schon von Beginn an ein
wirkungsvolles Stakeholdermanagement aufzubauen und
im Projektverlauf kontinuierlich zu pflegen.
Das Management des sachlichen Umfelds
(▶ Abschn. 2.5) und des Stakeholdermanagements
(▶ Abschn. 2.6) kann dabei in folgenden Schritten ab-
laufen:

Ablauf Management des sachlichen Umfelds und der Stakeholder

1. **Identifikation des sachlichen Umfelds und der Stakeholder** – Dieser Schritt sollte bereits zu Beginn des Projekts durchgeführt werden, damit sog. Show Stopper, d. h. Ereignisse, die ein Projekt stoppen könnten oder erst gar nicht umsetzbar machen, früh erkannt werden.

2. **Analyse des sachlichen Umfelds und der Stakeholder** – Die Analyse kann dabei, wie beschrieben, mithilfe von Tabellen zum sachlichen Umfeld bzw. zu Stakeholdern erfolgen.

3. **Maßnahmenplanung und -umsetzung** – Zu jedem sachlichen Umfeld oder Stakeholder, das oder der ein Risiko darstellt, muss mindestens eine Maßnahme abgeleitet werden, wie das Risiko reduziert oder sogar komplett vermieden werden kann. Hierzu gehört es auch, einen Verantwortlichen und einen Endtermin für die Maßnahmenumsetzung zu bestimmen *(Wer macht was bis wann)*.

4. **Controlling des sachlichen Umfelds und der Stakeholder** – Ein effektives und effizientes Management des sachlichen Umfelds und der Stakeholder ist nur möglich, wenn diese auch während der Projektdurchführung weiterhin beobachtet und ggfs. neue Themen des sachlichen Umfelds oder der Stakeholder identifiziert werden, diese analysiert werden und die bestehenden Maßnahmen bewertet und ggfs neue Maßnahmen abgeleitet werden. Mit anderen Worten: Die Schritte 1 bis 3 sind in jedem Controllingzyklus zu wiederholen.

Im Folgenden werden die wesentlichen Methoden zum Stakeholdermanagement dargestellt.

In Anlehnung an das Management des sachlichen Umfelds (► Abschn. 2.5) dienen folgende Parameter zur Beschreibung eines Stakeholders:

— Name des Stakeholders,
— Einstellung zum Projekt,
— Einfluss auf das Projekt,
— Interessen und Bedürfnisse,
— mögliches Verhalten,
— Maßnahmen,
— Verantwortlichkeit,
— Termin.

2

Stakeholdertabelle

Stakeholdermatrix

Somit sind die Parameter des sachlichen Umfelds und der Stakeholder nicht komplett identisch.

Eine typische Stakeholdertabelle sieht wie in ◘ Abb. 2.9 dargestellt aus.

Mithilfe der Stakeholdermatrix (◘ Abb. 2.10) kann anschaulich dargestellt werden, von welchen Personen und Personengruppen eine Bedrohung für das Projekt ausgeht oder von wem Unterstützung zu erwarten ist.

Um eine schnelle Übersicht über die Stakeholder zu bekommen und eine Kategorisierung vorzunehmen, eignet sich eine sog. Stakeholdermatrix (*Stakeholderportfolio, Kräftefelddiagramm*). Die Stakeholdermatrix leitet sich aus der Stakeholdertabelle ab und ist letztendlich die grafische Darstellung der Parameter Stakeholder, Einstellung und Einfluss. Mithilfe der Stakeholdermatrix erkennt man sehr schnell, wer ein Befürworter und wer ein Gegner des Projekts ist und wie hoch der entsprechende Einfluss ist.

Aus den Erkenntnissen der Stakeholderanalyse werden geeignete Maßnahmen abgeleitet, um möglichen Konflikten vorzubeugen und günstige Konstellationen für das Projekt nutzen zu können. Die geplanten Maßnahmen werden in der Stakeholdertabelle fortgeschrieben (◘ Abb. 2.9). Daraus geht außerdem hervor, wer für welche Maßnahmen verantwortlich ist und bis wann diese umgesetzt werden.

Stake-holder	Einstellung	Einfluss	Bedürfnis	Verhalten	Maßnahme	Verant-wortung	Termin

◘ **Abb. 2.9**   Stakeholdertabelle

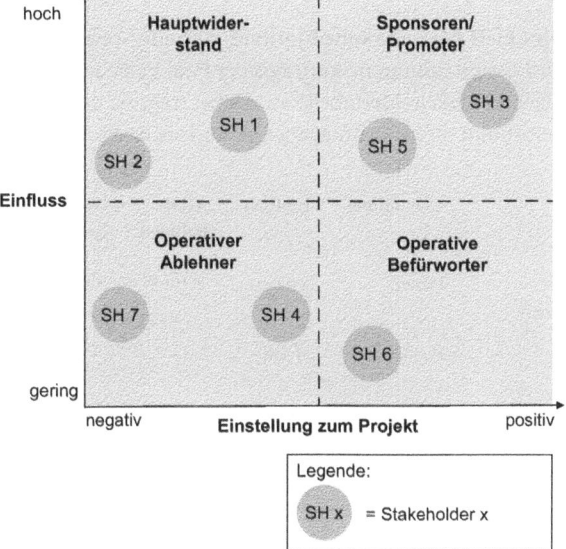

● **Abb. 2.10** Stakeholdermatrix

Stakeholdermanagement

— Das Stakeholdermanagement sollte gemeinsam im Projektteam durchgeführt werden und nicht allein durch den Projektleiter.

— Alle Schritte des Stakeholdermanagements sollten berücksichtigt werden, auch die Maßnahmenplanung und -umsetzung sowie das Controlling, die in der Praxis gern vernachlässigt werden.

— Ein Stakeholdermanagement sollte in einer Projektorganisation etabliert und damit gelebt werden. Es sollte allerdings nicht als Dogma dargestellt werden.

— Die Projektorganisation sollte für die Bedürfnisse und Interessen der Stakeholder sensibilisiert werden.

— Auch die internen Stakeholder, d. h. die eigene Projektorganisation, ist zu berücksichtigen.

— Zu wichtigen Stakeholdern sollte der Kontakt gepflegt werden.

— Wenn es sich bei Stakeholdern um Gruppen handelt, sollte überprüft werden, ob die Gruppe homogen ist. Häufig nutzt die Kategorisierung aller Mitarbeiter einer Organisation wenig.

— Die Stakeholderanalyse hilft dabei, Bedürfnisse und Interessen der Stakeholder konkreter nachvollziehen und analysieren zu können.

2

Weihnachtsfeier Ei-Ti AG – Stakeholderliste/-tabelle/-register

Nach einiger Diskussion mit ihrem Auftraggeber Paul Perso fertigt Laura Leiter mit ihrem Team folgende Stakeholdertabelle an. Dabei trägt sie der Vollständigkeit halber auch sich selbst und ihren Auftraggeber in die Tabelle ein:

Stakeholder	Einstellung	Einfluss	Maß- nahmen	Ver- antwortung	Bis wann
Laura Leiter (Projektleiterin)	Positiv	Mittel	*Wird in der Planungsphase gefüllt*		
Paul Perso (Chef HR)	Positiv	Hoch			
Gerd Genau (Geschäftsführer)	Positiv	Hoch			
Frank Findus (CFO)	Neutral	Hoch			
Martina Mark (Marketingleiterin)	Negativ	Hoch			
Volker Verse (Vertriebsleiter)	Neutral	Hoch			
Sabine Schein (Projektteammit- glied)	Neutral	Gering			
Ina Itti (Leiterin IT)	Negativ	Hoch			
Sven Soft (SW-Entwickler)	Positiv	Mittel			
Entwicklungsteam Agile	Positiv	Gering			
Geschäftsführer Catering	Neutral	Mittel			
DJ Dodo	Positiv	Mittel			
Hausmeister Hans Hauser	Negativ	Gering			
Facility Manager Tommi Tekkus	Neutral	Mittel			
Mitarbeiter in Berlin	Neutral	Mittel			
Mitarbeiter in Dresden	Neutral	Mittel			
Mitarbeiter im Ausland	Negativ	Gering			
Emil Expert	Positiv	Mittel			

Laura Leiter bespricht die Tabelle mit Paul Perso, um hier die Sicht des höheren Managements mit aufzunehmen. Emil Expert hat sie bei einer Besprechung als Experten des Projektmanagements kennengelernt. Emil Expert hatte ihr angeboten, sie bei möglichen Fragen zum Thema Projektmanagement im Allgemeinen und insbesondere bei der Ei-Ti AG zu unterstützen.

Den Rest der Tabelle will Laura Leiter, wie bei der Tabelle des sachlichen Umfelds, erst nach offizieller Genehmigung des Projekts ausfüllen.

2.7 Projektauftrag

Der Projektauftrag ist letztlich das dokumentierte Ergebnis der Initiierungsphase. Die Basis liefern das Project Canvas oder die Abgrenzungs- und Kontextanalyse. Die Ergebnisse können kurz und knapp auf einer Seite festgehalten werden (◲ Abb. 2.11).

Der Projektauftrag autorisiert mit den Unterschriften von Projektauftraggeber und Projektleiter das Projekt. Projekte werden in der Regel von einem Managementteam auf Basis des Auftrags genehmigt. Aufgrund des begrenzten Budgets bei internen Projekten muss eine Organisation festlegen, welche Projekte genehmigt werden. Vor diesem Hintergrund ist es wichtig, einen soliden Projektauftrag mit verlässlichen Angaben zu erstellen.

◲ Abb. 2.11   Projektauftrag mit entsprechenden Managementelementen

2

Weihnachtsfeier Ei-Ti AG – Projektauftrag

Laura Leiter hat während ihres Projektmanagement-Studiums gelernt, dass viele Unternehmen eine Reihe von Vorlagen für wichtige Dokumente des Projektmanagements entwickelt haben. Sie fragt zunächst ihren Chef und Auftraggeber Paul Perso nach einer entsprechenden Vorlage für einen Projektauftrag. Dieser sagt ihr, dass man alle Vorlagen des Projektmanagements im Intranet unter der Rubrik *Projektmanagementvorlagen* herunterladen kann.

Laura Leiter überträgt die Ergebnisse der Abgrenzungs- und Kontextanalyse und weiterer Gespräche mit dem Auftraggeber Paul Perso in die Vorlage des Projektauftrags der Ei-Ti AG. Damit sieht der Projektauftrag für die Weihnachtsfeier folgendermaßen aus:

Projektauftrag Weihnachtsfeier der Ei-Ti AG

Projektauftrag	
Projektname/Nr.: Weihnachtsfeier der Ei-Ti AG/ Projektnr. 4711	**Verteiler:** CFO Frank Finanz; s. SH
Datum: 15.03. diesen Jahres	**Version:** 2.1
Projektstart: 01.08 diesen Jahres	**Projektende:** nach Fertigstellung der Auswertung, spätestens 31.12. diesen Jahres
Zweck: – Mitarbeiterbindung – Steigerung des Wir-Gefühls – Stärkung der Ei-Ti-Kultur – Dankeschön an die Mitarbeiter – Wahrung von Traditionen – Unternehmensinformation	**Projektziele:** – Durchführung einer Weihnachtsfeier mit Ei-Ti Mitarbeitern – Entwicklung einer Mitarbeiter-App zur Evaluation und als interne Kommunikations- und Informationsplattform – Erhöhung der Mitarbeiterzufriedenheit **Nicht-Projektziele:** – Kommunikationsstrategie zum Restrukturierungsprojekt
Lieferobjekt(e): – Weihnachtsfeier – Mitarbeiter-App	**Hauptaufgaben:** – Projektmanagement – Konzeption – Vorbereitung – Durchführung
Meilensteine – Projektstart: 01.08. diesen Jahres – Unterhaltungsprogramm beauftragt: 01.10. diesen Jahres – Projektende: 21.12. diesen Jahres	**Aufwand/Kosten/Budget:** – Aufwand: 110 Personentage (PT) – Budget: 55.000 € für Weihnachtsfeier und 20.000 € für Entwicklung der Mitarbeiter-App

Projektauftrag	
Risiken – Langeweile bei den Gästen – Feedback erfolgt nicht – Mitarbeiter nehmen nicht teil – Schlechte Planung und Organisation	**Zu involvierende Organisationseinheiten** – Human Ressource (HR) – Marketing – IT-Entwicklung – Facility Management
Sonstige Vereinbarungen: – Unternehmensleitung muss teilnehmen – Entwicklung der Mitarbeiter-App mit Scrum	
Unterschrift Auftraggeber *Paul Perso*	**Unterschrift Projektleiter** *Laura Leiter*

Paul Perso reicht diesen Antrag nun bei der Geschäftsleitung ein und bittet um Genehmigung.

2.8 Exkurs: Methoden und Instrumente für die tägliche Projektarbeit

An dieser Stelle werden einige wesentliche Methoden und Instrumente erklärt, die für die tägliche Projektarbeit von Bedeutung sind. Hier wurde bewusst der Begriff *Projektarbeit* verwendet, da diese Methoden und Instrumente nicht nur für das Projektmanagement und damit den Projektleiter mit seinem Managementteam von Interesse sind, sondern für alle, die im weitesten Sinne in Projekten mitarbeiten oder Aufgaben zu erledigen haben, bei denen etwas kreativ entwickelt, analysiert, strukturiert, organisiert, bewertet und dokumentiert werden muss. Vor diesem Hintergrund werden die Methoden und Instrumente in folgende Bereiche eingeteilt:

- Kreativität,
- Erhebungsmethoden,
- Strukturierung, Analyse und Darstellung,
- Bewertung und Entscheidung.

2

2.8.1 **Kreativität**

Kreativität stellt heutzutage eine immer wichtigere Kompetenz dar. Gerade beim Projektmanagement, welches immer wieder mit neuen und häufig komplexen Situationen und Problemen konfrontiert ist, sind kreative Lösungen wichtig.

Bei allen Kreativitätstechniken sind folgende Grundregeln zu beachten, damit gute Ideen nicht gleich zu Beginn aussortiert werden:

- Es sollten alle Ideen und Vorschläge aufgenommen und nicht vor Abschluss der Bewertung bereits verworfen werden.
- Keine Wertung oder Beurteilung der Ideen im Vorfeld.
- Jeder soll seine Meinung frei äußern können.
- Man kann auf Ideen der anderen aufbauen.
- Keine „Totschlagargumente" *(Das haben wir schon immer so gemacht).*
- Je kreativer, desto besser.
- Gerade bei Kreativitätsterminen auf ausreichende Pausen und Erholung achten.
- Positives Umfeld schaffen (Raum, Klima, Licht, etc.).

Folgende Kreativitätstechniken sind weitverbreitet:
- Brainstorming und Brainwriting (Kartenabfrage),
- 6-3-5-Methode,
- 6 Hüte-Methode.

Brainstorming und Brainwriting (Kartenabfrage)
1. Aufgabenstellung/Frage/Problem zu Beginn schriftlich für alle sichtbar notieren und vorstellen.
2. A) Brainstorming: Sammlung von Ideen und Gedanken zur Lösung der Aufgabenstellung durch Zuruf (unstrukturiert) oder der Reihe nach. Die Vorschläge werden schriftlich für alle sichtbar auf dem Flipchart oder Ähnlichem festgehalten.
   B) Brainwriting: Die Vorschläge werden von den Teilnehmern auf Karten geschrieben und dann anschließend vom Moderator an eine Metaplanwand geheftet.
3. Clustern der Ergebnisse und Entfernen von Dubletten.
4. Bewertung und Auswahl treffen (ggfs. auch mit Scoringtabelle ► Abschn. 2.8.4, s. hierzu auch Andler, 2015, 133 ff.).

Eine Alternative des Brainwritings ist die 6-3-5-Methode, die ihren Namen von der Vorgehensweise abgeleitet hat. Es sollten sechs Teilnehmer jeweils drei Vorschläge in fünf Minuten auf ein Blatt Papier schreiben. Die Methode eignet sich besonders, um auf den Ideen der anderen Teilnehmer aufzubauen. Die Anzahl der Teilnehmer, die Dauer der Vorschlagsfindung sowie die Anzahl der Vorschläge kann selbstverständlich angepasst werden.

6-3-5-Methode
1. Aufgabenstellung/Frage/Problem zu Beginn schriftlich für alle sichtbar notieren und vorstellen.
2. Jeder Teilnehmer schreibt drei Vorschläge innerhalb von fünf Minuten auf ein Blatt Papier.
3. Das Papier wird nach der abgelaufenen Zeit zum nächsten Teilnehmer gereicht, sodass jeder Teilnehmer das Blatt seines Nachbarn hat. Es wird eine weitere Runde Vorschläge gesammelt, wobei die Vorschläge des Nachbarn als Anregung dienen sollten. Es werden so viele Runden durchgeführt, wie Teilnehmer an der Methode teilnehmen. Bei der ursprünglichen 6-3-5-Methode also sechs Runden. Es sei angemerkt, dass in der Praxis die Dauer nach ein paar Runden reduziert werden kann, da in den meisten Fällen die Anzahl der Ideen mit der Anzahl der Runden abnimmt.
4. Bewertung und Auswahl treffen (ggfs. auch mit Scoringtabelle ▶ Abschn. 2.8.4, s. hierzu auch Andler, 2015, S. 137 ff.).

Eine weitere Methode, die die unterschiedlichen Sichtweisen auf eine Aufgabenstellung bewusst fördert, ist die 6-Hüte-Methode, die auch bei anderen Anwendungsfällen (z. B. Feedback-Methode) eingesetzt werden kann. Bei dieser Methode geht es nicht so sehr um die Generierung möglichst vieler Vorschläge, sondern vielmehr um die Gewährleistung eines strukturierten Ablaufs bei der Kreativitätsfindung. Dabei sollen folgende „Hutphasen" durchlaufen werden.

2

> **6-Hüte-Methode**
> Nacheinander werden die sechs Phasen der Ideensuche
> von allen Teilnehmern in einem vordefinierten zeitlichen
> Rahmen durchlaufen:
> 1. Weißer Hut: Informationen im Kontext der Auf-
>   gabenstellung sammeln.
> 2. Roter Hut: Emotionen zu der Aufgabenstellung be-
>   schreiben.
> 3. Schwarzer Hut: Einwände sammeln.
> 4. Gelber Hut: Positive Seiten der Aufgabenstellung
>   identifizieren.
> 5. Grüner Hut: Lösungsvorschläge sammeln.
> 6. Blauer Hut: Ideen verknüpfen, sortieren, bewerten
>   und auswählen (Andler, 2015, S. 151).

2.8.2 Erhebungsmethoden

Gerade im Projektgeschäft ist es immer wichtig, Daten zu
erheben und zusammenzutragen. Die Gründe hierfür sind
vielfältig, wie z. B. Erhebung der Stimmung im Projektteam, Erhebung von Prozessen in einem Restrukturierungsprojekt, Erhebung von Sichtweisen bei einer Konzept-
erstellung, Suche von Schwachstellen beim Projektmanagement.

Folgende Erhebungsmethoden stehen dabei zur
Verfügung.

■ **Lesen**

Dokumentenanalyse   Die einfachste Form der Erhebung ist das Lesen und Analysieren von Dokumenten. Diese Erhebungsmethode wird
auch Dokumentenanalyse genannt.

■ **Fragen**

Fragetechniken   Die Fragetechnik ist eine der gängigsten Formen der Erhebung. Dabei gibt es mehrere Möglichkeiten des Fragens.
Es wird zwischen Einzel- und Gruppenbefragungen unterschieden. Bei der Einzelbefragung wird immer nur eine
Person befragt. Bei der Gruppenbefragung werden mehrere Personen gleichzeitig befragt. Eine weitere Unterscheidung gibt es in der Wahl des Hilfsmittels. Es können
Befragungen mittels Fragebogen oder ganz ohne Hilfsmittel als Interview durchgeführt werden. Auch das Medium der Befragung kann sich unterscheiden. So können

Fragen persönlich durch den Interviewenden gestellt werden, telefonisch bei großen Distanzen oder online auf Basis eines Fragebogens. Der Fragebogen selber kann sich durch die Art der Fragen unterscheiden. In der Regel kann zwischen geschlossenen Fragen, die eine vorgegebene Antwort enthalten, und offenen Fragen, die keine vorgegebene Antwort enthalten, unterschieden werden. Die Wahl der sinnvollsten Fragetechnik hängt von der Zielsetzung, der Größe der Gruppe der Befragten, der räumlichen Distanz und dem Aufwand der Befragung ab.

- **Beobachten**

Das Beobachten sollte eine Kernkompetenz des Projektleiters sein. Gerade um die Stimmungen im Team zu eruieren, ist Beobachten eine sinnvolle Methode. Diese erfolgt für gewöhnlich nebenbei. Die Beobachtungsmethodik kann aber auch als Hauptaktivität in Sitzungen oder am Arbeitsplatz erfolgen, wenn bestimmte Verhaltensweisen erfasst werden sollten. Allerdings sollte man hierbei sensibel vorgehen und die zu beobachtende Gruppe oder zu beobachtende Person im Vorfeld informieren und die Genehmigung hierfür einholen. Berater und Coaches arbeiten häufig mit dieser Erhebungsmethode.

Beobachten

- **Selbstaufschreibung**

Bei der Selbstaufschreibung sollen ausgewählte Mitarbeiter im Rahmen ihrer Tätigkeit ihr Verhalten, ihre Gefühle, Gedanken, Sichtweisen, Ergebnisse oder ihre selbst eingeschätzte Leistung aufschreiben. Die Selbstaufschreibung kann entweder strukturiert in Form von Vorlagen oder unstrukturiert erfolgen. Diese Form der Erhebung bereitet wenig Aufwand in der Durchführung für den Erhebenden, allerdings ist sie auch subjektiv und anfällig gegenüber Manipulation.

Selbstaufschreibung

- **Erarbeiten**

Ergebnisse bei Erhebungen können auch in Gruppen oder einzeln erarbeitet werden, z. B. können in Form von Workshops Schwächen des Projektmanagements gemeinsam im Team ermittelt werden.

Erarbeiten

Die Auswahl der Erhebungsmethode hängt u. a. von der Zielsetzung, der Datenlagen, der Genauigkeit der gewünschten Ergebnisse, der Gruppengröße, der räumlichen Verteilung der Teilnehmer, dem zu betreibenden Aufwand und der zur Verfügung stehenden Zeit ab.

2

2.8.3 Strukturierung, Analyse und Darstellung

Zur Strukturierung, Analyse und Darstellung von Ideen oder Themen eignen sich insbesondere folgende Methoden und Instrumente:
- Mindmap,
- Ishikawadiagramm,
- 5-W-Methode,
- ABC-Analyse.

■ **Mindmap**

Mindmap

Eine Mindmap ist eine Visualisierungs- und Strukturierungsmethode. Diese wurde von Tony Buzan entwickelt. Grundsätzlich ist eine Mindmap ein grafisches Hilfsmittel, das Gedanken und Ideen visualisiert (◘ Abb. 2.12).

Bei der Mindmap wird das zentrale Thema in die Mitte auf ein Stück Papier, auf ein Flip- oder Whiteboard geschrieben. Von diesem Thema gehen dann Unterthemen als Äste ab (zweite Ebene). Die Unterthemen können weiter verzweigt werden (Dritte und mehr Ebenen). Mindmaps können nicht nur Begriffe, sondern auch Bilder enthalten. Grundsätzlich sind bei der Gestaltung einer Mindmap aus grafischer Sicht keine Grenzen gesetzt. Von dieser Kreativität lebt letztendlich die Methode selbst.

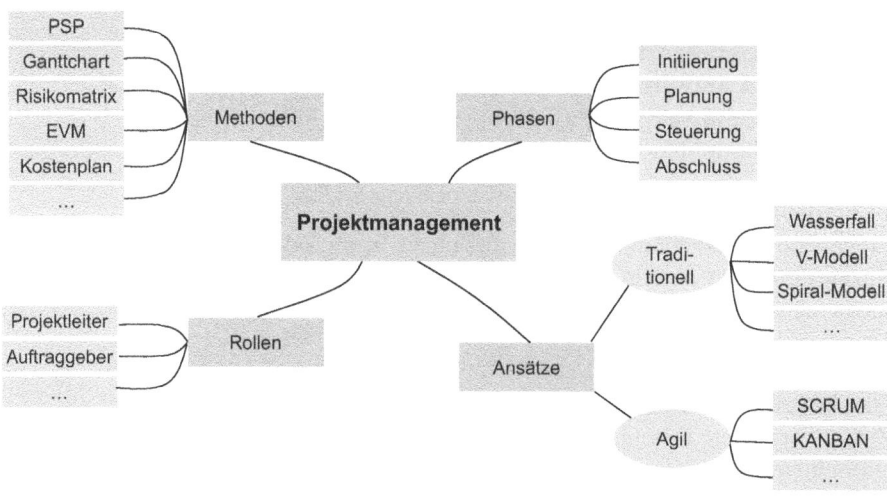

◘ **Abb. 2.12**   Beispiel Mindmap

Obwohl die Mindmapmethodik eine Kreativitätstechnik darstellt, bringt sie Ordnung in den Denkprozess. Sie spricht aufgrund ihrer Methodik sowohl kreative, künstlerische als auch logische und strukturgebende Bereiche des Gehirns an.

■ **Ishikawadiagramm**

Einen ähnlichen Ansatz wie die Mindmap liefert das sog. Ishikawadiagramm, das nach seinem Erfinder Kaoru Ishikawa benannt ist. Alternative Begriffe sind *Ursachen-Wirkungs-Diagramm* oder *Fischgräten-Diagramm* (aufgrund seiner Struktur). Die Methode kommt ursprünglich aus dem Qualitätsmanagement, kann aber auch in anderen Bereichen angewendet werden (◘ Abb. 2.13).

Ishikawadiagramm

Diese Methode dient zur strukturierten Ursachenforschung bzw. Problemlösung. Das heißt zu einem Problem oder einem allgemeinen Thema werden aus den sechs Bereichen Maschine, Mensch, Mitwelt, Methode, Material und Messung mögliche Ursachen oder Lösungen diskutiert, eruiert und dann mithilfe der Struktur dokumentiert. Dabei kann es wie bei der Mindmap Verästelungen zu einem Thema in Unterthemen geben. Da die sechs Untersuchungsbereiche alle mit M beginnen, muss man die Begrifflichkeit etwas erweitern. So steht der Bereich Maschine für alles, was maschinell oder elektronisch verarbeitet wird, also auch die IT inkl. Software. Die Mitwelt ist das gesamte Umfeld, d. h. im Projektmanagement alles außerhalb der Projektorganisation. Den Bereich Material sollte man auch um das *elektronische Material,* d. h. die Daten erweitern. Ziel ist es, alle möglichen Ursachen für ein Problem oder auch Lösungen für ein Thema unter diesen sechs Bereichen zu subsumieren.

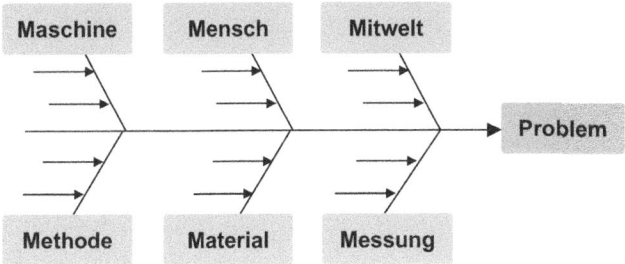

◘ Abb. 2.13 Ishikawadiagramm

2

5-W-Methode

- **5-W-Methode**

Die 5-W-Methode ist ebenfalls eine Analysemethode, um Gründe eines Problems zu ermitteln. Dabei wird fünfmal die Warum-Frage gestellt, um eine Ursache zu ermitteln. In der Praxis muss es nicht genau fünfmal sein, es kann sein, dass die Ursache vorher bereits erwähnt wurde – ggfs. muss auch mehr als fünfmal die Warum-Frage gestellt werden.

Weihnachtsfeier Ei-Ti AG – 5-W-Methode

Laura Leiter möchte die Gründe für die als schlecht empfundene Weihnachtsfeier im letzten Jahr herausfinden. Sie stellt Sabine Schein folgende Fragen und erhält folgende Antworten:

1. Iteration
   - Laura Leiter: „Warum ist die Weihnachtsfeier im letzten Jahr nicht so gut angekommen?"
   - Sabine Schein: „Weil die Mitarbeiter keinen Spaß hatten."
2. Iteration
   - Laura Leiter: „Warum hatten die Mitarbeiter keinen Spaß?"
   - Sabine Schein: „Weil die Reden als langweilig empfunden wurden und zu lange gedauert haben."
3. Iteration
   - Laura Leiter: „Warum wurden die Reden als langweilig empfunden und haben zu lange gedauert?"
   - Sabine Schein: „Weil das Management fast nur über die neue Auslandsstrategie gesprochen hat und die geplante Redezeit von einer Stunde auf zwei Stunden ausgedehnt wurde."
4. Iteration
   - Laura Leiter: „Warum hat das Management nur über die neue Auslandsstrategie gesprochen und die Redezeit auf zwei Stunden ausgedehnt?"
   - Sabine Schein: „Weil das Management das Thema für sehr wichtig angesehen hat und es vorher keine Meinungsumfrage gab. Die Zeit wurde überschritten, weil es keinen Moderator gab."

Nach der vierten Iteration bricht Laura Leiter die Fragen ab, da für sie klar geworden ist, woran die schlechte Beurteilung der Weihnachtsfeier letztes Jahr gelegen haben könnte.

■ **ABC-Analyse**

Die ABC-Analyse ist eine Methode zur Ermittlung von Prioritäten. Elemente werden in drei Kategorien nach ihrer relativen Wichtigkeit eingeteilt. Dieses Instrument kommt aus der Betriebswirtschaftslehre und teilt originär Kunden, Produkte oder Ressourcen nach ihrem Wert in Verbindung mit einem weiteren Parameter wie Anzahl ein. Es kann aber auch ganz allgemein zur Einteilung von Elementen nach qualitativen oder quantitativen Gesichtspunkten angewendet werden.

ABC-Analyse

– A – die wichtigsten Elemente. Diese Elemente haben eine sehr hohe Bedeutung und stellen ca. 80 % des Werts dar.
– B – diese Elemente stellen ca. 15 % des Werts dar.
– C – diese Elemente haben die geringste Wichtigkeit und stellen ca. 5 % des Werts dar.

Im Projektmanagement kann z. B. auch die Wichtigkeit der Stakeholder mittels einer ABC-Analyse geclustert werden.

2.8.4 Bewertung und Entscheidung

Häufig müssen Ideen, Ansätze, Aufgaben, Anforderungen etc. nicht nur analysiert und strukturiert, sondern auch bewertet und priorisiert werden, darüber hinaus wird eine Auswahl getroffen. Für eine quantitative Bewertung von Alternativen eignet sich die sog. Nutzwertanalyse (Methode), die mithilfe einer sog. Scoringtabelle (Instrument) umgesetzt wird.

Nutzwertanalyse und Scoringtabelle

Eine Nutzwertanalyse wird in mehreren Schritten durchgeführt.
1. Zielbeschreibung: Zunächst sollte festgehalten werden, für welche Zielsetzung bzw. Aufgabenstelleng die Nutzwertanalyse eingesetzt wird.
2. Auflistung und Beschreibung der Alternativen.
3. Auswahl der Kriterien zur Bewertung.
4. Optional: Gewichtung der Kriterien.
5. Operationalisierung der Kriterien (Bewertungsmaßstab, Metriken).
6. Bewertung und Berechnung.

Anhand des Beispiels „Auswahl einer Location für die Weihnachtsfeier" werden die Schritte exemplarisch durchgeführt.

2

Weihnachtsfeier Ei-Ti AG – Nutzwertanalyse zur Auswahl des Standorts

Zur Auswahl der Location für ihre Weihnachtsfeier wenden Laura Leiter und Sabine Schein die Nutzwertanalyse an:

1. Zielbeschreibung: Auswahl des Standorts der Weihnachtsfeier bei der Ei-Ti AG.
2. Auflistung und Beschreibung der Alternativen: Drei Alternativen: Berlin Hauptsitz, Berlin Festhalle, Budapest Firmensitz.
3. Auswahl der Kriterien zur Bewertung: Kosten, weihnachtliches Flair, Reisezeit der Mitarbeiter, Mitarbeiterzufriedenheit.
4. Optional: Gewichtung der Kriterien (s. Tabelle unten).
5. Operationalisierung der Kriterien (Bewertungsmaßstab, Metriken, s. Tabelle unten).
6. Bewertung und Berechnung (s. Tabelle unten).

Scoringtabelle

Kriterium	Gewichtung	Berlin Hauptsitz		Berlin Festhalle		Budapest	
	(%)	Wert	Gew.Wert	Wert	Gew.Wert	Wert	Gew.Wert
Kosten	40	3	1,2	2	0,8	1	0,4
Flair	30	1	0,3	2	0,6	3	0,9
Reisezeit	30	3	0,9	3	0,9	1	0,3
Summe	**100**	**7**	**2,4**	**7**	**2,3**	**5**	**1,6**

Operationalisierung der Kriterien:
Kosten: 3: < 20.000 €; 2: 20.000 € < x < 30.000 €; 1: > 30.000 €
Flair: 3: sehr gut – gut; 2: durchschnittlich (nichts Besonderes); 1: ausreichend
Reisezeit: 3: < 1 h im Durchschnitt; 2: zwischen 1 h und 3 h im Schnitt; 1: > 3 h im Schnitt

Auf Basis dieser Übersicht ist die Auswahl der Weihnachtsfeier auf den Hauptsitz in Berlin gefallen.

Anhand dieses Beispiels lässt sich gut sehen, wie wesentlich die Auswahl der Kriterien und die Gewichtungsfaktoren letztendlich sind. Denn wäre statt der Reisezeit der Mitarbeiter vielleicht die Mitarbeiterzufriedenheit als Kriterium ausgewählt und die Gewichtung bei dem Flair höher bewertet worden, ergäbe sich ein anderes Ergebnis.

2.9 Zusammenfassung

- **Initiierung**

Die Initiierungsphase wird in folgenden Schritten durchlaufen, die nicht zwingend nacheinander ablaufen müssen:

- Projektwürdigkeitsanalyse.
- Projektbewertung hinsichtlich Art, wirtschaftlichem und strategischem Nutzen (Kosten-Nutzen-Analyse) sowie bei Bedarf technischer Machbarkeit (Machbarkeitsanalyse).
- Ermittlung und Darstellung der wesentlichen Projektmanagementelemente, wie Ziele, Lieferobjekte, Start-End-Termin und Budget, Projektphasen, wesentliche interne und externe Stakeholder, aber mindestens der Auftraggeber und der Projektleiter, wichtige Umwelteinflüsse.
- Das Definieren eines Zielsystems ist in der Initiierungsphase von besonderer Bedeutung.
- Eine sinnvolle Methode zur Analyse und Strukturierung ist die Abgrenzungs- und Kontextanalyse oder/und ein Project Canvas.
- Der Projektauftrag beinhaltet die wesentlichen Ergebnisse der Initiierungsphase und dient als Entscheidungsgrundlage sowie als offizielles und verbindliches Startdokument für ein Projekt.

- **Weitere Methoden**

Weitere Methoden zur Organisations- und Zeitplanung werden in ▶ Abschn. 6.1.4 beschrieben.

2.10 Wiederholungsfragen

❓ Projektinitiierung

1. Was ist der Zweck der Initiierungsphase und was sind die wesentlichen Ergebnisse dieser Phase? (*Lösung* Kap. 2)
2. In welcher Form kann man eine Machbarkeitsstudie durchführen? (*Lösung* ▶ Abschn. 2.2.4)

2

3. Was ist das Ziel eines Project Canvas oder einer Abgrenzungs- und Kontextanalyse und wer führt diese durch? (*Lösung* ▶ Abschn. 2.1)

4. Wie hängen Project Canvas oder Abgrenzungs- und Kontextanalyse und Projektauftrag zusammen? (*Lösung* ▶ Abschn. 2.1 und 2.7)

5. Worin liegt die Bedeutung des Projektauftrags und warum sollte er schriftlich vorliegen? (*Lösung* ▶ Abschn. 2.7)

6. Warum sollten übergeordnete Ziele weiter heruntergebrochen werden? (*Lösung* ▶ Abschn. 2.4)

7. Welche Projektmanagementelemente sind in der Initiierungsphase von Interesse und in welcher Form sollten diese vorliegen? (*Lösung* Kap. 2)

Traditionelles Projektmanagement

Inhaltsverzeichnis

© Der/die Herausgeber bzw. der/die Autor(en), exklusiv lizenziert an Springer-Verlag GmbH, DE, ein Teil von Springer Nature 2024
A. Dechange, *Projektmanagement – Schnell erfasst*, Wirtschaft – Schnell erfasst,
https://doi.org/10.1007/978-3-662-68169-5_3

Lernziele dieses Kapitels

Nach der Lektüre dieses Kapitels ...
- können Sie die Projektmanagementelemente mit ihren wichtigsten Merkmalen beschreiben.
- kennen Sie die verschiedenen Tätigkeiten der einzelnen Projektmanagementelemente innerhalb der Planungs- und Controllingphase.
- kennen Sie die verschiedenen Methoden und Instrumente der Projektmanagementelemente und können diese anwenden.
- verstehen Sie die Zusammenhänge von Ziel-/Ergebnisplanung, Arbeitsplanung, Zeitplanung, Kosten- und Ressourcenplanung und können Änderungen planen.
- können Sie einen Projektplan erstellen.
- kennen Sie die Bedeutung und Aufgaben des Projektcontrollings.
- können Sie den Zusammenhang zwischen Projektplanung und Projektcontrolling erklären.

3

--- wissen Sie um die besondere Bedeutung der Fortschrittsgradmessung, der Meilensteintrendanalyse, des Earned Value Managements sowie des sozialen Controllings und können diese Methoden anwenden.
--- sind Sie in der Lage einen Statusbericht zu erstellen.
--- kennen Sie die Bedeutung und den Ablauf des Change Requests Managements.
--- kennen Sie die Bedeutung und Aufgaben des Projektabschlusses.

Das dritte Kapitel hat die in ◘ Abb. 3.1 gezeigte Struktur.

Wie bereits in ▶ Abschn. 1.2 dargestellt, umfasst das traditionelle Projektmanagement die Phasen Planung, Controlling und Abschluss. Diese drei Phasen werden in diesem Kapitel dargestellt und erläutert.

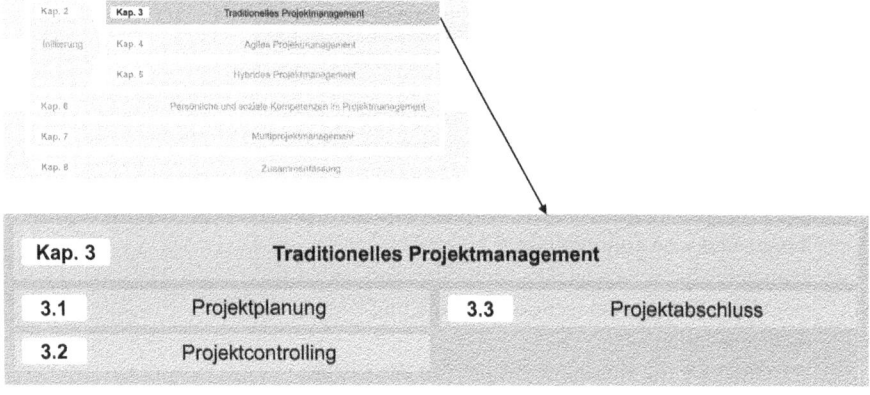

◘ **Abb. 3.1**   Struktur Kap. 3

3.1 Projektplanung

Planung im Allgemeinen bezeichnet das systematische und zukunftsbezogene Durchdenken und Festlegen von Zielen und Maßnahmen zur Zielerreichung (in Anlehnung an Dillerup & Stoi, 2016).

Die Projektmanagementphase *Planung* hat einen ganzheitlichen Plan zum Ziel, auf dessen Basis das Projekt durchgeführt werden kann. Die Phase umfasst damit alle Prozesse, Tätigkeiten, Methoden und Instrumente, um die verschiedenen Projektmanagementelemente so zu planen, dass sie ausgeführt und gesteuert werden können.

Die Struktur der Projektplanung ist an der funktionalen Sichtweise und damit an den Projektmanagementelementen ausgerichtet.

3.1.1 Projektziel/Lieferobjekt

Während der Initiierungsphase werden das Projektziel und das Lieferobjekt so beschrieben, dass eine Einschätzung des künftigen Projekts möglich ist. In der Planungsphase sollten die Ziele und das Lieferobjekt so beschrieben werden, dass das Projekt mit all seinen Projektmanagementelementen geplant werden kann. Das heißt in der Planungsphase ist eine detailliertere Kenntnis über Ziele und Lieferobjekt nötig.

> ❶ **Unterscheidung: Planung auf Projektmanagementebene und auf Projektebene**
>
> In der Projektmanagementphase *Planung* ist das Lieferobjekt so zu beschreiben, dass die Arbeit, der Aufwand, die Termine, die Projektorganisation, die benötigten Ressourcen, die Kosten sowie Risiken zur Erstellung des Lieferobjekts abgeschätzt werden können. Es muss aber nicht das gesamte Lieferobjekt in dieser Projektmanagementphase geplant werden. Deshalb spricht man hier von *Projektplanung*.
>
> Die detaillierte Planung des Lieferobjekts im Sinne der Wertschöpfung, d. h. als Vorbereitung zur Erstellung, erfolgt auf Projektebene in einer eigenen Projektphase oder einem Arbeitspaket. In Abhängigkeit von der Projektart wird dann von der Konzeption, dem Design, der Spezifikation oder im Baubereich auch von der Planung gesprochen. Hier kann man von der *Lieferobjektplanung* oder der *Ergebnisplanung* sprechen.

3

Planung Projektziele

Planung Lieferobjekt

Ergebnisplan

Die Planung der Projektziele ist bereits in ▶ Abschn. 2.4 ausführlich beschrieben worden. Im Rahmen der Projektplanung können die Ziele bei Bedarf überarbeitet und/oder verfeinert werden.

Die Planung des Lieferobjekts auf Projektmanagementebene erfolgt in der Regel auf Basis eines Ergebnisplans. Dabei kann der Ergebnisplan in Form eines Objektstrukturplans, eines Anforderungskatalogs oder Lastenhefts dargestellt werden.

Die Formulierung, das Verwalten und das Controlling von Anforderungen wird Anforderungsmanagement (*engl.: Requirements Engineering*) genannt (vgl. Timinger, 2015, S. 95 ff.). Ein Lastenheft ist die detaillierte Beschreibung der Anforderungen an ein Lieferobjekt und geht über einen Anforderungskatalog hinaus.

Die Betrachtung und Strukturierung des Lieferobjekts in seine Komponenten (Objekte) kann mit unterschiedlichen Instrumenten erfolgen. Häufig werden Baumstrukturen (wie beim Projektstrukturplan in ◘ Abb. 3.3), Tabellen oder Mindmaps eingesetzt.

Weihnachtsfeier Ei-Ti AG – Ergebnisplan und Objektstrukturplan
Laura Leiter überlegt sich, mit welcher Methode und welchem Instrument sie das Lieferobjekt (die Weihnachtsfeier) mit seinen Komponenten am besten strukturieren und darstellen kann. Eine einfache Darstellungsform der Objektstruktur der Weihnachtsfeier ist eine Mindmap, die für dieses Lieferobjekt ausreichend ist. Da Sabine Schein aus ihrem Projektteam über mehr Erfahrung in der Planung und Durchführung von Weihnachtsfeiern verfügt, erstellt Laura Leiter gemeinsam mit ihr folgenden Objektstrukturplan in Form einer Mindmap.

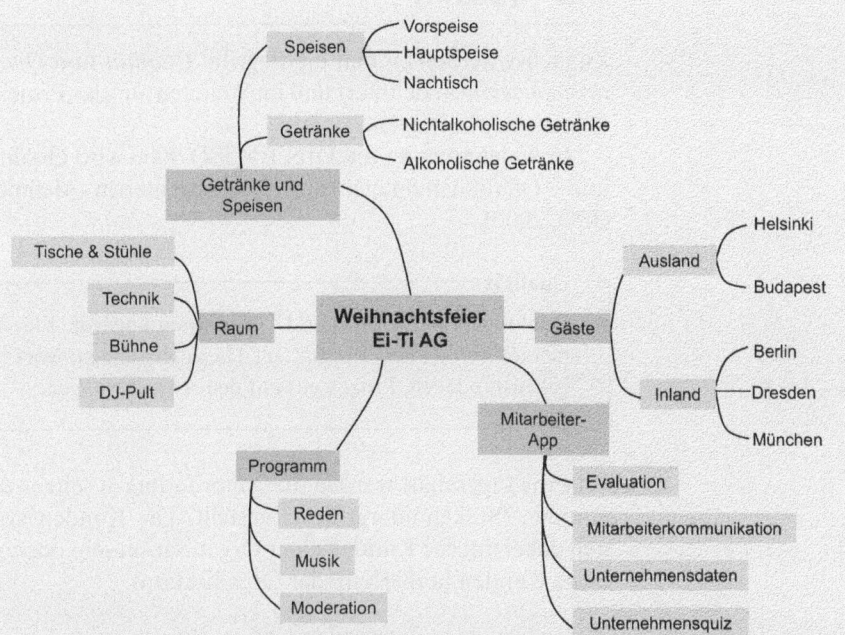

Bei innovativen Projekten ist es manchmal sinnvoll, das Lieferobjekt mithilfe von Kreativitätstechniken zu entwickeln (▶ Abschn. 2.8.1).

Die Lieferobjektplanung sollte dabei in Abhängigkeit der Art und der Komplexität des Lieferobjekts mit der entsprechenden Methode oder dem entsprechenden Instrument (z. B. Anforderungskatalog, Lastenheft, Objektstrukturplan) erfolgen.

Die genaue Ausgestaltung des Lieferobjekts (Detailplanung) kann in unterschiedlichen Formen je nach Projektart erfolgen, z. B. in Form eines Pflichtenheftes (IT), eines Bauplans (Bau), einer Konstruktionszeichnung (Anlagenbau), eines Konzeptes (Strategie, Organisation, Personal) oder einer Beschreibung (Prozessmanagement). Die Ausgestaltung ist Bestandteil der Projektumsetzung und gehört nicht zu den Projektmanagementprozessen bzw. -tätigkeiten. Vor diesem Hintergrund wird sie auch in diesem Buch nicht weiter vertieft.

Es gibt Projektarten, wie insbesondere Software-Entwicklungsprojekte, bei denen sich die Anforderungen erst im Laufe des Projekts ergeben. Deswegen sind die in ▶ Abschn. 1.3.2 beschriebenen agilen Projektmanagementmethoden so erfolgreich, da sie eine inkrementelle und iterative Vorgehensweise beinhalten.

3

3.1.2 Qualität

Zunächst werden einmal die Begriffe *Qualität* und *Qualitätsmanagement* definiert und im Weiteren auf das Projektmanagement bezogen.

In Anlehnung an die DIN EN ISO 9000 wird Qualität und Qualitätsmanagement folgendermaßen definiert (ISO, 2000).

Qualität

Qualität ist der Grad der Übereinstimmung von Elementen (Objekten, Produkten, Dienstleistungen, Vorgehensmodellen, Prozessen) mit den Anforderungen.

Im Projektgeschäft werden die Anforderungen seitens der Kunden (Stakeholdergruppe) gestellt. Die Kunden können dabei interne Kunden einer Organisation sein oder externe Kunden (außerhalb der Organisation).

Qualitätsmanagement

Qualitätsmanagement umfasst dabei die Qualitätsstrategie, die Planung, Steuerung, Sicherstellung und kontinuierliche Verbesserung der Qualität.

Produktqualität und Projektqualität

Die Qualität in Projekten kann in eine Produktqualität (Lieferobjektqualität) und eine Projektqualität (Prozessqualität) eingeteilt werden. Die Produktqualität bezieht sich ausschließlich auf die Qualität des Lieferobjektes und vergleicht die Spezifikation des Lieferobjekts (Ist-Werte) mit den Anforderungen (Soll-Werte). Die Projektqualität bezieht sich auf den Entstehungsprozess des Lieferobjekts und umfasst die wesentlichen Projektmanagementelemente wie Arbeit, Organisation/Kommunikation, Zeit, Ressourcen, Kosten etc. und ist damit ein Maß für den Projektmanagementerfolg. Dabei hat die Projektqualität einen großen Einfluss auf die Produktqualität.

Grundsätzlich haben jedes Projekt und jedes Lieferobjekt eine Qualität. Das heißt es gibt bei jedem Projekt Anforderungen an das Lieferobjekt und an das Projektvorgehensmodell, die erfüllt werden müssen.

Die Intensität, mit der das Qualitätsmanagement (◘ Abb. 3.2) betrieben wird, hängt dabei wieder von den Projektarten und der Projektgröße ab. Insbesondere die

Ebene	Art der Qualität	Qualitätsmanagement

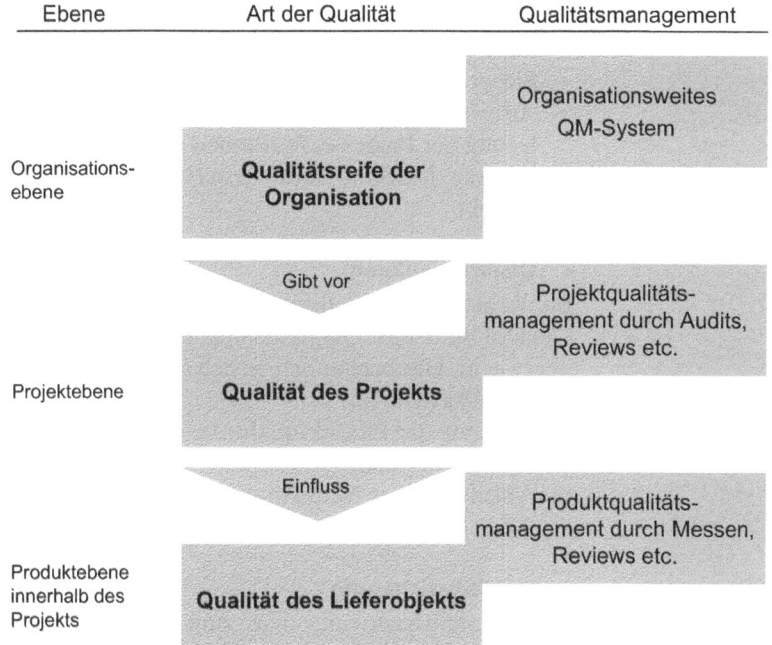

▣ **Abb. 3.2** Qualitätsmanagement in Projekten

Lieferobjektqualität hat bei einigen Projektarten eine besondere Bedeutung. Beim Bau einer Brücke oder eines Kraftwerks ist die Produktqualität so wichtig, dass diese den größten Stellenwert einnimmt.

Im Rahmen des Qualitätsmanagements eines Projekts gibt es einige Ansätze und Methoden, die als Grundlage gelten und in Projekten Berücksichtigung finden sollten.

Qualitätsmanagement kann in vier Prozesse eingeteilt werden: Qualitätsplanung, -lenkung, -sicherung und -verbesserung (vgl. Bea et al., 2020, S. 330 ff.).

■ **Qualitätsplanung**

Die Qualitätsplanung umfasst alle Aktivitäten zur Planung und Gestaltung des Qualitätsmanagements im Projekt. Dabei handelt es sich insbesondere um:

- Auswahl, Klassifizierung und Gewichtung von Qualitätsmerkmalen,
- Festlegung der Qualitätsanforderungen sowohl für das Lieferobjekt als auch für die Prozessqualität,
- Ausgestaltung der Projektlenkung, d. h. Festlegung der Prozesse, Methoden und Instrumente, Rollen zur Messung und Bewertung der Qualität im Projekt,

3

- Ausgestaltung der Qualitätssicherung, d. h. Festlegung der Prozesse, Methoden und Instrumente, Rollen zur Sicherung der Qualität im Projekt,
- Ausgestaltung der Qualitätsverbesserung, d. h. Festlegung der Prozesse, Methoden und Instrumente, Rollen zur Messung und Bewertung der Qualität im Projekt.

■ **Qualitätslenkung**

Im Rahmen der Qualitätslenkung werden die geplante Qualität und das Qualitätsmanagement umgesetzt und überwacht. Hierbei handelt es sich schwerpunktmäßig um folgende Aktivitäten:

- Messung der Produktqualität und Projektqualität,
- Analyse der Plan-Ist-Werte,
- Ableitung von Maßnahmen zur Steuerung der Produkt- und Projektqualität bei Abweichungen.

■ **Qualitätssicherung**

Die Qualitätssicherung hat zum Ziel, die Qualitätsanforderungen aktiv durch gezielte und strukturierte Methoden, Instrumente und Maßnahmen sicherzustellen. Folgende Aktivitäten sind im Rahmen der Qualitätssicherung zu nennen:

- Messung der Produktqualität und Projektqualität,
- Definition von Maßnahmen zur Steuerung der Produktqualität und Projektqualität.

■ **Qualitätsverbesserung**

Die Verbesserung des Qualitätsniveaus bzw. der Qualitätsreife in Projekten ist das Ziel dieses Prozesses im Rahmen des Qualitätsmanagements in Projekten.

Insbesondere durch Lessons-Learned-Workshops oder andere Erhebungsmethoden (s. ▶ Abschn. 2.8.2) können hier Ideen, Ansätze und Maßnahmen identifiziert und ausgestaltet werden, um die Qualitätsreife im laufenden Projekt oder auch in späteren Projekten zu erhöhen.

Da das Qualitätsmanagement im Gegensatz zu den anderen Projektmanagementelementen ein eigenständiger Managementbereich ist, wird an dieser Stelle zur Vertiefung auf weitergehende Literatur verwiesen (wie z. B. Schmitt & Pfeifer, 2015). Die Beschreibung spezieller Methoden und Instrumente im Rahmen des Projektmanagements findet man z. B. im PMBOK (Project Management Institute, 2021).

3.1.3 Arbeit

Sind die Ziele eines Projektes abgestimmt und ist das Lieferobjekt mit seinen Komponenten und Anforderungen geplant, beginnt das Planen der zur Erstellung des Lieferobjekts notwendigen Arbeit.

Die Arbeit, die erledigt werden muss, um das Lieferobjekt zu realisieren, muss identifiziert und strukturiert werden. Zur Identifizierung der Arbeit eignet sich entweder der Top-down-Ansatz oder der Bottom-up-Ansatz.

Beim Top-down-Ansatz wird vom Groben zum Feinen vorgegangen. Das heißt z. B. auf Basis der grob geplanten Phasen aus der Abgrenzungs- und Kontextanalyse wird die Arbeit in den einzelnen Phasen weiter heruntergebrochen. Die kleinste sinnvollste Arbeitseinheit bei der Strukturierung der Projektarbeit nennt man Arbeitspaket. Dieses Vorgehen bietet sich bei Projekten an, zu denen bereits Erfahrungswerte bezüglich der wesentlichen Projektaufgaben vorliegen. Denn nur hierbei kann die für die Projektstrukturierung wichtige Vollständigkeit auf der Phasenebene gewährleistet werden.

Top-down-Ansatz

Bei neuartigen Projekten, zu denen es noch keine oder nur geringe Erfahrungswerte gibt, müssen zunächst die Aufgaben des Projekts identifiziert werden. Unter diesen Voraussetzungen ist es sinnvoll, die zu erledigenden Aufgaben zunächst zu identifizieren und zu sammeln und anschließend aufwärts (bottom-up) zu strukturieren. Hierbei bieten sich Kreativitätstechniken, wie in ▶ Abschn. 2.8.1 beschrieben, an. Auf diese Weise entsteht nach und nach eine Projektstruktur.

Bottom-up-Ansatz

3.1.3.1 Projektstruktur und Projektstrukturplan

In kleinen Projekten sind meist Checklisten ausreichend, um die Arbeit zu planen und zu steuern. Diese Checklisten können in der Projektdurchführung „abgehakt" werden. Erreichen der Projektumfang bzw. die Anzahl der zu erledigenden Aufgaben und Tätigkeiten eine bestimmte Größe, ist es notwendig, diese sinnvoll zu strukturieren. Diese Struktur ist Grundlage für die Planung der weiteren Managementelemente und Projektmanagementprozesse sowie die spätere Steuerung eines Projektes. Auch das Verteilen von Verantwortlichkeiten für bestimmte Tätigkeiten wird durch eine geeignete Strukturierung des Projekts erleichtert.

3

Da es innerhalb des Projektmanagementelements *Arbeit* eine Reihe von Begrifflichkeiten gibt, sollen diese zunächst an dieser Stelle geklärt und definiert werden.

Aufgabe

Eine Aufgabe beschreibt einen Arbeitsauftrag. Dabei kann eine Aufgabe, in Abhängigkeit von der Zielsetzung bzw. Zielhierarchie, eine einzelne Tätigkeit, ein Arbeitspaket, ein Projekt oder ein Programm sein. Die Aufgabe erfolgt meist unter definierten Bedingungen, mithilfe verschiedener Ressourcen und unter Berücksichtigung der SMART-Regel (s. ▶ Abschn. 2.4.3).

Arbeit

Arbeit ist ein Bündel von Tätigkeiten, die zur Erstellung eines Lieferobjektes, zur Erledigung einer Aufgabe oder eines Arbeitspaketes durchgeführt werden müssen.

Projektstruktur

Die Projektstruktur gibt die Ablauf- und/oder Aufbaustruktur eines Projektes hinsichtlich der zu erledigenden Aufgaben wieder. Dabei können die Aufgaben hierarchisch und/oder phasenorientiert in Phasen, Teilprojekte und Arbeitspakete unterteilt werden.

Projektstrukturplan

Der Projektstrukturplan dokumentiert die Projektstruktur. Er ist meist als Baumstruktur oder Liste dargestellt und enthält als unterste Ebene die Arbeitspakete.

Lieferobjekt

Das Lieferobjekt ist eine Sache (materiell oder immateriell), die während des Projekts erstellt wird (Projektergebnis). Bei Teilprojekten oder Arbeitspaketen spricht man von Teillieferobjekten.

> **Phase**
>
> Eine Phase ist ein übergreifender zeitlich begrenzter Abschnitt, der einen eindeutigen Anfang und ein eindeutiges Ende hat. Eine Phase enthält in der Regel mehrere Arbeitspakete (Projektphasen) oder Prozesse (Projektmanagementphasen).

Die Strukturierung erfolgt dabei mithilfe eines Projektstrukturplans. Der Projektstrukturplan (PSP) ist in verschiedene Ebenen unterteilt. Die Gesamtaufgabe des Projekts (Erstellung des Lieferobjekts) wird auf den verschiedenen Ebenen vom Groben zum Feinen zerlegt. ◘ Abb. 3.3 zeigt den allgemeinen Aufbau eines Projektstrukturplans.

Auf der ersten Ebene eines Projektstrukturplans wird die Gesamtaufgabe genannt, d. h. in der Regel der Projektname. In der Praxis handelt es sich häufig nur um ein Substantiv, wie z. B. Flughafen Nord, App 4711, Handy 4812. Korrekterweise sollte hier aber schon die Gesamtaufgabe genannt werden, wie Bau des Flughafens Nord, Entwicklung der App 4711, Entwicklung des Handyprototypen 4812.

Die zweite Ebene stellt die Teilprojekte dar, die nach unterschiedlichen Gesichtspunkten, wie z. B. Phasen, Objekten oder Funktionen, strukturiert werden können (► Abschn. 3.1.3.1).

Teilprojekt

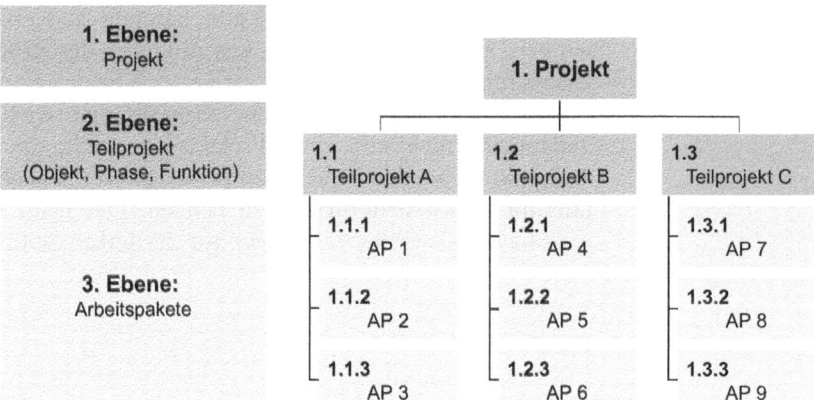

◘ **Abb. 3.3** Projektstrukturplan

3

┌─ **Teilprojekt** ──────────────────────────────┐

Ein Teilprojekt gliedert die Gesamtaufgabe des Projekts in eindeutig abgrenzbare Teilaufgaben, die nach
verschiedenen Kriterien, wie z. B. Phasen, Objekten
oder Funktionen strukturiert sein können.

└──┘

Arbeitspaket

Auf der untersten Ebene werden die Arbeitspakete definiert. In Abhängigkeit von der Projektgröße bzw.
-komplexität können noch weitere Ebenen oberhalb der
Arbeitspakete hinzugefügt werden. Hier finden sich häufig
Ebenen, die *Teilaufgabe, Teilphase* oder *Hauptarbeitspaket*
heißen. Die Bezeichnungen der verschiedenen Ebenen variieren in der Praxis von Organisation zu Organisation.
Die Arbeitspaketebene ist aber immer die unterste Ebene
bei der Projektstrukturierung, unabhängig in wie viele
Ebenen das Projekt unterteilt wird. Dabei kann es jedoch
für jedes Teilprojekt eine unterschiedliche Anzahl von
Ebenen geben.

┌─ **Arbeitspaket** ──────────────────────────────┐

Ein Arbeitspaket ist eine in sich geschlossene Aufgabe
mit einem eindeutigen Teillieferobjekt (Arbeitspaketlieferobjekt).

└──┘

Für jedes Arbeitspaket muss es einen Arbeitspaket-
Verantwortlichen geben. Empfehlenswert ist, dass es
genau einen Verantwortlichen gibt. Denn wenn es keinen
Verantwortlichen oder mehrere gibt, kann das zu Konflikten bzw. zur Nicht-Erledigung von Aufgaben des Arbeitspakets führen.

Da das Projektmanagement ebenfalls eine wichtige
Teilaufgabe innerhalb eines Projektes darstellt, die mit
Aufwand verbunden ist, ist es empfehlenswert, diese ebenfalls im Projektstrukturplan zu nennen. Das heißt hier
wird häufig als erstes *Teilprojekt* auf der linken Seite das

Projektmanagement dargestellt, das dann in die Arbeitspakete *Planung, Controlling* und *Abschluss* gegliedert werden kann. Die eigentlichen Projektmanagementphasen
werden im Projektstrukturplan also als Arbeitspakete dargestellt. Es ist ebenfalls möglich, das Projektmanagement
konkret einzelnen Teilprojekten zuzuordnen, insbesondere
wenn dies wegen spezieller Projektmanagementaufgaben,
wie z. B. Erstellung von Projektbroschüren, im Rahmen
des Projektmarketings notwendig ist. Diese Projekt-
managementaufgabe kann und sollte sicherlich einem
Teilprojekt zugeordnet werden.

Der Aufbau eines Projektstrukturplans kann nach verschiedenen Strukturierungsarten erfolgen. Dabei richtet
sich die Strukturierung schwerpunktmäßig nach den Teilprojekten. Auf der untersten Ebene befinden sich immer
die Arbeitspakete. Theoretisch sind es sogar immer dieselben Arbeitspakete, die nur anders strukturiert bzw. sor-
tiert werden. Folgende Projektstrukturpläne sind dabei
von Bedeutung:

- phasenorientierter Projektstrukturplan,
- objektorientierter Projektstrukturplan,
- funktionsorientierter Projektstrukturplan,
- gemischtorientierter Projektstrukturplan.

In den folgenden Abschnitten werden die verschiedenen
Projektstrukturpläne vorgestellt. Dabei wird für jeden
Projektstrukturplantyp ein Beispiel für die Weihnachts-
feier dargestellt, um die Unterschiede zu verdeutlichen.

Phasenorientierter Projektstrukturplan

Die phasenorientierte Strukturierung ist eine logische
Strukturierung, d. h. es werden die Aufgaben des Projekts
grob in Phasen gegliedert. Letztendlich entspricht der
phasenorientierte Projektstrukturplan auf der zweiten
Gliederungsebene den Projektphasen (► Abschn. 1.1.4).
Diese Phasen werden dann bis auf Arbeitspaketebene gegliedert.

3

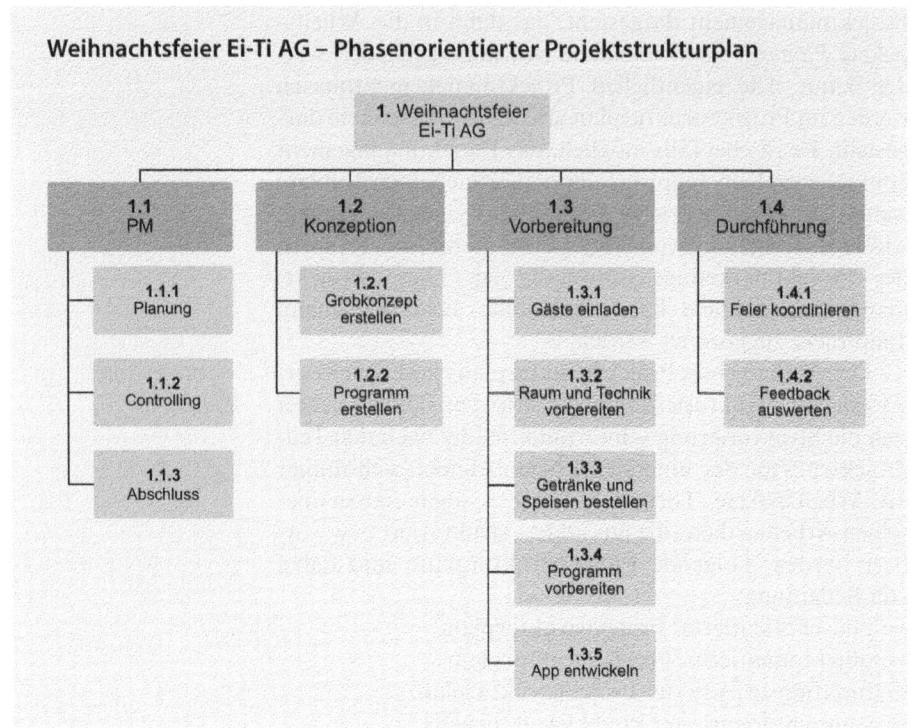

Weihnachtsfeier Ei-Ti AG – Phasenorientierter Projektstrukturplan

Objektorientierter Projektstrukturplan

Statt einer phasenorientierten Strukturierung kann auch eine objektorientierte Struktur erfolgen.

Bei der objektorientierten Strukturierung werden auf der zweiten Ebene des Projektstrukturplans die Hauptkomponenten des Lieferobjekts dargestellt. Das heißt das Projekt wird zunächst anhand des Lieferobjekts selbst strukturiert (z. B. Hauptkomponenten, Komponenten, Teilkomponenten, Baugruppen, Einzelteile). Auf der untersten Ebene erfolgt dann aber wieder die Zuordnung der Arbeitspakete. Ansonsten würde es sich um einen Ergebnisplan handeln. Letztendlich sind die Arbeitspakete nur in einer objektorientierten Art und Weise strukturiert worden.

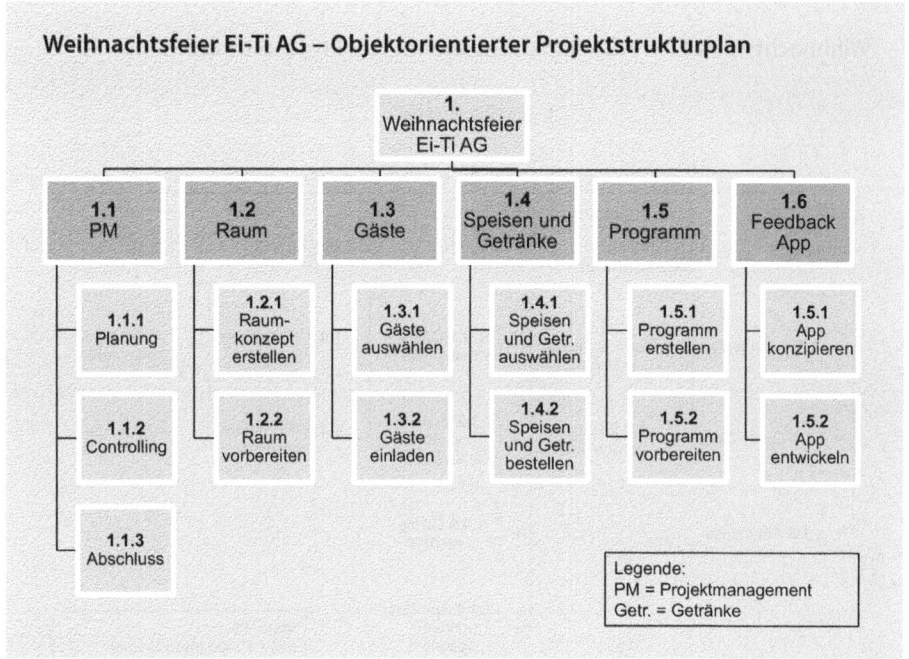

Weihnachtsfeier Ei-Ti AG – Objektorientierter Projektstrukturplan

Funktionsorientierter Projektstrukturplan

Beim funktionsorientierten Projektstrukturplan werden die Arbeitspakete anhand von Funktionen, d. h. aktivitätsorientiert, gegliedert.

3

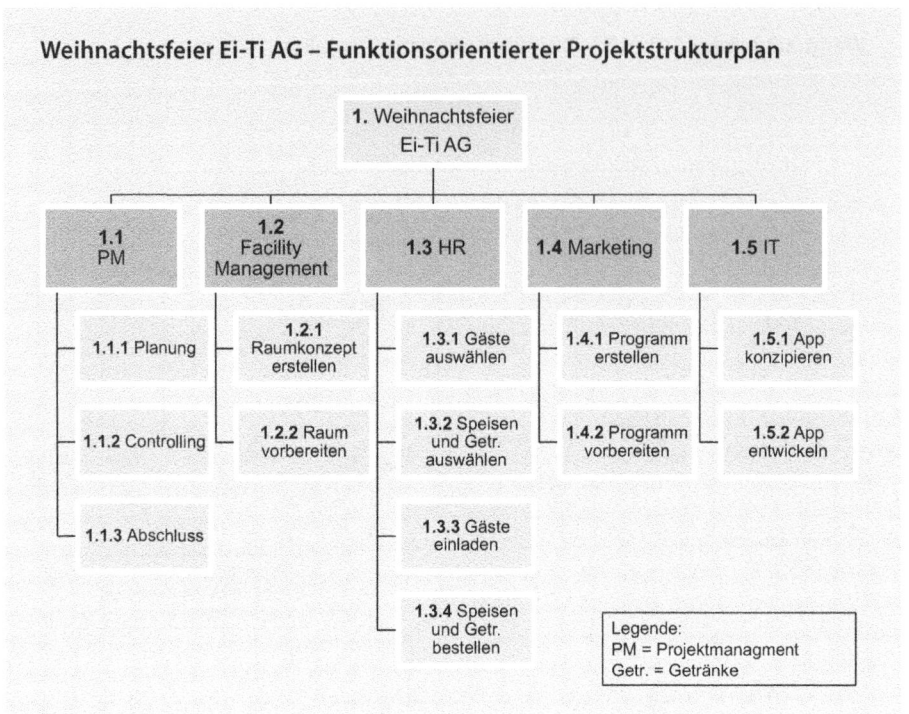

Weihnachtsfeier Ei-Ti AG – Funktionsorientierter Projektstrukturplan

Gemischtorientierter Projektstrukturplan

In der Praxis kommen gemischtorientierte Gliederungen vor, z. B. die Kombination aus Phasen- und Objektorientierung. Der Mix kann dabei sowohl auf unterschiedlichen Ebenen (z. B. zweite Ebene phasenorientiert und dann innerhalb einer Phase funktionsorientiert) als auch auf einer Ebene erfolgen.

Bei der gemischtorientierten Gliederung innerhalb derselben Ebene kann die Gefahr bestehen, Arbeitspakete zu vergessen oder mehrfach zu planen, da die Mischung der Gliederungsprinzipien eine Transparenz der Vollständigkeit der Arbeit eher behindert.

Es gibt noch weitere Gliederungsprinzipien, wie die ortsbezogene Gliederung, bei der der Ort der Durchführung von Arbeitspaketen die Gliederung prägt. Dieses Gliederungsprinzip spielt aber in der Praxis eine untergeordnete Rolle.

Der Projektstrukturplan ist der *Basisplan* des Projekts, auf dem alle weiteren Teilpläne (Terminplan, Ressourcenplan, Kostenplan etc.) aufbauen.

Die Entscheidung für die Strukturierungsart (phasen-orientiert, objektorientiert, funktionsorientiert) hängt in erster Linie von den Neigungen des Projektteams und dem Lieferobjekt selbst ab. Am Ende zählt die Vollständigkeit der Arbeitspakete.

Die beiden wichtigsten Anforderungen bei der Er-stellung des Projektstrukturplans sind Akzeptanz und Vollständigkeit. Um diese Anforderungen zu gewähr-leisten, sollte bei der Entwicklung des Projektstruktur-plans auf Folgendes geachtet werden:

Praxistipp

Bei der **Erstellung eines Projektstrukturplans** sollten fol-gende Hinweise beachtet werden:

- Der Projektstrukturplan sollte vom Projektkernteam gemeinsam erstellt werden, um ein gemeinsames Ver-ständnis und eine Bereitschaft zu gewährleisten.
- Mit den definierten Arbeitspaketen sollen das Liefer-objekt erstellt und damit die Ziele erreicht werden. Hierzu können die Komponenten des Ergebnisplans, z. B. im Rahmen eines objektorientierten Projekt-strukturplans, übernommen werden.
- Für jedes Teilprojekt sollen alle Arbeitspakete identi-fiziert werden, die zu deren Erreichen notwendig sind.
- Die Vollständigkeit ist das wichtigste Gütekriterium des Projektstrukturplans und muss durch das Projekt-team sichergestellt werden.
- Die Arbeitspakete sind klar und nachvollziehbar be-schrieben.
- Die Verantwortlichen für die Arbeitspakete können bereits bei diesem Planungsprozess festgelegt werden. Es sollte jeweils genau ein Arbeitspaket-Verantwortlicher festgelegt werden.
- Die Arbeitspaket-Verantwortlichen sind Mitglieder der Projektorganisation.
- Die Teilaufgabe *Projektmanagement* muss berück-sichtigt werden. Auch wenn diese nicht explizit im Projektstrukturplan aufgeführt ist, darf sie auf kei-nen Fall vergessen werden.
- Redundante Arbeitspakete und Tätigkeiten sind zu identifizieren und zu vermeiden.

3

- Auch „ungewöhnliche", aber notwendige Arbeitspakete, wie Genehmigungen, Patente, Lizenzen, Dokumentationen o. Ä., müssen identifiziert und geplant werden.
- Die Projektstruktur wird gemeinsam vom Team „getragen".
- Für wiederholende Projekte, wie z. B. die Weihnachtsfeier oder Produktentwicklungsprojekte, gibt es sogenannte generische Projektstrukturpläne, die einmalig erstellt werden und dann für jedes Projekt angepasst werden können.

3.1.3.2 Arbeitspaketbeschreibung

Das Arbeitspaket ist das kleinste Element eines Projektstrukturplans und befindet sich auf dessen unterster Ebene. Ein Arbeitspaket kann durch folgende Eigenschaften charakterisiert werden:

- Das Arbeitspaket enthält ein eindeutiges Lieferobjekt (Arbeitspaketlieferobjekt).
- Das Arbeitspaket kann klar abgegrenzt werden. (Was ist Ziel/Aufgabe und Nicht-Ziel/Nicht-Aufgabe des Arbeitspakets?)
- Für das Arbeitspaket kann genau ein Verantwortlicher definiert werden.
- Dauer und Aufwand des Arbeitspakets sind abschätzbar.
- Die Schnittstellen zu anderen Arbeitspaketen und Verantwortungsbereichen sind transparent.

Arbeitspaket-
beschreibung

Arbeitspakete können als Mini-Projekte betrachtet und mit den typischen Parametern eines Projektes beschrieben werden. Die Beschreibung eines Arbeitspaketes kann mithilfe einer sog. Arbeitspaketbeschreibung (*Arbeitspaketkarte*, *Arbeitspaketsteckbrief*, *Arbeitspaketspezifikation*) erfolgen (◘ Abb. 3.4).

Weihnachtsfeier Ei-Ti AG – Arbeitspaketbeschreibung für ausgewählte Arbeitspakete

Laura Leiter geht mit ihrem Team die Arbeitspakete durch und überlegt, für welche Arbeitspakete eine detaillierte Beschreibung in Form einer Arbeitspaketbeschreibung erfolgen sollte. Da aus Sabine Scheins Erfahrung die Arbeitspakete für die eigentliche Weihnachtsfeier eindeutig sind, beschließt das Team, nur für das neue Arbeitspaket *App entwickeln* eine Beschreibung zu erstellen. Laura Leiter bittet Martina Mark eine kurze Beschreibung vorzunehmen. Zwei Tage später erhält Laura Leiter eine E-Mail mit der folgenden Arbeitspaketbeschreibung.

Arbeitspaketbeschreibung	
PSP Code: 1.3.5 **Name:** App entwickeln	**Version:** 1.1
Ergebniss(e): lauffähige App, die die Anforderungen erfüllt **Nicht Ergebniss(e):** Einführung und Training der App	**Aufgaben:** Aufgrund der Abwicklung nach der Scrum Methode wird das Entwicklungsteam die Aufgaben für dieses Arbeitspaket später festlegen
Abhängigkeit mit anderen Arbeitspaketen Vorgänger: 1.2.1 Nachfolger: keine	**Zeit** – Start: Kalenderwoche 36 – Ende: Kalenderwoche 47 – Dauer: 12 Wochen
Arbeitspaketverantwortlicher: Product Owner Martina Mark	**Aufwand / Kosten** – Interner Aufwand: 72 Personentage – Externer Aufwand: --- – Kosten: ca. 20.000 € für eine neue Entwicklungsumgebung
Team: Scrum Team	**Weitere Ressourcen (Material etc.)** – neue Entwicklungsumgebung
Fortschrittsmessung: Burn-down Chart	**Dokumentation und Vorlagen:** s. Scrum Vorlagen (Artefakte)

Arbeitspaketbeschreibung	
PSP Code: **Name:**	**Version**
Ergebniss(e): **Nicht Ergebniss(e):**	**Aufgaben**
Abhängigkeit mit anderen Arbeitspaketen Vorgänger Nachfolger	**Zeit** – Start – Ende – Dauer
Arbeitspaketverantwortlicher	**Aufwand** – Interner Aufwand pro Qualifikation – Externer Aufwand pro Qualifikation
Team:	**Weitere Ressourcen (Material, etc.)**
Fortschrittsmessung:	**Dokumentation und Vorlagen**

◘ **Abb. 3.4** Arbeitspaketbeschreibung

3

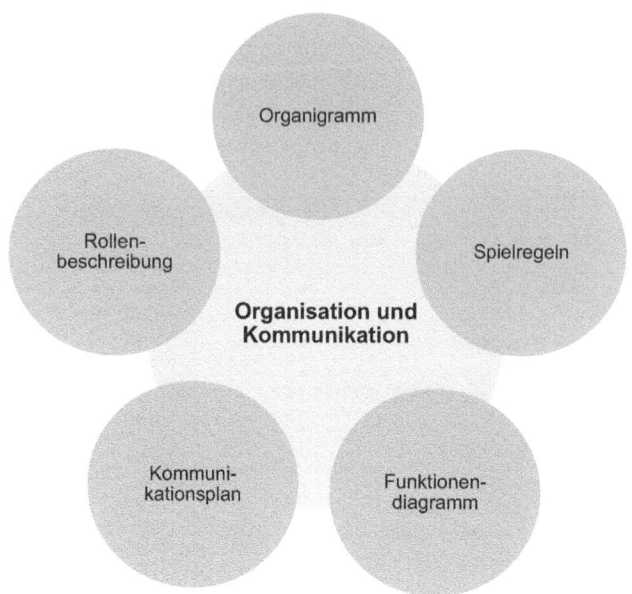

■ **Abb. 3.5**   Instrumente der Organisation und Kommunikation

3.1.4 **Organisation und Kommunikation**

Im Anschluss an die Planung der Projektstruktur sollte die Projektorganisation festgelegt werden. Allerdings kann und sollte die Auswahl der Projektbeteiligten (Projektorganisation) schon eher beginnen.

In der Planung der Organisation und Kommunikation werden die Projektstruktur, die verschiedenen Rollen im Projekt, die Regelkommunikation und die Zusammenarbeit im Projekt festgelegt.

■ Abb. 3.5 stellt die verschiedenen Methoden und Instrumente dar, die im Rahmen dieses Planungsprozesses eingesetzt werden können und in diesem Abschnitt beschrieben werden.

3.1.4.1 **Organigramm**

Das Organigramm stellt die Aufbaustruktur eines Projektes dar und wurde in ▶ Abschn. 1.7 bereits vorgestellt.

Das Organigramm zeigt in der Praxis neben den Rollen, die im Rahmen des Projekts besetzt werden müssen, auch die entsprechenden Namen für das Projekt.

Weihnachtsfeier Ei-Ti AG – Organigramm

Laura Leiter hat einige der Beteiligten des Projekts bereits an Bord ihres Projekts. Sie schaut sich noch einmal den Projektauftrag und die Abgrenzungs- und Kontextanalyse an. Bereits identifiziert sind als Projektauftraggeber Paul Perso, und im Kernteam für das Catering konnte sie Sabine Schein gewinnen. Für die Technik hat sie Tommi Tekkus als Teilprojektleiter ins Team geholt. Bei der App-Entwicklung war es nicht so einfach. Hier ist sie den offiziellen Weg über die IT-Leiterin Ina Itti gegangen und hat bei dieser angefragt, ob sie Sven Soft im Team haben könne. Da Ina Itti weiß, dass der Geschäftsführer Gerd Genau unbedingt das Thema agiles Projektmanagement und Scrum bei der Ei-Ti AG etabliert haben möchte, hat sie mit einigem Widerwillen ihren besten Entwickler, der erste Erfahrung mit Scrum hat, für das Projekt zur Verfügung gestellt. Damit ist Laura Leiters Projektmanagementteam komplett. Für den Lenkungskreis schlägt Paul Perso vor, den Geschäftsführer Gerd Genau und den CFO Frank Findus mit in den Lenkungskreis aufzunehmen. Bei Frank Findus hat Laura Leiter ein komisches Gefühl, vertraut dabei aber auf ihren Auftraggeber und dessen Erfahrung im Umgang mit schwierigen Persönlichkeiten. Außerdem ist es in ihrer Rolle und gerade als Neuling bei der Ei-Ti AG sicherlich schwierig, hier Einfluss zu nehmen.

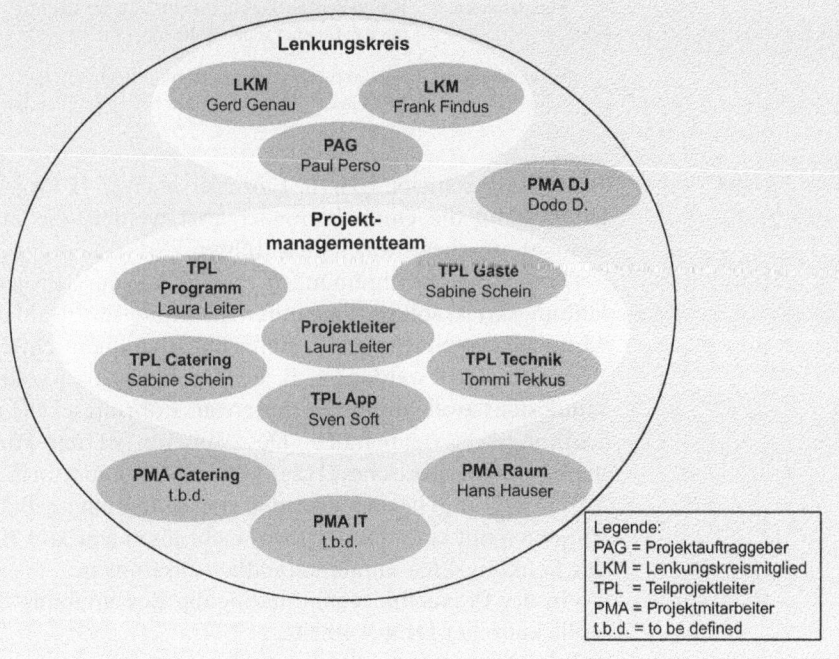

3.1.4.2 Rollenbeschreibung

In Projekten gibt es verschiedene Rollen, die in ▶ Abschn. 1.7 bereits für die generischen Projektmanagementrollen beschrieben wurden.

Da aber jedes Projekt einmalig ist, gibt es weitere Rollen oder generische Rollen, wie das Projektteammitglied, die für ein spezielles Projekt angepasst werden. Ferner können die generischen Rollen unterschiedliche Ausprägungen in einem Projekt haben. So kann z. B. Projektteammitglied 1 eine andere Unterschriftenbefugnis (auch Kompetenz oder Rechte) haben (z. B. unterzeichnungsberechtigt bis 10.000 EUR) als Projektteammitglied 2, das z. B. gar keine Unterschriftenbefugnis hat. Diese rollenspezifischen Besonderheiten werden am besten durch eine Rollenbeschreibung nach dem AKV-Prinzip dargestellt.

AKV steht dabei für:

Aufgaben	Das sind die Aufgaben, die der Rolleninhaber zu erledigen hat.
Kompetenzen	Kompetenzen sind in diesem Fall die Rechte, die der Inhaber einer Rolle hat.
Verantwortung	Das sind im Gegensatz zu den Rechten, die Pflichten, die ein Rolleninhaber zu erfüllen hat.

Bei Rollenbeschreibungen für Einzelpersonen (z. B. Projektleiter) kann die Qualifikation ergänzt werden, die man braucht, um diese Rollen auszuführen.

Die Rollenbeschreibungen für Gremien (Projektlenkungskreis) sollten noch durch die Mindestauswahl der Mitglieder (teilnehmende Bereiche und hierarchische Ebene) ergänzt werden, z. B. bei Großprojekten sollten mindestens zwei Mitglieder der ersten Führungsebene im Lenkungskreis teilnehmen. Des Weiteren ist der Parameter Organisatorisches (Häufigkeit und organisatorische Verantwortung) bei den Gremien von Bedeutung, z. B. bei Projekten mit einer Laufzeit von mehr als einem Jahr tritt der Lenkungskreis einmal monatlich zusammen.

In der Praxis findet man häufig die Beschreibung der Rolle auf einer DIN-A4-Seite.

Rollenbeschreibung nach dem AKV-Prinzip

Weihnachtsfeier Ei-Ti AG - Rollenbeschreibung

Laura Leiter hat im Intranet einige Standardbeschreibungen für das Projektmanagement von IT-Projekten gefunden. Diese passt sie auf ihr Projekt an und diskutiert diese bei der nächsten Gelegenheit mit ihrem Kernteam und ihrem Auftraggeber. Es werden noch kleine Änderungen vorgenommen, dann stehen die Rollenbeschreibungen für ihr Projekt fest.

Rollenbeschreibung: Projektleiter

Aufgaben	Kompetenzen	Verantwortung
Die im Rahmen des Projekts zu bearbeiten sind	*Rechte und Befugnisse zur Durchführung der Aufgaben/ Tätigkeiten inkl. Entscheidungsbefugnisse und Wertgrenzen*	*Pflichten der Rolle (z. B. Lieferergebnisse von Dokumenten)*
– Klärung des Projektauftrages mit den Auftraggebern – Festlegung der Projektstruktur – Durchführen einer Termin-, Kapazitäts- und Kostenplanung – Definition der Projekt-Organisation und Kommunikation in Abstimmung mit der Linienorganisation – Einbindung und Absprachen mit Stakeholdern – Steuerung der Projektziele – Risikomanagement sowie Eskalation in das Entscheidungsgremium – Sicherstellung eines regelmäßigen Informationsflusses an alle Projektbeteiligten (Team und Gremien) – Vorbereitung, Koordination, Durchführung und Nachbereitung regelmäßiger Projektteam- und Lenkungskreissitzungen	– Vorgabe von Projektzielen gegenüber Teammitgliedern gemäß Projektauftrag – Einberufung von Projektteamsitzungen – Priorisierung von projektspezifischen Themen – Bewertung des Projektstatus – Einfordern der zugesagten Kapazitäten – Eskalation in höheres Entscheidungsgremium – Erteilung von Aufgaben – Beurteilung der Arbeitsergebnisse – Einfordern von Informationen über Abwesenheit von Teammitgliedern – Einfordern der definierten Zahlen, Daten, Fakten zu jedem Arbeitspaket	– Durchführung der Projekte gemäß Projektauftrag und Projektplan – Sicherstellung der Projektziele – Terminierung der Arbeitspakete – Rechenschaft gegenüber den Auftraggebern und dem Projekt-Lenkungskreis – Verfügbarkeit des Projektstatus – Rechtzeitige Eskalation bei Abweichungen – Durchführung und Kommunikation von Lessons Learned – Bewertung von Änderungswünschen – Koordination des Berichtswesens und der Dokumentation

3

Rollenbeschreibung: Auftraggeber

Aufgaben	Kompetenzen	Verantwortung
Die im Rahmen des Projekts zu bearbeiten sind	*Rechte und Befugnisse zur Durchführung der Aufgaben/ Tätigkeiten inkl. Entscheidungsbefugnisse und Wertgrenzen*	*Pflichten der Rolle (z. B. Lieferergebnisse von Dokumenten)*
– Vertretung der Interessen des Managements der Ei-Ti AG – Definition des Projekts, Festlegung der Ziele – Auswahl eines Projektleiters – Beauftragung eines Projekts – Abstimmung der Zusammensetzung des Kernteams mit dem Projektleiter – Entscheidung über die weitere Behandlung von Änderungswünschen	– Ernennung des Projektleiters – Auftragserteilung zum Projekt – Genehmigung des Projektplans – Unternehmerische Gesamtbeurteilung des Projektfortschritts einschließlich aller initiativer Maßnahmen zur Sicherung des Projekterfolgs – Regelmäßige Prüfung des Projektfortschritts	– Abstimmung der Projektplanung mit dem Projektleiter – Verantwortung des Businessplans (Nutzengenerierung) – Unterstützung des Projektleiters, z. B. bei Ressourcenkonflikten mit den Linienverantwortlichen – Information der Geschäftsführung bei größeren Änderungen des Projekts – Entlastung des Projektleiters und des Projektteams nach Projektabschluss

Rollenbeschreibung: Projektteammitglied

Aufgaben	Kompetenzen	Verantwortung
Die im Rahmen des Projektes zu bearbeiten sind	*Rechte und Befugnisse zur Durchführung der Aufgaben/ Tätigkeiten inkl. Entscheidungsbefugnisse und Wertgrenzen*	*Pflichten der Rolle (z. B. Lieferergebnisse von Dokumenten)*
– Klärung der Arbeitspaketaufgaben mit dem Projektleiter – Festlegung der Tätigkeiten innerhalb eines Arbeitspakets – Durchführen einer Termin-, Kapazitäts- und Kostenplanung für das Arbeitspaket – Einbindung und Absprachen mit relevanten Schnittstellen (permanente Organisation) – Steuerung des Arbeitspaketziels – Sicherstellung eines regelmäßigen Informationsflusses an den Projektleiter	– Vorgabe der Arbeitspaketziele gegenüber Mitarbeitern – Bewertung des Arbeitspaketstatus – Einfordern der zugesagten Kapazitäten beim Projektleiter – Erteilung von Aufgaben an Mitarbeiter – Beurteilung der Arbeitsergebnisse	– Durchführung der Aufgaben gemäß Arbeitspaket – Sicherstellung der Arbeitspaketziele – Terminierung der Arbeitspakete – Rechenschaft gegenüber dem Projektleiter – Ermittlung eines Arbeitspaketstatus – Rechtzeitige Eskalation bei Abweichungen

Rollenbeschreibung: Projektmitarbeiter

Aufgaben	Kompetenzen	Verantwortung
Die im Rahmen des Projekts zu bearbeiten sind	*Rechte und Befugnisse zur Durchführung der Aufgaben/ Tätigkeiten inkl. Entscheidungsbefugnisse und Wertgrenzen*	*Pflichten der Rolle (z. B. Lieferergebnisse von Dokumenten)*
– Inhaltliche Bearbeitung des Arbeitspakets unter Berücksichtigung von Zeit und Aufwand	– Regelmäßige Prüfung des Projektfortschritts – Eskalation bei Problemen	– Qualitäts-, Termin- und aufwandsgerechte Erstellung der Teillieferergebnisse

3

Rollenbeschreibung: Lenkungskreis

Aufgaben	Kompetenzen	Verantwortung
Die im Rahmen des Projekts zu bearbeiten sind	*Rechte und Befugnisse zur Durchführung der Aufgaben/ Tätigkeiten inkl. Entscheidungsbefugnisse und Wertgrenzen*	*Pflichten der Rolle (z. B. Lieferergebnisse von Dokumenten)*
– Vertretung der Interessen des Managements der Ei-Ti AG – Definition des Projekts, Festlegung der Ziele – Auswahl eines Projektleiters – Beauftragung eines Projekts – Abstimmung der Zusammensetzung des Kernteams mit dem Projektleiter – Entscheidung über Änderungswünsche	– Ernennung des Projektleiters – Auftragserteilung zum Projekt – Genehmigung des Projektplans – Unternehmerische Gesamtbeurteilung des Projektfortschritts, einschließlich der Maßnahmen zur Sicherstellung des Projekterfolgs	– Abstimmung der Projektplanung mit dem Projektleiter – Verantwortung des Businessplans – Unterstützung des Projektleiters, z. B. bei Ressourcenkonflikten mit den Linienverantwortlichen – Bereitstellung von Budget und Ressourcen bei Bedarf und nach Genehmigung des Lenkungskreises – Entlastung des Projektleiters und des Projektteams nach Projektabschluss

3.1.4.3 Funktionendiagramm

Als weitere Methode, die verschiedenen Projektrollen zu koordinieren, bietet sich das Funktionendiagramm an, das für jedes Arbeitspaket verschiedene Funktionen für die Projektrollen oder die namentlich bekannten Projektbeteiligten darstellt.

Häufig werden die vier Funktionen *Verantwortung, Entscheidung, Mitarbeit* und *(wird) informiert* verwendet. Die Anfangsbuchstaben ergeben das Wort VEMI, wie diese Methode auch genannt wird.

Schematisch ist ein Funktionendiagramm in ◘ Tab. 3.1 dargestellt.

◘ Tab. 3.1 Schematische Darstellung eines Funktionendiagramms/VEMI-Matrix

	Projektauf-traggeber	Projekt-leiter	Projekt-team-mitglied 1	Projekt-team-mitglied 2	Projektmit-arbeiter 1	etc.
Arbeitspaket A	E	I	V		M	
Arbeitspaket B	I	E	V			
Arbeitspaket C		E	I	V	M	
Arbeitspaket D			V			
etc.						

V – Verantwortung, E – Entscheidung, M – Mitarbeit, I – (wird) informiert

Die Funktionen bedeuten im Einzelnen:

Verantwortung	Die entsprechende Rolle hat die Ver-antwortung für das Arbeitspaket. Das ist die einzige Funktion, die auf jeden Fall zu-gewiesen werden muss.
Entscheidung	Die Rolle entscheidet über das Ergebnis des Arbeitspakets. Es ist eine Art Abnahme des Arbeitspakets.
Mitarbeit	Diese Rolle arbeitet im Arbeitspaket mit, d. h. hierbei handelt es sich um die Rolle des Projektmitarbeiters.
Informiert	Die Rolle wird über das Arbeitspaket, ins-besondere über das Ergebnis, informiert.

Das Funktionendiagramm kann sowohl auf Rollenebene (◘ Tab. 3.1) erstellt werden als auch auf Namensebene. Bei der Erstellung auf Namensebene muss berücksichtigt werden, dass eine Person mehrere Rollen innerhalb eines Projekts übernehmen kann und damit auch mehrere Funktionen (Buchstaben) zugewiesen bekommt, wie im folgenden Beispiel *Weihnachtsfeier bei der Ei-Ti AG* er-sichtlich wird.

3

Weihnachtsfeier Ei-Ti AG – Funktionendiagramm auf Basis der VEMI-Matrix
Laura Leiter hat während ihres Studiums schon von dem Funktionendiagramm ge-
hört und freut sich jetzt darauf, endlich einmal diese Methode auszuprobieren.
Mittlerweile hat sie verstanden, dass sie das gemeinsam im Team machen sollte.

Aus Gründen der Übersichtlichkeit ist im Folgenden nur ein Auszug mit wenigen
Rollen und Arbeitspaketen des phasenorientierten Projektstrukturplans dargestellt.

	PAG (P. Perso)	PL (L. Leiter)	TPL Gäste (S. Schein)	TPL Progr. (L. Leiter)	PMA Progr. (S. Schein)	PMA Gäste (L. Leiter)	...
Projekt-management	E	V	M	M	I	I	
1.2.1 Grob-konzept er-stellen	I	I	I	V	M		
1.2.2 Pro-gramm er-stellen	E	I		V	M		
...							
1.3.1. Gäste einladen		i	V			M	
...							
1.3.4 Pro-gramm vor-bereiten		I		V	M		
...							

V – Verantwortung, *E* – Entscheidung, *M* – Mitarbeit, *I* – (wird) informiert, *PAG* – Projektauftraggeber, *PL* – Projektleiter, *TPL* – Teilprojektleiter, *PMA* – Projektmitarbeiter

3.1.4.4 Spielregeln

In Projekten arbeiten Personen aus unterschiedlichen
Organisationseinheiten mit unterschiedlichen Arbeitsweisen für eine bestimmte Zeit zusammen. Aufgrund des
Termindrucks in Projekten muss das Team sehr schnell
und effizient zusammenarbeiten. Konflikte können aber
niemals ausgeschlossen werden. Daher können Spielregeln
eine weitere Methode sein, um das Miteinander im Projekt
zu verbessern.

Beispiele für Spielregeln sind:
- Das Projektteam soll unternehmerisch handeln. In Konfliktfällen zwischen Projektzielen und der Linienorganisation soll anhand von Argumenten entschieden werden. Oberste Entscheidungsinstanz ist der Projektlenkungskreis.
- Das Projektteam entscheidet über die Verwendung des geplanten und mit dem Lenkungskreis vereinbarten Projektbudgets.
- Ein guter Projektleiter/Projektmitarbeiter ist proaktiv, fragt kompetente Ansprechpartner im Unternehmen und spricht über Probleme im Projekt, bevor es zur Eskalation kommt.
- Der Lenkungskreis ist die erste Eskalationsinstanz bei Konflikten zwischen Projekt und Linie bzw. mit dem Kunden.
- Ist eine Einigung im Lenkungskreis nicht möglich, hat die Geschäftsführung eine Entscheidung zu treffen (Zweite Eskalationsinstanz).
- Projektmitarbeiter dürfen nur maximal zu 100 % ihrer Kapazität verplant werden.
- Projektteammitglieder müssen in der Projektplanungsphase namentlich benannt sein.
- Für jedes Arbeitspaket gibt es einen namentlich benannten Verantwortlichen mit Kompetenzen. Die Ressourcen sind eindeutig zuzuordnen.
- Bei Zielkonflikten zwischen Linienmanagement und Projektmanagement ist generell ein tragfähiger Kompromiss anzustreben.
- Der Projektleiter oder sein Stellvertreter nehmen an jeder Verhandlung mit dem Kunden bezüglich Auftragsumfang, Preis oder Änderungen teil.
- Die Urlaubs- und Reiseplanung für Projektmitarbeiter erfolgt in Abstimmung mit dem Projektleiter.

Spielregeln können dabei aus den Bereichen Kommunikation, Verhalten, Aufgabenverteilung, Organisation, Agenda und Teamsitzungen, Teamarbeit, Sozialkompetenz etc. stammen.

Weihnachtsfeier Ei-Ti AG – Spielregeln

Laura Leiter sucht zunächst für ihr Projekt die bestehenden Spielregeln der Ei-Ti AG zusammen. Da sie von Gerd Genau den Zusatzauftrag erhalten hat, in ihrem Projekt einmal alle bestehenden Methoden, Instrumente und Dokumente zu-

3

sammenzutragen, zu überprüfen und ggfs. neue zu erstellen, hat Laura Leiter die unten stehenden Vorschläge für generische Spielregeln für Projekte aufgelistet. Diese können dann projektspezifisch angepasst werden. Paul Perso findet die Idee sehr gut, da er aus Erfahrung weiß, wie unterschiedlich verschiedene Abteilungen mit unterschiedlichen Menschen und Arbeitsweisen umgehen. Und gerade in Projekten, bei denen verschiedene Personen mit unterschiedlichen Arbeitsweisen und Sichtweisen auf ein Thema schnell und erfolgreich zusammenarbeiten müssen, sind Spielregeln eine gute Methode, um Konflikte zu vermeiden. Paul Perso steuert ebenfalls noch ein paar wichtige Spielregeln bei. Somit werden folgende Spielregeln vorgeschlagen und verabschiedet.

Kategorie	Spielregeln
Kommunikation	– Wir achten auf die Auswahl des sinnvollsten Kommunikationsmediums (persönlich, Telefon, E-Mail) – Nach Möglichkeit bevorzugen wir die persönliche Kommunikation – E-Mails zur Bereitstellung von teamrelevanten Daten werden an das gesamte Team gesendet
Organisation	– Wir respektieren die Rollenverteilung im Team insbesondere auch dann, wenn in der permanenten Organisation ein anderes Über- und Unterstellungsverhältnis gegeben ist – Die Rollenbeschreibungen mit den Aufgaben, Kompetenzen und Verantwortlichkeiten sind für alle internen Stakeholder verbindlich
Verhalten	– Wir üben uns im respektvollen Umgang miteinander – Konflikte werden nicht hinter dem Rücken der Betroffenen ausgetragen – Auch die Spielregeln sind ein dynamischer Bestandteil der Projektplanung und -steuerung und können den Gegebenheiten angepasst werden. Änderungen sollten im Projektteam besprochen und abgestimmt werden – Wer sich nicht an die Spielregeln hält, muss einen Euro in ein Sparschwein zahlen, das am Ende des Projekts gemeinsam im Rahmen eines Events ausgegeben wird
Aufgabenverteilung	– Wir helfen uns gegenseitig – Falls jemand früher als geplant fertig ist, wird das offen kommuniziert
Agenda und Teamsitzungen	– Regeltermine werden im Rahmen der Planungsphase gemeinsam festgelegt – Die Projektteamsitzung ist primär eine Abstimmungssitzung und weniger eine Arbeitssitzung – Sollte eine Einigung nicht möglich sein, gelten die Eskalationsregeln – Wir erscheinen pünktlich zu den Sitzungen

Paul Perso erklärt Laura Leiter aber noch einmal, wie wichtig es ist, die Spielregeln gemeinsam zu erarbeiten.

3.1.4.5 Kommunikationsplan

Die Haupttätigkeit eines guten Projektleiters ist Kommunikation.

Kommunikation soll hier als der Austausch von Informationen zwischen mehreren Personen verstanden werden.

Im Rahmen der Planung der Kommunikation sind vor allem der Kick-off, der Start-Workshop, sowie die Kommunikationstabelle als Methode zu nennen. Sie sind Teil des Kommunikationsplans.

Kick-off und Start-Workshop

Neben den in ◘ Tab. 3.2 gezeigten regelmäßigen Besprechungen gibt es gleich zu Anfang der Planungsphase zwei wichtige Besprechungsarten, den Kick-off-Termin und den Start-Workshop.

◘ **Tab. 3.2** Kommunikationstabelle

Bezeichnung	Inhalt	Teilnehmer	Zeit (Frequenz u. Dauer)	Ort
Lenkungs-kreis-Sitzung	– Status und Fort-schritt – Risiken; Maß-nahmen – Probleme – Entscheidungen – weitere Vorgehens-weise	– Projektauftrag-geber – Lenkungskreis – Projektleiter	– monatlich – 20 min	– Raum 4711
Projekt-team-Sitzung	– Status und Fort-schritt – Risiken; Maß-nahmen – Probleme – Entscheidungen – weitere Vorgehens-weise	– Projektleiter – Teilprojektleiter – Arbeitspaket-verantwort-licher	– monatlich (vor der Lenkungs-kreis-Sit-zung) – 2 h	– Raum 4712
Arbeits-sitzung	– Koordination des Subteams – inhaltliche Themen	– Arbeitspaket-verantwort-licher – Arbeits-paket-Mit-arbeiter	– bei Bedarf – Dauer in Abh. von dem Thema	– In Abh. von den Sitzungen
etc.				

Im ersten Schritt des Planungsprozesses sollten im Rahmen eines Kick-offs die am Projekt wesentlich Beteiligten (Stakeholder) informiert werden. Dieser Termin ist meist eine Präsentation, in der der Projektauftrag vom Projektauftraggeber und/oder vom Projektleiter vorgestellt wird. Der Kick-off-Termin hat neben dem Zweck, einen großen Teilnehmerkreis über das bevorstehende Projekt zu informieren, den Charakter eines Startschusses und soll für Aufbruchsstimmung sorgen.

Der zweite wichtige Besprechungstermin am Anfang einer Planungsphase ist der Start-Workshop, der primär die Erarbeitung eines Projektplans als Zielsetzung hat. Das heißt hierbei steht im Gegensatz zum Kick-off nicht die Information der wesentlichen Stakeholder des Projekts im Vordergrund, sondern die Erstellung von Projektplanungsergebnissen.

Folgende Themen sind typisch für einen Start-Workshop und stehen damit auf der Agenda:

- Projektname, Datum, Ort, Teilnehmer,
- Begrüßung, Einstieg, Ziele und Ablauf, Vorstellrunde,
- Status des Projekts,
- Projektziele und Lieferobjekt mittels Objektstrukturplan,
- Umfeldanalyse und Stakeholderanalyse,
- Entwurf/Ergänzung des Projektstrukturplans,
- Überarbeitung Projektorganigramm und Kommunikationsstrukturen,
- Festlegung von Arbeitspaket-Verantwortlichen und Arbeitspaket-Spezifikationen,
- Terminplanung: Meilensteindefinition,
- Abhängigkeiten und Dauer der Arbeitspakete,
- Ressourcenplanung,
- Kostenplanung,
- weitere Vorgehensweise inkl. To-do-Liste,
- Zusammenfassung und Abschluss.

In Abhängigkeit von der Projektgröße und dem Projektkontext haben diese beiden Besprechungsarten unterschiedliche Ausprägungen. Bei kleinen Projekten können der Kick-off und der Start-Workshop gemeinsam bzw. innerhalb eines Termins in zwei Teilen durchgeführt werden. Hier beträgt die Dauer eher ein bis zwei Stunden. Wohingegen bei großen Projekten der Start-Workshop mehrere Tage bzw. mehrere Teile umfassen kann. In der Praxis gibt es häufig mehrere Termine im Rahmen der

Planungsphase, an denen das Projektteam zusammenkommt und die Projektmanagementelemente plant.

Kommunikationstabelle

Für die Planung und Steuerung der Kommunikation hat sich in der Praxis eine Kommunikationstabelle etabliert, die die folgenden relevanten Fragen beantwortet:

- Wer kommuniziert mit wem? (Teilnehmer)
- Worüber? (Inhalt)
- Wann? (Zeit)
- Wo? (Ort)

Tab. 3.2 zeigt eine Kommunikationstabelle, in der beispielhaft drei relevante Sitzungen dargestellt sind. Um eine möglichst hohe Effizienz zu erreichen, sind die Teilnehmer auf bestimmte Rollen begrenzt.

Weihnachtsfeier Ei-Ti AG – Kommunikationsplan

Laura Leiter weiß inzwischen, wie beschäftigt jeder Mitarbeiter der Ei-Ti AG ist. Vor diesem Hintergrund erstellt sie zusammen mit Paul Perso und Sabine Schein folgenden Kommunikationsplan, der eine effiziente Kommunikation in dem Projekt gewährleisten soll.

Bezeichnung	Inhalt	Teilnehmer	Zeit (Frequenz u. Dauer)	Ort
Lenkungskreis-Sitzung	– Status und Fortschritt – Risiken; Maßnahmen – Probleme – Entscheidung – weitere Vorgehensweise	Lenkungskreis (Gerd Genau, Frank Findus und Paul Perso (PAG))	1. Montag im Monat um 10 Uhr für 10 min. im Rahmen der GF-Sitzung	Raum 4123 Berlin (Einwahlkoordinaten für Telefonkonferenz bei Flora Fleißig erhältlich)
Projektteam-Sitzung	– Status und Fortschritt – Risiken; Maßnahmen – Probleme – Entscheidungen – weitere Vorgehensweise	PL (Laura Leiter) TPL (Sabine Schein, Sven Soft, Tommi Tekkus)	Monatlich donnerstags vor der Lenkungskreissitzung 60 min.	Raum 2007

3

Bezeichnung	Inhalt	Teilnehmer	Zeit (Frequenz u. Dauer)	Ort
Teilprojektleiter-Sitzungen	– Koordination des Subteams – inhaltliche Themen	In Abhängigkeit von den Teilprojekten	In Abhängigkeit vom Inhalt	t.b.d.

PAG – Projektauftraggeber, *PL* – Projektleiter, *TPL* – Teilprojektleiter, *t.b.d.* – to be defined

Laura Leiter ist froh, dass sie für ihr erstes Projekt ein relativ kleines Projektteam hat, zu dem sie persönlich gehen kann. Somit sind die Stolpersteine einer erschwerten Kommunikation durch verteilte Projektteams an verschiedenen Standorten nicht gegeben.

3.1.4.6 Informationsmanagement

Das Informationsmanagement umfasst die Informationssammlung, -aufbereitung, -speicherung und -verteilung inkl. dem Berichtswesen und dem Dokumentenmanagement. Das Informationsmanagement beantwortet folgende Fragen:
- Wer muss worüber wann informiert werden?
- Wer liefert wann welche Informationen?
- Wie viel Information ist zwingend notwendig?
- In welcher Form sollen Informationen aufbereitet sein?
- Wo und wie sollen die Informationen abgelegt werden?

Die zeitnahe Bereitstellung von Informationen ist entscheidend für die Vorbereitung und das Treffen von projektrelevanten Entscheidungen.

3.1.4.7 Wesentliche Dokumente für das Projektmanagement

Periodische und ereignisorientierte Berichte

Bei den Dokumenten kann zwischen den periodischen (zeitorientierten) und ereignisorientierten Dokumenten unterschieden werden. Periodische Dokumente werden in einem bestimmten Zeitzyklus erstellt (z. B. monatlicher Statusbericht), wohingegen ereignisorientierte Dokumente in Abhängigkeit von einem Ereignis erstellt werden (z. B. Abschlussbericht am Ende eines Projekts).

Das wichtigste periodische Dokument, das regelmäßig vorliegen soll, ist also der Projektstatusbericht. Ereignisorientierte Dokumente sind der Projektauftrag

(► Abschn. 2.7), der Projektplan, Abnahmeprotokolle für Teillieferobjekte oder Arbeitspakete, Änderungsanträge und der Abschlussbericht.

- **Projektplan**

Der Projektplan wird in unterschiedlichen Quellen und insbesondere in der Praxis unterschiedlich definiert und interpretiert. Viele verstehen hierunter ausschließlich den Terminplan oder eine Kombination aus Termin- und Ressourcenplan. Laut der Standards, wie DIN 69900, PMBOK, PRINCE2 umfasst der Projektplan alle Teilpläne, die zum Managen eines Projekts erforderlich sind (Project Management Institute 2021; Axelos, 2017; DIN, 2009a). Dazu zählen:

- Zielplan,
- Ergebnisplan,
- Projektstrukturplan,
- Terminplan,
- Ressourcenplan,
- Kostenplan,
- Risikoplan,
- Organisations- und Kommunikationsplan,
- ggfs. Beschaffungsplan.

Letztendlich werden alle Ergebnisse aus den einzelnen Projektmanagementelementen im Projektplan zusammengefasst. Zusätzlich enthält ein Projektplan die Vorgehensweise des Projektmanagements (z. B. agiler Ansatz, Einsatz von verschiedenen Methoden und Instrumenten, Berücksichtigung von Standards).

Von besonderer Bedeutung ist die Abhängigkeit der verschiedenen Teilpläne untereinander, die das Management der einzelnen Projektbeschränkungen (► Abschn. 1.1.3) beschreiben. Aus diesem Grunde kann auch die Änderung eines Teilplans (z. B. des Terminplans) Auswirkungen auf die anderen Teilpläne (z. B. Kosten-, Risiko-, Kommunikationsplan) haben. Daher sind bei jeder Teilplanänderung, d. h. der Änderung einer Projektbeschränkung, die Auswirkungen auf die anderen Projektbeschränkungen zu prüfen. Die Vorgehensweise hierzu wird in ► Abschn. 3.2 beschrieben.

- **Statusbericht**

Der Projektstatusbericht wird im Rahmen des Projektcontrollings verwendet, aber bereits in der Planungsphase konzipiert bzw. ist als Standard innerhalb der Organisation

3

vorgegeben. Der Statusbericht wird in ▶ Abschn. 3.2.3.1 beschrieben.

▪ **Änderungsantrag**

Der Änderungsantrag ist ebenfalls ein Dokument, das im Projektcontrolling im Rahmen des Change Request Managements *(Änderungsmanagement)* verwendet wird (▶ Abschn. 3.2.4). Er wird auch im Rahmen des Berichtswesens konzipiert oder als Standard verwendet.

▪ **Dokumentenplan**

Analog zur Kommunikationstabelle hat sich in der Projektarbeit das gemeinsame Entwickeln eines Dokumentenplans (◘ Tab. 3.3) bewährt, der eine Übersicht über alle im Projekt zu erstellenden Dokumente darstellt und wesentliche Informationen zu den einzelnen Dokumenten enthält, wie Ersteller, Empfänger, Inhalte, Frequenz etc.

Um die o. g. Fragen zu beantworten und damit die Ziele des Informationsmanagements im Projekt erreichen zu können, muss der Projektleiter in Abstimmung mit den relevanten Stakeholdern folgende Aufgaben erfüllen:

◘ **Tab. 3.3** Aufbau Dokumentenplan

Dokumentenplan				
Dokument	**Ersteller**	**Empfänger**	**Inhalte**	**Frequenz/bis wann**
Statusbericht	Projektleiter	Auftraggeber, Entscheidungsgremium	Aktueller Stand des Projekts (Termin, Kosten, Leistung)	Zum letzten Arbeitstag im Monat
Arbeitspaketbericht	Arbeitspaket-Verantwortlicher	Projektleiter	Aktueller Stand des Arbeitspakets	Alle zwei Wochen
Sofortbericht	Projektleiter	Auftraggeber, Entscheidungsgremium	Konkreter Handlungsbedarf aufgrund von Abweichungen	In Ausnahmesitutionen
Änderungsanträge	In Abh. vom Antrag	Auftraggeber, Entscheidungsgremium	Änderung inkl. Grund und Auswirkung	Bei Bedarf

- Auswahl von projektrelevanten Informationen,
- Festlegung, welche Informationen, zu welchen Zeiten bzw. Frequenzen an welche Stakeholder verteilt werden,
- Festlegung der Verantwortung der Informationsbeschaffung, -aufbereitung und -weitergabe,
- Festlegung der Aufbereitungsart der relevanten Informationen (Medium, Verdichtungsgrad, Aktualität etc.),
- Bestimmung der zu verwendenden Vorlagen,
- Verteilung von Zugriffsrechten bei digitalen Speichern bzw. Programmen.

Der Projektleiter trägt die Verantwortung für das Informationsmanagement im Projekt. Er muss gewährleisten, dass die Informationsbedürfnisse der internen und externen Stakeholder effektiv und effizient erfüllt werden. Das heißt, es muss eine Balance aus Bedarf an Informationen und Aufwand zur Informationsaufbereitung und -bereitstellung getroffen werden.

Dabei ist auch eine Entscheidung bzgl. der Kommunikationsart hinsichtlich verbaler und/oder schriftlicher Kommunikation (d. h. Dokumentation) zu treffen.

Neben dem direkten, im Wesentlichen verbalen Informationsaustausch im Rahmen von Teamsitzungen, Statusmeetings, Telefonaten etc. ist eine schriftliche Dokumentation projektrelevanter Informationen wichtig. Die Vorlagen und Formulare sollten für den Ersteller so „benutzerfreundlich" und für den Empfänger so bedarfsorientiert, lesbar und verständlich wie möglich sein.

Der Verdichtungsgrad spielt bei der Informationsbereitstellung auf unterschiedlichen Hierarchiestufen eine wesentliche Rolle, denn je höher die Hierarchiestufe, desto verdichteter müssen die Informationen sein.

Dies bedeutet, dass der Projektleiter mit seinem Projektteam über die höchste Detailtiefe verfügen muss, während das Management eine grobe Übersicht der Projektdaten zur Verfügung gestellt bekommt, um das Projekt richtig einzuschätzen und ggfs. Maßnahmen zu ergreifen.

3.1.4.8 Eskalationsmanagement

Ein wichtiges Thema im Rahmen des Projektmanagements ist das Thema Eskalation. Gerade vor dem Hintergrund der unterschiedlichen Einbindung eines Projekts in die

3

Eskalation

permanente Organisation kommt es immer wieder zu Konflikten, die innerhalb des Projekts nicht gelöst werden können und damit zu einer höheren Instanz gereicht werden müssen.

Eskalation kann man grundsätzlich mit dem Weiterleiten einer Entscheidung oder eines Problems an eine höhere Hierarchiestufe zusammenfassen, wenn die Entscheidung oder das Problem auf der aktuellen Hierarchiestufe nicht gelöst werden können.

Das Eskalationsmanagement umfasst die Prozesse, Rollen, sowie Vorlagen, die im Rahmen von Eskalationen angewendet werden sollten. Die Eskalationsprozesse spiegeln dabei vorstrukturierte Wege innerhalb einer Organisation wider, die in einem Eskalationsfall eingeschlagen werden müssen.

Grundsätzlich sollte das Projektteam alle Entscheidungen im Rahmen der vereinbarten Projektziele selbst treffen. Der Projektleiter und das Projektteam bekommen bezüglich der Projektziele die Verantwortung und gewisse Kompetenzen (Befugnisse) für das Projekt. Dieser Ansatz ermöglicht die Delegation von Aufgaben von „oben nach unten" (▶ Abschn. 6.3.2, Management by Delegation). Es sollte nur in Ausnahmefällen eskaliert werden. Die Eskalation ist der Gegenbegriff zur Delegation.

Die Übertragung von Verantwortung und Erteilung von Kompetenzen sollten dabei in Balance stehen. Die Eskalation entspricht innerhalb der Managementprinzipien dem *Management by exception* (▶ Abschn. 6.3.2). So ist z. B. die Budgeterhöhung oder die Terminverschiebung im Projekt i. w. S. eine Eskalation, da der Projektleiter den Lenkungsausschuss oder den Auftraggeber um Entscheidung bitten muss. In der Praxis besitzen Unternehmen mit einem mittleren bis hohen Reifegrad des Projektmanagements ein etabliertes Eskalationsmanagement.

3.1.5 Zeit

Die Zeitplanung ist eng mit der Leistungsplanung (Ziele/ Lieferobjekt, Qualität und Arbeit) sowie der Ressourcen- und Kostenplanung verknüpft (▶ Abschn. 1.1.3, Magisches Dreieck).

Ablaufplanung

Terminplanung

Die Zeitplanung gliedert sich dabei in eine Ablaufplanung und eine Terminplanung. Bei der Ablaufplanung wird der sachlogische Ablauf des Projekts bzw. der Arbeitspakete geplant. Anschließend werden im Rahmen der Terminplanung die Arbeitspakete mit Start- und Endterminen versehen, sodass am Ende der Zeitplanung ein schlüssiger Terminplan steht. Dabei müssen die im Projektauftrag abgestimmten Termine (meist Start- und Endtermine, ggfs. weitere Meilensteine) berücksichtigt werden.

Je größer das Projekt ist, desto komplizierter gestaltet sich das Erstellen eines schlüssigen Terminplans. Im Rahmen der Zeitplanung gibt es einige Methoden und Instrumente, wie der Meilensteinplan, die Vorgangsliste oder der Netz- und Balkenplan, die je nach Projektgröße und Anforderungen an die Zeitplanung, angewandt werden.

3.1.5.1 Meilenstein

Im Rahmen der Projektinitiierung sind die beiden wichtigsten angestrebten Ecktermine eines Projekts bereits festgelegt: Start- und Endtermin des Projekts.

Um das Projekt zeitlich besser planen und während der Projektdurchführung überprüfen zu können, wie das Projekt „unterwegs" ist, werden zwischen diesen beiden Eckterminen weitere *Ankerpunkte* festgelegt, sogenannte Meilensteine. Wobei der Start- und Endtermin ebenfalls Meilenstein sind.

> **Meilenstein**
>
> Ein Meilenstein ist ein „Schlüsselereignis von besonderer Bedeutung" (DIN, 2009b).

Damit ist ein Meilenstein ein besonderer Zeitpunkt im Projekt, an dem etwas Wichtiges für den weiteren Verlauf des Projektes geschieht. *Die Genehmigung eines Darlehens erhalten,* ist ein Beispiel eines Meilensteins. Dabei kann noch zwischen fixen und dynamischen Meilensteinen unterschieden werden.

Fixe Meilensteine haben einen festgelegten Termin (z. B. muss die Genehmigung des Darlehens zum 31.1. vorliegen, sonst kann das Projekt nicht durchgeführt werden).

Dynamische Meilensteine haben keinen konkreten Termin, sondern hängen an dem Ereignis selbst (z. B. kann es auch sein, dass die Genehmigung des Darlehens nur vom Ende des Arbeitspakets *Darlehen beantragen* abhängt, aber keine Terminvorgabe enthält).

Terminlich fixierte Meilensteine

Dynamische Meilensteine

Meilensteine weisen folgende wichtige Merkmale auf:
- Orientierungshilfe für Stakeholder,
- *Etappenziele* für die Projektorganisation, an denen u. a. der Fortschritt des Projekts erkannt werden kann,
- Steuerungsinstrument für den Projektleiter und das Projektteam (Arbeitspaket-Verantwortliche),
- Motivationsinstrument für das Projektteam und die Projektmitarbeiter, um die Energien zu fokussieren,
- Statusbericht für das Management, an denen das Projekt *zwischenbilanziert* wird,
- Entscheidungspunkte für den Auftraggeber und das Management des Projekts.

Immer, wenn wichtige Entscheidungen im Projekt getroffen werden müssen (technischer, finanzieller, organisatorischer Art oder bezüglich Risiken), an denen wichtige Koordinationspunkte zwischen den Teilprojekten oder zu anderen Projekten zu erreichen sind oder richtungsweisende Ergebnisse vorliegen müssen, sollten Meilensteine gesetzt werden.

Es sollte mindestens einen Meilenstein pro Phase als Ankerpunkt geben (◨ Abb. 3.6).

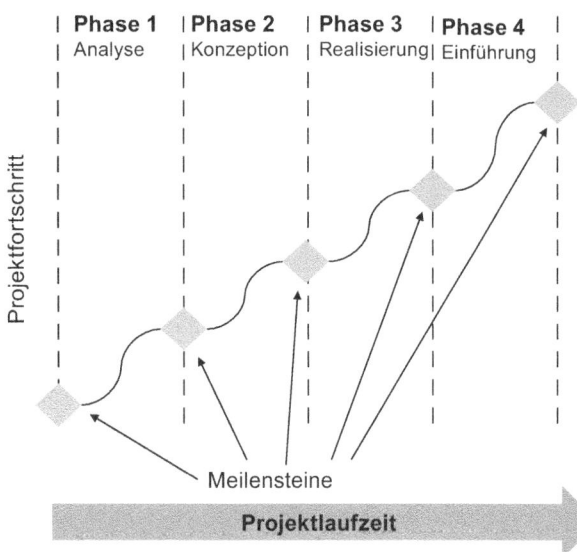

◨ **Abb. 3.6** Meilensteine als Ankerpunkte des Projekts

┌─ **Aufwand** ──────────────────────────────────┐

Unter Aufwand wird der zeitliche Bedarf an Ressourcen (Einsatzmitteln) für die vollständige Bearbeitung
einer Aufgabe verstanden (vgl. Bea et al., 2020,
S. 142 f.). Der Aufwand stellt bei der Ressource *Person*
die Summe der Nettoarbeitszeit der einzelnen Personen
dar.

└──┘

┌─ **Dauer** ─────────────────────────────────────┐

Die Dauer gibt den Zeitraum zwischen Start und Ende
eines Arbeitspakets oder Vorgangs an. Es ist die Zeit,
die benötigt wird, um ein geplantes Ergebnis
(z. B. Lieferobjekt, Teillieferobjekt) zu erzielen.

└──┘

Entsprechend der Definition handelt es sich bei der Messung und Darstellung der Dauer um eine Zeiteinheit. Je
nach Gesamtprojektdauer wird die Dauer der einzelnen
Arbeitspakete oder Vorgänge folgendermaßen angegeben:

- in Tagen (Kürzel: *T* für *Tag* im Deutschen oder *d* für
  day im Englischen),
- in Wochen (Kürzel: *W* für *Woche* im Deutschen oder *w*
  für *week* im Englischen),
- in Monaten (Kürzel: *M* für *Monat* im Deutschen oder
  m für *month* im Englischen),
- in Quartalen (Kürzel: *Q* für *Quartal* im Deutschen
  oder *q* für *quarter* im Englischen).

❶ Unterschied Dauer und Aufwand

Dauer und Aufwand haben zwar dieselbe Maßeinheit
(Zeit), unterscheiden sich aber in wesentlichen Merkmalen. ◨ Tab. 3.4 gibt einen Überblick über die beiden
wichtigen Größen Aufwand und Zeit.

┌─ **Personentage** ──────────────────────────────┐

Ein Personentag *(Projekttag)* ist eine Maßeinheit für
den Aufwand von zu erledigender Arbeit. Ein Personentag entspricht dabei dem Arbeitsaufwand einer Person
an einem Arbeitstag.

└──┘

3

◘ **Tab. 3.4**	Unterschied Dauer und Aufwand	
	Dauer	**Aufwand**
Definition und Merkmale	Durchlaufzeit; Zeitspanne von Start bis Ende inkl. aller Warte- und Liegezeiten	Nettoarbeit, die in einem Arbeitspaket/einer Phase zu erbringen ist
Einheit	Einheit: Zeit, z. B. Monate (m), Tage (d), Stunden (h)	Einheit: Zeit, z. B. (Projekt-)Monate (PM), (Projekt-)Tage (PT), (Projekt-)Stunden (PS)
Projekt-management-element	Geht in die Zeitplanung ein	Geht in die Kostenplanung ein
Abhängigkeit	Variable Größe bzgl. eines Arbeitspakets; abhängig von der Anzahl der Ressourcen und dem Aufwand	Fixe Größe bzgl. eines Arbeitspakets; unabhängig von der Anzahl der Ressourcen und der Dauer Abhängigkeit von der Aufgabe bzw. dem Arbeitspaket

---

Arbeitstag

Tage, an denen in einer Organisation gearbeitet wird, d. h. in der Regel von Montag bis Freitag. Ein Arbeitstag umfasst eine unterschiedliche Anzahl von Arbeitsstunden in Abhängigkeit von der Vertragssituation (Arbeitszeit pro Tag).

Personentage, Arbeitstage und Kalendertage sind nicht zu verwechseln. Die Dauer eines Arbeitspakets wird in Kalendertagen (privat) oder Arbeitstagen (geschäftlich) gemessen. Die Personentage stellen den Aufwand dar.

◘ Tab. 3.5 zeigt den Unterschied der drei Begriffe anhand eines Beispiels von fünf Arbeitstagen.

Die Dauer eines Arbeitspakets beträgt fünf Arbeitstage. Wenn das Arbeitspaket von Montag bis Freitag bearbeitet wird, beträgt die Dauer fünf Kalendertage. Bei einem Start an einem Mittwoch und einem Ende am Dienstag der darauffolgenden Woche, beträgt die Dauer sieben Kalendertage, da am Wochenende nicht gearbeitet wird. Samstag und Sonntag werden als Kalendertage dazugezählt, aber nicht als Arbeitstage.

Im Projektmanagement rechnet man in der Regel mit Arbeitstagen. Wenn dann von einer Dauer von 20 Arbeitstagen gesprochen wird, entspricht das einer Dauer von ca. einem Monat, da bei der Monatsbetrachtung die Kalendertage Berücksichtigung finden.

◘ Tab. 3.5 Unterschied Arbeitstage, Kalendertage und Personentage

Arbeitstage	Wochentage	Kalendertage	Personentage
Maßeinheit der Dauer im geschäftlichen Umfeld		Maßeinheit der Dauer im privaten Umfeld	Maßeinheit des Aufwands bezogen auf Arbeitstage
5	Von Mo bis Fr in derselben Woche	5	Bei einer Person: 5 Personentage Bei zwei Personen: 10 Personentage
5	Von Mi bis Di der nächsten Woche	7 (inkl. Sa und So, die aber keine Arbeitstage darstellen)	Bei einer Person: 5 Personentage Bei zwei Personen: 10 Personentage

3.1.5.2 Vorgehensweise Zeitplanung

Um einen detaillierten Terminplan erstellen zu können, müssen der Projektstrukturplan (PSP) mit definierten Arbeitspaketen und eine grobe Terminübersicht in Form eines Meilenstein-/Phasenplans (meist aus dem Projektauftrag) vorliegen:

Der detaillierte Terminplan bildet die logischen Abhängigkeiten und den zeitlichen Ablauf der einzelnen Arbeitspakete oder ggfs. noch detaillierter in Form von Vorgängen untereinander ab.

> **Vorgang**
>
> Nach DIN 69900 ist ein Vorgang „ein Ablaufelement zur Beschreibung eines bestimmten Geschehens mit definiertem Anfang und Ende" (DIN, 2009c).

Ein Vorgang ist ein Ablaufelement im Rahmen der Terminplanung, der eine geschlossene Aufgabe darstellt und als Unterteilung eines Arbeitspakets dient. Im Rahmen der Terminplanung kann es bei einigen Arbeitspaketen sinnvoll sein, diese weiter in Vorgänge zu unterteilen, um Wartezeiten innerhalb der Arbeitspakete oder Abhängigkeiten inmitten des Ablaufs eines Arbeitspakets besser zu planen.

Ein Vorgang ist ein Element des Zeitmanagements (Frage: Wann?), während das Arbeitspaket ein Element der Arbeit (Frage: Wie?) ist. Ein Arbeitspaket kann einen Vorgang darstellen oder in mehrere Vorgänge unterteilt werden.

3

Die Unterteilung eines Arbeitspakets in mehrere Vorgänge erfolgt aus Gründen der sinnvolleren bzw. effizienteren Planung. So kann z. B. das Arbeitspaket *Personal einstellen* in die Vorgänge *Ausschreibungstext erstellen, Gespräche führen, Kandidaten auswählen und Vertrag verhandeln* unterteilt werden. Diese Teilaufgaben bzw. Vorgänge stellen je eine in sich geschlossene Aufgabe dar, zwischen denen auch Wartezeiten entstehen können. Diese Darstellung würde bei der zeitlichen Planung auf Arbeitspaket-Ebene nicht berücksichtigt werden können. Das heißt die Planung auf Vorgangsebene ermöglicht eine detailliertere Zeitplanung, führt aber auch zur mehr Planungs- und Controllingaufwand im Projektmanagement.

> **Praxistipp**
>
> **Detailliertere Zeitplanung auf Vorgangsbasis**
>   Der Planungsverantwortliche (meist Projektleiter mit seinem Team) sollte bei der gesamten Planung immer berücksichtigen, dass eine detaillierte Planung auch zu mehr Controllingaufwand führt. Wenn der detaillierte Zeitplan auf Vorgangsebene nicht *controlled,* d. h. überwacht und gesteuert werden kann, hat dieser Plan wenig Nutzen und es sollte die Arbeit hierfür besser in andere wichtige Projektmanagementelemente gesteckt werden, die häufig in der Praxis vernachlässigt werden (z. B. Organisation und Kommunikation, ► Abschn. 3.1.4).

Auf Basis der Terminologie der DIN 69900 wird im Rahmen der Terminplanung nur von Vorgängen gesprochen. Das heißt Arbeitspakete werden entweder vollständig in Vorgänge überführt oder weiter in Vorgänge zerlegt. In der Praxis wird häufig weiterhin von Arbeitspaketen innerhalb der Terminplanung gesprochen. Der Durchgängigkeit und Einfachheit wegen und zur Verdeutlichung der Bedeutung der Arbeitspakete wird in diesem Buch weiterhin von Arbeitspaketen gesprochen, wenn diese nicht weiter in Vorgänge unterteilt werden.
    Der Terminplan dient dem Projektleiter und den Arbeitspaket-Verantwortlichen als wichtiges Steuerungsinstrument zur Terminüberwachung. Die Arbeitspaket-Verantwortlichen erkennen anhand des Terminplans, welche Ergebnisse wann vorliegen müssen, um die eigenen Aufgaben beginnen zu können. Sie erkennen, zu welchem Zeitpunkt sie ihrerseits Ergebnisse für nachfolgende Aktivitäten liefern müssen (► Abschn. 3.1.5).

Verschiedene Stakeholder (z. B. Auftraggeber, Kunden, Management) erwarten eine verbindliche Aussage zum zeitlichen Ablauf und dem voraussichtlichen Endtermin des Projekts. Darüber hinaus ist der Terminplan mit seinem berechneten Endtermin für die Entscheidung der Projektdurchführung eine wichtige Basis.

Zum Erstellen eines aussagefähigen und verständlichen Terminplans auf Arbeitspaket- oder Vorgangsebene sind die in ◨ Tab. 3.6 beschriebenen Maßnahmen erforderlich.

◨ **Tab. 3.6** Vorgehensweise zur Erstellung eines Terminplans

Schritte	Maßnahmen
1. Methoden- und Instrumentenauswahl	Auswahl alternativer Methoden zur Zeitplanung in Abh. von der Projektgröße: – Meilensteinplan – Termin/Vorgangsliste – Balkenplan (vernetzt; nicht vernetzt) – Netzplan Auswahl möglicher Instrumente (Software) in Abh. von der Methodik und Verfügbarkeit (Softwarelizenzen) in der Organisation: – Standardtabellenkalkulations- oder Grafikprogramme – Standard-Zeitplanungssoftware – unternehmenseigene Software etc.
2. Schätzung der Dauer der Arbeitspakete/Vorgänge	– Experten schätzen die Dauer ihrer einzelnen Arbeitspakete aus dem Projektstrukturplan – ggfs. werden Arbeitspakete in Vorgänge zerlegt – ggfs. die Dauer aus dem Aufwand ableiten/berechnen (Formel ► Abschn. 3.1.5) – ggfs. Wartezeiten und zeitliche Risiken hinzuaddieren; Wartezeiten können für Zulieferungen, Genehmigungen, Abstimmungsbedarf, Entscheidungen etc. entstehen
3. Festlegung der Abhängigkeiten zwischen den Arbeitspaketen/Vorgängen	– Abhängigkeiten sichten und festlegen, d. h. welche Ergebnisse von Arbeitspaketen müssen vorliegen, um das Nächste beginnen zu können (Vorgänger und Input) bzw. welche Arbeitspakete müssen direkt im Anschluss bearbeitet werden (Nachfolger)? – Serielle und parallele Bearbeitung identifizieren, d. h. welche Arbeitspakete müssen nacheinander, welche können parallel bearbeitet werden?
4. Berechnung der Projektdauer	– Berechnung der frühestmöglichen Anfangszeitpunkte für jeden Vorgang, ausgehend vom Projektstart (Vorwärtsrechnung) – Umrechnen der frühestmöglichen und spätestens möglichen Anfangszeiten jedes Vorgangs in Kalendertermine
5. Validierung und Optimierung	– Identifizierung von Terminrisiken (kritischer Weg, lange Wartezeiten, besondere Abhängigkeiten, lange Entscheidungswege etc.) – Ressourcenabgleich (► Abschn. 3.1.6) – Optimierung des Terminplans

3

> **Praxistipp**
>
> **Zeitplanung**
> Im Rahmen der Zeitplanung sollten folgenden Hinweise beachtet werden:
> - Angemessenes Terminplanungsinstrument auswählen (Terminliste, Balkenplan, Meilensteinplan (s. u.),
> - der Terminplan sollte im Team entwickelt werden (z. B. im Rahmen des Start-Workshops),
> - es sollten Terminpläne als Vorlage aus ähnlichen vergangenen Projekten genutzt werden,
> - Abhängigkeiten und Dauer von Experten und Arbeitspaketverantwortlichen definieren lassen,
> - bei größeren Projekten auf mehreren Detailebenen planen,
> - bei Umrechnung von Zeitlängen (Tagen, Wochen, Monate) in konkrete Termine müssen arbeitsfreie Tage (Wochenenden, Feiertage, Urlaub etc.) berücksichtigt werden,
> - die Verfügbarkeit der Ressourcen sollte überprüft werden,
> - Meilensteine für externe Zulieferungen realistisch abschätzen,
> - den Terminplan nur so detailliert erstellen, wie man ihn auch überwachen und steuern kann,
> - allgemein zugängliche und verfügbare Planungsinstrumente verwenden,
> - in der Initiierungsphase vereinbarte Meilensteine müssen eingehalten werden,
> - Verantwortlichkeit(en) für die Pflege des Terminplans festlegen.

3.1.5.3 Schätzungen

Durch den Projektstrukturplan werden die zur Erstellung des Lieferobjekts notwendigen Aufgaben und Arbeitspakete sichtbar. Die Größe eines Projekts wird erst dann transparent, wenn Aufwand, Kosten und Dauer geschätzt werden.

In diesem Abschnitt werden zunächst allgemeine Verfahren zum Schätzen beschrieben. Diese gelten auch für die Kostenschätzungen in ▶ Abschn. 3.1.7. Da im Rahmen der Zeitplanung auch der Aufwand eine Rolle spielt, wird in diesem Abschnitt sowohl auf die Aufwands- als auch die Dauerschätzungen eingegangen. Die Beschreibung der Kostenschätzungen erfolgt in ► Abschn. 3.1.7. Als Schätzmethoden sind die Expertenschätzung, die Erfahrungsschätzung (auf Basis historischer Daten) und die parametrische Schätzung verbreitet (vgl. Bea et al., 2020, S. 142 ff.; vgl. Timinger, 2015, S. 140 ff.).

3.1.5.4 Schätzverfahren

■ **Expertenschätzung**

Eines der häufigsten in der Praxis vorkommenden Schätzverfahren ist die Expertenschätzung. Dabei wird mit unterschiedlichen Methoden und Instrumenten auf das Wissen von Experten, die zu dem Projektinhalt eine Expertise haben, zugegriffen.

Im Rahmen der Expertenschätzung gibt es mehrere Verfahren und Instrumente:

- Einzelschätzung,
- Gruppenschätzung,
- Delphi-Methode,
- Schätzklausur.

Expertenschätzung

Bei der Einzelschätzung wird ein Experte gebeten, eine Schätzung abzugeben. Damit basiert die Schätzung auf einer Einzelsicht.

Bei der Gruppenschätzung werden mehrere Experten unabhängig voneinander befragt. Damit handelt es sich um mehrere Sichtweisen.

Die Delphi-Methode ist eine strukturierte Vorgehensweise mehrerer Experten, die ebenfalls mehrfach befragt werden. Die Ergebnisse der Schätzung werden gemittelt und Ausreißer sollten begründet werden. Die Ergebnisse der Mittelwerte und ggfs. die Gründe der Abweichungen werden allen teilnehmenden Experten zur Verfügung gestellt und es erfolgt eine zweite Schätzrunde, nach Bedarf auch weitere.

Bei der Schätzklausur nehmen wieder mehrere Experten teil. Diesmal tauschen sich die Experten aber gemeinsam im Rahmen einer Besprechung (Klausur) aus und es sollte am Ende eine gemeinsame Schätzung vorliegen.

■ **Erfahrungsschätzung**

Eine weitere häufig angewandte und relativ einfache Schätzung ist die Erfahrungsschätzung, die auf Basis von Erfahrung aus der Vergangenheit oder historischen Daten

Erfahrungsschätzung

3

beruht. Hierbei werden die Aufwände, Dauer oder Kosten aus den vergangenen vergleichbaren Projekten, Teilprojekten, Arbeitspaketen oder Vorgängen herangezogen und für das aktuell zu schätzende Projekt, Teilprojekt, Arbeitspaket oder den Vorgang übernommen oder entsprechend angepasst. Eine Sonderform der Erfahrungsschätzung ist die Schätzung durch Normierung. Diese stellt ein quantitatives Verfahren dar, bei dem auf Basis von Erfahrungen der Aufwand auf einen Basiswert normiert werden kann. Dieser Basiswert kann dann entsprechend für das aktuelle Projekt, Teilprojekt, Arbeitspaket oder den Vorgang berechnet werden. Dieser Sonderfall funktioniert bei Arbeiten, die eine quantifizierbare Menge an Ergebnissen produzieren, wie z. B. 100 m² Dach decken, 50 Testroutinen schreiben, 50 m² Mauerwerk verputzen.

> ▶ **Normierte Erfahrungsschätzung**
>
> Wenn ein Eventunternehmen auf Basis von Erfahrungen weiß, dass der Aufwand für die Bestuhlung eines Raumes ca. 1 h pro 50 Sitzplätze beträgt, kann der Aufwand für die gesamte Party mit 500 Sitzplätzen einfach berechnet werden: 500 Sitzplätze * 1 h/50 Sitzplätze = 10 h Aufwand = 1,25 Tage Aufwand (Umrechnung von Stunden in Tage unter der Berücksichtigung eines 8 h Arbeitstags).
>
> Wenn der Saal an einem Arbeitstag (8 h) bestuhlt werden soll, benötigt man 1,25 Personen. ◀

■ **Parametrische Schätzung**

Parametrische
Schätzung

Bei den parametrischen Schätzverfahren werden mithilfe von Formeln und verschiedener Parameter die Größen Aufwand, Dauer oder Kosten berechnet. Die Werte der Parameter werden wiederum abgeschätzt.

Die bekanntesten parametrischen Verfahren sind:

■■ **COCOMO**

Dieses Verfahren kommt aus der Softwareentwicklung und basiert wie bei der normierten Erfahrungsschätzung auf einem normierten Wert aus vergangenen vergleichbaren Projekten. Im Gegensatz zu anderen Schätzverfahren wird mit COCOMO (COnstructive COst MOdel) nur der Aufwand berechnet. Dabei wird folgendermaßen gerechnet:

$$PM = m * KSLOC^n$$

Die einzelnen Terme haben folgende Bedeutung:

- PM – Aufwand in Personenmonaten
- m – Komplexitätsfaktor (inkl. Produktivität)
- n – Skaleneffekte, z. B. Innovationsgrad, Entwicklungsflexibiliät
- KSLOC – KILO-Source-Lines-Of-Code: gibt den Erwartungswert für Zeilen Programmiercode in 1000 an.

Alle drei Eingabewerte (m, n und KSLOC) basieren wiederum auf Erfahrungen oder Expertenwissen.

■ ■ **Dreipunktschätzung**

Der Dreipunktschätzung liegt folgende Formel zugrunde:

$$\text{Schätzwert} = \frac{OW + 4RW + PW}{6}$$

Erläuterung:
- OW – optimistischer Schätzwert
- PW – pessimistischer Schätzwert
- RW – realistischer Schätzwert

Auch hier basieren die einzelnen Schätzwerte wieder auf Erfahrung oder Expertenwissen.

■ **Mischverfahren**

In der Praxis werden die Verfahren z. T. gemeinsam eingesetzt. So nutzt man z. B. für die Ermittlung der Parameter der parametrischen Schätzverfahren, Expertenbefragungen oder Erfahrungsschätzungen.

Mischverfahren

Aufwandsschätzungen

Wie bereits erwähnt, bezieht sich der Aufwand in der Praxis meist auf die personellen Ressourcen (Projektteammitglieder, Projektmitarbeiter, externe Fachexperten etc.).

Bei der Aufwandsschätzung für ein Arbeitspaket oder einen Vorgang wird oft nur die fachliche Bearbeitung berücksichtigt, aus der sichtbare Ergebnisse entstehen. Dies führt dazu, dass der Aufwand unterschätzt wird. Um den Gesamtaufwand eines Arbeitspakets abzuschätzen, müssen neben der eigentlichen Bearbeitungszeit folgende aufwandsrelevanten Komponenten in die Schätzung einbezogen werden:
- Aufwand für Einarbeitung,
- Aufwand für Planung und/oder Organisation,
- Aufwand für Koordination und Führung,
- Aufwand für Dokumentation/Reporting inkl. Unterschriftenbeschaffung.

3

Damit ergibt sich der Gesamtaufwand für ein Arbeitspaket aus der Summe der Aufwände von Bearbeitungszeit und ggfs. Aufwände der o. g. zusätzlichen Komponenten. Durch Addition der Schätzung der Arbeitspaketaufwände lässt sich der Aufwand einzelner Phasen, Teilprojekte oder der Gesamtaufwand des Projekts berechnen.

Dauerschätzung

Das Schätzen der Dauer der einzelnen Arbeitspakete oder Vorgänge ist eine der Voraussetzungen für die Terminplanung des Projekts. Diese Schätzung erfolgt dabei durch Experten und den Arbeitspaket-Verantwortlichen. Die Dauer eines Arbeitspakets/Vorgangs kann aber auch aus dem geschätzten Aufwand berechnet werden (falls dieser bereits vorliegt). Dabei müssen neben dem Aufwand die in ◪ Tab. 3.7 aufgelisteten Zeitfaktoren bekannt sein bzw. geschätzt werden.

Die Dauer wird folgendermaßen berechnet:

Dauer

$$\text{Dauer} = \frac{\text{Aufwand}}{\text{Anzahl Ressourcen}^* \text{Verfügbarkeit}} + \text{Wartezeiten} + \text{Risikopuffer} \qquad (3.1)$$

Die Dauer errechnet sich dabei separat für jede Ressourcenart. Wenn die Ressourcenarten parallel eingesetzt werden können, wird die max. Dauer der Ressourcen verwendet.

Bei Ressourcen handelt es sich in der Praxis häufig um Mitarbeiter oder technische Hilfsmittel (z. B. Kran im Bau, Testumgebungen in der IT), die limitiert sind. Aus diesem Grund muss die Verfügbarkeit für jede einzelne Ressource ermittelt werden. Somit stellt der Term *Anzahl der Ressourcen * Verfügbarkeit* eine Durchschnittsgröße dar.

Die Dauer für das in ◪ Tab. 3.7 genannte Beispiel wird folgendermaßen berechnet:

Dauer für die Ressource *Personal:*

$$\text{Dauer} = \frac{40}{3*60\%} = 22,2\text{h}$$

Dauer für die Ressource *Testumgebung:*

$$\text{Dauer} = \frac{10}{2*100\%} = 5\text{h}$$

◘ **Tab. 3.7** Faktoren zur Berechnung der Dauer

Faktor	Beschreibung	Beispiele
Dauer	Zeitraum für die Erstellung der Ergebnisse des Arbeitspakets/Vorgangs	
Aufwand	Nettobearbeitungszeit	Es wurde für ein Arbeitspaket ein Aufwand von 40 Personenstunden abgeschätzt und 10 Teststunden
Anzahl Ressourcen	Menge der zur Verfügung stehenden Ressourcen (Personen oder Hilfsmittel)	In einem Arbeitspaket stehen max. drei Datenbankentwickler und zwei Testumgebungen zur Verfügung
Verfügbarkeit	Zeitanteile in %, zu denen eine gewisse Ressource zur Verfügung steht. In der Formel wird die durchschnittliche Verfügbarkeit angegeben	Für das Arbeitspaket stehen 2 Personen zu 50 % und eine Person zu 80 % über die gesamte Arbeitspaketdauer zur Verfügung. Die durchschnittliche Verfügbarkeit beträgt dann 60 % ((50 % + 50 % + 80 %)/3). Die Testumgebungen stehen zu 100 % zur Verfügung
Wartezeiten	Wartezeiten entstehen aus Lieferzeiten, Entscheidungen, Unterschrifteneinholung. Während der Wartezeiten erfolgt in der Regel kein Aufwand	Aus Erfahrung benötigt der am Ende zu erstellende Bericht noch im Durchschnitt 2 Arbeitstage (16 Arbeitsstunden), da er von mehreren Personen unterschrieben werden muss. Bei der Erstellung eines Fundaments für ein Haus ergibt sich die Wartezeit aus dem Trocknen des Betons
Risikopuffer	Zeiten für Risiken ergeben sich aus Erfahrung oder Risikoanalyse	Es werden noch 10 % der Arbeitspaketdauer als Zeitpuffer hinzuaddiert

Damit beträgt die Dauer dieses Arbeitspakets ohne Wartezeiten und Puffer 22,2 h, was den maximalen Wert von 22,2 h und 5 h darstellt. Unter Berücksichtigung der Wartezeit (16 h) und des Puffers (10 % von 22,2 h und 16 h = 3,8 h) aus ◘ Tab. 3.7 ergibt sich die Dauer des Arbeitspakets:

Dauer inkl. Wartezeit und Puffer = 22,2 h + 16 h + 3,8 h = 42 h

Bei einem 8-Stunden-Arbeitstag dauert das Arbeitspaket dann 5 Tage und 2 h.

Limitierung von Schätzungen

■ **Gesetz des abnehmenden Grenznutzens**

Ein Phänomen bzw. eine Gesetzmäßigkeit, die im Projektmanagement berücksichtigt werden muss, ist das Gesetz des abnehmenden Grenznutzens. Einfach erklärt bedeutet dies, dass durch die Erhöhung an Ressourcen nicht im gleichen Maße eine Reduzierung der Dauer erreicht wird, da Mitarbeiter entsprechend koordiniert und geführt werden müssen und einiges an Zeit für die Abstimmung untereinander erforderlich ist. Wenn man z. B. ein Dach mit zwei Dachdeckern decken will, und der Aufwand beträgt 40 Tage, so ergibt sich eine Dauer von 20 Tagen. Bei diesem Beispiel sollen Wartezeiten und Risikopuffer vernachlässigt werden und die Verfügbarkeit wird mit 100 % angenommen.

$$\text{Dauer} = \frac{\text{Aufwand}}{\text{Anzahl Ressourcen}} \qquad (3.2)$$

Unter Berücksichtigung einer Verfügbarkeit von 100 % und Vernachlässigung der Wartezeit und des Risikopuffers, ergibt sich:

$$\text{Dauer} = \frac{40}{2} = 20$$

Die Dauer kann rein mathematisch durch die Verdopplung an Dachdeckern (also vier Dachdecker) halbiert werden, d. h. 10 Tage Dauer. Wenn man jetzt aber vorhat, die Dauer auf einen Tag zu reduzieren, entspricht das einer Dachdeckeranzahl von 40 Personen, denn:

$$\text{Anzahl Ressourcen} = \frac{\text{Aufwand}}{\text{Dauer}} = \frac{40}{40} = 1$$

Rein mathematisch ist das korrekt. Wenn man sich allerdings 40 Dachdecker an einem Dach vorstellt, ist leicht nachzuvollziehen, dass die Dauer nicht einen Tag betragen kann.

In der Praxis führt die zunehmende Anzahl von Ressourcen zu einer reduzierten Zunahme des Nutzens (in diesem Fall der Reduzierung der Dauer) bis hin zu keinem Nutzen. Das kann man sich anschaulich an dem Dachdeckerbeispiel vor Augen führen, wenn man sich 100 Dachdecker auf dem Dach eines Einfamilienhauses vorstellt. Im schlimmsten Fall kann es sogar kontraproduktiv sein, indem Fehler passieren oder die Dachdecker vom Dach fallen, weil es zu voll ist.

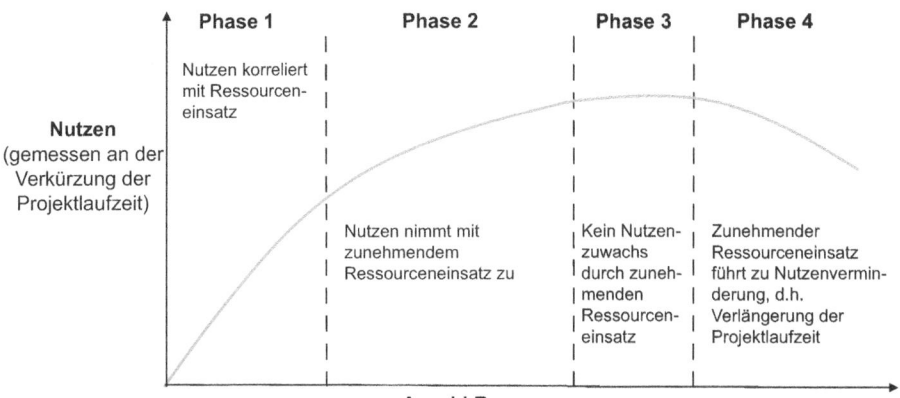

● **Abb. 3.7**   Gesetz des abnehmenden Grenznutzens

Das Gesetz des abnehmenden Grenznutzens (● Abb. 3.7) gilt für alle Projektarten, da durch die erhöhte Anzahl von Ressourcen erhöhter Koordinations- und Managementaufwand entstehen.

■ **Parkinsonsches Gesetz und Studierendensyndrom**
Es gibt bei Schätzungen noch zwei weitere Phänomene, die eher einen psychologischen Charakter haben.

Nach dem sog. Parkinsonschen Gesetz dehnt sich die Bearbeitungszeit auf das Maß aus, wie Zeit für diese Aufgabe zur Verfügung steht. Dieses Gesetz basiert nicht auf wissenschaftlichen Untersuchungen, wird aber mittlerweile in der Managementliteratur angeführt und in der Praxis akzeptiert.   *Parkinsonsches Gesetz*

Das Studierendensyndrom ist ein Aufschiebeverhalten, das nicht nur bei Studenten festzustellen ist. Dabei muss allerdings zwischen einem Aufschieben aus Zeitmangel, Aversion, mangelndem Interesse, anderer Prioritäten, wodurch es weder zu Leistungseinbußen noch zu subjektivem Leiden kommt, und einem pathologischen Aufschiebeverhalten (Prokrastination, s. hierzu auch ▶ Abschn. 6.1.4) unterschieden werden.   *Studierendensyndrom*

3.1.5.5 Methoden und Instrumente der Zeitplanung

Im Rahmen der Zeitplanung gibt es mehrere Instrumente, die in Abhängigkeit von der Projektart und der Projektgröße eingesetzt werden. Die gängigsten Instrumente sind

3

- Meilensteinplan,
- Terminliste,
- Netzplan,
- Balkenplan.

Diese vier Methoden und Instrumente werden im Folgenden vorgestellt.

Meilensteinplan

Meilensteinplan

Ein Meilensteinplan ist die einfachste Form der Terminplanung. Hier werden die Meilensteine eines Projektes in Tabellenform eingetragen.

Für kleine und mittelgroße Projekte, die nicht allzu komplex sind, d. h. nicht allzu viele Abhängigkeiten der Arbeitspakete haben, reicht häufig ein Meilensteinplan als alleiniges Planungs- und Controllinginstrument bzgl. der Termine.

Bei der Erstellung eines Meilensteinplans in Tabellenform sollte als Parameter für jeden Meilenstein der Basiswert, der Planwert sowie der Ist-Wert angegeben werden. Der Basiswert ist das Datum, das im ursprünglichen Meilensteinplan festgelegt wurde. Der Planwert entspricht in der Planungsphase dem Basiswert, kann sich aber während der Controllingphase ändern. Durch die Berücksichtigung von Planwerten und Ist-Werten ist der Meilensteinplan ebenfalls ein Controllinginstrument. Dieser Sachverhalt wird in ► Abschn. 3.2.2 beschrieben.

Der Code ist entweder der PSP-Code, bei dem die Meilensteine in die Ablauflogik der Arbeitspakete integriert werden. Oder man nummeriert die Meilensteine einfach durch, wie in dem Meilensteinplan in ◘ Tab. 3.8 angewandt.

Bei Anwendung von IT-Tools im Rahmen der Meilensteinplanung bzw. der Terminplanung wird für die Codierung der Meilensteine der PSP-Code verwendet (z. B. *1.2.4.*). Dabei wird die bereits erstellte Codierung von Arbeitspaketen/Vorgängen durch Einfügen von Meilensteinen verändert.

Jedes Projekt hat mindestens zwei Meilensteine, den Start- und den Endmeilenstein.

◻ **Tab. 3.8** Meilensteinplan

Nr.	Code	Meilensteinname	Basis	Plan	Ist
1	MS1	Projekt gestartet	01.04.	01.04.	
2	MS2	Genehmigung erteilt	15.05.	15.05.	
3	MS3	Ware erhalten	20.06.	20.06.	
4	MS4	Teilobjekt ab-genommen	20.07.	20.07.	
5	MS5	Projekt beendet	30.08.	30.08.	

Weihnachtsfeier Ei-Ti AG – Meilensteinplan

Laura Leiter diskutiert mit ihrem Projektauftraggeber Paul Perso über die wichtigsten Meilensteine im Projekt. Dabei haben beide die folgenden Meilensteine identifiziert.

Die Meilensteine *MS1 – Projekt gestartet, MS4 – App abgenommen* und *MS5 – Projekt beendet* sind sog. fixe Meilensteine, die einem festen Termin zugeordnet sind. Sie bilden damit terminliche Ankerpunkte im Projekt. Die beiden anderen Meilensteine *MS2 – Konzept erstellt* und *MS3 – Programm genehmigt* sind dynamische Meilensteine und hängen terminlich vom Endtermin des Arbeitspakets ab.

Nr.	Code	Meilensteinname	Basis	Plan	Ist
1	MS1	Projekt gestartet	06.08.		
2	MS2	Konzept erstellt	t.b.d.		
3	MS3	Programm genehmigt	t.b.d		
4	MS4	App abgenommen	26.11.		
5	MS4	Projekt beendet	21.12.		

Terminliste

Nach der Identifikation von Meilensteinen, die in jedem Projekt zu finden sind, werden weitere Angaben benötigt, um einen Terminplan zu erstellen. Ausgangspunkt sind die Arbeitspakete und ggfs. Vorgänge, die im Rahmen der detaillierten Terminplanung aus den Arbeitspaketen ab-

3

geleitet wurden. Die Arbeitspakete sind aus dem Projektstrukturplan abzulesen (▶ Abschn. 3.1.3). Die Verantwortlichen für jedes Arbeitspaket sind mithilfe des Projektorganigramms (▶ Abschn. 3.1.4) oder des Funktionendiagramms (▶ Abschn. 3.1.4) ebenfalls ermittelt worden und sind für die Ermittlung der weiteren Angaben verantwortlich. Eine wichtige Angabe ist die Dauer des Arbeitspakets bzw. eines Vorgangs. Diese sollte abgeschätzt bzw. aus dem Aufwand berechnet werden. Darüber hinaus sind für Netzpläne und vernetzte Balkenpläne die Abhängigkeiten (Anordnungsbeziehungen: Vorgänger–Nachfolger) von besonderer Bedeutung. Die Angaben können in eine Liste bzw. Tabelle eingetragen werden. Diese Liste wird Vorgangsliste oder Terminliste genannt (◘ Tab. 3.9).

Die Angabe des Verantwortlichen ist optional, da diese keinen Einfluss auf die Erstellung des Terminplans hat, aber hilfreich ist. Denn so muss nicht immer wieder für jedes Arbeitspaket bzw. jeden Vorgang in die Organisationsplanung, z. B. in die VEMI-Matrix oder das Organigramm, geschaut werden.

Ebenfalls optional ist die Angabe des Aufwands, der erst in der Ressourcen- und Kostenplanung zwingend erforderlich ist. Allerdings kann die Dauer aus dem Aufwand berechnet werden. Und da die Schätzung des Aufwands im nächsten Schritt benötigt wird, kann er selbstverständlich schon an dieser Stelle geschätzt werden.

◘ **Tab. 3.9**   Terminliste

Code	Elementtyp	Name	Verantwortlicher	Aufwand (PT)	Dauer (T)	Vorgänger	Anfang	Ende
Eindeutiger Code	Meilenstein, Vorgang oder Arbeitspaket	Name des Elements		Opt. Angabe des Aufwands	Schätzung oder Berechnung aus Aufwand	Vorgänger dieses Elements	Wird berechnet	Wird berechnet
A								
B								
C								

Die Angabe des Vorgängers bezieht sich auf die Arbeitspakete, Vorgänge oder Meilensteine, die vor dem zu betrachtenden Element (Arbeitspaket, Vorgang oder Meilenstein) erfolgt sein sollte. Das heißt das zu betrachtende Element baut darauf auf. Anfang und Ende sind die Termine, an denen das Element startet bzw. beendet sein sollte. Meilensteine haben die Dauer 0. Das heißt hier fallen Start- und Endtermin aufeinander.

Praxistipp

Projektmanagementsoftware
Für kleinere Projekte (weniger als 20 Elemente, d. h. Vorgänge, Arbeitspakete und Meilensteine) ist eine Projektmanagement-Software zur Erstellung eines Netz- und/oder Balkenplans nicht zwingend notwendig. Hier reicht die Terminliste als Planungs- und Steuerungsinstrument oftmals aus.

Bei mittleren oder großen Projekten mit mehr als 20 Elementen macht der Einsatz einer Software aus Effizienzgründen Sinn.

Weihnachtsfeier Ei-Ti AG – Terminliste
Auf Basis der Arbeitspakete aus dem Projektstrukturplan überlegt Laura Leiter mit ihrem Team, ob zunächst die Arbeitspakete in Vorgänge detailliert werden müssen, um hier eine bessere Terminplanung zu gewährleisten. Das Team sieht dazu aber erst einmal keine Notwendigkeit.

Laura Leiter fragt hierzu aber lieber nochmal Emil Expert, der gerade an ihrem Büro vorbeiläuft. Emil Expert bestätigt ihre Entscheidung und erklärt ihr, dass ein sehr detaillierter Terminplan in der Umsetzung häufig zu Schwierigkeiten führt. Ergänzend muss dieser auch entsprechend überwacht und angepasst werden, was einen relativ hohen Projektmanagementaufwand darstellt. Aus seiner Erfahrung weiß er, dass der Aufwand für die Detaillierung häufig kaum im Verhältnis zum Nutzen steht. Emil Expert rät ihr, den Plan so einfach wie möglich zu gestalten – unter Berücksichtigung von Steuerbarkeit und optimaler Projektdauer. Und außerdem können die Arbeitspaket-Verantwortlichen immer noch entscheiden, ob sie innerhalb der Pakete genauer planen möchten. Daraufhin erstellt das Projektteam folgende Terminliste:

3

Code	Element-type	Name	Ver-antwort-licher	Dauer (T)	Vor-gän-ger	An-fang	Ende
MS1	MSt	Projekt gestartet	L. Leiter	0		06.08.	06.08.
1.1.1	AP	Planung	L. Leiter	10	MS1	6.08.	17.08.
1.1.2	AP	Controlling	L. Leiter	100	MS1	6.08.	21.12.
1.1.3	AP	Abschluss	L. Leiter	5	1.4.2	17.12	21.12.
MS5	MSt	Projekt beendet		0	1.1.3	21.12.	
1.2.1	AP	Grobkonzept erstellen	L. Leiter	10	1.1.1	20.08.	31.08.
1.2.2	AP	Programm erstellen	L. Leiter	10	1.2.1	03.09.	14.09.
MS2	MSt	Konzept erstellt		0	1.2.2	17.9.	17.9.
1.3.1	AP	Gäste einladen	S. Schein	30	1.2.2	17.9.	26.10.
1.3.2	AP	Raum und Technik vorbereiten	T. Tek-kus	10	1.3.4	26.11.	07.12.
1.3.3	AP	Speisen u. Getränke bestellen	S. Schein	20	1.3.1	29.10.	23.11.
1.3.4	AP	Programm vorbereiten	L. Leiter	50	1.2.2	17.09.	23.11.
MS3	MSt	Programm genehmigt		0	1.3.4	26.11.	26.11.
1.3.5	AP	App ent-wickeln	S. Soft	60	1.2.1	03.09.	23.11
MS4	MSt	App ab-genommen			1.3.5	26.11.	26.11.
1.4.1	AP	Feier ko-ordinieren	L. Leiter	1	1.3.2	7.12	8.12
1.4.2	AP	Feedback auswerten	S. Soft	5	1.4.1	10.12.	14.12

Folgende Hinweise bzgl. der Terminliste:
- Der Code für die Meilensteine ist MSt, wobei die Meilensteine entsprechend ihrer zeitlichen Abfolge durchnummeriert werden.
- Die Dauer ist in Tagen angegeben, wobei 5 Tage (Arbeitstage) einer Kalenderwoche entsprechen.
- Anfang und Ende sind als Datum angegeben, wobei Meilensteine denselben Start- und Endtermin haben und damit die Dauer 0 Tage besitzen.

Netzplan

Eine Terminliste als Tabelle ohne weiteres grafisches Hilfsmittel zu erstellen, bedarf einiger Erfahrung. Die Abhängigkeiten in Form von Vorgängerbeziehungen in Tabellenform sind schwierig im Ganzen zu erfassen. Hier ist der Netzplan ein geeignetes Hilfsmittel, um die Abhängigkeiten von Arbeitspaketen oder Vorgängen zu planen und zu verdeutlichen. Der Netzplan liefert nach erfolgreicher Darstellung der Abhängigkeiten der einzelnen Arbeitspakete oder Vorgänge sowie unter Berücksichtigung der Dauer der einzelnen Arbeitspakete oder Vorgänge eine Aussage über die Gesamtdauer des Projekts. Ferner zeigt er die Reihenfolge der Bearbeitung der Arbeitspakete/Vorgänge und damit den Start und das Ende einzelner Arbeitspakete, den kritischen Pfad und den Puffer des Projekts.

Bei den Abhängigkeiten der Arbeitspakete kann zwischen den in ◘ Abb. 3.8 aufgezeigten Arten unterschieden werden:

[a]Dieses Beispiel zeigt ebenfalls die Aufteilung des Arbeitspakets *Fundament erstellen* in die beiden Vorgänge *Beton mischen* und *Bodenplatte gießen*.

In der Praxis kommt die Normalfolge am häufigsten vor. Darüber hinaus gibt es für einige Beziehungen von Arbeitspaketen/Vorgängen verschiedene Arten von Abhängigkeiten.

Bei den Abhängigkeiten können zwischen den Arbeitspaketen/Vorgängen eine Verzögerung oder eine Beschleunigung bzw. Überlappung geplant werden. Bei einer Verzögerung handelt es sich meist um geplante Pufferzeiten oder Wartezeiten. Zum Beispiel muss nach dem Arbeitspaket *Fundament gießen* erst ein paar Tage gewartet werden, bevor das Arbeitspaket *Wände mauern* starten kann. Diese geplante Puffer- oder Wartezeit wird in einem Netzplan durch einen positiven Zeitwert auf dem Be-

Verzögerung und Beschleunigung

3

Bezeichnung	Art der Abhängigkeit	Beschreibung	Beispiel	Schematische Darstellung
Normalfolge	Ende - Anfang	Arbeitspaket/Vorgang A muss beendet sein, damit Arbeitspaket/Vorgang B beginnen kann	Es kann erst gemauert werden (B), wenn das Fundament fertig ist (A)	
Anfangsfolge	Anfang - Anfang	Arbeitspaket/Vorgang A muss begonnen sein, damit Arbeitspaket/Vorgang B beginnen kann. Die Anfänge der beiden Arbeitspakete/Vorgänge hängen voneinander ab	Parallele Vorgänge: *Beton mischen (A)*, muss mit dem Vorgang *Bodenplatte gießen (B)* begonnen werden.	
Endfolge	Ende - Ende	Arbeitspaket/Vorgang A muss beendet sein, damit Arbeitspaket/Vorgang B beendet werden kann. Die Enden der beiden Arbeitspakete/Vorgänge hängen voneinander ab	Parallele Vorgänge: *Umzug durchführen* (A), muss beendet sein, damit alte *Wohnung auflösen (B)* beendet werden kann	
Sprungfolge	Anfang - Ende	Arbeitspaket/Vorgang B kann erst beendet werden, wenn Arbeitspaket/Vorgang A begonnen worden ist	*IT-System außer Betrieb nehmen (A)* kann erst begonnen werden, wenn neue IT *in Betrieb nehmen (B)* abgeschlossen ist	

◘ Abb. 3.8   Abhängigkeitsarten

ziehungspfeil dargestellt (z. B. + *3d* für drei Tage Verzögerung zwischen den Arbeitspaketen/Vorgängen). Bei einer Überlappung wird ein negativer Zeitwert (z. B. – *5 h* für 5 h Überlappung bei den Arbeitspaketen/Vorgängen) notiert. Grafische Beispiele hierzu finden Sie in ◘ Abb. 3.12.

Ein Netzplan stellt die Arbeitspakete/Vorgänge und Meilensteine mit ihrer Beziehung dar. In Abhängigkeit von diesen Elementen, die im Netzplan primär dargestellt werden (Arbeitspakete/Vorgänge, Meilensteine und die Beziehungen) gibt es mehrere Darstellungsarten von Netzplänen. In der Praxis ist im deutschsprachigen Raum der Vorgangsknoten-Netzplan (VKN) verbreitet. Der Vorgangsknoten-Netzplan stellt dabei die Arbeitspakete/Vorgänge als Knoten bzw. Rechtecke dar und die Beziehungen als Pfeile. Die Arbeitspakete/Vorgänge beinhalten dabei die in ◘ Abb. 3.9 dargestellten Informationen.

PSP-Code Name des Vorgangs oder Arbeitspakets		
Frühester Anfang (FA)	Dauer (D)	Frühestes Ende (FE)
Spätester Anfang (SA)	Puffer (P)	Spätestes Ende (SE)

◘ Abb. 3.9   Aufbau und Inhalt Arbeitspaket/Vorgang innerhalb eines Netzplans

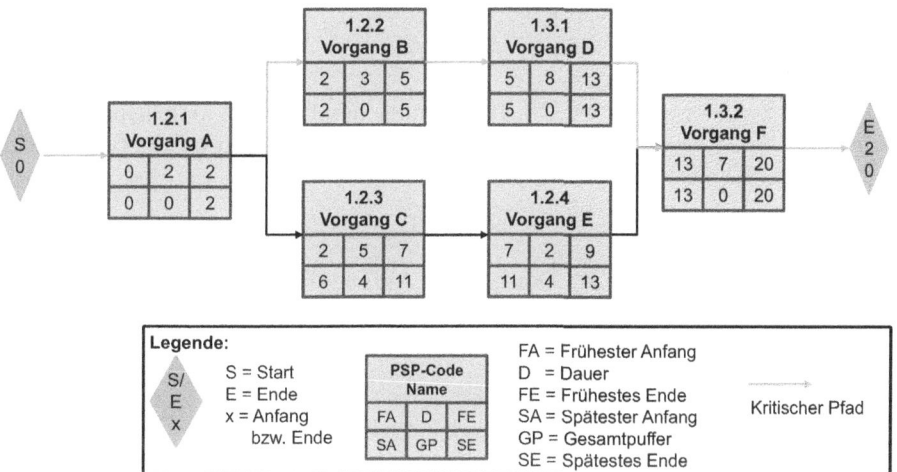

◘ Abb. 3.10   Beispiel Netzplan

Der Netzplan stellt die Arbeitspakete/Vorgänge und deren Beziehungen grafisch dar. Die zeitlichen Spielräume (Pufferzeiten), mögliche Engpässe und der kritische Pfad können berechnet und dargestellt werden. Der kritische Pfad ist der Weg im Netzplan, auf dem Arbeitspakete bzw. Vorgänge so angeordnet sind, dass die gesamte Pufferzeit 0 beträgt.

◘ Abb. 3.10 zeigt beispielhaft einen Netzplan.

Grundsätzlich wird ein Netzplan wie folgt erstellt:

Erstellung eines Netzplans

1. Die Arbeitspakete des Projektstrukturplans werden bei Bedarf in Vorgänge heruntergebrochen.
2. Die Arbeitspakete/Vorgänge werden hinsichtlich der Dauer abgeschätzt.
3. Falls noch nicht geschehen, werden weitere Meilensteine identifiziert und deren Abhängigkeit von den Arbeitspaketen dargestellt.

3

4. Die Abhängigkeiten der Arbeitspakete/Vorgänge werden ermittelt und grafisch dargestellt (Darstellung der sachlogischen Reihenfolge von Arbeitspaketen, Vorgängen und Meilensteinen).
5. Vorwärtsterminierung
   Um die Dauer des Projekts zu ermitteln, wird eine sog. Vorwärtsterminierung durchgeführt, bei der der früheste Anfang und das früheste Ende berechnet werden. Dabei gelten folgende Regeln bei der Normalfolge:
   - Der Startmeilenstein (MSt_{Start}) beginnt bei 0. Er entspricht dem frühesten Anfang (FA) des ersten Arbeitspakets/Vorgangs oder der ersten Arbeitspakete/Vorgänge:

$$FA_{Start} = MSt_{Start} = 0 \qquad (3.3)$$

   - Die Berechnung des FE eines Arbeitspakets/Vorgangs ergibt sich aus der Addition des FA und der Dauer:

$$FE_n = FA_n + D_n \qquad (3.4)$$

   - Der früheste Anfang (FA) eines Arbeitspakets/Vorgangs entspricht dem frühesten Ende (FE) des Vorgängers,[1] d. h.

$$FA_n = FE_{n-1} \qquad (3.5)$$

Falls es mehrere Vorgänger gibt, wird der größte Wert des spätesten FE genommen:

$$FA_n = \max \ FE_{(aller \ Vorgänger \ von \ n)} \qquad (3.6)$$

▶ Beispiel Netzplan

In dem Beispiel aus ◙ Abb. 3.10 geht es vom Startmeilenstein „S" beim Zeitpunkt 0 los und der Vorgang A startet damit auch bei 0 (FA = 0). Da die Dauer des Vorgangs A 2 beträgt, ist der FA von Vorgang B und Vorgang C auch 2. Der FA von Vorgang F ist 13, da sowohl Vorgang D als auch Vorgang E die Vorgänger sind und hier der maximale FE-

---

1   Hinweis: Die Begriffe *Vorgang* und *Vorgänger* klingen zwar ähnlich, beide haben aber eine andere Bedeutung. Ein *Vorgang* ist ein Ablaufelement, ein *Vorgänger* ist die Anordnungsbeziehung von Vorgängen (Gegenteil von *Nachfolger*).

Wert der beiden Vorgänger übernommen wird (FA von Vorgang D = 13). Die Gesamtprojektdauer ist 20, die dem FE des Vorgangs F entspricht.

6. Rückwärtsterminierung

Die Berechnung der Pufferzeiten der einzelnen Arbeitspakete/Vorgänge und des kritischen Pfads eines Projekts erfolgt mithilfe einer sog. Rückwärtsterminierung. Man berechnet vom Endmeilenstein sozusagen rückwärts das späteste Ende (SE) und den spätesten Anfang (SA) der einzelnen Arbeitspakete/Vorgänge. Dabei gelten folgenden Regeln:

— Das FE des Projekts, das der Gesamtdauer entspricht, ist das SE des oder der Vorgänger(s) des Endmeilensteins:

$$MSt_{Ende} = SE_{Ende} \tag{3.7}$$

— Die Berechnung des SA eines Arbeitspakets/Vorgangs ergibt sich aus der Subtraktion des SE und der Dauer:

$$SA_n = SE_n - D_n \tag{3.8}$$

— Das SE eines Arbeitspakets/Vorgangs entspricht dem SA des Nachfolgers, d. h.

$$SE_n = SA_{n+1} \tag{3.9}$$

— Falls es mehrere Nachfolger gibt, wird der kleinste SA-Wert der entsprechenden Arbeitspakete/Vorgänge genommen:

$$SE_n = \min SA_{(aller\ Nachfolger\ von\ n)} \tag{3.10}$$

◀

▶ **Beispiel**

Beispiel Netzplan

Bei der Rückwärtsterminierung im Beispiel aus ◘ Abb. 3.10 wird ausgehend vom Endmeilenstein E mit der Dauer 20 begonnen. Der Vorgänger des Meilensteins E ist der Vorgang F, der damit auch den SE-Wert von 20 erhält. Der SA von Vorgang F ist 13 (20 – 7 = 13). Der SA von Vorgang F ist das SE der beiden Vorgänger D und E von Vorgang F. Man subtrahiert die Dauer von den SE-Werten bei den Vorgängen D und E und erhält für Vorgang D einen SA-Wert von 5 (13 – 8 = 5) und für Vorgang E einen SA-Wert von 11 (13 – 2 = 11). Bei der Ermittlung des SE von Vorgang A überträgt man den kleinsten Wert von Vorgang B und C,

3

da diese beiden Nachfolger von Vorgang A sind. In diesem Beispiel ist der SE-Wert von Vorgang A 2 (SA von Vorgang B ist 2). Der SA-Wert von Vorgang A ergibt 0. Der SA-Wert des ersten Vorgangs muss dem FA entsprechen. Ansonsten liegt ein Rechenfehler vor.

7. Berechnung der Pufferzeiten

Die Bildung der Differenz des SE und FE oder SA und FA ergeben den sog. Gesamtpuffer eines Arbeitspakets/Vorgangs n:

$$\text{Gesamtpuffer}\,(P) = SE_n - FE_n = SA_n - FA_n \qquad (3.11)$$

◄

Gesamtpuffer

Der Gesamtpuffer ist die Zeitspanne, um die ein Arbeitspaket/Vorgang später beginnen kann oder verlängert werden kann, ohne das Projektende zu gefährden (vgl. Patzak & Rattay, 2017, S. 260).

Der Gesamtpuffer gibt an, um wie viel ein Arbeitspaket/Vorgang verschoben werden kann, ohne den Nachfolger zu verschieben, wenn er sich in seiner spätesten Lage befindet, d. h. der Nachfolger beim SA startet.

Beim Gesamtpuffer handelt es sich um den Puffer, der eine Auswirkung auf das gesamte Projekt hat. Das heißt wenn dieser Puffer = 0 ist, würde eine Verzögerung bzw. Verschiebung des entsprechenden Arbeitspakets/Vorgangs einen direkten Einfluss auf den Endtermin des Projekts haben.

> ▶ **Beispiel Netzplan**
>
> Der Gesamtpuffer von Vorgang C im Beispiel von ◘ Abb. 3.10 ist 4 (11 − 7 oder 6 − 2) und von Vorgang E ebenfalls 4 (13 − 9 oder 11 − 7). Eine Verzögerung des Vorgangs C um 2 Zeiteinheiten würde zum einen den Puffer des Vorgangs C selbst um 2 Zeiteinheiten reduzieren, zum anderen würde sie aber auch den Vorgang E um 2 Zeiteinheiten später anfangen lassen (FA = 9 und FE = 11), was eine Reduzierung des Puffers von E ebenfalls um 2 Zeiteinheiten impliziert. Wenn der Gesamtpuffer von C aufgebraucht ist, d. h. gleich 0 ist, würde jede weitere Verzögerung sofort das Projektende verschieben und damit die Gesamtdauer des Projekts von 20 Zeiteinheiten erhöhen. ◄

Des Weiteren gibt es noch einen Puffer, der im Gegensatz zum Gesamtpuffer nicht sofort zur Reduzierung der Puffer von aufeinanderfolgenden bzw. nachfolgenden Arbeitspaketen/Vorgängen führt.

Freier Puffer

Der freie Puffer ist die Zeitspanne, um die ein Arbeitspaket/Vorgang verschoben werden kann, ohne das FE der anderen Arbeitspakete/Vorgänge zu gefährden (in Anlehnung an DIN, 2009a).

Der freie Puffer (FP) berechnet sich folgendermaßen:

$$\text{Freie Puffer} \left(FP \right)_n = FA_n + 1 - FE_n \qquad (3.12)$$

▶ **Beispiel Netzplan**

Im Beispiel aus ◘ Abb. 3.10 ergibt sich ein freier Puffer bei Vorgang E von 4. Maximal 4 Zeiteinheiten kann Vorgang E verschoben werden, ohne den nachfolgenden Vorgang F zu beeinflussen. Die Berechnung erfolgt durch Subtraktion des FA von Vorgang F (13) und dem FE von Vorgang E (9). In diesem Beispiel sind der Gesamtpuffer und der freie Puffer von Vorgang E identisch. ◀

Der Unterschied von Gesamtpuffer und freiem Puffer wird grafisch in ◘ Abb. 3.11 verdeutlicht.
8. Berechnung des kritischen Pfads

Kritischer Pfad

Der kritische Pfad ist der Weg von aufeinanderfolgenden Arbeitspaketen/Vorgängen, die nicht verschoben oder verlängert werden können, ohne die Gesamtdauer des Projekts zu beeinflussen. Die Arbeitspakete/Vorgänge auf dem kritischen Pfad haben keinen Puffer.

Damit befinden sich alle Arbeitspakete/Vorgänge auf dem kritischen Pfad, dessen Gesamtpuffer 0 ist.

Der kritische Pfad in einem Projekt ist immer durchgängig, d. h. er beginnt beim Startmeilenstein und durchläuft ohne Unterbrechung den Netzplan bis zum Endmeilenstein. Es kann allerdings mehr als einen kritischen Pfad im Projekt geben.

3

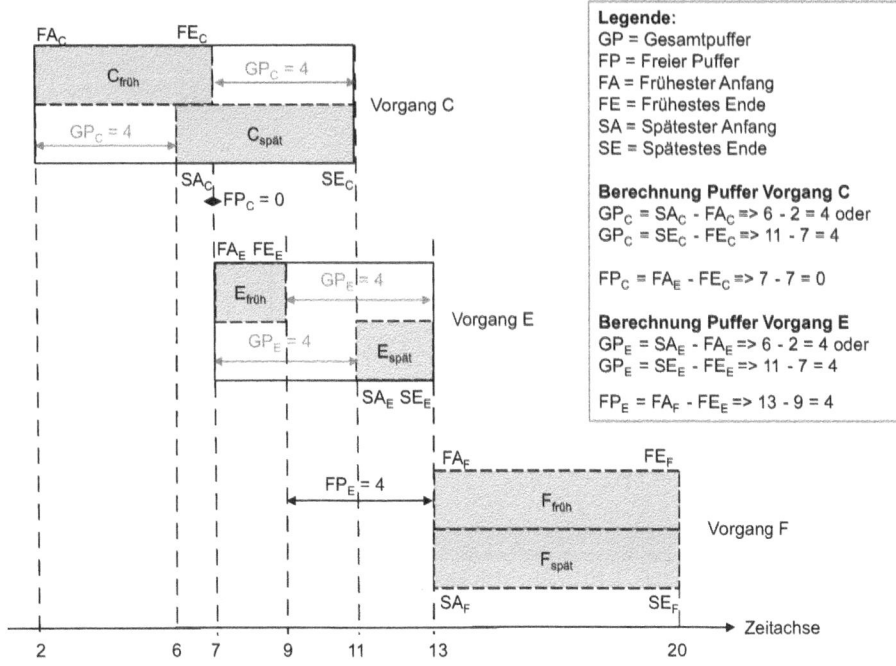

■ **Abb. 3.11** Unterschied Gesamtpuffer und freier Puffer

▶ **Beispiel Netzplan**

Im Beispiel aus ■ Abb. 3.10 bilden die Vorgänge A, B, D und F den kritischen Pfad, da diese jeweils einen Gesamtpuffer von 0 aufweisen. ◀

Rechnerische vs. eingeplante Puffer

Der Gesamtpuffer und der freie Puffer sind rechnerische Puffer, die sich aus den Anordnungsbeziehungen und der Dauer der Arbeitspakete/Vorgänge ergeben. Es gibt aber auch die weiter oben beschriebenen eingeplanten Puffer.

Eingeplante Puffer innerhalb eines Arbeitspakets/Vorgangs

Einerseits können diese bei der Abschätzung oder Berechnung der Dauer eines Vorgangs/Arbeitspakets eingeplant werden (Formel 3.1). Der Puffer ist über die Wartezeit und/oder den Risikopuffer hinzugefügt.

Eingeplante Puffer zwischen Arbeitspaketen/Vorgängen

Andererseits kann der Puffer auch zwischen zwei Arbeitspaketen/Vorgängen eingeplant werden (Verzögerung).

Außerdem können auch Beschleunigungen, d. h. Parallelisieren, eingeplant werden. Die Einplanung von Pufferzeiten oder Beschleunigungen kommt in der Praxis häufig vor.

▶ **Beispiel Netzplan**

Das Beispiel aus ◘ Abb. 3.10 wird hier um einen Puffer von 2 zwischen Vorgang B und Vorgang D ergänzt. Geplante Puffer zwischen zwei Arbeitspaketen/Vorgängen werden durch die entsprechende positive Dauer auf dem Pfeil dargestellt. Die Beschleunigung wird durch die neg. Dauer dargestellt. In unserem Beispiel -1 zwischen Vorgang A und Vorgang C. Der Vorgang C startet somit einen Tag vor dem Ende von Vorgang A. Durch die Berücksichtigung von geplanten Verzögerungen (Wartezeiten, Puffern) und Beschleunigungen (Parallelisieren) zwischen Arbeitspaketen/Vorgängen ändern sich die Werte wie Dauer, Start- und Endzeiten der Arbeitspakete/Vorgänge entsprechend (◘ Abb. 3.12). ◀

Mit zunehmender Projektgröße wird ein Netzplan schnell unübersichtlich. In der Praxis werden deshalb häufig Balkenpläne verwendet.

Balkenplan

Der Balkenplan ist ebenfalls ein Terminplanungsinstrument und liefert bei einer großen Anzahl von Arbeitspaketen eine hohe Transparenz. Neben der Information zur Dauer der einzelnen Arbeitspakete liefert der Balkenplan noch die Information des Start- und Endtermins, d. h. ein konkretes Datum. Diese Information ist bei einem Netzplan nicht direkt ersichtlich.

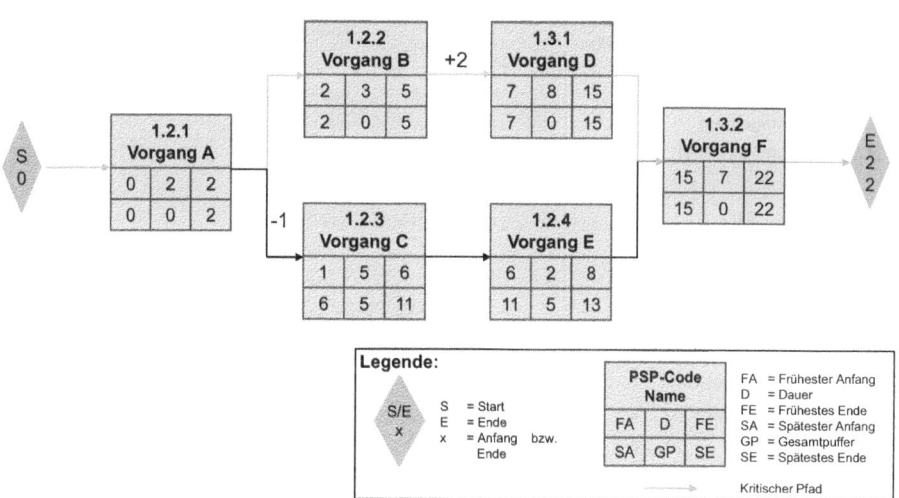

◘ **Abb. 3.12** Beispiel Netzplan mit geplanter Verzögerung und Beschleunigung

3

Der Balkenplan visualisiert die Dauer der einzelnen Arbeitspakete (Vorgänge) auf einer Zeitleiste in Abhängigkeit von der Zeiteinheit, z. B. Tage, Wochen, Monate. Je länger ein Balken ist, desto länger ist die Dauer eines Arbeitspakets. Außerdem können die Abhängigkeiten über einen Pfeil sichtbar gemacht werden. Die geplante Gesamtlaufzeit und der voraussichtliche Endtermin des Projekts sind bei einem Balkenplan einfach abzulesen. Meilensteine können ebenfalls abgebildet werden.

Mithilfe des Balkenplans lässt sich einfach erkennen, welche Arbeitspakete oder Vorgänge zeitgleich (parallel), zeitverzögert oder sequenziell bearbeitet werden. Arbeitspakete oder Vorgänge können in Phasen zusammengefasst werden bzw. Phasen werden in Arbeitspakete oder Vorgänge heruntergebrochen. Dabei entsprechen die Phasen des phasenorientierten Projektstrukturplans (s. ▶ Abschn. 3.1.3) den Phasen im Balkenplan. In der Theorie laufen Phasen sequenziell ab. In der Praxis so wie in der ▣ Abb. 3.13 dargestellt können Phasen auch überlappend und damit teilweise parallel abgearbeitet werden.

Der Balkenplan ist nicht nur Planungsinstrument. Er dient ebenfalls
— als Kommunikationsmittel für den zeitlichen Ablauf des Projekts innerhalb des Projektteams,
— als Berichtsmedium, z. B. für Entscheidungsgremium und Auftraggeber,

Code	Arbeitspaket	Dauer (W)	Kalenderwochen
			1 2 3 4 5 6 7 8 9 10 11 12 13 14 15
1.1	**Projekt-management**		
1.1.1	Projekt gestartet		
1.1.2	Planung	3	
1.1.3	Controlling	15	
1.1.4	Abschluss	1	
1.1.5	Projekt beendet		
1.2	**Phase 1**	7	
1.2.1	Arbeitspaket 1.2.1	3	
1.2.2	Arbeitspaket 1.2.2	2	
1.2.3	Arbeitspaket 1.2.3	4	
1.3	**Phase 2**	8	
1.3.1	Arbeitspaket 1.3.1	6	
1.3.2	Arbeitspaket 1.3.2	4	

▣ **Abb. 3.13**   Beispiel Balkenplan

— als Basis für Projektstatusberichte,

— zur Präsentation aller zeitlichen Aspekte eines Projektes.

Die Erstellung eines Balkenplans ist in **⬤** Tab. 3.6 bereits allgemein erläutert.

Weihnachtsfeier Ei-Ti AG – Balkenplan

Laura Leiter hat erfahren, dass bei der Ei-Ti AG geeignete Software für die Erstellung eines Netz- und Balkenplans vorhanden ist. Jetzt ärgert sie sich, dass sie alles manuell, wie im Studium, berechnen musste. Allerdings erfährt sie wenige Zeit später von ihrer Kollegin, dass es nur wenige Lizenzen bei der Ei-Ti AG gibt und diese schon alle vergeben sind. Da sie mittlerweile weiß, wie lange es dauern kann, bis sie eine Lizenz bekommen hätte, verfliegt ihr Ärger recht schnell und sie macht sich an die Erstellung eines Balkenplans, den sie recht einfach aus der Terminliste ableitet.

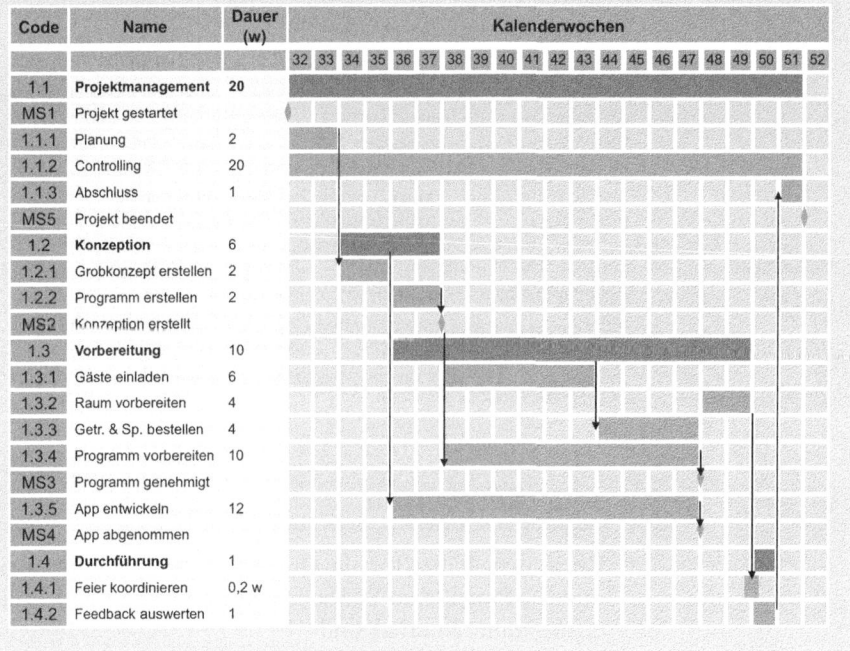

Zusammenfassend werden die vier Terminplanungsmethoden noch einmal einander gegenübergestellt (**⬤** Tab. 3.10).

3

Tab. 3.10   Übersicht und Gegenüberstellung Terminplanungsmethoden

Methode	Merkmale	Vorteile und abgeleitete Einsatzgebieter
Meilensteinplan	– tabellarische Übersicht der Meilensteine	– einfach zu erstellen – ideal für kleine bis mittelgroße Projekte mit wenig Arbeitspaketen und Abhängigkeiten
Terminliste	– tabellarische Übersicht von Arbeitspaketen/Vorgängen und Meilensteinen – Nennung von Dauer, Start- und Endterminen sowie nach Bedarf von Anordnungsbeziehungen – keine grafische Übersicht – meist die Basis für den Balkenplan	– es liegen alle Informationen als Wert vor – als alleiniges Planungsinstrument für kleine bis mittelgroße Projekte zu empfehlen – als zusätzliche Information für alle Projektarten und -größen geeignet
Netzplan	– grafische Darstellung von Arbeitspaketen/Vorgängen mit deren Abhängigkeiten zueinander (Vor- und Nachfolger) – verschiedene Parameter werden pro Arbeitspaket/Vorgang dargestellt (Start, Ende, Dauer, Puffer etc.)	– Berechnung von Auswirkungen bei Verschiebungen – Einsatz, wenn eine detaillierte Planung erforderlich ist und bei Projekten, bei denen die Abhängigkeiten der Arbeitspakete/Vorgänge im Mittelpunkt stehen, wie z. B. Bauprojekte
Balkenplan	– grafische Darstellung von Arbeitspaketen auf einer Zeitskala – entspricht dem Netzplan + *Zeitskala*	– Start und Endtermine der Arbeitspakete/Vorgänge sind einfach zu erkennen insbesondere bei vielen Arbeitspaketen geeignet – geeignet für alle Projektarten

3.1.6   Ressourcen

Ressourcen haben für alle Organisationen im Allgemeinen und für Projekte im Speziellen eine sehr hohe Bedeutung, da sie immer limitiert sind.

> **Ressourcen**
>
> Als Ressourcen werden für ein Projekt relevante Einsatzmittel (Personal, Material, Hilfsmittel) bezeichnet, d. h. die Mittel, die zur Durchführung des Projekts erforderlich sind.

Im Gegensatz zur allgemeinen Definition der Ressourcen in der Betriebswirtschaftslehre, die die Zeit und die Finanzen ebenfalls unter Ressourcen subsumiert, werden im Rahmen des Projektmanagements nur die Einsatzmittel (Personal und Sachmittel[2]) innerhalb des Ressourcenmanagements betrachtet, da die Zeit und die Finanzen (Kosten, Budget) aufgrund ihrer Bedeutung und unterschiedlichen Methoden und Instrumente separat betrachtet werden.

Das Erreichen der zeitlichen Vorgaben des Projekts (Meilensteine inkl. Endtermin) kann nur gelingen, wenn die dafür erforderlichen personellen und materiellen Ressourcen zur Verfügung stehen. Wann, wer und was im Projekt gebraucht wird, ermittelt der Projektleiter bzw. das Projektteam auf Basis des Projektstrukturplans und des Terminplans. Mittels der zeitlichen Zuordnung der Arbeitspakete und der zu erledigenden Arbeit kann der Ressourcenbedarf (Personal und Sachmittel) bestimmt werden. Überdies können Ressourcenengpässe mithilfe eines Abgleichs mit den zur Verfügung stehenden Ressourcen identifiziert werden. Dies kann zu einer Anpassung des Terminplans führen.

Je nach Größe und Komplexität eines Projektes bieten sich unterschiedliche Methoden zur Planung der Ressourcen an. Im Folgenden werden der Ressourcenplan und das Ressourcenhistogramm vorgestellt.

3.1.6.1 **Ressourcenplan**

Der Ressourcenplan wird in den meisten Fällen als Tabelle dargestellt und gibt eine Übersicht über den Bedarf und das Angebot an Ressourcen für ein Projekt. Des Weiteren gibt er Auskunft über die Auslastung der Ressourcen. Er wird für die Projektdauer erstellt. Der Ressourcenplan kann pro Arbeitspaket, Phase oder auch pro Zeiteinheit (z. B. wochenweise) erstellt werden.

◨ Tab. 3.11 zeigt beispielhaft einen Ressourcenplan für ein kleines Projekt mit drei Phasen. Die Ressourcen sind ausschließlich auf Personen bezogen.

Für alle drei Phasen 1.1, 1.2. und 1.3 wird für die benötigten Rollen der Bedarf an Personentagen (entspricht dem Aufwand) geschätzt.

---

2   Sachmittel = Material und Hilfsmittel. Hilfsmittel gehen nicht in das Endprodukt ein und sind z. B. Maschinen, PCs, Räume, Testanlagen, Zeichengeräte, Werkzeuge.

3

◻ **Tab. 3.11** Beispiel Aufbau Ressourcenplan

Arbeitspakete oder Phasen PSP-Code	Aufwand in PT	Rollen (Kompetenzanforderungen)				
		PL	PTM 1	PTM 2	PMA 1 (HR)	PMA 2 (SW Entwickler)
1.1	5	3	1	1	–	–
1.2	10	–	1	–	7	2
1.3	40	–	–	2	3	35
Summe Aufwand	**55**	**3**	**2**	**3**	**10**	**37**
Brutto-Verfügbarkeit		10	20	3	30	25
Geplante Abwesenheit		–	3	2	–	–
Netto-Verfügbarkeit für das Projekt		**10**	**17**	**1**	**30**	**25**
Über-/Unterdeckung		**+7**	**+15**	**−2**	**+20**	**−12**

PSP – Projektstrukturplan, *PT* – Personentage, *SW* – Software, *PL* – Projektleiter, *PTM* – Projektteammitglied, *PMA* – Projektmitarbeiter

Der Aufwand wird pro Rolle addiert und für jede Rolle dargestellt (Zeile *Summe Aufwand*). Anschließend kann die Brutto-Verfügbarkeit, d. h. die Kapazität, mit der eine Personengruppe mit der entsprechenden Kompetenz für das Projekt zur Verfügung steht, pro Phase oder Arbeitspaket ermittelt und in die Zeile *Brutto-Verfügbarkeit* geschrieben werden. Zur Ermittlung der Verfügbarkeit pro Arbeitspaket oder Phase müssen die Start- und Endtermine der Arbeitspakete oder Phasen aus der Terminplanung bekannt sein. Die Brutto-Verfügbarkeit wird um die geplanten Abwesenheitszeiten, wie Urlaubs- und Fortbildungstage, bereinigt. Das Ergebnis, die sog. Netto-Verfügbarkeit, wird in die entsprechende Zeile geschrieben. Die Daten zur Verfügbarkeit kommen aus der Fachabteilung, die das Personal zur Verfügung stellt. Die Über- bzw. Unterdeckung ergibt sich durch Subtraktion der benötigten Arbeitsleistung (Summe Aufwand) mit der Netto-Verfügbarkeit und ist in der Zeile *Über-/Unterdeckung* dargestellt.

Weihnachtsfeier Ei-Ti AG – Ressourcenplan

Laura Leiter und ihr Kernteam schauen sich nochmal die Arbeitspakete und den Balkenplan für ihr Projekt an und beschließen, die Ressourcenplanung auf Phasenebene durchzuführen, da die Arbeitspakete aufwandmäßig nicht allzu groß sind und eine Phasenbetrachtung deshalb ausreicht. Für die Phase 1.3 entscheiden sie sich für eine Betrachtung auf Arbeitspaketebene, da hier insbesondere die Entwicklung der App getrennt dargestellt werden sollte.

Arbeitspakete/Phasen	Aufwand	Rollen (Kompetenzanforderungen)										
PSP-Code	in PT	PL	TPL Progr.	PMA Progr.	TPL Catering	PMA Catering	TPL Gäste	PMA Gäste	TPL App	PMA App	TPL Technik	PMA Technik
1.1	10	5	1		1		1		1		1	
1.2	10	5	1		1		1		1		1	
1.3	99	2	3	5	1	3	1	2	2	70	2	8
1.3.1	3						1	2				
1.3.2	10										2	8
1.3.3	4	•		5	1	3						
1.3.4	10	2	3						2	70		
1.3.5	72											
1.4	5	1	1	3								
Summe Aufwand	**124**	**13**	**6**	**8**	**3**	**3**	**3**	**3**	**4**	**70**	**4**	**8**
Brutto-Verfügbarkeit		20	20	5	5	5	3	2	5	48	5	10
Geplante Abwesenheit		–	2	2	–	–	–	–	2	8	–	–
Netto-Verfügbarkeit für das Projekt		**20**	**18**	**3**	**5**	**5**	**3**	**2**	**3**	**40**	**5**	**10**
Über-/Unterdeckung		**+7**	**+12**	**–5**	**+2**	**+2**	**0**	**–1**	**–1**	**–30**	**+1**	**+2**

PL – Projektleiter, TPL – Teilprojektleiter, PMA – Projektmitarbeiter, Progr. – Programm, PSP – Projektstrukturplan, PT – Personentage

Aus dem Ressourcenplan wird sofort ersichtlich, dass die Entwicklung personell nicht durchzuführen ist, wenn nicht zusätzliches Personal zur Verfügung gestellt wird oder das Arbeitspaket hinsichtlich des Umfangs (Teillieferobjekts und damit reduzierte Arbeit und geringerer Aufwand) reduziert wird.

Die Zuordnung der Rollen ist ebenfalls schon klar, sodass an dieser Stelle bereits eine Namenszuordnung getroffen werden kann.

Bereits den Rollen zugeordnet sind:
- PL – Laura Leiter,
- TPL Programm – Laura Leiter,
- TPL Gäste – Sabine Schein,
- TPL Catering – Sabine Schein,
- TPL App – Sven Soft,
- TPL Technik – Tommi Tekkus.

Des Weiteren wurde für die Projektmitarbeiter gemeinsam mit den Vorgesetzten aus der Linie folgendes Personal festgelegt:
- PMA Programm – Sabine Schein,
- PMA Gäste – Praktikantin Paula Prima,
- PMA Catering – Sabine Schein,
- PMA App – 4 Entwickler der Ei-Ti AG,
- PMA Technik – 2 Personen eines externen Dienstleisters.

Laura Leiter diskutiert mit ihrem Kernteam die Betrachtung weiterer Ressourcen. Das Team identifiziert hier das gesamte Catering und die Raumausstattung (insbesondere Tische, Stühle, Bühne) für die Weihnachtsfeier. Da diese Ressourcen extern beschafft werden, beschließt das Team, diese im Rahmen der Ressourcenplanung nicht weiter zu berücksichtigen, da es sich damit nicht um ein kritisches Gut im Sinne der Limitierung im eigenen Unternehmen handelt. Diese Ressourcen müssen aber auf jeden Fall in der Kostenplanung berücksichtigt werden.

3.1.6.2 Ressourcenhistogramm

In einem Ressourcenhistogramm werden die Über- und Unterdeckung der Ressourcen (meist Personal) des Projekts entlang einer Zeitachse dargestellt. Da die Darstellung auf einer Zeitachse erfolgt, kann die Tabelle nicht einfach grafisch abgetragen werden, da diese auf Phasen oder Arbeitspaketebene ermittelt wurden.

Balkenplan Projekt 4711											
Arbeits-paket (AP)	Ressourcenbedarf (PT) inkl. Verteilung pro AP	Wochen									
		1	2	3	4	5	6	7	8	9
AP 1	4 PT (50% / 50%)	2	2							
AP 2	20 PT (gleichverteilt)				4	4	4	4	4	
AP 3	15 PT (10PT in KW4, 5PT in KW6)				10	0	5			
AP 4	10 PT (4PT in KW5 & KW6, 2PT in KW7)					4	4	2		
AP 5	6 PT (gleichverteilt)							2	2	2
	Bedarf (PT)	2	2	4	14	8	13	8	2	2
	Verfügbarkeit (PT)	4	4	4	4	4	4	4	4	4
	Ergebnis (PT)	2	2	0	-10	-4	-9	-4	2	2

◘ **Abb. 3.14** Ressourcenplan auf Basis von Zeiteinheiten

Folgende Schritte führen zu einem Ressourcenplan auf Basis von Zeiteinheiten, der in ◘ Abb. 3.14 dargestellt wird:

1. Auf Basis des Terminplans (Terminliste, Balkenplan oder Netzplan) werden die benötigten Ressourcen pro Zeiteinheit für jedes Arbeitspaket ermittelt (Kapazitätsbedarf). Dabei ist die Verteilung des Ressourcenbedarfs pro Zeiteinheit von großer Bedeutung. Es kann eine Gleichverteilung der Ressourcen vorliegen, d. h. pro Zeiteinheit liegt dieselbe Anzahl von Ressourcen vor (Beispiel in ◘ Abb. 3.14 für das Arbeitspaket 1, 2 und 5). Es kann aber auch für jede Zeiteinheit ein anderer Ressourcenbedarf vorliegen (Beispiel für Arbeitspaket 3 und 4). Die Ressourcenverteilung ergibt sich aus der anstehenden Arbeit während des Arbeitspakets und kann von den Experten abgeschätzt werden.
2. Erfragen bzw. Prüfung der Verfügbarkeit der einzelnen Mitarbeiter: Die Verfügbarkeit der Ressourcen pro Zeiteinheit wird über die entsprechende Fachabteilung gemeldet.
3. Durch den Abgleich zwischen Bedarf und Verfügbarkeit pro Zeiteinheit (im Beispiel in Wochen) die Über- bzw. Unterdeckungen identifizieren.

3

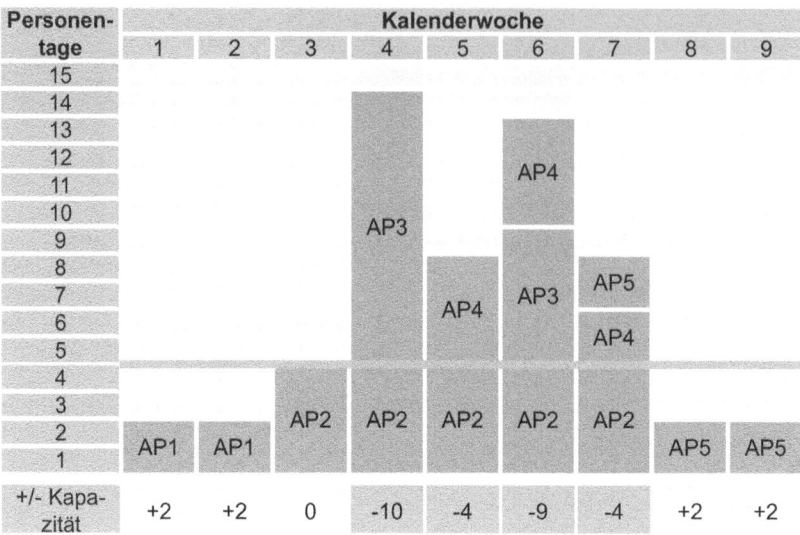

◘ **Abb. 3.15** Ressourcenhistogramm

Die Darstellung der Tabelle mittels eines Säulendiagramms nennt man Ressourcenhistogramm (◘ Abb. 3.15).

Die grauen Säulen stellen dabei den Ressourcenbedarf pro Woche dar. Die dicke Linie mit dem Wert von vier Personentagen entspricht der Ressourcenverfügbarkeit pro Woche.

Somit ist ein Ressourcenhistogramm die grafische Darstellung eines Ressourcenplans auf Basis von Zeiteinheiten.

Wenn es zu Unterdeckungen kommt, sollten die Optionen in ◘ Tab. 3.12 untersucht werden. Den Ausgleich von Ressourcenunterdeckung nennt man Resource leveling (Ressourcenausbalancierung).

◻ **Tab. 3.12** Optionen für einen Ressourcenausgleich (Resource leveling) in einem Projekt

Option	Voraussetzung	Auswirkung auf die PM-Elemente
Verschiebung von Arbeitspaketen/Vorgängen	Ressourcen stehen für die neuen Termine zur Verfügung	Keine
Verlängern/Strecken von Arbeitspaketen/Vorgängen	Genügend Ressourcen während der Verlängerung zur Verfügung haben	Wenn das Arbeitspaket/der Vorgang nicht auf dem kritischen Pfad liegt, kann es, bis der Puffer aufgebraucht ist, verlängert werden. Wenn das Arbeitspaket auf dem kritischen Pfad liegt, muss die Verlängerung der Gesamtprojektdauer vom Lenkungskreis genehmigt werden
Stauchen von Vorgängen	Es wird mehr Kapazität (Anzahl Ressourcen oder Verfügbarkeit) benötigt	Ggfs. kürzere Projektlaufzeit bei Arbeitspaketen/Vorgängen auf dem kritischen Pfad; kann aber bei Bedarf durch Pufferzeiten künstlich verlängert werden
Zerlegen von Arbeitspaketen in Vorgänge mit dem Ziel, die kürzeren Vorgänge besser einzuplanen	Wartezeiten in Vorgängen, die verkürzend genutzt werden können oder Vorgänge, die dann parallel abgearbeitet werden können	Ggfs. kürzere Projektlaufzeit bei Arbeitspaketen/Vorgängen auf dem kritischen Pfad; kann aber bei Bedarf durch Pufferzeiten künstlich verlängert werden
Einkauf externer Ressourcen	Berücksichtigung des Gesetzes des abnehmenden Grenznutzens; zeitliche Verfügbarkeit	Erhöhung der Projektkosten und damit Genehmigung des Lenkungskreises
Reduzierung der Leistung (entsprechendes Teillieferobjekt und dessen Arbeit)	Teillieferobjekt kann reduziert werden	Reduzierung des Projektlieferobjekts und damit Genehmigung des Lenkungskreises
Mehrarbeit/Überstunden	In Vereinbarung mit Arbeitszeitgesetz und ggfs. Betriebsrat	Zusätzliche Kosten bei Überstundenvergütung (bei tariflich Beschäftigten)
Outsourcing des entsprechenden Arbeitspakets/Vorgangs	Keine Zeitverzögerung; das Arbeitspaket muss mindestens in der derselben Zeit (Dauer) und zur geplanten Zeit fertiggestellt werden	Voraussichtlich höhere Kosten
Erhöhung der Produktivität	Es müssen „produktivere" Ressourcen (bei Personen: Personen mit mehr Erfahrung) zur Verfügung stehen	Keine
Eskalation	Keine	Zu dem Zeitpunkt nicht bekannt

3

Weihnachtsfeier Ei-Ti AG – Tabelle Ressourcenhistogramm

Aus dem Ressourcenplan und dem Balkenplan ermitteln Laura Leiter und ihr Team die Über- oder Unterdeckung an Personal für dieses Projekt. Bei der Verteilung des Personals auf Wochen ist das Team von einer Gleichverteilung ausgegangen. Sie erhalten eine Tabelle als Grundlage für das Ressourcenhistogramm:

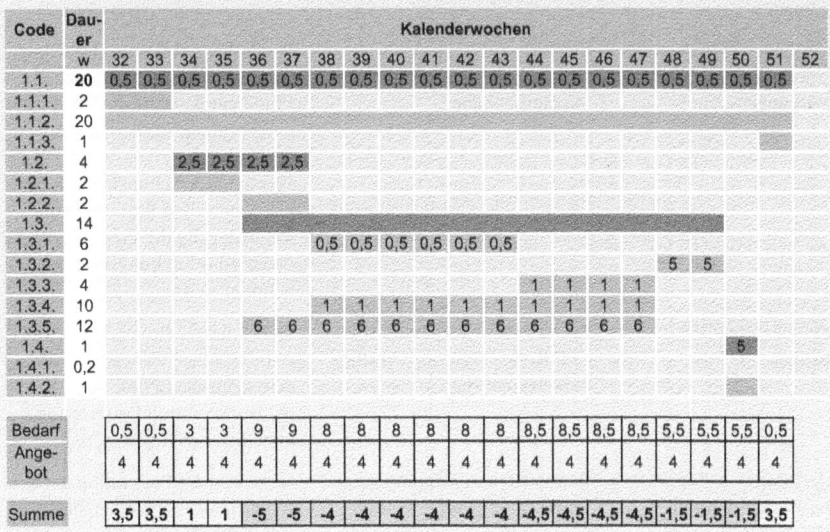

Code	Dauer w	32	33	34	35	36	37	38	39	40	41	42	43	44	45	46	47	48	49	50	51	52
1.1.	20	0,5	0,5	0,5	0,5	0,5	0,5	0,5	0,5	0,5	0,5	0,5	0,5	0,5	0,5	0,5	0,5	0,5	0,5	0,5	0,5	
1.1.1.	2																					
1.1.2.	20																					
1.1.3.	1																					
1.2.	4					2,5	2,5	2,5	2,5													
1.2.1.	2																					
1.2.2.	2																					
1.3.	14																					
1.3.1.	6								0,5	0,5	0,5	0,5	0,5	0,5								
1.3.2.	2																			5	5	
1.3.3.	4													1	1	1	1					
1.3.4.	10							1	1	1	1	1	1	1	1	1	1					
1.3.5.	12					6	6	6	6	6	6	6	6	6	6	6	6					
1.4.	1																			5		
1.4.1.	0,2																					
1.4.2.	1																					
Bedarf		0,5	0,5	3	3	9	9	8	8	8	8	8	8	8,5	8,5	8,5	8,5	5,5	5,5	5,5	0,5	
Angebot		4	4	4	4	4	4	4	4	4	4	4	4	4	4	4	4	4	4	4	4	
Summe		3,5	3,5	1	1	-5	-5	-4	-4	-4	-4	-4	-4	-4,5	-4,5	-4,5	-4,5	-1,5	-1,5	-1,5	3,5	

3.1.7 Kosten

Eine der wichtigsten Projektgrößen und Projektmanagementelemente für Organisationen sind die Kosten eines Projekts. Als Element des „magischen Dreiecks" sind Projektkosten ein wichtiges Kriterium zur Messung des Projekterfolgs. Die Projektkosten werden über den gesamten Zeitraum eines Projekts ermittelt. Hierbei ist es wichtig zu beachten, dass bereits in der Projektplanungsphase ebenso wie beim Projektabschluss Kosten anfallen. Nach Abschluss des Projekts fallen keine Kosten mehr im Rahmen des Projekts an. Kosten, die nach Projektabschluss anfallen, wie z. B. Wartung von Produkten, Schulungen (wenn nicht bereits während der Projektlaufzeit erfolgt), werden von anderer Stelle getragen.

Kostenart

Durch das Aufschlüsseln der anfallenden Kosten in unterschiedliche Kostenarten ist erkennbar, wofür im Projekt „Geld ausgegeben" wird. Projektkosten können folgende Kostenarten enthalten:

■ **Personalkosten**

Unter Personalkosten fallen in der Regel Löhne oder Gehälter, Sozialkosten sowie weitere direkt auf eine Person verrechenbare Kosten, wie Schulung oder IT (Laptop, Handy, etc.). Die Personalkosten werden durch Multiplikation von Aufwand und Tagessatz ermittelt. Der Aufwand wurde bereits in der Ressourcenplanung abgeschätzt (► Abschn. 3.1.6). Der Tagessatz umfasst die Kosten, die eine Person der Organisation am Tag kostet. Dabei wird der Tagessatz meist als Vollkostensatz ermittelt, d. h. neben den bereits genannten direkt zurechenbaren Personalkostenanteilen (Gehälter, Sozialkosten etc.) werden alle Gemeinkosten der Organisation auf Mitarbeitergruppen anteilig berechnet. Die Gemeinkosten umfassen dann Raummieten, IT-Gesamtkosten, Umlagen für Management, Personalwesen etc. Damit entspricht der Tagessatz den Kosten, die eine Person der Organisation mit allen Betreuungsaufwendungen etc. kostet. Die Tagessätze werden entweder durchschnittlich für alle Personen einer Organisation ermittelt oder für einzelne Bereiche/Abteilungen im Durchschnitt. Der Tagessatz wird nicht für einzelne Personen berechnet.

Beispiel: Ein Softwareentwickler benötigt 15 Projekttage für das Projekt und kostet 500 EUR pro Tag (Tagessatz). Somit ergeben sich innerhalb des Projekts 7500 EUR für den Softwareentwickler.

■ **Sachkosten**

Die Sachkosten können in folgende Unterkostenarten eingeteilt werden:
- Materialkosten – Die Materialkosten werden häufig in *Stückkosten * Anzahl der Materialeinheiten* angegeben.
- Betriebskosten – Betriebskosten fallen für Hilfs- und Betriebsmittel an, wie z. B. Räume, Werkzeuge, IT (Hardware und Software) inkl. Lizenzkosten, Energie, Porto, Dokumentation etc. Lizenzkosten fallen in der Regel für Softwarelizenzen an und hängen entweder von der Anzahl der Nutzer ab oder sie werden als Festpreis für eine unbegrenzte Anzahl von Nutzern ausgewiesen.
- Fremdleistungen für externe Projektbeteiligte - Die Fremdleistungen können dabei auf Aufwandsbasis, wie das interne Personal *(Aufwand * externer Tagessatz),* oder als Festpreis ausgewiesen werden. Der

3

Unterschied ergibt sich aus der Vertragsgestaltung (s. ▶ Abschn. 5.7.2).

- Reisekosten – Reisekosten sind Kosten, die im Rahmen einer Dienstreise für das Projekt anfallen. Sie umfassen u. a. Fahrtkosten, Übernachtungskosten, Parkgebühren etc.

In der Praxis richtet sich die Aufteilung der Sachkosten nach dem in der Organisation vorhandenen Controllingsystem. Vor diesem Hintergrund sollten die Sachkosten entsprechend strukturiert werden.

Beispiel: Für das Projekt werden fünf PCs à 1000 EUR mit einer einmaligen Software-Lizenzgebühr von 500 EUR pro Arbeitsplatz berechnet. Damit ergeben sich die Sachkosten zu 5000 EUR und 2500 EUR Lizenzkosten. Darüber hinaus muss ein potenzieller Zulieferer im Ausland besucht werden. Hierbei fallen Kosten für den Flug, das Taxi vom Flughafen zum Zulieferer, Parkgebühren am Heimatflughafen und die Kilometerpauschale zum und vom Heimatflughafen zum Dienstort an, die sich auf insgesamt 1500 EUR belaufen.

Die Sachkosten betragen damit für dieses Arbeitspaket 9000 EUR (5000 EUR + 2500 EUR + 1500 EUR).

■ **Sonstige Kosten**

Unter sonstige Kosten fallen Kapitalkosten, Versicherungen, Abschreibungen, Wagniskosten, etc.

3.1.7.1 Kostenschätzung

Die Schätzverfahren sind bereits in ▶ Abschn. 3.1.7.1 beschrieben worden und gelten für die Kostenschätzung analog.

3.1.7.2 Kostenplan

Die Grundlage für das Erstellen eines Kostenplans bilden auch hier der Projektstrukturplan bzw. die Arbeitspakete sowie der Ressourcenplan. Die Schätzung der Projektkosten erfolgt in der Planungsweise meist bottom-up, d. h. es werde die Kosten auf Arbeitspaketebene ermittelt und addiert, bis man die Gesamtkosten des Projekts ermittelt hat. Diese Summe entspricht dem einzuplanenden Gesamtbudget für das Projekt. Dieser Wert wird mit dem meist top-down festgelegten Projektbudget im Projektantrag verglichen.

Folgende Vorgehensweise ist im Rahmen der Kostenplanung in Projekten üblich:

1. Ermittlung der verschiedenen Kostenarten pro Arbeitspaket oder Phase,
2. Ermittlung bzw. Beschaffung der im Projekt relevanten Tagessätze für die Projektbeteiligten (ein Durchschnittstagessatz für alle oder getrennt nach Organisationseinheiten bzw. Funktionen),
3. Berechnung der Sachkosten pro Arbeitspaket (Material, Fremdleistungen, Reisekosten etc.),
4. Zusammenfassung der Gesamtkosten pro Arbeitspaket,
5. Addition der Gesamtkosten pro Arbeitspaket (Projektkosten).

In Anlehnung an den in ◘ Tab. 3.11 beispielhaft erstellten Ressourcenplan, hat ein entsprechender Kostenplan die in ◘ Abb. 3.16 in dargestellte Struktur.

PM Projektmanagement, *HR* Human Ressource (Personalwesen), *SW-Entw.* Softwareentwicklung, *HW* Hardware, *PT* Personentage

Bei der Erstellung der ◘ Abb. 3.16 gibt es Folgendes zu berücksichtigen:

1. Zunächst sollten die Kostenarten für die drei Phasen geklärt werden, d. h. welche Kostenarten (Personalkosten, Sachkosten Reise, Sachkosten Fremdleistungen oder Sachkosten Betriebsmittel) fallen pro Phase an. Diese Information befindet sich in der zweiten Spalte *Kostenart*.
2. Anschließend werden in der nächsten Spalte *Ressourcenart* für das Personal die unterschiedlichen Kompetenzen (hier: PM, HR oder SW-Entw.), für die Fremdleistungen die unterschiedlichen Kompetenzen (SW-Entw.) und für die Betriebsmittel die unterschiedlichen Güter (hier: HW-PC und SW-Lizenz) benannt.
3. Die Menge für die jeweilige Ressource wird abgeschätzt. Zu beachten ist hierbei, dass die Personen in PT (Personentagen) und die Betriebsmittel in der Stückzahl abgeschätzt werden. So hat z. B. in der Phase 1.3 die Ressource *PM* bei der Kostenart *Personal* einen Aufwand von 2 PT. Im Rahmen der Sachkosten Betriebsmittel müssen z. B. 5 PCs angeschafft werden.
4. Für das Personal wird der Tagessatz und für die Betriebsmittel die Stückkosten hinzugenommen. Beispielhaft hat die PM-Ressource unter Schritt 3 einen Tagessatz von 700 EUR und ein PC kostet 2000 EUR.

3

Phase / Arbeits- paket	Kostenart	Ressourcenart	Menge	Kosten pro Einheit	Summe pro Kosten- / Ressourcen- art	Kosten pro Arbeitspaket / Phase
PSP Code		Einteilung der Ressourcen	Aufwand (PT)/ Stückzahl	Tagessatz / Stückkosten / Pauschal	Euro	Euro
1.1.	Personal	PM	5	700 €	3.500 €	3.500 €
		HR	-	600 €	0 €	
		SW-Entw.	-	500 €	0 €	
		Summe	5		3.500 €	
1.2	Personal	PM	1	700 €	700 €	8.000 €
		HR	7	600 €	4.200 €	
		SW-Entw.	2	500 €	1.000 €	
		Summe	10		5.900 €	
	Sach- kosten: Reise	Flug, Hotel, Taxi, Parken			2.100 €	
1.3	Personal	PM	2	700 €	1.400 €	41.700 €
		HR	3	600 €	1.800 €	
		SW-Entw.	15	500 €	7.500 €	
		Summe	20		10.700 €	
	Sach- kosten: Fremd- leistungen	SW-Entw.	20	1.000 €	20.000 €	
	Sach- kosten: Betriebs- mittel	HW-PC	5	2.000 €	10.000 €	
		SW - Lizenz	5	200 €	1.000 €	
		Summe			11.000 €	
Gesamt Summe						53.200 €

Legende:
PM – Projektmanager   TPL – Teilprojektleiter   PMA – Projektmitarbeiter   PT –
Personentage
Progr. – Programm   PSP – Projektstrukturplan

◻ **Abb. 3.16**   Beispiel Aufbau Kostenplan auf Phasenebene

5. Die Summen für die verschiedenen Ressourcenarten ergeben sich durch die Multiplikation von Aufwand mal Tagessatz für das Personal und von Stückzahl mal Stückkosten für die Betriebsmittel. Beispielhaft ergeben sich also für die PM-Ressourcen in Phase 1.3 Kosten von 1400 EUR und für die 5 PCs Kosten in Höhe von 10.000 EUR.
6. Die Summe der Kostenart ergibt sich durch die Addition der Kosten für die Ressourcen. Beispielhaft betragen die Kosten in Phase 1.3 für das Personal 10.700 EUR und für die Betriebsmittel 11.000 EUR.
7. Die Gesamtkosten pro Phase oder Arbeitspaket werden durch Addition der Summe der Kostenarten ermittelt. In unserem Beispiel für die Phase 1.3 also 41.700 EUR.
8. Die Kosten für das Gesamtprojekt ergeben sich durch die Addition der Kosten der Phasen bzw. Arbeitspakete. In dem Beispiel betragen die Gesamtkosten 53.200 EUR, die aus den Kosten von Phase 1–3 berechnet werden.

3.1.7.3 Kostengang und Kostensumme

Häufig werden in Organisationen nicht nur die Gesamtkosten oder die Kosten für ein Arbeitspaket benötigt, sondern es wird der Kostenverlauf pro Betrachtungszeitraum (z. B. pro Monat) verlangt.

Analog der Ressourcenplanung können die Kosten auch pro Zeiteinheit berechnet werden. In der Praxis wird diese Anforderung seitens des Controllings gestellt. Mithilfe des Terminplans und des Ressourcenplans lassen sich die Projektkosten zeitlich zuordnen. Dadurch wird transparent, zu welchem Zeitpunkt im Projekt finanzielle Mittel bereitgestellt werden müssen.

■ Abb. 3.17 zeigt, wie mit den Informationen aus der Termin-, der Ressourcen- und der Kostenplanung die Kosten pro Zeiteinheit (hier Wochen) berechnet werden.

Die Grundlage für die Berechnung der Kosten pro Zeiteinheit bilden die Aufwände pro Woche, die aus dem Balkenplan und Ressourcenplan herangezogen werden (Schritt 1). Die Kosten für die entsprechenden Ressourcen pro Arbeitspaket/Phase können dem Kostenplan entnommen werden (Schritt 2). Anschließend erfolgt die Berechnung der Personalkosten pro Zeiteinheit auf Basis der Aufwände multipliziert mit dem entsprechenden Tagessatz (Schritt 3). Im vierten Schritt erfolgt die Berechnung

1. Aufwände pro Zeiteinheit aus dem Balkenplan und Ressourcenplan

2. Tagesätze und Materialkosten aus dem Kostenplan

Balkenplan Projekt 4711												
Arbeits-paket (AP)	Ressourcenbedarf (Personentage (PT)) inkl. Verteilung pro AP	Wochen									Tages-satz	Mate-rial
		1	2	3	4	5	6	7	8	9		
AP 1	4 PT (50% / 50%)	2	2								2 t€	3 t€
AP 2	20 PT (gleichverteilt)			4	4	4	4	4			1 t€	
AP 3	15 PT (10PT in KW4, 5PT in KW6)				10	0	5				0,5 t€	5 t€
AP 4	10 PT (4PT in KW5 & 6, 2PT in KW7)					4	4	2			1 t€	4 t€
AP 5	6 PT (gleichverteilt)							2	2	2	1,5 t€	
	Bedarf (PT)	2	2	4	14	8	13	8	2	2		
	Personal (t€)	4	4	4	9	8	10,5	9	3	3		
	Material (t€)		3				5	4				
	Total (t€)	4	7	4	9	8	15,5	13	3	3		

3. Multiplikation von Aufwand und Tagessatz pro AP pro Woche

4. Addition der Materialkosten am Endes jedes AP

5. Ergebnis (3. + 4.)

◘ Abb. 3.17   Berechnung der Kosten pro Woche

der Sachkosten unter Berücksichtigung, dass die Sachkosten erst jeweils am Ende eines jeden Arbeitspakets/einer Phase berücksichtigt werden (Schritt 4). In der Praxis wird die Berechnungsvorschrift, wann die Sachkosten anfallen, vom Controlling vorgegeben und sollte daher im Vorfeld abgeklärt werden. Die Addition aus Personal- und Sachkosten ergibt die Kosten pro Zeiteinheit (Schritt 5).

Die grafische Darstellung der Kosten pro Woche nennt man Kostengang (◘ Abb. 3.18).

Die kumulierte Darstellung der Kosten pro Zeiteinheit heißt Kostensummenlinie. Die Kostensummenlinie zeigt die Entwicklung der Kosten im Verlauf des Projekts an. Es wird sichtbar, zu welchem Zeitpunkt welche Kosten im Projekt laut Plan anfielen (◘ Abb. 3.19).

Zusammenfassend sind folgende Punkte im Rahmen der Kostenplanung relevant:

- Die einzelnen Kostenarten des Projekts werden definiert und ggfs. mit dem Controlling abgestimmt.
- Die Kosten werden auf Arbeitspaketebene geplant. Das heißt es werden für jedes Arbeitspaket die anfallenden Kostenarten geschätzt oder berechnet und die voraussichtlichen Gesamtkosten pro Arbeitspaket berechnet.
- Die Kostenschätzungen nehmen die Arbeitspaket-Verantwortlichen ggfs. mit weiteren Experten vor.

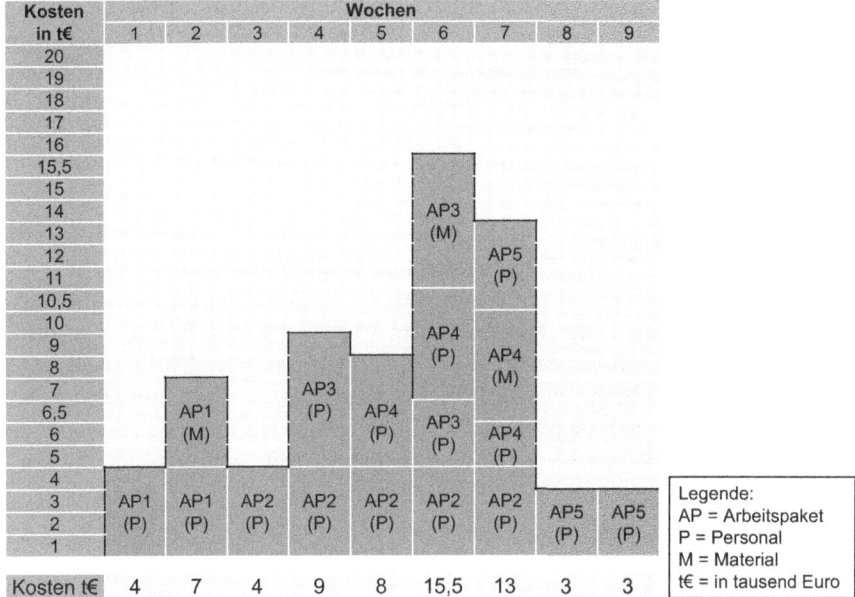

◼ Abb. 3.18 Kostengang

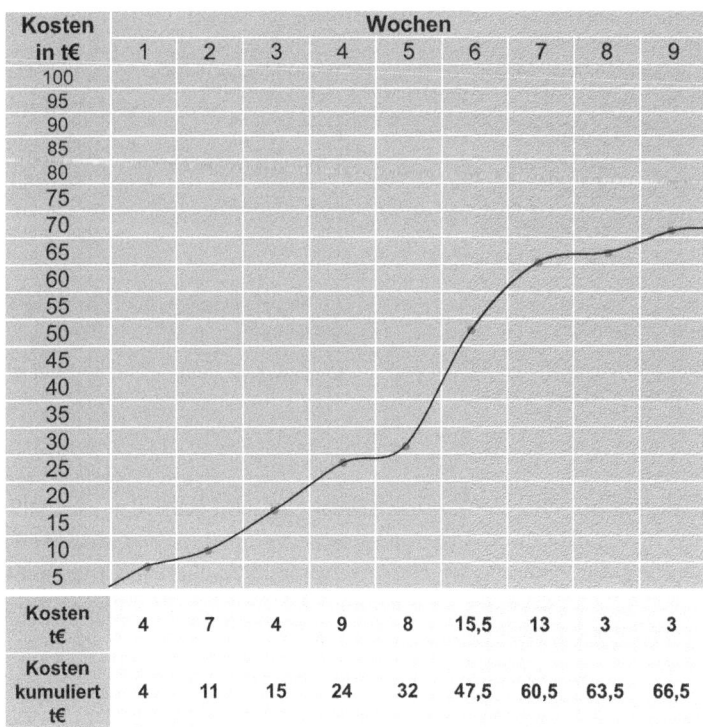

◼ Abb. 3.19 Kostensummenlinie

3

— Aus den Kostenschätzungen für die Arbeitspakete werden die Gesamtkosten des Projekts ermittelt (Bottom-up-Ansatz).
— In Verbindung mit dem Terminplan ermittelt der Projektleiter, wann im Projekt welche Kosten anfallen werden (Kostengang und Kostensummenlinie).

Weihnachtsfeier Ei-Ti AG – Tabelle Kostengang und Kostensummenlinie
Aus den Aufwänden und entsprechenden Tagessätzen pro Phase bzw. Arbeitspaket ermittelt Laura Leiter die Personalkosten. Die Sachkosten hat sie mit den entsprechenden Teilprojektleitern abgestimmt und ermittelt. Dabei spielt der Buchungszeitpunkt für die zeitliche Berücksichtigung eine wichtige Rolle. Diese Information hat sie gemeinsam mit der Controllingabteilung festgelegt. Es ergeben sich folgende Sachkosten für die relevanten Phasen bzw. Arbeitspakete mit den Buchungszeitpunkten.

Code	Name	Sachkosten in t€	Beschreibung	Buchungszeit-punkt
1.3.1.	Gäste einladen	20	Reisekosten für 40 Personen (500 € pro Person)	Projektende
1.3.2.	Raum vorbereiten	20	Miete für Tische, Stühle, Bühne und gesamte Technik sowie Dekoration	Arbeitspaket Ende
1.3.3.	Getränke und Speisen bestellen	16	40 € Getränke und Essenspauschale für 400 Gäste	Phasenende 1.3
1.3.4.	Programm vorbereiten	5	DJ und Künstler	Phasenende 1.3
1.3.5.	App entwickeln	20	IT-Entwicklungsumgebung	Arbeitspaket Start
1.4.	Durchführung	2	Gewerk Sicherheit	Phasenende 1.4

Mithilfe des Balkenplans, der Personalkosten und der Sachkosten ermittelt Laura Leiter die Personalkosten und die Sachkosten pro Woche. Die Gesamtkosten pro Woche ergeben die Werte für den Kostengang. Die kumulierten Kosten pro Woche ergeben die Werte für die Kostensummenlinie. Alle Werte und Informationen sind in der folgenden Abbildung dargestellt.

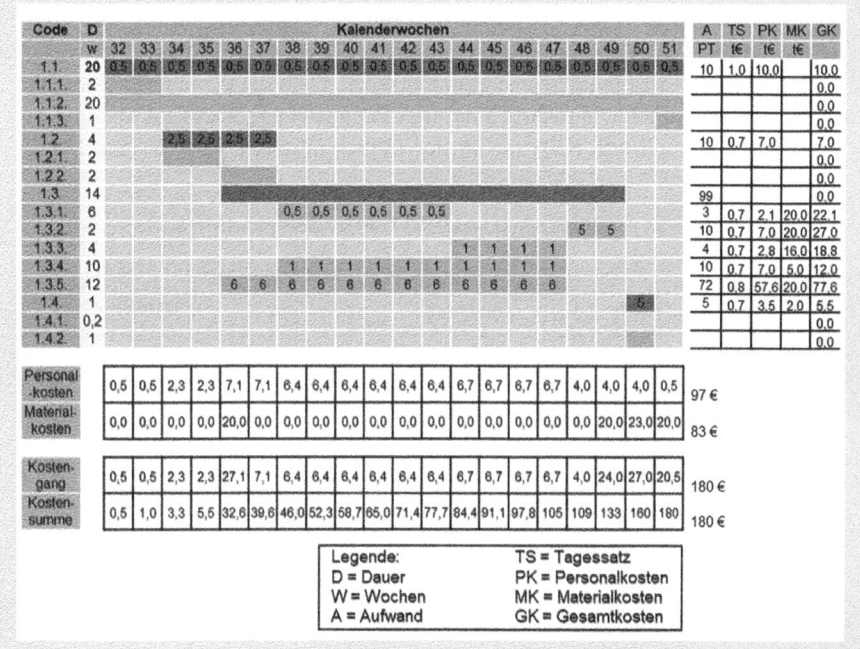

Code	D (W)	Kalenderwochen (32–51)	A (PT)	TS (t€)	PK (t€)	MK (t€)	GK (t€)
1.1	20	0,5 0,5 0,5 0,5 0,5 0,5 0,5 0,5 0,5 0,5 0,5 0,5 0,5 0,5 0,5 0,5 0,5 0,5 0,5 0,5	10	1,0	10,0		10,0
1.1.1	2						0,0
1.1.2	20						0,0
1.1.3	1						0,0
1.2	4	2,5 2,5 2,5 2,5	10	0,7	7,0		7,0
1.2.1	2						0,0
1.2.2	2						0,0
1.3	14		99				0,0
1.3.1	6	0,5 0,5 0,5 0,5 0,5 0,5	3	0,7	2,1	20,0	22,1
1.3.2	2	5 5	10	0,7	7,0	20,0	27,0
1.3.3	4	1 1 1 1	4	0,7	2,8	16,0	18,8
1.3.4	10	1 1 1 1 1 1 1 1 1 1	10	0,7	7,0	5,0	12,0
1.3.5	12	6 6 6 6 6 6 6 6 6 6 6 6	72	0,8	57,6	20,0	77,6
1.4	1	5	5	0,7	3,5	2,0	5,5
1.4.1	0,2						0,0
1.4.2	1						0,0

	Kalenderwochen 32–51	Summe
Personal-kosten	0,5 0,5 2,3 2,3 7,1 7,1 6,4 6,4 6,4 6,4 6,4 6,4 6,7 6,7 6,7 6,7 4,0 4,0 4,0 0,5	97 €
Material-kosten	0,0 0,0 0,0 0,0 20,0 0,0 0,0 0,0 0,0 0,0 0,0 0,0 0,0 0,0 0,0 0,0 0,0 20,0 23,0 20,0	83 €
Kosten-gang	0,5 0,5 2,3 2,3 27,1 7,1 6,4 6,4 6,4 6,4 6,4 6,4 6,7 6,7 6,7 6,7 4,0 24,0 27,0 20,5	180 €
Kosten-summe	0,5 1,0 3,3 5,5 32,6 39,6 46,0 52,3 58,7 65,0 71,4 77,7 84,4 91,1 97,8 105 109 133 160 180	180 €

Legende:
D = Dauer   TS = Tagessatz
W = Wochen   PK = Personalkosten
A = Aufwand   MK = Materialkosten
                   GK = Gesamtkosten

Damit hat Laura Leiter jetzt auch die Gesamtkosten des Projekts in Höhe von 180.000 EUR ermittelt. Hierbei ist zu berücksichtigen, dass die Personalkosten in Höhe von 97.000 EUR interne Leistungen des eigenen Personals darstellen und damit nur kalkulatorische Kosten sind. Das heißt bei den Personalkosten gibt die Ei-Ti AG kein zusätzliches Geld aus, da die Kosten bereits über die Gehälter etc. abgedeckt sind. Die Sachkosten hingegen müssen zusätzlich bezahlt werden, d. h. hier fließt Geld aus der Ei-Ti AG (sog. Cash-out). Sie stellen damit aus Sicht der Ei-Ti die Gesamtkosten für das Projekt dar (s. obenstehende Abbildung).

3.1.8 Sachliches Umfeld

Je nachdem, wie detailliert das sachliche Umfeld in der Initiierungsphase beschrieben wurde, kann in der Planungsphase eine detaillierte Betrachtung erfolgen. Auf jeden Fall sollte die Tabelle inkl. der Maßnahmen, Verantwortlichkeiten und des Termins vervollständigt werden.

3

Weihnachtsfeier Ei-Ti AG – Finalisierung der Maßnahmenplanung des sachlichen Umfelds

Laura Leiter vervollständigt gemeinsam mit ihrem Team die Planung der Einflüsse des sachlichen Umfelds hinsichtlich der drei Parameter Maßnahmen, Verantwortlichkeit und Termin auf Basis der in der Initiierungsphase entwickelten Tabelle (s. ► Abschn. 2.5).

Tabellarische Übersicht des sachlichen Umfelds des Projekts *Weihnachtsfeier bei der Ei-Ti AG*

Name	Einfluss	Maßnahmen	Verantwortlichkeit	Termin
Regelung geldwerter Vorteil	beeinflusst das Finanzierungs-modell	versteuern	Paul Perso	bis November
Restrukturierungs-projekt *Restrukt*	Mitarbeiter sind verunsichert und in einigen Abteilungen negativ gegenüber der Ei-Ti AG eingestellt	- Projektmarke-ting für Weihnachts-feierprojekt - Change Management Projekt für Restrukt	Laura Leiter Laura Leiter informiert PL von Restrukt	sofort sofort
Softwareent-wicklungs-projekte bei der Ei-Ti AG	kann bei paralleler Abwicklung Ressourceneng-pässe erzeugen	Eskalation an Lenkungskreis bzgl. Priorisierung der Projekte	Laura Leiter	sofort
Richtlinie zum Umgang mit personenbezoge nen Daten der Ei-Ti AG	kann bei nicht korrekter Anwendung das Projekt bzw. die Funktion *Mitarbeiterdatenb ank* stoppen	Einbindung des Betriebsrats	Paul Perso	sofort

3.1.9 Stakeholder

Das Stakeholdermanagement läuft prinzipiell ähnlich ab, wie das Management des sachlichen Umfelds (s. ► Abschn. 2.5).

Weihnachtsfeier Ei-Ti AG – Finalisierung der Maßnahmenplanung im Rahmen des Stakeholdermanagements

Laura Leiter vervollständigt gemeinsam mit ihrem Team die Stakeholdertabelle (► Abschn. 2.6). Dabei überprüfen sie, ob es weitere Stakeholder gibt, und identifizieren Maßnahmen für Stakeholder, die eine neutrale oder negative Einstellung haben, die Verantwortung für die Maßnahmen sowie den Fertigstellungstermin *(bis wann)*.

Stakeholder	Einstellung	Einfluss	Maßnahmen	Verantwortung	Bis wann
Laura Leiter (Projektleiterin)	Positiv	Mittel	Keine		
Paul Perso (Chef HR)	Positiv	Hoch	Keine		
Gerd Genau (Geschäftsführer)	Positiv	Hoch	Keine		
Frank Findus (CFO)	Neutral	Hoch	Statusbericht und persönliches Gespräch	Paul Perso	Monatlich
Martina Mark (Marketingleiterin)	Negativ	Hoch	Einbindung in Lenkungskreis	Paul Perso	Sofort
Volker Verse (Vertriebsleiter)	Neutral	Hoch	Statusbericht und persönliches Gespräch	Paul Perso	Monatlich
Sabine Schein (Projektteammitglied)	Neutral	Gering	Informelle Gespräche nach Bedarf	Laura Leiter	Regelmäßig
Ina Itti (Leiterin IT)	Negativ	Hoch	Einbindung in Lenkungskreis	Paul Perso	Sofort
Sven Soft (SW Entwickler)	Positiv	Mittel	Keine		
Entwicklungsteam Agile	Positiv	Gering	Keine		
Geschäftsführer Catering	Neutral	Mittel	Regelmäßige Informationen	Laura Leiter	Monatlich
DJ Dodo	Positiv	Mittel	Keine		
Hausmeister Hans Hauser	Negativ	Gering	Info-Gespräch mit Laura Leiter	Laura Leiter	Bis Ende August
Facility Manager Tommi Tekkus	Neutral	Mittel	Regelmäßige Informationen	Laura Leiter	Monatlich
Mitarbeiter in Berlin	Neutral	Gering	Keine		
Mitarbeiter in Dresden	Neutral	Gering	Keine		
Mitarbeiter im Ausland	Negativ	Gering	Projektmarketing	Laura Leiter	Sofort
Emil Expert	Hoch	Mittel	Keine		

3.1.10 Risiken und Chancen

Ziele des Risiko-
managements

Das Risikomanagement in Projekten, das sowohl Risiken als auch Chancen betrachtet, verfolgt grundsätzlich zwei Ziele. Zum einen sollten Maßnahmen identifiziert und eingeleitet werden, um Risiken zu vermeiden oder mindestens zu reduzieren und Chancen zu unterstützen. Zum anderen kann im Rahmen des Risikomanagements ein monetärer und zeitlicher Puffer ermittelt werden, der dem Gesamtbudget und dem Zeitplan hinzuaddiert werden sollte.

Die Erfahrung zeigt, dass man nicht alle Risiken vermeiden bzw. ausschalten kann. Es gibt kein Projekt, bei dem nicht etwas Ungeplantes und Ungewisses passiert, das auf den Projekterfolg eine Auswirkung hat.

Risiko und Chancen

Risiken und Chancen sind ungewisse, mögliche Ereignisse oder Situationen, die negative (Risiken) oder positive (Chancen) Auswirkungen auf den Projekterfolg haben. Sie werden durch die Eintrittswahrscheinlichkeit und die Auswirkung auf den Erfolg charakterisiert.

Risikomanagement

Das Risikomanagement umfasst alle Vorgehensweisen, Modelle, Methoden, Instrumente und Vorlagen, die dazu dienen, Risiken und Chancen zu identifizieren und zu bewerten, Maßnahmen zu planen und sowohl diese Risiken und Chancen als auch den gesamten Prozess hierzu zu überwachen und zu steuern.[3]

Problem

Ein Risiko wird von einem Problem durch die Eintrittswahrscheinlichkeit und den zeitlichen Bezug abgegrenzt. Das heißt ein Risiko liegt immer in der Zukunft und hat eine Eintrittswahrscheinlichkeit zwischen 1 % und 99 %. Ein Problem ist ein in der Gegenwart vorhandenes Hindernis im Rahmen des Projektablaufs, das einer Lösung bedarf, um einen Projektschaden zu vermeiden.

---

3   Im Risikomanagement werden *sowohl* Risiken als auch Chancen betrachtet.

Damit ist das Risikomanagement ein Vorgehensmo-   Krise
dell, bei dem über Maßnahmen nachgedacht wird, bevor
ein Problem auftritt. Bei Problemen, die den Projekterfolg
signifikant gefährden, spricht man von Krisen.

3.1.10.1 Risikokategorisierung

Risiken können nach ihrem Ursprung in unterschiedliche
Klassen eingeteilt werden:
- kaufmännische Risiken (Vertrag),
- technische Risiken,
- Projektmanagementrisiken,
- Risiken bzgl. der Organisation inkl. Prozesse,
- menschliche Risiken,
- externe Risiken, z. B. politische und Umweltrisiken,
  Widerstand durch Stakeholder außerhalb der
  Organisation,
- etc.

Darüber hinaus können Risiken auch nach ihrer Auswirkung unterteilt werden. Die Kategorien entsprechen
den Projektmanagementelementen:
- technische und Leistungsrisiken, z. B. das Lieferobjekt
  wird vom Kunden nicht anerkannt, die Leistung entspricht nicht den vorgesehenen Qualitätsansprüchen,
- kaufmännische und Kostenrisiken, z. B. das Projekt
  wird durch Zusatzkosten teurer als erwartet,
- Terminrisiken, z. B. das Projekt wird später fertig, als
  erwartet,
- Ressourcenrisiken, z. B. Ressourcen stehen nach Qualität oder Quantität nicht wie geplant zur Verfügung,
- soziale Risiken, z. B. die Projektmitarbeiter sind demotiviert und haben eine geringere Leistungsfähigkeit,
- etc.

Einzelne Risiken können sich gegenseitig beeinflussen,
z. B. ergänzen oder ausschließen.

Im Risikomanagement wird zwischen Projekt- und   Abgrenzung und
Produktrisiken unterschieden. Das Projektrisiko grenzt   Überschneidung
sich zum Produktrisiko hinsichtlich der Projekt-   Projekt- und
managementelemente ab, wie beim Qualitätsmanagement.   Produktrisiko
Das Produktrisiko bezieht sich auf das Lieferobjekt. Das
Projektrisiko bezieht sich im Wesentlichen auf den Entstehungsprozess des Lieferobjekts und damit auf die restlichen Projektmanagementelemente. Bei Entwicklungsprojekten bezieht sich das Produktrisiko weiterhin auf das
Produkt, das im Anschluss an das Entwicklungsprojekt

3

hergestellt wird. Damit reicht das Produktrisiko-management zeitlich über das Projektrisikomanagement hinaus. Die Abgrenzung von Projekt- und Produktrisiko ist nicht immer trennscharf. So gibt es Risiken, die man beiden Kategorien zuordnen kann, wie z. B. das Risiko der Demotivation, das einen Einfluss auf die Leistungs-fähigkeit von Projektbeteiligten haben kann und damit eine Auswirkung auf die Zeit (Projektrisiko), aber gleich-zeitig auch eine Auswirkung auf die Qualität des Liefer-objekts haben kann und damit auch ein Produktrisiko darstellt.

In jeder Organisation, die ein professionelles Projekt-management betreibt, sollte für das Risikomanagement ein Budget existieren, um Maßnahmen umzusetzen. Ein Risikobudget kann dabei sowohl für ein Projekt (Einzel-projektmanagement) als auch übergreifend für alle Projekte einer Organisation oder einer Organisations-einheit (Multiprojektmanagementebene) zur Verfügung gestellt werden. Auf Einzelprojektmanagementebene hat jedes Projekt sein eigenes Risikobudget, woraus präventive und korrektive Maßnahmen bezahlt werden. Auf Multi-projektmanagementebene (▶ Kap. 7) hingegen gibt es ein Budget für die betrachteten Projekte, aus dem sich die Projekte nach vorheriger Genehmigung entsprechend be-dienen dürfen.

Risikomanagement findet in allen Projektmanagement-phasen statt. Offensichtliche Risiken werden bereits in der Initiierungsphase identifiziert. In der Planungsphase wer-den weitere Risiken identifiziert und entsprechende Maß-nahmen zur Vermeidung oder Reduzierung abgeleitet. In der Controllingphase werden die Risiken, die Maßnahmen und deren Erfolg überwacht sowie ggfs. neue Risiken identifiziert. Das Risikomanagement beginnt damit in der Initiierungsphase und wird in der Abschlussphase als Pro-zess bewertet.

3.1.10.2 Prozessschritte und Methoden/ Instrumente des Risikomanagements

Es werden folgende Prozessschritte im Rahmen des Risiko-managements wiederholt durchlaufen:
1. Risikoidentifikation → Risiken identifizieren,
2. Risikoanalyse → Risiken bewerten und analysieren,
3. Maßnahmenplanung → Präventive   und   korrektive Maßnahmen planen,
4. Maßnahmencontrolling → Maßnahmen   überwachen und bewerten.

■ **Risikoidentifikation**

Im ersten Prozessschritt des Risikomanagements werden Risiken und Chancen des Projekts identifiziert. Dieser Schritt kann bereits grob, d. h. für die wichtigsten Risiken und ggfs. Chancen in der Initiierungsphase erfolgen, sollte aber spätestens für alle zu identifizierenden Risiken in der Planungsphase durchgeführt werden. Wichtig hierbei ist eine Transparenz über Projektziele, das Lieferobjekt sowie den Ablauf des Projekts auf Basis der Arbeitspakete und des Terminplans sowie des Ressourcenplans und der Projektorganisation.

■ **Risikoidentifikation**

Der Projektleiter, das Projektteam und ggfs. weitere Experten sollten dabei folgende Fragen beantworten:

— Welche Risiken und Chancen sind konkret identifizierbar?
— Was ist in der Vergangenheit bereits an Problemen im eigenen Umfeld oder bei anderen Organisationen oder Organisationseinheiten aufgetreten?
— Was könnte noch auftreten?
— Welche Risikokategorien gibt es bei diesem Projekt, die helfen, weitere Risiken zu identifizieren?

Zur Identifizierung von Risiken und Chancen kann das in ▶ Abschn. 2.8.3 beschriebene Ishikawa-Diagramm helfen. Dabei sollten die beiden Fragen *Was könnte uns hindern, die Projektziele zu erreichen? (Risiken)* und *Was könnte uns helfen, die Projektziele zu erreichen? (Chancen)* auf Basis der originären Struktur des Diagramms (Maschine, Mensch, Mitwelt, Methode, Material, Messung) beantwortet werden. Man kann allerdings auch die sechs Kategorien durch die typischen Kategorien der Projektrisiken ersetzen (wie z. B. vertraglich, technisch, organisatorisch, übergreifend, sonstiges, ▶ Abschn. 3.1.10.1).

Weitere Arbeitstechniken, wie Kreativitätstechniken (Brainstorming, Mindmap) oder Erhebungsmethoden (Dokumentenanalyse, Beobachtungen, Workshops), die in ▶ Abschn. 2.8 beschrieben sind, können im Rahmen der Identifizierung von Risiken und Chancen eingesetzt werden.

Bei der Identifikation von Risiken und Chancen im Rahmen der Dokumentenanalyse, sollten folgende bestehende Projektdokumente analysiert werden:

— Anforderungsdokumente, wie z. B. Lasten-/Pflichtenheft,
— Verträge,

3

- Projektauftrag,
- Projektstrukturplan,
- Terminplan,
- Ressourcenplan,
- Organigramm, Rollenbeschreibung, Kommunikationsplan,
- etc.

Risikoanalyse

Risikoanalyse

Die identifizierten Risiken und Chancen werden, falls noch nicht geschehen, kategorisiert und dann nach ihrer Eintrittswahrscheinlichkeit und nach der Höhe der Auswirkung bewertet. Die Schätzung orientiert sich an Erfahrungswerten, Expertenwissen oder konkreten Analysen. Konkret analysiert werden können z. B. das Risiko von Krankheiten in einer Organisation, indem man den prozentualen Krankenstand in einer bestimmten Periode der letzten Jahre mittelt, bei Risiko von Frost im Rahmen von Bauprojekten schaut man z. B. in statistische Wetterdaten. Auch die Auswirkung kann in einigen Fällen einfach analysiert bzw. ermittelt werden. Bei Bauprojekten werden häufig Pönalen[4] fällig. Eine Pönale entspricht der Auswirkung bei Verzug.

Die Bewertung, Analyse und Darstellung der Risiken und Chancen wird in der Regel in Tabellenform vorgenommen. Man spricht dann von einem sog. Risikoregister *(Risikoliste, Risikotabelle)*.

Qualitative Risikobewertung

Neben der Nennung des Risikos sollten der Grund für ein mögliches Eintreten identifiziert und die Auswirkung stichpunktartig beschrieben werden. Die Ermittlung des Risikogrunds ist nachher für die Ableitung von Maßnahmen wichtig. Die Beschreibung der Auswirkung ist für die folgende Spalte *Auswirkung bewertend* (◘ Tab. 3.13) von Bedeutung. Bei der Bewertung der Auswirkung kann zwischen qualitativer und quantitativer Bewertung unterschieden werden. Bei der qualitativen Bewertung wird eine Bewertung der Auswirkung und der Eintrittswahrscheinlichkeit in Kategorien vorgenommen, z. B. *gering, mittel, hoch* oder *1, 2, 3.* Die Kategorien bilden eine Reihenfolge und ermöglichen damit eine Priorisierung (Ordinalskala). Wenn beide Parameter (Auswirkung und Eintrittswahrscheinlichkeit) in numerischen Größen ausgedrückt werden, können diese multipliziert werden und es ergibt sich

---

4   Vertragsstrafe bei Nichterfüllung des Vertrages (z. B. bei Verzug oder Minderqualität ► Abschn. 5.7.2).

◻ **Tab. 3.13** Qualitatives Risikoregister

Nr.	Risiko	Grund	Auswirkung (beschreibend)	Auswirkung (bewertend)	Eintrittswahrscheinlichkeit	RPZ
1	Zulieferer A liefert verspätet	Schlechte Auftragsklärung	Projekt verzögert sich, da AP auf dem kritischen Pfad	Hoch (3)	Mittel (2)	6
2	Mitarbeiter fehlen	Grippewelle im Febr.	Projekt verzögert sich in Abh. von den betroffenen AP	Mittel (2)	Mittel (2)	4
3	Fehlende PM Kompetenz	PL noch unerfahren	Konflikte im Team und Verzögerung	Mittel (2)	Gering (1)	2
4	Schnittstelle B funktioniert nicht	Fehlende Erfahrung	Lieferobjekt wird nicht fertiggestellt	Hoch (3)	Gering (1)	3

AP – Arbeitspakete, *RPZ* – Risikoprioritätszahl, ergibt sich aus der Multiplikation von Auswirkung (bewertend) und der Eintrittswahrscheinlichkeiten, *PM* – Projektmanagement, *AP* – Arbeitspaket, *PL* – Projektleiter

die sog. Risikoprioritätszahl (RPZ). Mithilfe der Risikoprioritätszahl können die Risiken und Chancen in eine Reihenfolge gebracht, d. h. priorisiert werden.

Risikoprioritäts*zahl*
= Auswirkung * Eintrittswahrscheinlichkeit   (3.13)

Bei der quantitativen Bewertung wird versucht, die Auswirkung in monetären Größen (Euro, Dollar etc.) und in Zeiteinheiten (Tagen, Wochen etc.) auszudrücken. Die Eintrittswahrscheinlichkeit muss dabei in einer Prozentangabe vorliegen. Bei der Multiplikation der Auswirkung und der Eintrittswahrscheinlichkeit ergibt sich ein monetärer und zeitlicher Erwartungswert. Dieser Wert ist eine kalkulatorische Größe, da ein Risiko oder eine Chance ja entweder ganz (Eintrittswahrscheinlichkeit 100 %) oder gar nicht (Eintrittswahrscheinlichkeit 0 %) eintritt. Die Addition der Erwartungswerte der einzelnen Risiken er-

Quantitative Risikobewertung

3

○ **Tab. 3.14**   Quantitatives Risikoregister

Nr.	Risiko	Grund	Auswirkung (beschreibend)	Auswirkung (bewertend)	Eintrittswahrscheinlichkeit	Erwartungswert
1	Zulieferer A liefert verspätet	Schlechte Auftragsklärung	Projekt verzögert sich, da AP auf dem kritischen Pfad	10.000 € 2 Wochen	30 %	3000 € 3 Tage
2	Mitarbeiter fehlen	Grippewelle im Febr.	Projekt verzögert sich in Abh. von den betroffenen AP	6000 € 1 Woche	20 %	1200 € 1 Tag
3	Fehlende PM Kompetenz	PL noch unerfahren	Konflikte im Team und Verzögerung	5000 € –	10 %	500 €
4	Schnittstelle B funktioniert nicht	Fehlende Erfahrung	Lieferobjekt wird nicht fertiggestellt	30.000 € 4 Wochen	10 %	3000 € 2 Tage
Risikopuffer						**7700 € 6 Tage**

AP Arbeitspakete, *PM* Projektmanagement, *AP* Arbeitspaket, *PL* Projektleiter

Contingency Reserve

Management Reserve

gibt den monetären oder zeitlichen Risikopuffer, der auf die bis dato berechneten Kosten und den Endtermin hinzuaddiert wird (○ Tab. 3.14).

Bei der quantitativen Risikobewertung kann die Auswirkung in monetärer Hinsicht (Geld), in Hinblick auf den Aufwand (Arbeit) oder in zeitlicher Hinsicht (Dauer) bewertet werden. Der Erwartungswert kann damit bis zu drei Dimensionen haben. Die Summe der einzelnen Erwartungswerte heißt Contingency Reserve und stellt letztendlich den Puffer des Projekts dar.

Da es, wie in ○ Abb. 3.21 dargestellt, auch unbekannte Risiken gibt, die nicht abgeschätzt werden können, kann man hierfür auch einen Puffer bilden, die sog. Management Reserve.

Ähnlich wie bei der Stakeholdermatrix können die Risiken auch grafisch dargestellt werden, um eine einfache Übersicht zu erhalten. Die Grafik wird Risikomatrix oder Risikoportfolio genannt und trägt die Risiken auf den bei-

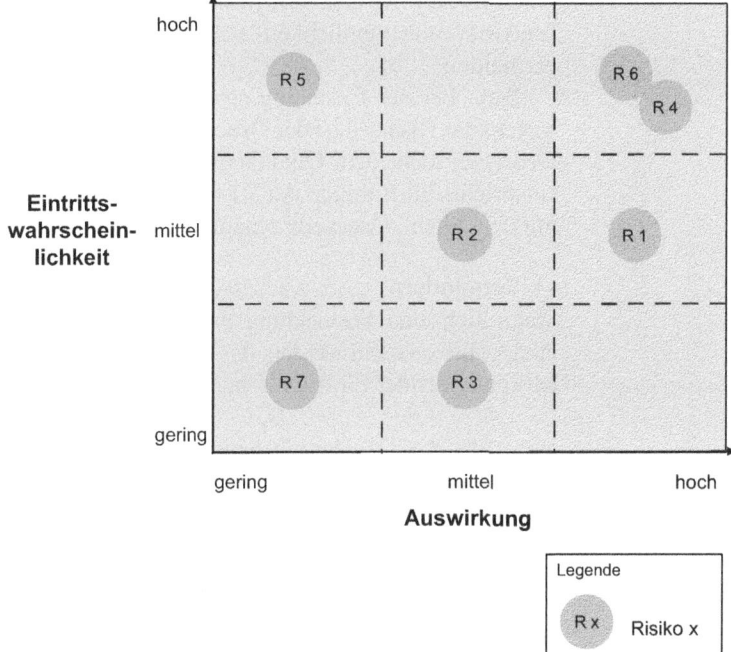

■ **Abb. 3.20** Risikomatrix

den Achsen Auswirkung und Eintrittswahrscheinlichkeit ab (■ Abb. 3.20).

Die Risikomatrix ist damit die grafische Darstellung des Risikoregisters und kann zur einfachen Priorisierung verwendet werden.

■ **Maßnahmenplanung**

Nach der Analyse und Bewertung von Risiken und Chancen, erfolgt die Planung von Maßnahmen zur Reduzierung und Vermeidung von Risiken.

Risikostrategien

In einem Zwischenschritt kann man sich auf Basis der Risikoprioritätszahl oder des Erwartungswerts überlegen, welche grundsätzliche Risikostrategie für die einzelnen Risiken am sinnvollsten ist. Dabei gibt es vier Risikostrategien.

■■ **Vermeiden**

Bei der Risikovermeidung wird versucht, das Risiko komplett auszuschalten. Hierbei bleibt zu erwähnen, dass durch die Vermeidung von Risiken auch wieder neue Risiken entstehen können.

3

Insbesondere Risiken mit hoher Auswirkung und hoher Eintrittswahrscheinlichkeit sollten versucht werden zu vermeiden.

Bsp.: Bei der Erstellung einer Unternehmensbroschüre besteht das Risiko, dass der Druck durch die neu ausgewählte Druckerei nicht dem Qualitätsstandard des Unternehmens entspricht. Im Rahmen der Risikovermeidung kann wieder mit der „alten" Druckerei zusammengearbeitet werden.

■ ■ Vermindern

Wenn sich eine Vermeidung des Risikos nicht realisieren lässt, sollte versucht werden, das Risiko hinsichtlich der Auswirkung oder der Eintrittswahrscheinlichkeit zu vermindern.

Bsp.: Für das Druckereibeispiel könnte versucht werden, mit der neuen Druckerei Termine zu vereinbaren, um den Qualitätsstandard des Unternehmens transparent zu machen und Testdrucke frühzeitig zu gewährleisten.

■ ■ Übertragen

Die Übertragung eines Risikos mindert die Auswirkung, indem der (monetäre) Schaden auf einen Dritten übertragen wird. Hierbei spielen die o. g. Pönalen eine wichtige Rolle.

Bsp.: Die Druckerei wird vertraglich verpflichtet im Falle einer Vertragsverletzung hinsichtlich Qualität des Lieferobjekts (Druck der Unternehmensbroschüre) oder bei Verzug eine Strafe zu zahlen (Pönalenregelung).

■ ■ Akzeptieren

Bei geringen Risiken kann das Risiko akzeptiert werden. Das heißt hier erfolgt keine Maßnahme.

Bsp.: Das Unternehmen akzeptiert das Risiko und plant keine Maßnahmen.

■ Abb. 3.21 zeigt nochmal die vier Risikostrategien. Wichtig in diesem Zusammenhang ist die Gruppe der nicht identifizierten Risiken, wodurch jedes Projekt ein Restrisiko beinhaltet.

Präventive
Maßnahmen

Nach der Festlegung der entsprechenden Risikostrategie werden im Rahmen der Risikovermeidung, Risikominderung oder der Risikoübertragung entsprechende Maßnahmen abgeleitet. Hierbei unterscheidet man zwischen präventiven und korrektiven Maßnahmen. Bei präventiven Maßnahmen handelt es sich um Maßnahmen, die ergriffen werden, um das Risiko entsprechend der Strategie zu beeinflussen.

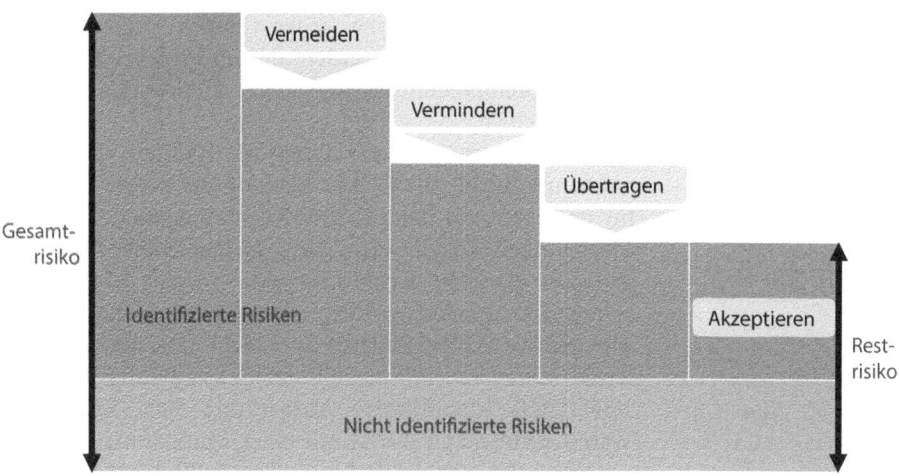

● **Abb. 3.21**   Risikostrategien

Nr.	Risiko	Grund	Aus. b	Aus. q	%	RPZ/ EW	Kor. M.	Pr. M.	Vw.	Datum

● **Abb. 3.22**   Risikoregister mit allen Kriterien
Aus. b – Auswirkung beschreibend
Aus. q – Auswirkung qualitativ (Ordinalskala, d. h. diskrete Werte, die eine Rangfolge bilden, z. B. gering, mittel, hoch, oder Intervallskala, d. h. diskrete Werte, die eine Rangfolge bilden und den einen messbaren Abstand haben, z. B. 1, 2, 3) oder quantitativ in Geldeinheiten und Verzugszeiten % – Wahrscheinlichkeiten, *RPZ/EW* – Risikoprioritätszahl oder Erwartungswert, *Kor. M.* – Korrektive Maßnahmen, *Pr. M.* – Präventive Maßnahmen, *Vw.* – Verantwortlich
Datum – zu erledigen bis

Unabhängig von der Risikostrategie können korrektive Maßnahmen identifiziert und eingeleitet werden, die bei Eintritt des Risikos greifen. Als typische korrektive Maßnahme ist der Feuerlöscher oder die Sprinkleranlage bei Feuer zu nennen. Das Risiko ist bei Entstehen des Feuers bereits eingetreten. Man kann die korrektive Maßnahme auch als *Plan B* bezeichnen.

Korrektive Maßnahme

Damit hat ein Risikoregister mit allen Kriterien den in ● Abb. 3.22 dargestellten Aufbau.

Zu jedem Risiko bzw. jeder Chance sollte ein Verantwortlicher benannt werden, der im Projektverlauf für die Maßnahmenumsetzung und Überwachung verantwortlich ist.

Ein weiterer wichtiger Punkt im Rahmen der Maßnahmenauswahl ist die Abschätzung der Kosten sowohl für präventive als auch korrektive Maßnahmen. Fast alle Maßnahmen kosten Geld bzw. stellen einen zeitlichen Aufwand dar. Die Kosten für jede einzelne Maßnahme sollten dabei nicht größer sein als der monetäre Erwartungswert. Zum Beispiel ist es nicht wirtschaftlich, das Risiko *Zulieferer fällt aus* mit einem Erwartungswert von 1000 EUR (quantitative Auswirkung 5000 EUR und Wahrscheinlichkeit 20 %) mit einer Maßnahme mindern zu wollen, die 5000 EUR kostet. Das heißt die Maßnahme wäre 5× teurer als der Erwartungswert.

■ **Maßnahmencontrolling**
Im Rahmen des Maßnahmencontrollings werden die Maßnahmen überwacht und bewertet. Das Maßnahmencontrolling dient der Pflege und Aktualisierung des Risikoregisters.

Die wesentlichen Fragen in diesem Schritt sind:
- Welche Risiken sind weggefallen?
- Gibt es neue Risiken (s. auch Risikoidentifikation)?
- Sind die bestehenden Risiken noch aktuell hinsichtlich Auswirkung und Eintrittswahrscheinlichkeit?
- Ist die Maßnahme erledigt und das Risiko damit ausgeschlossen oder reduziert?
- Wie geht man mit den gewonnenen Chancen um?

Weihnachtsfeier Ei-Ti AG – Risikoregister
Laura Leiter setzt sich mit ihrem Team und Emil Expert zusammen, um die ersten drei Schritte des Risikomanagements zu durchlaufen (Identifikation, Analyse und Maßnahmenplanung). Emil Expert empfiehlt dem Team eine qualitative Risikoanalyse durchzuführen, da eine quantitative Analyse viel zu aufwendig sei. Der Aufwand wäre bei diesem für die Ei-Ti AG relativ kleinen Projekt nicht gerechtfertigt.

Bei der Risikoidentifizierung berücksichtigt das Team auch die Stakeholder mit einer negativen Einstellung.

Nach ca. einer Stunde Diskussion haben sie folgendes Risikoregister im Rahmen der Risikoidentifikation (1. Schritt) und Risikoanalyse (2. Schritt) erstellt.

Nr.	1. Schritt: Identifikation	2. Schritt: Analyse				
	Risiko	Grund	Auswirkung (beschreibend)	Aus-wir-kung (1–3)	Eintritts-wahr-schein-lichkeit (1–3)	RPZ
1	Stakeholder mit neg. Einstellung unterstützen nicht das Projekt	Nutzen nicht transparent	Je nach Einfluss der Stakeholder kann Projekt verzögert werden	2	1	2
2	Langeweile bei den Gästen	Unterhaltung nicht zielgruppenspezifisch	Gäste gehen früh und bewerten die Feier schlecht	2	2	4
3	Feedback erfolgt nicht	Zu schwierig, kein Anreiz	Keine Basis für Verbesserung	2	3	6
4	Ausländische Mitarbeiter nehmen nicht teil	Zu aufwendig, keine Bindung zur Zentrale	Geringe Mitarbeiterbindung	1	2	2
5	Schlechte Planung und Organisation	Geringe Projektmanagementkompetenz	Fehlende PM Kompetenz des Projektteams	2	2	4
6	Caterer liefert nicht	Konkurs	Kein Essen	2	1	2
7	Kein Interesse der Mitarbeiter an der mobilen App	Interessen und Wünsche der Mitarbeiter werden nicht berücksichtig	Produkt kommt nicht auf den Markt	2	2	4
8	Chance: Synergien bei der Beschaffung	Parallele Weihnachtsfeier im Nachbarhaus	Preisnachlässe bei gemeinsamer Beschaffung von Technik und Catering	−1	2	−2

3

Nr.	1. Schritt: Identifikation	2. Schritt: Analyse					
	Risiko	Grund	Auswirkung (beschreibend)	Auswirkung (1–3)	Eintritts-wahrschein-lichkeit (1–3)	RPZ
9	Chance: Scrum Master aus den eigenen Reihen	Wunsch einiger Mitarbeiter nach Scrum-Ausbildung	Geringere Kosten für externen Scrum Master	−2	3	−6

Anmerkung Chancen: Die Auswirkungen werden mit negativen Werten abgeschätzt
Auswirkung und Eintrittswahrscheinlichkeit 1 = gering, 2 = mittel, 3 = hoch
AP - Arbeitspakete, *RPZ* - Risikoprioritätszahl (ergibt sich aus der Multiplikation von Auswirkung und der Eintrittswahrscheinlichkeiten)

In einem dritten Schritt werden Maßnahmen zur Risikovermeidung und Chancenerhöhung identifiziert und bewertet. Dabei hat das Team folgende Maßnahmen beschlossen:

Nr.	3. Schritt: Maßnahmenplanung					
	Risiko	Strategie	Präventive Maßnahme	Korrektive Maßnahme	Ver-antwort-lich	Datum
1	Stakeholder mit neg. Einstellung unterstützen nicht das Projekt	Vermindern	s. Stakeholderregister	Gespräche führen	In Abh. vom Stakeholder Paul Perso oder Laura Leiter	Sofort
2	Langeweile bei den Gästen	Vermindern	Feedback im Vorfeld bei Testgruppen einholen	Moderierte Spiele	Laura Leiter	Bis Ende AP *Programm vorbereiten*
3	Feedback erfolgt nicht	Vermeiden	Bedeutung herausstellen, Bonuspunkte für Nutzung der Mobilen App anbieten	Projektteam geht rum und motiviert	Laura Leiter	KW47

Nr.	Risiko	Strategie	Präventive Maßnahme	Korrektive Maßnahme	Verantwortlich	Datum
3. Schritt: Maßnahmenplanung						
4	Ausländische Mitarbeiter nehmen nicht teil	Akzeptieren	–	–	–	–
5	Schlechte Planung und Organisation	Vermindern	Unterstützung Emil Expert einholen	Hilfe Emil Expert	Laura Leiter	In Planungsphase
6	Caterer liefert nicht	Vermindern	Telefonat im Vorfeld der Feier	–	Sabine Schein	KW49
7	Kein Interesse der Mitarbeiter an Mobile App	Vermindern	Projektmarketing aufsetzen	Feedback einholen	Laura Leiter und Martina Mark	KW49
8	Chance: Synergien bei der Beschaffung	Akzeptieren	Telefonat mit Unternehmen nebenan	–	Sabine Schein	KW35
9	Chance: Scrum Master aus den eigenen Reihen	Erhöhen	Scrum Master-Zertifizierung anbieten	–	Ina Itti	Sofort

AP - Arbeitspaket; Die Strategie *Erhöhen* bei einer Chance entspricht der Strategie *Vermindern* bei einem Risiko

3

3.1.11 Zusammenfassung Projektplanung

- **Projektplanung**
- Die Planungsphase orientiert sich an den Projektmanagementelementen
  - Projektziel/Lieferobjekt,
  - Qualität,
  - Arbeit,
  - Zeit,
  - Ressourcen/Kosten,
  - Organisation/Kommunikation,
  - Umfeld,
  - Stakeholder,
  - Risiko/Chancen und
  - optionale Projektmanagementelemente (Beschaffungsmanagement, Vertragsmanagement, Claimmanagement, Changemanagement, Projektmarketing).
- Im Projektmanagementelement *Projektziel/Lieferobjekt* werden die Ziele und das Lieferobjekt so beschrieben, dass einerseits transparent ist, was am Ende des Projekts zu erwarten ist und andererseits das Projekt mit seinen übrigen Projektmanagementelementen insbesondere dem Projektstrukturplan, dem Zeit- und dem Ressourcenplan erstellt werden können.
- Die Projektmanagementelemente *Projektziel/Lieferobjekt, Qualität* und *Arbeit* können zum Element Leistung bzw. Leistungsumfang zusammengefasst werden. Im Rahmen der Planung und des Controllings ist eine Trennung sinnvoll.
- Der Projektstrukturplan ist die Basis für weitere Pläne (Terminplan, Ressourcenplan, Kostenplan, Organigramm), da die Pläne auf Arbeitspaketebene erstellt werden.
- Die drei Elemente Leistung, Zeit und Ressourcen/Kosten sind sehr eng miteinander verknüpft und bilden das *magische Dreieck.*
- Die relevanten Methoden und Instrumente sind noch einmal zusammenfassend in ◘ Abb. 3.23 dargestellt.
- Es sollte nur in der Detailtiefe geplant werden, in der das Projekt auch überwacht werden kann.

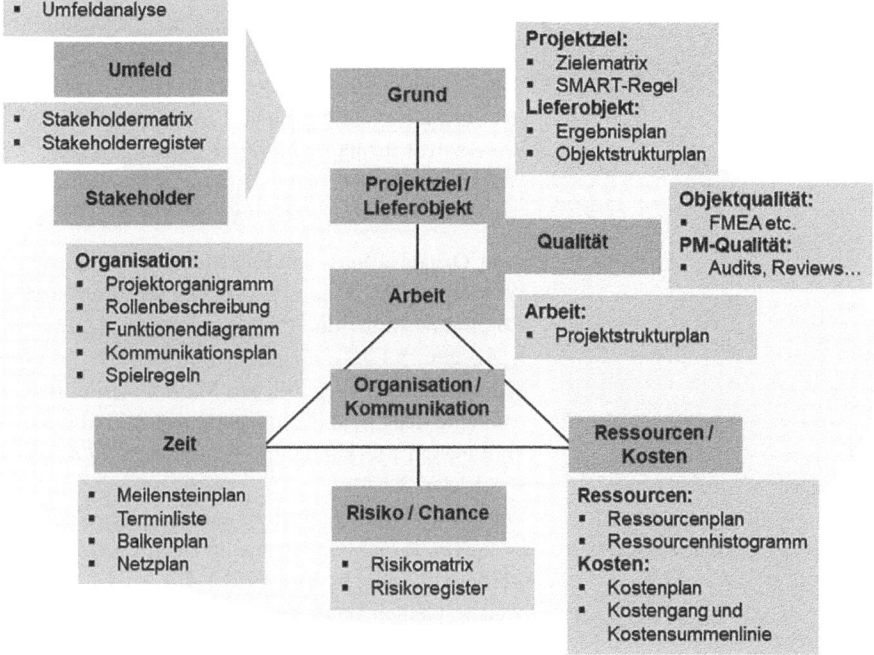

■ **Abb. 3.23**   Zusammenfassung Planungsmethoden und -instrumente des Projektmanagements

3.1.12 Wiederholungsfragen Projektplanung

❓ Projektplanung

Fragen zur Leistungsplanung (Projektziele, Lieferobjekt, Qualität und Arbeit)

1. Warum muss die Projektplanung mit der Planung der Projektziele, des Lieferobjekts, der Qualität und der Arbeit beginnen? (*Lösung* ▶ Abschn. 3.1.1, 3.1.2 und 3.1.3)
2. Welches sind die wesentlichen Methoden und Instrumente der Planung des Lieferobjekts? (*Lösung* ▶ Abschn. 3.1.1)
3. Warum ist die Zielplanung auch in der Planungsphase ein wichtiges Thema? (*Lösung* ▶ Abschn. 3.1)
4. Welche Arten von Ergebnisplänen gibt es und für welche Projektarten werden sie eingesetzt? (*Lösung* ▶ Abschn. 3.1)
5. Was ist der Unterschied zwischen einem Ergebnisplan und einem Projektstrukturplan? (*Lösung* ▶ Abschn. 3.1.3)

3

6. Warum wird der Projektstrukturplan auch als *das Herzstück des Projektmanagements* bezeichnet? (*Lösung* ▶ Abschn. 3.1.3)

7. Was ist der Unterschied zwischen einem Objektstrukturplan und einem objektorientierten Projektstrukturplan? (*Lösung* ▶ Abschn. 3.1.3)

8. Welche verschiedenen Ansätze zur Projektstrukturierung gibt es? (*Lösung* ▶ Abschn. 3.1.3)

Fragen zur Organisations- und Kommunikationsplanung

9. Warum ist die Planung der Organisation und Kommunikation im Projekt wichtig? (*Lösung* ▶ Abschn. 3.1.4)

10. Welches sind die wesentlichen Methoden und Instrumente der Organisationsplanung? Erklären Sie kurz dessen Merkmale und Funktionen? (*Lösung* ▶ Abschn. 3.1.4)

11. Warum sollten Organisation und Kommunikation in einem Projektmanagementelement betrachtet werden? (*Lösung* ▶ Abschn. 3.1.4)

12. Welche Gemeinsamkeiten und Unterschiede gibt es zwischen der Rollenbeschreibung und dem Funktionendiagramm? (*Lösung* ▶ Abschn. 3.1.4)

13. Was ist der Nutzen von Spielregeln in einem Projekt? (*Lösung* ▶ Abschn. 3.1.4)

14. Was sind die Aufgaben des Informationsmanagements in Projekten? (*Lösung* ▶ Abschn. 3.1.4)

15. Welche Dokumente werden üblicherweise in Projekten eingesetzt? (*Lösung* ▶ Abschn. 3.1.4)

Fragen zur Zeitplanung

16. Welches sind die wesentlichen Methoden und Instrumente der Zeitplanung? Stellen Sie Vor- und Nachteile kurz dar. (*Lösung* ▶ Abschn. 3.1.5)

17. Was sollte man beim Schätzen berücksichtigen? (*Lösung* ▶ Abschn. 3.1.5)

18. Was sollte man bei der Berechnung der Dauer berücksichtigen? (*Lösung* ▶ Abschn. 3.1.5)

19. Was ist der Unterschied zwischen Dauer und Aufwand? (*Lösung* ▶ Abschn. 3.1.5)

Fragen zur Ressourcen- und Kostenplanung

20. Was versteht man im Projektmanagement im Allgemeinen unter Ressourcen? (*Lösung* ▶ Abschn. 3.1.6)

21. Welches sind die gängigsten Instrumente der Ressourcenplanung? (*Lösung* ▶ Abschn. 3.1.6)

22. Welche Möglichkeiten zur Ausbalancierung von Ressourcen kennen Sie? (*Lösung* ▶ Abschn. 3.1.6)
23. Was stellen Kostengang und Kostensummenlinie dar? (*Lösung* ▶ Abschn. 3.1.7)

Fragen zum Risikomanagement

24. Warum sollten sowohl Risiken als auch Chancen in Projekten betrachtet werden? (*Lösung* ▶ Abschn. 3.1.10)
25. Wie können Risiken eingeteilt werden? (*Lösung* ▶ Abschn. 3.1.10)
26. Erklären Sie den wesentlichen Ablauf des Risikomanagements. (*Lösung* ▶ Abschn. 3.1.10)
27. Was ist der Unterschied zwischen qualitativem und quantitativem Risikomanagement und wie wird der Unterschied im Aufbau eines Risikoregisters berücksichtigt? (*Lösung* ▶ Abschn. 3.1.10)
28. Was ist der Unterschied zwischen präventiven und korrektiven Maßnahmen? (*Lösung* ▶ Abschn. 3.1.10)

3.2 Projektcontrolling

3.2.1 Grundlagen des Projektcontrollings (Begriffe und Regelkreis)

Das Projektcontrolling kann mit dem Steuern eines Schiffes verglichen werden. Hier muss der Kapitän den Plan, den er und sein Team im Vorfeld der Fahrt erstellt haben, ständig überprüfen und bei Abweichungen Gegenmaßnahmen ergreifen, um das Ziel (den richtigen Ort zur richtigen Zeit) unter Berücksichtigung möglicher Risiken zu erreichen. Genau das Gleiche führt auch der Projektleiter mit seinem Team durch. Nach Erstellung und Abnahme des Projektplans, wird dieser Plan umgesetzt. Die Projektziele können aber nur erreicht werden, wenn regelmäßig die Planwerte mit der aktuellen Situation verglichen und bei Abweichungen Maßnahmen zur Korrektur ergriffen werden.

Zunächst werden wichtige Begriffe des Projektcontrollings definiert.

3

┌─ **Projektcontrolling** ──────────────────

Das Projektcontrolling umfasst die Kontrolle, das Steuern und das Berichten (Reporting) des Projekts hinsichtlich aller Projektmanagementelemente im Sinne der Projektziele.

└──

Kontrolle

Kontrolle ist dabei die systematische Vorgehensweise zur Ermittlung von Abweichungen innerhalb der Projektmanagementelemente auf Basis der Plan- und Ist-Werte (Bea et al., 2020, S. 270).

Steuerung

Die Steuerung umfasst alle Prozesse, Methoden, Instrumente und Maßnahmen, die zur Beeinflussung des Projekts und dessen Stakeholder angewendet werden, um die Projektziele zu erreichen.

Da Projektsteuerung eine Teilaufgabe des Projektcontrollings ist, wird in diesem Buch der im weiteren Sinne verwendete Begriff *Projektcontrolling* verwendet.

Das Berichten und Reporten ist ebenfalls eine Teilaufgabe des Projektcontrollings. Hierunter fallen alle kommunikativen Maßnahmen im Rahmen des Projektcontrollings.

Das Projektcontrolling erstreckt sich bezogen auf die Projektmanagementphasen von der Planungs- bis zur Abschlussphase, d. h. es ist während der gesamten Projektlaufzeit relevant. Es ist damit nicht nur während der Durchführungsphase, d. h. der Umsetzung der Projektphasen, von Bedeutung.

Controllingzyklus

Das Projektcontrolling bildet einen Regelkreis, der im Laufe des Projekts regelmäßig (je nach Projektgröße und -komplexität etwa alle zwei bis vier Wochen) durchlaufen wird. Hierbei spricht man von Controllingzyklen.

Verantwortlich für die einzelnen Tätigkeiten/Prozessschritte des Projektcontrollings ist der Projektleiter (◻ Abb. 3.24).

Schritte des Projektcontrollings

Das Controlling vollzieht sich dabei in der Regel in fünf Schritten:

1. Im ersten Schritt des Projektcontrollings wird in regelmäßigen Abständen der aktuelle Stand eines Projekts erfasst und transparent gemacht. Der Projektleiter trägt dazu gemeinsam mit dem Projektteam die Ist-Werte aus den Arbeitspaketen bzw. Vorgängen zusammen.

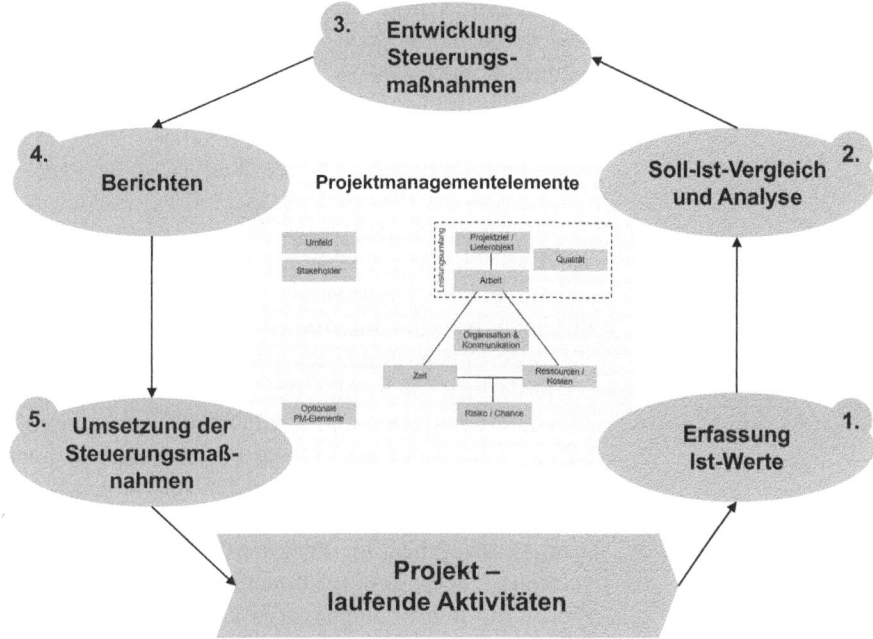

◘ Abb. 3.24   Regelkreis des Projektcontrollings

2. Der zweite Schritt beinhaltet den Vergleich der Ist-Werte mit den Plandaten des Projekts (Soll-Ist-Vergleich). Bei Abweichungen werden ggfs. Ursachen analysiert. Die häufigsten Ursachen der Abweichungen sind:

  - Abweichungen aufgrund **unrealistischer Planungen**. Wenn das Projektteam unerfahren ist, kann es zu Unter- aber auch Überschätzungen kommen. Auch der Wunsch bzw. die Vorgabe vom Management mit „von oben vorgegebenen" Planwerten zu arbeiten, kann zu Abweichungen führen.
  - Abweichungen aufgrund von **Problemen in der Umsetzung** (Abweichung von *innen*). Die Qualität und oder Effizienz in der Projektorganisation können zu Abweichungen führen.
  - Abweichungen aufgrund **unerwarteter Änderungen** (Abweichung von *außen*). Es kommt in Projekten immer wieder vor, dass es aufgrund veränderter Kundenwünsche oder auftretender Problemen zu Änderungen kommt.

3

3. Im dritten Schritt werden für die Abweichungen Steuerungsmaßnahmen abgeleitet. Steuerungsmaßnahmen können sein:
   - korrektive Maßnahmen zur Lösung eines Problems,
   - Planänderungen (Change Requests) des Lieferobjekts, der Qualität, der Arbeit, der Kosten, von Terminen und der Organisation,
   - Änderungen des Gesamtprojekts (z. B. Abbruch, Aussetzung, Neuplanung).
   - Auch bei Zieländerungen (z. B. zusätzliche Anforderungen durch den Auftraggeber) ist es erforderlich, sich mit der neuen Situation auseinanderzusetzen und den Plan ggfs. anzupassen.
4. Schritt vier ist der Bericht des Projektleiters in Form eines Statusberichts an die zuvor ausgewählten Stakeholder, insbesondere an den Projektlenkungskreis mit dem Auftraggeber. Im Lenkungskreis werden die geplanten Steuerungsmaßnahmen abgestimmt.
5. Der fünfte Schritt umfasst die Umsetzung durch das Projektteam.

Ganzheitliches Projektcontrolling

Im Sinne eines ganzheitlichen Projektcontrollings sollten alle Projektmanagementelemente überwacht, gesteuert und berichtet werden.

Analog der Projektplanung durchläuft das Controlling auch die Elemente des Projektmanagements und nutzt viele der bereits vorgestellten Methoden und Instrumente. Dabei werden die Methoden und Instrumente der Projektplanung durch Erweiterung eines Soll-Ist-Vergleichs zu einer Controllingmethode bzw. einem Controllinginstrument.

Methoden und Instrumente des Projektcontrollings

☐ Tab. 3.15 gibt einen Überblick über die wichtigsten Methoden und Instrumente des Projektcontrollings bzgl. der relevanten Projektmanagementelemente und damit zum Aufbau eines Projektcontrollingsystems.

In ☐ Tab. 3.15 wird ersichtlich, dass es spezielle Controllingmethoden und -instrumente, wie z. B. der Leistungsgrad, die Earned-Value-Analyse, die Meilensteintrendanalyse oder das Stimmungsbarometer, gibt.

Die Tabelle ist nicht vollständig. Insbesondere bei größeren Projekten oder Projekten mit speziellen Kundenanforderungen kommen zusätzliche Methoden und Instrumente hinzu. Bei kleineren Projekten fallen ggfs. einige Methoden und Instrumente weg. Beim Projektcontrolling kommen aber in der Summe zum Großteil die Instrumente der Projektplanung wieder zum Einsatz.

▣ Tab. 3.15 Methoden und Instrumente des Projektcontrollings nach Projektmanagementelementen

Projekt-managementelemente	Methoden und Instrumente
Projektziele und Ergebnisse	– Zielplan (Soll-Ist-Vergleich) – SMART-Regel – Objektstrukturplan mit Soll-/Ist-Angaben (z. B. über Farbcodierung oder Durchstreichen) – Anforderungsliste/-plan
Qualität	– Fehlermöglichkeits- und Einflussanalyse (FMEA)
Arbeitspakete	– Projektstrukturplan mit Soll-/Ist-Angaben (z. B. über Farbcodierung oder Durchstreichen) – Fortschrittsgrad – Earned-Value-Analyse (EVA)
Organisation/Kommunikation	– Stimmungsbarometer – Blitzlicht – Feedbackgespräche
Zeit und Termine	– Vorgangsliste mit Soll-/Ist-Angaben – Balkenplan mit Soll-/Ist-Angaben – Meilensteintrendanalyse – Earned-Value-Analyse (EVA)
Kosten/Ressourcen	– Ressourcenplan mit Soll-/Ist-Angaben – Kostenplan mit Soll-/Ist-Angaben – Earned-Value-Analyse (EVA)
Sachliches Umfeld	– Register des sachlichen Umfelds – Matrix des sachlichen Umfelds
Stakeholder	– Stakeholderregister – Stakeholdermatrix
Risiko	– Risikoregister mit Soll-/Ist-Angaben – Risikomatrix der neu bewerteten Risiken

❗ Warnung

Grundsätzlich müssen die Detailtiefe des Projektcontrollings und der Projektplanung übereinstimmen. Das heißt alles was geplant wird, sollte auch *controlled* werden. Oder umgekehrt formuliert:

Nur *das* planen, *was* man auch controllen kann.

3

Die einzelnen Methoden und Instrumente werden in den folgenden Abschnitten strukturiert nach den Projektmanagementelementen vorgestellt.

3.2.2 Controlling der verschiedenen Projektmanagementelemente

3.2.2.1 Projektziele/Lieferobjekt

In Abhängigkeit von den Methoden und Instrumenten, die zur Planung der Projektziele (z. B. Zielmatrix) sowie des Lieferobjekts (z. B. Objektstrukturplan, Anforderungsliste, Lastenheft) verwendet werden, sollten diese Methoden im Sinne eines Soll-Ist-Abgleichs im Rahmen des Projektcontrollings eingesetzt werden.

Dabei sind vor allem Zieländerungen oder Änderungen des Lieferobjekts durch den Kunden zu berücksichtigen. Diese werden immer in Form von Change Requests (▶ Abschn. 3.2.4) dokumentiert, da sich hierdurch eine Änderung des magischen Dreiecks des Projektmanagements ergibt. Alle Änderungen sollten in den entsprechenden Dokumenten der Planung nachgetragen werden und die Auswirkungen auf die anderen Projektmanagementelemente (Arbeit, Zeit, Ressourcen, Kosten, Risiko, Organisation) sollten überprüft werden.

Neben der Berücksichtigung von Änderungen ist die Messung des Fortschritts des Lieferobjekts von großer Bedeutung, d. h. die Beantwortung der Fragen, wie weit das Lieferobjekt zu einem Stichtag fertiggestellt sein sollte (Planwert) und wie weit es zu diesem Stichtag wirklich fertiggestellt ist (Ist-Wert). In der Praxis wird die Messung anhand der geplanten und geleisteten Arbeit oder einem Mix aus Lieferobjekt und Arbeit vorgenommen. Aus diesem Grund wird dann auch vom Leistungsfortschritt gesprochen, der diese beiden Projektmanagementelemente (Lieferobjekt und Arbeit) vereint. Die Verfahren zur Fortschrittsmessung werden in ▶ Abschn. 3.2.2.4 vorgestellt.

3.2.2.2 Arbeit

- **Leistungsfortschrittskontrolle**

Leistungsfortschritt

Der Leistungsfortschritt zeigt den aktuellen Stand des erstellten Lieferobjekts und/oder der geleisteten Arbeit. Damit kann der Leistungsfortschritt in Abhängigkeit von dem Betrachtungsobjekt (Lieferobjekt oder Arbeit) auch Arbeitsfortschritt oder Lieferobjektfortschritt genannt werden. Aus Gründen der Vereinfachung und der Übernahmen der in der Praxis gängigen Begriffe wird hier der umfassendere Begriff des Leistungsfortschritts verwendet und bei der Berechnung der einzelnen Kennzahlen eine Differenzierung in Lieferobjekt und/oder Arbeit vorgenommen.

Die Basis zur Bestimmung des Leistungsfortschritts liefert der Projektstrukturplan.

Die Erfassung des Arbeitsfortschritts erfolgt auf der niedrigsten Planungsebene des Projektstrukturplans, auf Ebene der Arbeitspakete.

Der Fortschrittsgrad (in %) ist das Verhältnis der zu einem Stichtag erbrachten Leistung (Lieferobjekt oder Arbeit) zu der benötigten Gesamtleistung (Lieferobjekt oder Arbeit) eines Arbeitspakets, Vorgangs, eines Teilprojekts oder des gesamten Projekts.

Fortschrittsgrad

Dabei ist zwischen dem Plan-Fortschrittsgrad und dem Ist-Fortschrittsgrad zu unterscheiden. Der Plan-Fortschrittsgrad ist die zu dem Stichtag geplante Zielerreichung der Leistung des Arbeitspakets. Dieser kann bereits in der Planungsphase anhand des Balkenplans abgelesen bzw. ermittelt werden.

Plan-Fortschrittsgrad

Der Ist-Fortschrittsgrad ist der tatsächliche zum Stichtag ermittelte Arbeitsfortschritt.

Ist-Fortschrittsgrad

Um den korrekten Fortschrittsgrad zu ermitteln, sollte die Arbeitspaketbeschreibung in konkrete, messbare (Teil-)Lieferobjekte definiert sein, damit die Plan-Fertigstellungsgrade genau festgelegt sind.

Zur zyklischen Ermittlung des Ist-Fertigstellungsgrads sollten bereits in der Arbeitspaketbeschreibung die Messmethoden festgelegt werden, denn die Methoden können je nach Art und Dauer eines Arbeitspakets unterschiedlich sein. In Arbeit befindliche Arbeitspakete/Vorgänge sind grundsätzlich hinsichtlich der Leistung schwer abzuschätzen.

Es gibt verschiedene Methoden, um den Fortschrittsgrad zu ermitteln.

■ **Schätzmethode**

Bei der Schätzmethode wird der Fortschrittsgrad hinsichtlich der Arbeit oder im Idealfall hinsichtlich des Lieferobjekts geschätzt. Meist werden diskrete Werte, wie z. B. 25 %-Schritte (0 %, 25 %, 50 %, 75 %, 100 %) oder 10 %-Schritte (0 %, 10 %, 20 %, usw.) verwendet. Diese Methode ist subjektiv, d. h. hier wird der Fortschrittsgrad vom Schätzenden beeinflusst. Besonders zu berücksichtigen ist hier das *Fast-schon-fertig-Phänomen*. Das heißt der Fortschritt wird höher eingeschätzt, als er tat-

Schätzmethode

3

sächlich ist. Die Gründe hierfür können vielfältig sein, von Unkenntnis bis zu Angst vor Versagen. Viele Menschen neigen auch dazu, sozial erwünschte Antworten zu geben. Diese Methode wird angewandt, wenn der Fortschritt nicht objektiv gemessen bzw. ermittelt werden kann.

■ **Mengen-Proportionalitätsmethode**

Bei der Mengen-Proportionalitätsmethode werden bestimmte Größen ins Verhältnis zum Fortschrittsgrad gesetzt. Diese Werte sind quantifizierbare Größen, die den Fortschritt der Arbeit relativ gut objektiv beschreiben. Der Fortschrittsgrad entspricht dem Verhältnis der bereits fertiggestellten Menge oder der bereits geleisteten Arbeit zur Gesamtmenge/Gesamtarbeit des Arbeitspakets.

Mengen-Proportionalitäts-methode

Zum Beispiel: Sechs von zehn Teilaufgaben sind fertig, entspricht einem Fortschrittsgrad von 60 %, 40 Tests von 100 Tests durchgeführt, entspricht einem Fortschrittsgrad von 40 % oder fünf m² einer 20 m² großen Wand sind gestrichen worden, entspricht einem Fortschrittsgrad von 25 %.

Zeit-Proportionalitäts-methode

■ **Zeit-Proportionalitätsmethode**

Die Zeit-Proportionalitätsmethode stellt das Verhältnis von geleisteter Arbeitszeit zur Gesamtarbeitszeit dar. Diese Methode ist für die meisten Arbeitspakete kritisch zu sehen, da sie in keinem Verhältnis zum Erfolg des Arbeitspakets stehen muss. Insbesondere, wenn die Dauer falsch geschätzt wurde, liefert die Methode keine verlässlichen Werte. Allerdings gibt es auch Arbeitspakete, bei denen diese Methode sinnvoll ist. Wenn ein Arbeitspaket einen permanent gleichen Aufwand über die gesamte Projektlaufzeit verursacht, ist die Zeit-Proportionalitätsmethode eine schnelle und geeignete Methode. Zu diesen Arbeitspaketen gehören z. B. das Projektmanagement und Dokumentationen.

■ **Meilenstein-Methode**

Meilenstein-Methode oder Status-Methode

Die Meilenstein-Methode (Status-Methode) benutzt Ereignisse innerhalb eines Arbeitspakets, an denen der Fortschritt festgemacht wird. Diese Methode erfordert im Vorfeld einigen Aufwand. So können für ein Arbeitspaket beispielsweise folgende Ereignisse (Meilensteine) mit entsprechendem Fortschrittsgrad definiert werden:
- Hardware ausgewählt – Fortschritt 20 %,
- Vertrag mit Lieferant geschlossen – Fortschritt 50 %,
- Hardware installiert – Fortschritt 80 %,
- Hardware getestet – Fortschritt 100 %.

■ **0/100 %-Methode**

Eine sehr einfache Methode ist die 0/100 %-Methode, bei der nur die Arbeitspakete, die abgeschlossen sind, mit 100 % kalkuliert werden. Alle anderen noch nicht begonnenen oder in Arbeit befindlichen Arbeitspakete erhalten 0 % als Fortschrittswert. Diese Methode liefert nur bei genügend vielen Arbeitspaketen eine gute Abschätzung des Fortschritts.

0/100 %-Methode

■ **0/50/100 %-Methode**

Eine Verfeinerung der 0/100 %-Methode ist die 0/50/100 %-Methode bei der noch nicht begonnene Arbeitspakete pauschal den Wert 0 %, in Arbeit befindliche Meilensteine pauschal den Wert 50 % und abgeschlossene Arbeitspakete pauschal den Wert 100 % als Fortschritt zugewiesen bekommen. Es sollte eine genügend große Anzahl von Arbeitspaketen gegeben sein, damit diese Methode verlässliche Fortschrittswerte liefert.

0/50/100 %-Methode

■ **Restaufwand-Schätzmethode**

Bei der Restaufwand-Schätzmethode wird nicht der Planwert des Gesamtaufwands berücksichtigt. Es wird zunächst der verbleibende Restaufwand vom Stichtag aus abgeschätzt und dann zum bis zum Stichtag erledigten Aufwand (Ist-Wert) hinzuaddiert. Somit erhält man einen genaueren Gesamtaufwand auf Basis einer neuen Schätzung. Diese Methode vermeidet das häufige Problem der ungenauen Schätzung des Gesamtaufwands eines Arbeitspakets zu Beginn eines Projekts. Somit lautet die Formel:

Restaufwand-Schätzmethode

$$\text{Fortschrittsgrad}\,[\%] = \frac{\text{Ist - Aufwand}}{\text{Ist - Aufwand} + \text{Rest - Aufwand}} * 100\,[\%]$$

Es ist zu empfehlen, dass auch bei allen übrigen o. g. Methoden zur Berechnung bzw. Abschätzung des Fortschritts der Gesamtaufwand über die Summe von Ist-Aufwand und Rest-Aufwand abgeschätzt wird. Diese Vorgehensweise liefert genauere Ergebnisse. Als Nachteil ist der erhöhte Aufwand bei der Abschätzung des Restaufwands zu nennen.

In ◘ Tab. 3.16 sind noch einmal die beschriebenen Methoden zur Ermittlung des Fortschritts zusammengefasst und die Vor- und Nachteile sowie die Anwendungsfelder dargestellt.

3

☐ **Tab. 3.16** Vergleich der Methoden zur Ermittlung des Fortschrittsgrads

Methode	Vorteile	Nachteile	Anwendungen
Schätzmethode	– Schnelle Methode – Geringer Aufwand – Theoretisch für alle Arbeitspakete/Vorgänge möglich	– Subjektiv – Relativ ungenau	Unkritische und längere Arbeitspakete/Vorgänge
Mengen-Proportionalitätsmethode	– Objektiv – Genau	– Aufwendig – Nur für Arbeitspakete mit messbaren Mengen möglich	Für alle Arbeitspakete, deren Lieferobjekte oder Leistungen in Mengeneinheiten zerlegt werden können
Zeit-Proportionalitätsmethode	– Schnelle Methode – Geringer bis mittlerer Aufwand – Theoretisch für alle Arbeitspakete/Vorgänge möglich	– Subjektiv – Relativ ungenau bzgl. Leistungsfortschritt	Für unkritische Arbeitspakete/Vorgänge, die über mehrere Phasen oder das Gesamtprojekt laufen, wie z. B. Projektmanagement, Dokumentation
Meilenstein-Methode	– Objektiv – Genau	– Aufwendig – Nur für Arbeitspakete/Vorgänge mit diskreten Teilleistungen möglich	Für alle Arbeitspakete/Vorgänge mit diskreten Teilleistungen, wie z. B. Entwicklung/Konstruktion, Fertigung/Montage
0/100 %-Methode	– Objektiv – Geringer Aufwand	– Ungenau bei einer kleinen Anzahl von Arbeitspaketen/Vorgängen	Viele Arbeitspakete/Vorgänge mit kurzer Dauer
0/50/100 %-Methode	– Objektiv – Geringer Aufwand	– Ungenau bei einer kleinen Anzahl von Arbeitspaketen/Vorgängen	Viele Arbeitspakete/Vorgänge mit kurzer Dauer
Restaufwand-Schätzmethode	– Genauere Abschätzung des Gesamtaufwands	– Einiger Aufwand zur Bestimmung des Restaufwands	Bei allen anderen Methoden zur genaueren Bestimmung des Gesamtaufwands

Darüber hinaus hängt die Auswahl der Methode von der Erfahrung des Projektteams mit der Methode ab.

Die Methoden können gemischt werden, d. h. es kann für jedes Arbeitspaket entschieden werden, wie der Fortschritt am besten im Sinne von Effizienz und Genauigkeit ermittelt wird.

Weihnachtsfeier – Ei-Ti AG – Fortschrittskontrolle

Laura Leiter bereitet ihre erste Controlling-Sitzung für morgen vor und ist sich nicht sicher, wie sie den Fortschritt des Projekts am besten messen kann. Da sie nicht schon wieder Emil Expert fragen möchte, nimmt sie sich ein Buch und liest sich nochmal in die Thematik der Fortschrittsmessung in Projekten ein. Leider hat sie bei der Arbeitspaketbeschreibung vergessen, die Thematik der Fortschrittsmessung zu besprechen. Somit macht sie sich schon einmal Gedanken, wie der Fortschritt ermittelt werden kann. Sie kommt zu folgendem Ergebnis:

Code	Name	Methode	Ausprägung
1.1	Projekt-management	Zeit-Proportionalitäts-methode	In Abh. vom zeitlichen Fortschritt
1.2.1	Grobkonzept erstellen	0/50/100 %-Methode	– Nicht gestartet: 0 % – In Bearbeitung: 50 % – Abgeschlossen: 100 %
1.2.2	Programm erstellen	0/50/100 %-Methode	– Nicht gestartet: 0 % – In Bearbeitung: 50 % – Abgeschlossen: 100 %
1.3.1	Gäste einladen	Mengen-Proportionalitätsmethode	In Abhängigkeit von der Anzahl der Einladungen
1.3.2	Raum und Technik vorbereiten	Meilenstein-Methode	In Abhängigkeit von den fertiggestellten Teilergebnissen – Bühne aufgebaut: 20 % – Technik installiert: 40 % – Tische und Stühle aufgebaut: 75 % – Raum dekoriert: 90 %
1.3.3	Speisen und Getränke bestellen	0/50/100 %-Methode	– Nicht gestartet: 0 % – In Bearbeitung: 50 % – Abgeschlossen: 100 %
1.3.4	Programm vorbereiten	0/50/100 %-Methode	– Nicht gestartet: 0 % – In Bearbeitung: 50 % – Abgeschlossen: 100 %

3

Code	Name	Methode	Ausprägung
1.3.5	App entwickeln	Meilenstein-Methode	In Abhängigkeit von den fertiggestellten Teilergebnissen – 1. Sprint: 25 % – 2. Sprint: 60 % – 3. Sprint: 100 %
1.4.1	Feier koordinieren	0/50/100 %-Methode	– Nicht gestartet: 0 % – In Bearbeitung: 50 % – Abgeschlossen: 100 %
1.4.2	Feedback auswerten	0/50/100 %-Methode	– Nicht gestartet: 0 % – In Bearbeitung: 50 % – Abgeschlossen: 100 %

3.2.2.3 Qualität

Die Messung bzw. die Ermittlung der Qualität in Projekten erfolgt, wie bereits in ▶ Abschn. 3.2.2.3 erwähnt, sowohl auf der Lieferobjektebene (Produktqualität) als auch auf der Projektebene (Projektqualität).

Im Rahmen der Messung und Analyse der Produkt- und Projektqualität können Methoden und Instrumente aus dem Qualitätsmanagement eingesetzt werden, wie z. B.

- Fehlersammelkarte,
- Qualitäts-Histogramm,
- Korrelationsdiagramm,
- Paretodiagramm,
- Fehlereinfluss und Entscheidungsmethode (FMEA),
- Ishikawadiagramm (▶ Abschn. 2.8.4),
- Fehlerbaumanalyse.

Zur Beschreibung dieser speziellen Methoden sei auf weitergehende Literatur verwiesen (wie z. B. Schmitt & Pfeifer, 2015).

Im Rahmen der Projektqualität ist insbesondere auf folgende Punkte zu achten:

- Einheitliche und vollständige Definition der Messkriterien für den Arbeitspaketstatus.
- Bei der Ist-Datenerfassung sollte das Verhältnis zwischen Messungen und Schätzungen zugunsten der Messungen ausfallen.
- Bei Schätzwerten mehrere unabhängige Schätzungen einholen.

- Bei Fertigmeldungen von APs die Vollständigkeit und Qualität der Ergebnisse überprüfen (AP-Definition).
- Zum Ende einer Projektphase Vollständigkeit und Qualität aller in dieser Phase erzielten Ergebnisse prüfen und freigeben. Prüfgrundlagen sind die Projektplanung, die Abwicklungsrichtlinien, Normen und Standards, das Pflichtenheft und der Vertrag.
- Für Reviews von umfangreichen bzw. besonders kritischen Projektteilen cross-funktionale Teams zusammenstellen.
- Zum Projektende Abschlussworkshop durchführen (Zielerreichung, Restarbeiten, Lessons Learned, etc.).
- Projektleiter und Team prüfen (besonders in der Startphase) die Eignung der Teamzusammensetzung (Teamgröße, Fähigkeiten, vorhandenes Know-how, Sozialkompetenz, etc).
- In der Initiierungsphase muss die Beherrschung des PM-„Rüstzeugs" geprüft und evtl. nachgeschult werden:
- PM-Handbuch, Abwicklungsrichtlinien, Methoden, Dokumentationsrichtlinien, Berichtswesen, Umgang mit Projektmanagement-Software etc.
- Besprechungen sollten effizient und effektiv geplant und durchgeführt werden. Dies kann man durch folgende Punkte erreichen:
    - Klare Vereinbarung der Ziele zu Beginn der Besprechung oder des Workshops und im Vorfeld mit der Einladung.
    - Der Projektleiter achtet kontinuierlich auf die Zielorientierung der Besprechung.
    - Beschlüsse und Maßnahmen visualisieren. Das Besprechungsprotokoll entsteht *mitlaufend* und für alle einsehbar.
    - Bei Maßnahmen: Wer macht was mit wem und bis wann? *Messbares* Ziel der Maßnahme definieren.
    - Am Ende des Meetings kurzes *Blitzlicht* durchführen (Reflexion, Feedback, Verbesserungspotenzial).
- Im Rahmen der Projektdokumentation sollte Folgendes beachtet werden:
    - Einhaltung von Dokumentationsrichtlinien (Beispiel Nummernsystem).
    - Zeitnahe und umfassende Pflege von Datenbanken.
    - Nutzung der offiziellen und vereinbarten Formulare.
    - Einhaltung der Dokumentationsrichtlinien bzw. -vereinbarung (Art und Umfang der Berichte, Häufigkeit, Verteiler, Qualität).

3

Grundlage für die
Terminfortschritts-
ermittlung

3.2.2.4 Zeiten

Terminfortschrittsermittlung

Bei der Terminfortschrittsmessung wird der geplante Start- und Endtermin dem tatsächlichen Start- und Endtermin auf Arbeitspaketebene gegenübergestellt.

Im einfachsten Fall kann dies in einer Tabelle erfolgen (◘ Abb. 3.25).

Grundlage für die Terminfortschrittsermittlung sind die Terminpläne, bei denen der Start- und Endtermin der Arbeitspakete/Vorgänge geplant wurde, wie in der Vorgangsliste, im Netzplan oder im Balkenplan.

Bei der Ermittlung der Ist-Termine für Arbeitspakete, müssen alle Arbeitspakete/Vorgänge, die bis zum Stichtag planmäßig begonnen oder beendet sein sollten, sowie die zu früh begonnenen oder zu früh finalisierten Arbeitspakete/Vorgänge berücksichtigt werden.

Des Weiteren ist es sinnvoll, wie bei der Restwertschätzung des Fortschrittsgrads, die Planwerte bzgl. der Start- und Endtermine und der noch offenen Arbeitspakete/Vorgänge neu zu schätzen.

Wenn in der Planungsphase ein Balkenplan (◘ Abb. 3.26) als Instrument verwendet wurde, sollte dieser auch im Rahmen des Controllings wieder eingesetzt werden.

Neben den geplanten und Ist-Terminen des Starts und Endes der Arbeitspakete, kann hier auch der Fortschritt und damit der Fortschrittsgrad der einzelnen Arbeitspakete abgelesen werden. Die grüne Fläche der Arbeitspakete symbolisiert die bereits fertiggestellte Arbeit bzw. das Teillieferobjekt.

PSP-Code	Name	Plan Start	Ist Start	Plan Ende	Ist Ende

◘ **Abb. 3.25** Terminfortschrittsmessung auf Arbeitspaketebene

Code	Arbeitspaket	Dauer (W)	Kalenderwochen
			1 2 3 4 5 6 7 8 9 10 11 12 13 14 15
1.1	**Projektmanagement**		
1.1.1	Projekt gestartet		
1.1.2	Planung	3	
1.1.3	Controlling	15	
1.1.4	Abschluss	1	
1.1.5	Projekt beendet		
1.2	**Phase 1**	7	
1.2.1	Arbeitspaket 1.2.1	3	
1.2.2	Arbeitspaket 1.2.2	2	
1.2.3	Arbeitspaket 1.2.3	4	
1.3	**Phase 2**	8	
1.3.1	Arbeitspaket 1.3.1	6	
1.3.2	Arbeitspaket 1.3.2	4	

Stichtag

Legende:

Anteil Arbeit erledigt

Anteil Arbeit zu erledigten

◘ Abb. 3.26 Balkenplan im Rahmen des Termincontrollings

Weihnachtsfeier Ei Ti AG -Fortschrittsgrad Balkenplan

Laura Leiter und ihr Kernteam diskutieren im Rahmen der Controllingsitzung am Ende der 44. Kalenderwoche (KW) den Projektfortschritt. Dabei haben sie auf Basis der festgelegten Fortschrittsmessung den in der Abbildung dargestellten Fortschritt ermittelt.

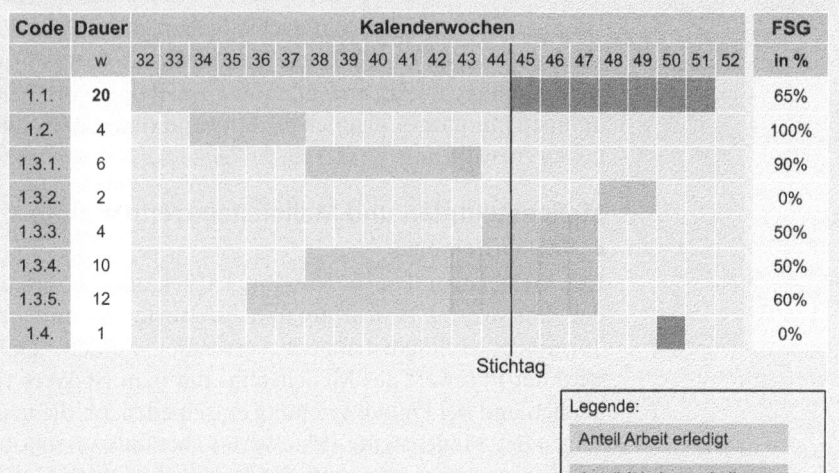

Code	Dauer (w)	Kalenderwochen	FSG in %
		32 33 34 35 36 37 38 39 40 41 42 43 44 45 46 47 48 49 50 51 52	
1.1.	20		65%
1.2.	4		100%
1.3.1.	6		90%
1.3.2.	2		0%
1.3.3.	4		50%
1.3.4.	10		50%
1.3.5.	12		60%
1.4.	1		0%

Stichtag

Legende:

Anteil Arbeit erledigt

Anteil Arbeit zu erledigten

FSG = Fortschrittsgrad

3

Die Fortschrittmessung ist dabei ebenfalls auf derselben Ebene erfolgt wie die Aufwandsschätzung, d. h. auf Phasenebene für 1.1., 1.2. und 1.4. aufgrund der relativ kleinen Arbeitspakete. Für die Phase 1.3. erfolgt die Messung auf Arbeitspaketebene.

Der Fortschrittsgrad der einzelnen Phasen oder Arbeitspakete ergibt sich dabei folgendermaßen:

- Das Projektmanagement (Phase 1.1) wird zeitproportional ermittelt und hat deshalb zum Stichtag KW 44 einen Fortschritt von 65 % der gesamten Phase des Projektmanagements.
- Die Phase Konzeption (Phase 1.2) ist bereits vollständig abgeschlossen und das Ergebnis dieser Phase liegt vor.
- Der Fortschritt des Arbeitspakets *Gäste einladen* (Arbeitspaket 1.3.1) wird mengenproportional anhand der Anzahl der eingeladenen Gäste vorgenommen. Zu diesem Zeitpunkt sind aber erst 90 % der Gäste eingeladen bzw. bei 10 % der Gäste ergeben sich noch Fragen. Dies betrifft die Gäste aus dem Ausland.
- Das Arbeitspaket *Raum vorbereiten* (Arbeitspaket 1.3.2) ist noch nicht begonnen worden.
- Die beiden Arbeitspakete *Getränke und Speisen bestellen* und *Programm vorbereiten* (Arbeitspaket 1.3.3 und Arbeitspaket 1.3.4) werden nach der 0/50/100 %-Methode erhoben. Da diese Arbeitspakete in Arbeit sind, ist ihr Fortschritt jeweils 50 %.
- Das Arbeitspaket *App entwickeln* (Arbeitspaket 1.3.5) wird anhand von Ereignissen bewertet. Der zweite Sprint ist bereits abgeschlossen und daher wird das Arbeitspaket mit 60 % Fortschritt bewertet.
- Die Phase *Durchführung* (Phase 1.4) hat noch nicht begonnen.

Maßnahmen im Rahmen des Termincontrollings

Häufig gibt es aus unterschiedlichen Gründen Verzögerungen in Projekten, die entsprechend kompensiert werden müssen. Hierzu gibt es eine Reihe von Maßnahmen mit unterschiedlichem Aufwand und unterschiedlichen Auswirkungen (◘ Tab. 3.17).

Meilensteinplan und Meilensteintrendanalyse

- **Meilensteinplan**

Meilensteinplan   Der Meilensteinplan (▶ Abschn. 3.1.5) kann bei Nutzung der Basiswerte, Planwerte und Ist-Werte als einfaches Termincontrollinginstrument verwendet werden. Dabei wird der Planwert des Meilensteins mit dem Ist-Wert verglichen und bei Planabweichung entschieden, ob die nachfolgenden Meilensteine (Planwerte) ebenfalls verschoben werden müssen. Ggfs. muss die Verschiebung der Meilensteine vom Lenkungskreis genehmigt werden. Auf jeden

◻ **Tab. 3.17** Optionen für Terminverkürzungen in einem Projekt

Option	Voraussetzung	Auswirkung auf andere PM-Elemente
Parallelisieren und Überschneiden von Arbeitspaketen/Vorgängen	– Arbeitspakete/Vorgänge liegen auf dem kritischen Pfad – Ressourcen stehen für die neuen Termine zur Verfügung	Keine
Verkürzen von Arbeitspaketen/Vorgängen	– Arbeitspakete/Vorgänge liegen auf dem kritischen Pfad – Es werden mehr Ressourcen oder eine höhere Verfügbarkeit benötigt	Keine
Zerlegen von Arbeitspaketen in Vorgänge mit dem Ziel die kürzeren Vorgänge besser einzuplanen	Wartezeiten in Vorgängen, die verkürzend genutzt werden können oder Vorgänge, die dann parallel abgearbeitet werden können	Keine
Erhöhung der Produktivität	Es müssen „produktivere" Ressourcen (bei Personen: Personen mit mehr Erfahrung) zur Verfügung stehen	Keine
Verschiebung von Urlaub	– Arbeitspakete/Vorgänge liegen auf dem kritischen Pfad – Vereinbarung mit Mitarbeitern und Vorgesetzten	Keine
Einkauf externer Ressourcen zur Verkürzung von Arbeitspaketen	– Berücksichtigung des Gesetzes des abnehmenden Grenznutzens – Zeitliche Verfügbarkeit	Erhöhung der Projektkosten und damit Genehmigung des Lenkungskreises nötig
Reduzierung der Leistung (entsprechendes Teillieferobjekt und dessen Arbeit)	Teillieferobjekt kann reduziert werden	Reduzierung des Projektlieferobjekts und damit Genehmigung des Lenkungskreises nötig
Mehrarbeit/Überstunden	In Vereinbarung mit Arbeitszeitgesetz und ggfs. Betriebsrat	Zusätzliche Kosten bei Überstundenvergütung bei tariflich Beschäftigen
Outsourcing des entsprechenden Arbeitspakets/Vorgangs	Keine Zeitverzögerung; das Arbeitspaket muss mindestens in der derselben Zeit (Dauer) und zur geplanten Zeit fertiggestellt werden	Voraussichtlich höhere Kosten

3

◘ **Tab. 3.18**   Meilensteinplan

Meilensteinnr.	Code	Meilensteinname	Basis	Plan	Ist
1	1.2.1	Projekt gestartet	01.04.	01.04.	01.04.
2	1.3.4	Genehmigung erteilt	15.05.	15.05.	15.05.
3	1.4.6	Ware erhalten	20.06.	20.06.	25.06.
4	1.5.3	Teilobjekt abgenommen	20.07.	25.07.	
5	1.6.5	Projekt beendet	30.08.	04.09.	

Fall muss die Verschiebung des Endmeilensteins eines Projekts vom Lenkungskreis genehmigt werden, da hierdurch die Terminseite des magischen Dreiecks verletzt wird. Wenn es zu einer Planänderung der Meilensteine kommt, die durch den Lenkungskreis genehmigt werden muss, muss ein Change Request (▶ Abschn. 3.2.4) geschrieben werden, d. h. durch den Änderungsantrag wird der ursprüngliche Planwert eines Meilensteins offiziell geändert. Der Basistermin bleibt unberührt und damit kann am Ende des Projekts die Terminabweichung vom Basisplan nachvollzogen werden. Der Meilensteinplan in ◘ Tab. 3.18 entspricht dem Meilensteinplan in ◘ Tab. 3.8. Allerdings mussten die Planwerte der Meilensteine 3 und 4 aufgrund der Terminverschiebung des Meilensteins 2 angepasst werden. Somit ergibt sich für den Stichtag am 1.7. die Meilensteintabelle ◘ Tab. 3.18.

▪ **Meilensteintrendanalyse**
Die Meilensteintrendanalyse ist im Endeffekt eine grafische Darstellung des Meilensteinplans, die eine Terminprognose enthält.

Mit Hilfe der Meilensteintrendanalyse lassen sich Terminabweichungen grafisch einfach erkennen. Hierzu müssen bei jedem Controllingzyklus die Plan- und Ist-Werte bzgl. der Meilensteine korrekt erhoben und ggfs. Änderungen vom Projektteam realistisch geschätzt werden. Bei Abweichungen der Termine müssen die Ursachen ermittelt und Maßnahmen ergriffen werden, um das Projekt wieder auf den zeitlichen Kurs zu bringen. Wenn das Projektteam mit den bestehenden Möglichkeiten das zeitliche Ziel nicht erreichen kann, müssen Entscheidungen getroffen werden, wie mit dieser Situation umgegangen wird. Auch hier steht das ganzheitliche Projektcontrolling im Vordergrund. Ebenso müssen die Auswirkungen auf die anderen Projektmanagementelemente überprüft werden.

Eine wesentliche Voraussetzung einer erfolgreichen Meilensteintrendanalyse ist eine sorgfältige Meilenstein-Planung inkl. klar definiertem Ergebnis pro Meilenstein sowie der korrekten Erfassung der Ist-Termine.

▶ **Beispiel Meilensteintrendanalyse**

Der Meilensteinplan aus ◘ Tab. 3.18 wurde zum Stichtag 01.07. erstellt. Dies erkennt man daran, dass für die Werte nach dem 01.07. keine Ist-Werte vorliegen. Die Werte vor dem 01.07. sind damit alle Vergangenheitswerte.

Für das Beispiel werden Berichtszeiträume zum Ersten eines jeden Monats angenommen. Somit haben die Meilensteine die in ◘ Abb. 3.27 aufgezeigte Entwicklung angenommen.

Bei den grauen Kästchen handelt es sich um Planwerte am jeweiligen Stichtag, da diese Werte bezogen auf den Stichtag in der Zukunft liegen.

Bei den Berichtszeitpunkten 01.05. und 01.06. in ◘ Abb. 3.27 hat sich noch keine Veränderung zum Basisplan ergeben. Beim Berichtszeitpunkt 01.07. hat sich eine Verschiebung von Meilenstein 3 auf den 25.06. ergeben. Zu diesem Zeitpunkt ist dieser 25.06. ein Ist-Wert, da er vor dem 01.07. liegt. Die grau hinterlegten Termine zu diesem Berichtszeitpunkt 01.07. sind die Planwerte (Meilenstein 4: 20.07. und Meilenstein 5: 30.08.). Das heißt die Projektleitung geht davon aus, dass die Verschiebung des Meilensteins 3 keine Auswirkung auf die nachfolgenden Meilensteine hat. Zum nächsten Berichtszeitpunkt 01.08. erfolgt allerdings eine Verzögerung bei Meilenstein 4 auf den 15.08. Bei diesem Termin handelt es sich um einen Schätzwert, da er nach dem 01.08. liegt. Auf Basis dieser Schätzung wird auch der Projektendtermin auf den 15.09. terminiert, sodass das Projekt sich insgesamt verzögert. Am 01.09. wurde dann festgestellt, dass der Meilenstein 4 doch etwas schneller erreicht wurde (10.08.), sodass der Endtermin des Projekts (Meilenstein 5) auf den 05.09. gelegt wird.

Die dazugehörige Meilensteintrendanalyse ist in ◘ Abb. 3.28 dargestellt. ◀

Meilen-steinnr.	Basis	Berichtszeitpunkte				
		1.5.	1.6.	1.7.	1.8.	1.9
1	01.04.	01.04.	01.04.	01.04.	01.04.	01.04.
2	15.05.	15.05.	15.05.	15.05.	15.05.	15.05.
3	20.06.	20.06.	20.06.	25.06.	25.06.	25.06.
4	20.07.	20.07.	20.07.	20.07.	15.08.	10.08.
5	30.08.	30.08.	30.08.	30.08.	15.09.	05.09.

Abb. 3.27 Meilensteintabelle als Grundlage einer Meilensteintrendanalyse

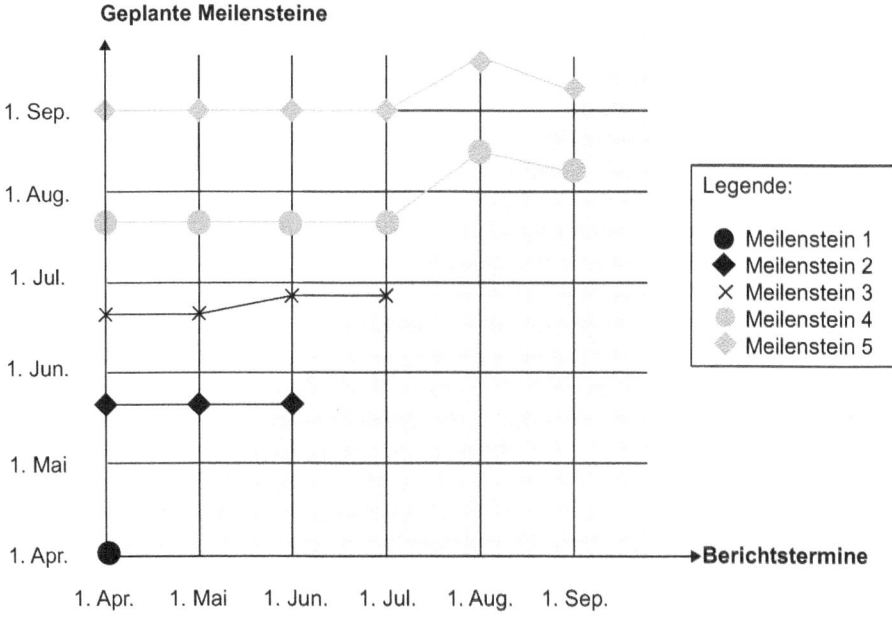

Abb. 3.28 Meilensteintrendanalyse

In ▪ Abb. 3.28 erkennt man den Trend der Meilensteine. Meilensteine, die zum Betrachtungszeitraum in der Vergangenheit liegen, werden nicht mehr dargestellt und sind in ▪ Abb. 3.28 nicht mehr sichtbar. Die Meilensteine 1 und 2 haben einen normalen Verlauf. Bei Meilenstein 3 erkennt man einen leicht ansteigenden Verlauf. Meilenstein 4 und 5 haben zunächst einen steigenden und dann einen leicht abfallenden Verlauf.

Grundsätzlich sind verschiedene Kurvenverläufe möglich und in der Praxis vorzufinden (▪ Abb. 3.29).

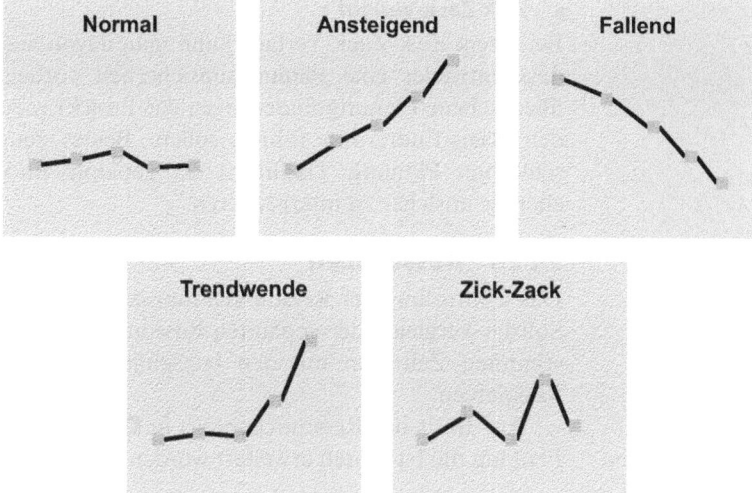

◘ Abb. 3.29 Verschiedene Kurvenverläufe der Meilensteintrendanalyse

■ **Normaler Verlauf**

Dieser Kurvenverlauf entspricht den geplanten Meilen-   Verschiedene Kurven-
steinterminen. Geringe Terminverschiebungen nach oben   verläufe der Meilen-
und unten gleichen sich aus. Der Projektendtermin wird   steintrendanalyse
voraussichtlich gehalten.

■ **Ansteigender Verlauf**

Hier wurden viel zu optimistische Terminaussagen gemacht und die Meilensteine werden bei jedem Berichts-
zeitraum nach oben angepasst. Der Endtermin des Projekts wird sich verzögern.

■ **Fallender Verlauf**

Weisen die Arbeitspakete laufend eine Terminvorver-
legung auf, so kann man davon ausgehen, dass mit zu großen Puffern geplant wurde.

■ **Trendwende**

Erst kurz vor den jeweils geplanten Fertigstellungs-
terminen wurden erhebliche Terminverschiebungen an-
gekündigt. Es mangelt hier an einer frühzeitigen, realistischen Terminaussage. Hier ist es auch im Rahmen des
Controllings schwierig, rechtzeitig gegenzusteuern.

3

- **Zick-Zack-Verlauf**

Bei einem Zick-Zack-Verlauf kann man davon ausgehen, dass entweder eine Planungsunsicherheit vorliegt oder übertriebene Planungsänderungen das Projekt wieder auf den Basis-Endtermin führen sollen. Beides zeugt von schlechter Planung. Damit ist der geplante Endtermin eher als unsicher zu interpretieren.

3.2.2.5 Ressourcen

Das Controlling der Ressourcen fokussiert sich auf einen Soll-Ist-Vergleich der geplanten Ressourcen zu einem bestimmten Zeitraum mit den tatsächlich beanspruchten Ressourcen.

Ressourcenplan als Controllinginstrument

Auf Basis des Ressourcenplans in ◘ Tab. 3.19 ist der Plan um die Ist-Daten erweitert worden.

◘ **Tab. 3.19** Beispiel Aufbau Ressourcenplan mit Soll- und Ist-Werten

Arbeitspakete oder Phasen	Aufwand		Rollen (Kompetenzanforderungen)									
PSP-Code	in PT		PL		PTM 1		PTM 2		PMA 1 (HR)		PMA 2 (SW Entw.)	
	Plan	Ist	Plan	Ist	Plan	Ist	Plan	Ist	Plan	Ist	Plan	Ist
1.1.	5	9	3	5	1	1	1	3	–	–	–	–
1.2	10	13	–	–	1	1	–	1	7	7	2	4
1.3	40	45	–	–	–	–	2	2	3	3	35	40
Summe Aufwand	**55**	**67**	**3**	**5**	**2**	**2**	**3**	**6**	**10**	**10**	**37**	**44**
Brutto-Verfügbarkeit			10	10	20	20	3	3	30	20	40	35
Geplante Abwesenheit			–	–	3	3	2	3	–	–	–	–
Netto-Verfügbarkeit für das Projekt			10	10	17	17	1	0	30	20	40	35
Über-/Unterdeckung			+7	+5	+15	+15	−2	−6	+20	+10	−2	−9

PL Projektleiter, *PTM* Projektteammitglied, *PMA* Projektmitarbeiter, *SW-Entw.* Softwareentwickler

In ◨ Tab. 3.19 finden sich für jede Rolle die Plan- und Ist-Werte. Dabei ergeben sich für den PL leichte Änderungen (Reduzierung der Überdeckung von sieben auf fünf Personentage). Diese Reduzierung hat aber keine Auswirkungen hinsichtlich der Ressourcensituation. Auswirkungen ergeben sich beim Abgleich der Plan- und Ist-Situation vom PTM 2 und PMA 2. Hier hat sich eine erhebliche Unterdeckung ergeben, die im Rahmen der Controllingsitzung besprochen werden muss. Es muss überprüft werden, woran die Planungsdifferenz liegt, um diese zukünftig zu verbessern.

Die Erfassung des Ist-Aufwands erfolgt in den meisten Organisationen über eine Stundenschreibung, die mittlerweile digital erfolgt.

Beim Controlling der Ressourcen gelten die in ◨ Tab. 3.12 aufgelisteten Optionen für einen Ressourcenausgleich.

3.2.2.6 Kosten

Kostencontrolling

Im Rahmen des Kostencontrollings sollten analog der Struktur der Kostenplanung Ist-Kosten der Ressourcen pro Phase oder Arbeitspaket aufgeschlüsselt nach Kostenarten und Kostenstellen erfasst werden. Die Ist-Personalkosten ergeben sich dabei aus dem Ist-Aufwand multipliziert mit dem Tagessatz. Der Ist-Aufwand sollte bereits im Rahmen des Ressourcencontrollings erfasst worden sein (▶ Abschn. 3.2.2.5).

Die Basis des Kostencontrollings sollte eine klare WBS-Struktur sein, die im Rechnungswesen abgebildet ist, sodass die Mitarbeiter entsprechend den Arbeitspaketen ihre Aufwände erfassen.

Kostenabweichungen können folgende Ursachen haben:

Ursachen Kostenabweichungen

— vorzeitiger Abschluss von Arbeitspaketen,
— niedrigerer oder höherer Ressourcenverbrauch,
— höhere Stundensätze als kalkuliert,
— ungeplante Fremdvergabe wegen Ressourcenmangel,
— vorgezogene Bestellungen,
— höhere Vergabepreise,
— Preissteigerungen nicht eingeplant,
— Falschbuchungen.

3

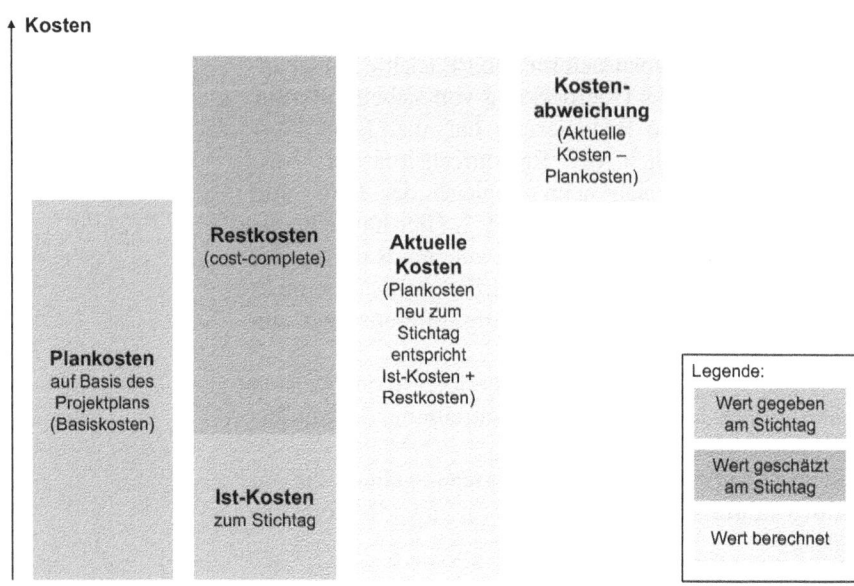

Abb. 3.30   Restkosten zur Berechnung der Gesamtkosten

Restkostenansatz

■ Restkosten (cost to complete)

Analog zur Restaufwand-Schätzmethode (▶ Abschn. 3.2.2) sollte auch beim Kostencontrolling mit einem Restkostenansatz gearbeitet werden. Der Restkostenansatz dient einer verbesserten Aussage der geplanten Kosten.

Die Restkosten werden für die noch zu erstellende Arbeit (Leistung) ermittelt (z. B. durch Befragung der Mitarbeiter). Die Restkosten können dann zu den Ist-Kosten addiert werden und stellen die aktuellen Kosten (den neuen Planwert) zum Stichtag (Hochrechnung) dar. Abb. 3.30 stellt diesen Ansatz grafisch dar.

Earned Value Management (EVM)

Häufig ergeben sich bei der alleinigen Kostenbetrachtung Verzerrungen bzw. falsche Ergebnisse. Das Kostencontrolling sollte immer im Zusammenhang mit dem Leistungsfortschritt erfolgen. Es sollte auf jeden Fall eine Integration, d. h. gemeinsame Betrachtung von Kosten, Zeit und Arbeit/Leistung, angestrebt werden. Hierzu wurde das Earned Value Management entwickelt, das diese drei Größen gemeinsam betrachtet und sowohl eine Status- und Leistungsbetrachtung als auch eine Prognose ermöglicht.

Erklärung Earned Value Management

Die Logik des Earned Value Managements soll anhand eines kleinen Beispiels ausgehend von Abb. 3.31 erklärt werden.

BAC: 4 Mio. Euro
Dauer: 12 Monate

1 Mio. Euro	
1 Mio. Euro	**PV:** 3 Mio. Euro
1 Mio. Euro	1 Mio. Euro
1 Mio. Euro	1 Mio. Euro

AC: 3 Mio. Euro
EV: 2 Mio. Euro

1,5 Mio. Euro

1,5 Mio. Euro

Projektkosten
und -dauer

Geplante Kosten
(PV) zum Stichtag
(nach 9 Monaten)

Ist-Kosten (AC) und
geschaffener Wert
(EV) zum Stichtag
(nach 9 Monaten)

CPI: EV/AC = 2 Mio. Euro / 3 Mio. Euro = 0,66
SPI: EV/PV = 2 Mio. Euro / 3 Mio. Euro = 0,66

EAC: BAC / CPI = 4 Mio. Euro / 0,66 = 6 Mio. Euro
EAC$_t$: Dauer / SPI = 12 Monate / 0,66 = 18 Monate

Legende:

BAC = Budget at completion
PV = Planned Value
EV = Earned Value
AC = Actual Cost

◆ **Abb. 3.31**   Erklärung Earned Value Management

▶ **Beispiel Earned Value Management**

Es soll ein Gebäude mit vier Stockwerken gebaut werden,
wobei jedes Stockwerk eine Million Euro kosten soll. Das
heißt die Gesamtkosten (Budget at Completion – BAC) des
Projekts belaufen sich auf 4 Mio. €. Die Dauer des Projekts
ist mit 12 Monaten angesetzt.

Nach neun Monaten wird der Status des Projekts erhoben. Der Planwert (Planned Value – PV) zu diesem Stichtag sollte 3 Mio. € betragen, da zu diesem Zeitpunkt drei
Stockwerke zu je 1 Mio. € erbaut worden sein sollten. Die aktuelle Situation sieht etwas anders aus. Es sind bisher zwei
Stockwerke zu je 1,5 Mio. € fertiggestellt worden, d. h. die
aktuellen Kosten belaufen sich auf 3 Mio. € (Actual cost –
AC). Bei einer reinen Kostenbetrachtung könnte man sagen,
dass es kostenmäßig perfekt läuft, denn es sind zu diesem
Zeitpunkt 3 Mio. € geplant (PV) und es sind auch genau
3 Mio. € (AC) ausgegeben worden. Allerdings ist hier nicht
der Fortschritt bzw. das Lieferobjekt betrachtet worden. Es
sind nämlich nur zwei Stockwerke erstellt worden, die einen
Fertigstellungswert von 2 Mio. haben (Earned Value – EV),
d. h. 1 Mio. pro Stockwerk auf Basis des Planwerts.

3

Mit den fünf Werten zum Stichtag
- BAC: 4 Mio. €,
- Dauer: 12 Monate,
- PV: 3 Mio. €,
- AC: 3 Mio. €,
- EV: 2 Mio. €

lassen sich nun Abweichungen, Status, Leistung zum Stichtag sowie eine Prognose für die Zukunft berechnen. In diesem Beispiel sollen Kosten und Zeit bezogen auf die Leistung dargestellt werden:
- Performance Kosten: CPI (Cost Performance Index): EV/AC = 2/3 = 0,66
- Performance Zeit: SPI (Schedule Performance Index): EV/PV = 2/3 = 0,66
- Prognose Kosten: Estimate at Completion (EAC): BAC/CPI = 4 Mio. €/0,66 = 6 Mio. €
- Prognose Zeit: Estimate at Completion time (EAC_t): Dauer/SPI = 12 Mon/0,66 = 18 Mon. ◄

Die grafische Veranschaulichung des Earned Value Managements ist in ◘ Abb. 3.32 dargestellt.

Das Earned Value Management basiert auf vier Basisgrößen (BAC, PV, AC und EV), aus denen alle anderen Parameter berechnet werden. ◘ Tab. 3.20 gibt einen Überblick über die Parameter, die entsprechende Definition und eine kurze Erklärung.

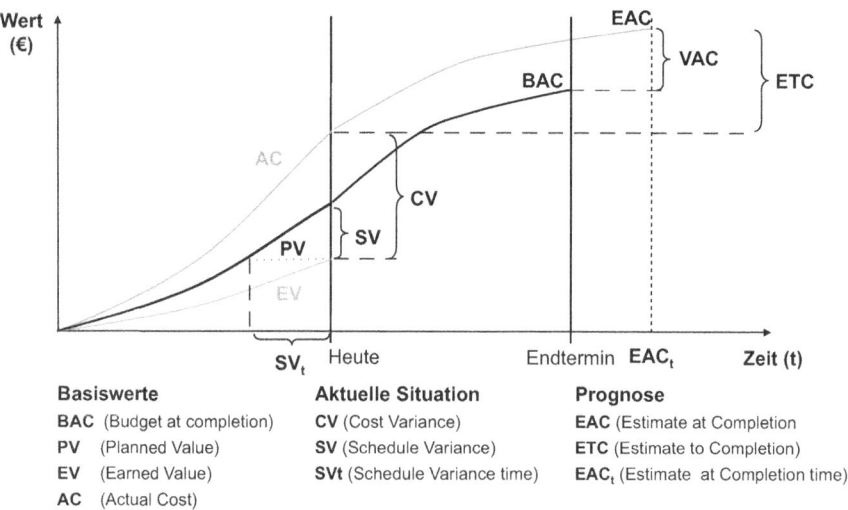

Basiswerte	Aktuelle Situation	Prognose
BAC (Budget at completion)	**CV** (Cost Variance)	**EAC** (Estimate at Completion
PV (Planned Value)	**SV** (Schedule Variance)	**ETC** (Estimate to Completion)
EV (Earned Value)	**SVt** (Schedule Variance time)	**EACₜ** (Estimate at Completion time)
AC (Actual Cost)		

◘ Abb. 3.32   Earned Value Management – grafische Darstellung

◘ Tab. 3.20 Parameter des Earned Value Managements

Parameter	Definition	Erklärung
Basisparameter		
BAC	Budget at Completion	Das BAC entspricht den Gesamtkosten des Projekts
PV	Planned Value	Der PV verläuft entlang der Kostensummenlinie und entspricht den Plankosten zum Stichtag
AC	Actual Cost	Die AC sind die aktuellen Kosten zum Stichtag Sie entsprechen den Kosten, die bis zum Stichtag angefallen sind. Diese können über die Buchungen der Aufwände und Rechnungen bis zum Stichtag ermittelt werden
EV	Earned Value	Der Earned Value entspricht dem Fertigstellungswert Der Fertigstellungswert bezeichnet die dem Fertigstellungsgrad entsprechenden (Plan-)Kosten eines Arbeitspakets, Vorgangs oder des gesamten Projekts
Aktuelle Situation: Abweichungsparameter		
CV	Cost Variance = EV – AC	Kostenabweichung zum Stichtag (Fertigstellungswert und aktuelle Kosten)
SV	Schedule Variance = EV – PV	Planabweichung zum Stichtag
SV_t	Schedule Variance time = geplanter Zeitpunkt (PT) – benötige Zeit (ET) Mit PT – Planned Time Und ET – Elapsed Time	Zeitliche Planabweichung zum Stichtag *Wie viel Zeit hat es mehr benötigt, bis EV = PV ist?*
Aktuelle Situation: Leistungsparameter		
CPI	Cost Performance Index = EV/AC	Der CPI ist eine kostenbezogene Leistungskennzahl. Er kann als Wirtschaftlichkeitsfaktor oder Effizienzfaktor zum Stichtag gesehen werden Er beantwortet die Frage: *Wie viel Geld habe ich für einen Euro erwirtschaftet?*
SPI	Schedule Performance Index = EV/PV	Der SPI ist eine zeitbezogene Leistungskennzahl. Er gibt Auskunft über die zeitliche Abweichung des Projekts zum Stichtag Er beantwortet die Frage: *Um wie viel weicht das Projekt zeitlich vom Plan ab?*

(Fortsetzung)

3

◨ **Tab. 3.20**   (Fortsetzung)

Parameter	Definition	Erklärung
Prognoseparameter		
EAC real.	Estimation at Completion realistic = AC + (BAC − EV)/CPI	Geschätzte Gesamtkosten bei Fertigstellung Der EAC ist eine Prognosekennzahl, die das neue Budget auf Basis der aktuellen Leistung berechnet
TCPI	To Complete Performance Index = (BAC − EV)/(BAC − AC)	Notwendiger Effizienzfaktor, um die verbleibende Arbeit mit dem vorgegebenen Budget (BAC) zu erreichen
EAC_t oder SAC	Est. at Completion time oder Schedule at Completion = Gesamtdauer/SPI	Voraussichtliche Gesamtprojektdauer
ETC	Estimate to Completion = (BAC − EV)/CPI	Geschätzte, verbleibende Kosten bis zur Fertigstellung
VAC	Variance at Completion = BAC − EAC	Gesamtkostenabweichung bei der Fertigstellung

Anwendung Earned Value Management.

Aufgrund des Aufwands und der Fehleranfälligkeit für wenige Arbeitspakete ist Earned Value Management eher für große Projekte sinnvoll anwendbar. Es sollten viele Arbeitspakete (> 50 Arbeitspakete) vorliegen, um eine solide Berechnungsgrundlage zu haben (vgl. auch Wanner, 2013).

Weihnachtsfeier Ei-Ti AG – Earned Value Management

Emil Expert hatte Laura Leiter bereits zu Beginn der Controllingphase informiert, dass sie sicherlich kein Earned Value Management für dieses Projekt anzuwenden brauche, da die Anzahl der Arbeitspakete für das Earned Value Management zu gering sei. Laura Leiter entscheidet sich trotzdem für ein Earned Value Management, um es anderen Beteiligten als Beispiel zu verdeutlichen und zu Übungszwecken einzusetzen. Sie bezieht allerdings nur die Personalkosten für die EVM Berechnungen ein, da die Berücksichtigung von Sachkosten mit unterschiedlichen Buchungszeitpunkten z. T. verfälschte Ergebnisse im Rahmen des EVM liefern.

Dazu erheben Laura Leiter und ihr Team die benötigten Werte der betrachteten Phasen und Arbeitspakete:

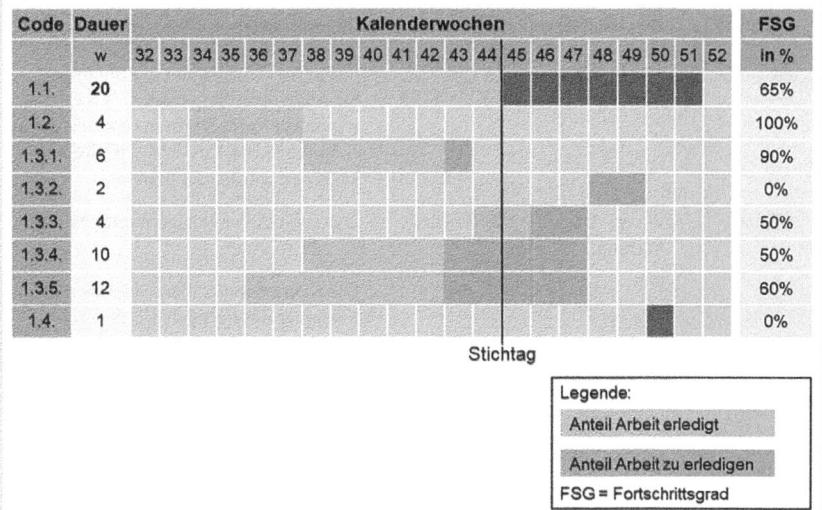

Im Einzelnen ergeben sich die Werte folgendermaßen:

- Balkenplan mit Fortschrittsgrad (FSG) aus Schätzung (siehe vorangehende Abbildung).
- Der BAC über den Kostenplan bezogen auf Personalkosten (inkl. Kostengang, Kostensummenlinie; siehe Abbildung).
- Der PV aus dem geplanten Fortschritt zum Stichtag (s. Balkenplan in der Abbildung).
- Der EV aus der Berechnung des Fortschrittsgrads und den geplanten Personalkosten (❏ Abb. 3.21). In den vorherigen Beispielen der Weihnachtsfeier bei der Ei-Ti AG wurde bereits der Fortschritt der Arbeitspakete ermittelt und beschrieben.
- Die AC ergeben sich aus den tatsächlichen Buchungen der Aufwände der Mitarbeiter. Laura Leiter gibt alle Daten in ein Tabellenkalkulationsprogramm ein und ermittelt die folgenden Werte:

Parameter	Berechnung	Ergebnis	Interpretation
BAC	s. o. g. Abbildung	97 t€	Das entspricht dem Gesamtbudget der Personalkosten der Weihnachtsfeier
PV	s. o. g. Abbildung	64,4 t€	Kosten zum Stichtag (Woche 44). Entspricht dem Wert auf der Kostensummenlinie der Personalkosten zum Ende der Woche 44
EV	s. o. g. Abbildung	54,9 t€	Fertigstellungswert zum Stichtag bezogen auf die Personalkosten. Man erkennt im Vergleich zum Planwert (PV), dass nicht so viel Wert geschaffen wurde, wie geplant

3

Parameter	Berechnung	Ergebnis	Interpretation
AC	s. o. g. Abbildung	54,1 t€	Die aktuellen Kosten zum Stichtag. Sie sind ebenfalls geringer als die Plankosten zum Stichtag (PV), d. h. es ist 9,6 t€ (64,4 t€ – 54,9 t€) weniger ausgeben worden als geplant
Dauer	s. o. g. Abbildung	20 Wochen	Das Projekt hat eine geplante Dauer von 20 Wochen
CV	EV – AC	0,8 t€-	Die Kostenvarianz berechnet die Abweichung des Fertigstellungswerts und der aktuellen Kosten zum Stichtag. Dieser ist mit 800 € bezogen auf den AC (54,1 t€) oder EV (54,9 t€) recht gering und kann vernachlässigt werden, d. h. kostenmäßig steht das Projekt gut dar
SV	EV – PV	– 9,6 t€	Die Planungsvarianz zeigt eine signifikante Differenz von ca. 10 t€ zwischen Fertigstellungswert und Planwert, d. h. hier wurde mehr geplant als letztendlich zum Stichtag geleistet wurde
CPI	EV/AC	101 %	Aufgrund der geringen Kostenvarianz ist die Kostenperformance auch nahezu ideal
SPI	EV/PV	85 %	Der Schedule Performance-Index bescheinigt mit 85 %, dass das Projekt zum Stichtag erst 85 % des geplanten Werts erreicht hat
EAC	AC + (BAC – EV)/CPI	95,6 t€	Wenn die Kostenperformance (CPI) so weiter läuft, wird das Projekt 96,6 t€ kosten, d. h es kostet etwas weniger als geplant, da der CPI etwas über 100 % liegt
$EAC_{t \text{ bzw.}}$ SAC	Dauer/SPI	23,5 Wochen	Wenn der SPI so weiter läuft, wird das Projekt 23,5 Wochen dauern, d. h. es dauert 3,5 Wochen (17,5 Arbeitstage) länger als ursprünglich geplant
ETC	EAC – AC	41,5 t€	Das Projekt kostet ab jetzt noch 41,5 t€ (Restkosten) bezogen auf das Personal

Optionen zur Kostenreduzierung

Analog der Ressourcenoptimierung bzw. -balancierung und den Optionen zur Terminoptimierung werden in ◘ Tab. 3.21 Optionen zur Kostenreduzierung dargestellt.

◘ Tab. 3.21 Optionen zur Kostenreduktion in einem Projekt

Option	Voraussetzung	Auswirkung auf andere PM-Elemente
Erhöhung der Produktivität	Es müssen „produktivere" Ressourcen (bei Personen: Personen mit mehr Erfahrung) zur Verfügung stehen	Keine
Reduzierung der Leistung (entsprechendes Teillieferobjekt und dessen Arbeit)	Teillieferobjekt kann reduziert werden	Reduzierung des Lieferumfangs und damit Genehmigung des Lenkungskreises
Reduzierung der Qualität (und damit der Arbeit)	Qualität kann reduziert werden	Reduzierung des Lieferumfangs und damit Genehmigung des Lenkungskreises
Technisch günstigere Alternativen	Bei gleichem Leistungsumfang und gleicher Qualität	Keine
Leasing statt Kauf bei Betriebsmitteln	Es muss die Möglichkeit des Leasings bestehen	Keine, es entsteht eine Verschiebung von Investitions- zu Betriebskosten
Lieferantenwechsel	Günstigere Lieferanten sind am Markt	Keine
Überstunden/Mehrarbeit	Wenn Überstunden/Mehrarbeit kostenneutral ist	Keine
Verstärkt Chancen nutzen (z. B. Einkaufsgemeinschaften, Zusammenschluss mit anderen Projekten)	Funktionierendes Risiko- und Chancenmanagement	In Abhängigkeit der Chance können ggfs. Risiken entstehen
Arbeitspakete bei Fertigstellung des Teillieferobjekts beenden, nicht wenn die Stunden aufgebraucht sind	Professionelle Projektkultur	Keine

3

Aufgaben des
Controllings des
sachlichen Umfelds,
der Stakeholder und
der Risiken/Chancen

3.2.2.7 Controlling des sachlichen Umfelds, der Stakeholder und der Risiken/Chancen

Die Themen sachliches Umfeld, Stakeholder und Risiken sind zwar nach wie vor eigenständige Themen im Projektmanagement, können aber im Rahmen des Controllings aufgrund ihrer einheitlichen Methodik und der engen Verknüpfung zusammengefasst werden.

Beim Controlling dieser drei Projektmanagementelemente geht es sowohl um das Controlling der eingeleiteten Maßnahmen als auch um die Identifikation neuer Risiken und Chancen durch das sachliche Umfeld, Stakeholder und weitere projektinterne Quellen. Da die negativen Einflüsse aus dem sachlichen Umfeld und von den Stakeholdern immer auch Bestandteil des Risikomanagements sind, sind die Maßnahmen des sachlichen Umfelds und des Stakeholdermanagements auch Bestandteil des Risikomanagements.

Wie schon beim Controlling des Zielmanagements und des Lieferobjekts sind die Methoden und Instrumente dieselben wie in der Planungsphase. Im Controlling erfolgt eine zyklische Überprüfung der Aktualität der entsprechenden Register aus der Planungsphase (Sachliches Umfeld, Stakeholder, Risiken und Chancen) hinsichtlich des Status der Maßnahmen, der Risiken und Chancen sowie der Identifikation neuer Einflüsse, die Risiken oder Chancen darstellen.

Ergebnisse und
Gegenstand des
Risikocontrollings

Ergebnisse und Gegenstand des Risikocontrollings sind:

- angepasstes Risikoregister (neu, verändert, entfallen),
- angepasste finanzielle Beurteilung,
- angepasstes Risikoportfolio,
- überarbeiteter Maßnahmenplan,
- überarbeitete Kosten- und Aufwandsschätzung für Maßnahmen,
- überarbeiteter Personaleinsatzplan,
- überarbeitete Gesamtbeurteilung des Projekts, auch als Eingangsgröße für das Projektportfolio,
- Vorschläge zur Organisation und zu Hilfsmitteln.

3.2.2.8 Organisation und soziales Controlling

Das Controlling der Organisation kann in die beiden Bereiche Controlling der Strukturen, Prozesse und Rollen einerseits und das soziale Controlling andererseits gegliedert werden.

Controlling der Strukturen, Prozesse und Rollen

Das Controlling der Strukturen, Prozesse und Rollen fokussiert auf die Aufbau- und Ablaufstrukturen inkl. der Rollen des Projektmanagements. Dabei ist die Ablaufstruktur des Projektmanagements nicht zu verwechseln mit der Ablaufstruktur des Projekts, die den inhaltlichen Ablauf darstellt. Das hier beschriebene Controlling bezieht sich auf die organisatorischen Managementaspekte. Dabei sollte in jedem Controllingzyklus kurz reflektiert werden, ob die bestehenden Strukturen mit dem Organigramm, den gewählten Projektmanagementprozessen sowie der Rollenbeschreibung noch auf die aktuelle Projektsituation passen. Falls es Situationen oder Änderungen im Projektverlauf gibt, die eine Auswirkung auf die Organisation des Projektmanagements haben, sollte das entsprechend in den Instrumenten berücksichtigt werden. So kann es z. B. sein, dass es aufgrund einer neuen Kundenanforderung ein neues Arbeitspaket gibt. Aufgrund des neuen Arbeitspakets gibt es einen neuen Arbeitspaket-Verantwortlichen und damit ggfs. auch eine Änderung im Organigramm. Überdies muss dieses Arbeitspaket im Funktionendiagramm nachgetragen und ggfs. muss eine Rolle angepasst oder neu definiert werden.

■ Kompetenzaufbau

Wie bereits in ▶ Abschn. 3.1.4 erwähnt, werden in der Planungsphase die Beteiligten im Projektteam (Projektleiter, Projektteammitglied) und die Projektmitarbeiter insbesondere vor dem Hintergrund ihrer Kompetenz ausgewählt (Rollenzuordnung). In der Planungsphase können bereits Maßnahmen zum Kompetenzaufbau eingeleitet werden (Trainings, Coachings etc.). Falls im Rahmen des Controllings festgestellt wird, dass die Kompetenzen nicht ausreichen oder ggfs. aufgrund weiterer Arbeitspakete (Änderung des Arbeitsumfangs) weitere Kompetenzen benötigt werden, müssen diese entweder über zusätzliches internes oder externes Personal beschafft werden oder das bestehende Personal muss trainiert werden. Hierzu gibt es folgenden Maßnahmen:

- Training off the job (Fachtrainings, Methodentrainings, Sozialkompetenztrainings etc.),
- Training on the job (Unterstützung durch Experten während des Projekts),
- fachliches Coaching,
- motivationsfördernde Maßnahmen.

3

3.2.2.9 Soziales Controlling

Das soziale Controlling wird immer wichtiger, da der Mensch immer mehr in den Mittelpunkt des Projekts rückt. Diese Entwicklung ist insbesondere dem erhöhten Leistungsdruck und damit der Bedeutung von Gesundheits- und Stressmanagement (vgl. Reichart & Müller-Ettrich, 2014), neuer Führungsansätze (▶ Abschn. 6.3) und der Entwicklung des Themas Selbstbestimmung und Selbstorganisation (wie z. B. im agilen Projektmanagement, ▶ Kap. 6) geschuldet.

Das soziale Controlling ist ein Controlling der Projektbeteiligten vorwiegend des Projektteams und der Projektmitarbeiter. Hierbei geht es um das Reflektieren und ggfs. das Anpassen und Ändern von Gefühlen, Verhalten, Kommunikation und Einstellungen. Das soziale Controlling umfasst die persönlichen und sozialen Kompetenzen aus den Bereichen Selbstmanagement (▶ Abschn. 6.1), Kommunikation (▶ Abschn. 6.2), Führung (▶ Abschn. 6.3), Teamarbeit (▶ Abschn. 6.4) und Konfliktmanagement (▶ Abschn. 6.5).

Methoden und Instrumente des sozialen Controllings

Methoden und Instrumente im Rahmen des sozialen Controllings sind:
- Reflexion und Feedback zum Arbeiten im Projektteam,
- Analyseinstrumente:
  - Blitzlicht (Erklärung s. u.),
  - Stimmungsbarometer (Erklärung s. u.),
  - Umfragen,
  - informelle Besprechungen,
- Steuerungsmaßnahmen:
  - Anpassung des Organigramms,
  - Klärung und/oder Anpassung der Rollen,
  - Klärung und/oder Anpassung der Kommunikationsstrukturen,
  - Veränderung der Zusammensetzung des Projektteams,
  - Neuvereinbarung von Spielregeln.

Blitzlicht

Das Blitzlicht ist eine Abfragetechnik, meist offen oder auch verdeckt mittels Karten, um folgende Fragen zu klären:
- Stimmung im Team,
- Feedback allgemein oder zu bestimmten Themen.

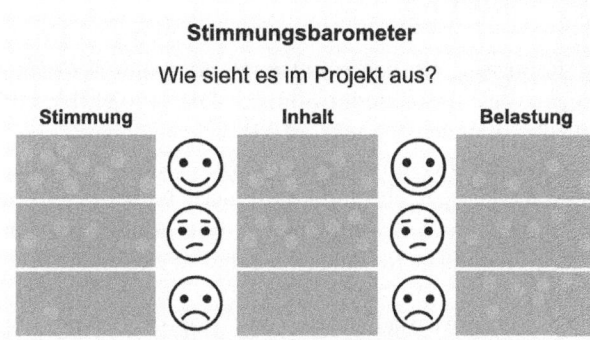

Abb. 3.33 Stimmungsbarometer

Das Stimmungsbarometer ist ein einfaches Abfrage- und Analyseinstrument, das meist über Klebepunkte die Stimmung einfängt (◘ Abb. 3.33). Darüber hinaus aber auch durch weitere Fragen/Themen Feedback einholt. Es kann zu folgenden Zwecken genutzt werden:

- Feststellen der Stimmung im Team,
- Einholen von Feedback,
- Raum schaffen, um Unklarheiten zu beseitigen,
- Ansprechen von Fragen, Befindlichkeiten, Kritik,
- Tendenzen erkennen (Frühwarnsystem),
- Visualisierung.

Konflikte, die im Rahmen des sozialen Controllings erkannt werden, können mithilfe der Kompetenzen, Ansätze, Methoden und Instrumenten des Konfliktmanagements (► Abschn. 6.5) gelöst werden.

Stimmungsbarometer

3

3.2.3 **Reporting**

Das Reporting (Berichterstattung) ist ein wesentliches Element des Projektcontrollings. Die Projektberichterstattung hat den Zweck, alle Projektbeteiligten sowie alle relevanten Personen im Projektumfeld (Stakeholder) zeitnah, bedarfsgerecht und kontinuierlich über den aktuellen Projektstand zu informieren und somit eine umfassende Grundlage für eine effiziente Projektsteuerung zu liefern.

Die Verantwortlichen für das Reporting sind der Projektleiter und das Kernteam.

Zyklen des Reportings

Die Frequenz des Reportings richtet sich nach den Controllingzyklen des Projekts, bei mittleren bis großen Projekten in der Regel alle zwei bis vier Wochen, bei kleineren Projekten entsprechend kürzer. Darüber hinaus kann es für verschiedene Reports auch unterschiedliche Zyklen geben. So können z. B. neben dem standardmäßigen Projektstatusbericht für den Lenkungskreis noch Statusberichte auf Teilprojektebene für die Linie geschrieben werden, die eine höhere Frequenz haben. Dies kann erforderlich sein, wenn z. B. sehr innovative oder sensible Teillieferobjekte entwickelt werden, die eine höhere Aufmerksamkeit und damit ein intensiveres Controlling erfordern.

Erfolgsfaktoren des Reportings

Die Merkmale eines erfolgreichen Reportings sind:
- zielgruppenorientiertes Berichtswesen,
- aktuell über das Wesentliche informieren,
- wesentliche und verständliche Aussagen und Grafiken,
- effizienter Prozess bei der Reporterstellung.

Wesentliche Elemente des Reportings in der Praxis sind der Statusbericht, der in ▶ Abschn. 3.2.3.1 näher beschrieben wird und die Ampelbewertung (grün, gelb, rot), die in ▶ Abschn. 3.2.3.2 erklärt wird.

3.2.3.1 **Statusbericht**

Der Projektstatusbericht wird vom Projektteam, insbesondere dem Projektleiter, erstellt und geht meist aus den regelmäßigen Statusmeetings des Projektteams hervor. Der Projektstatusbericht stellt einen Überblick über den derzeitigen Stand des Projekts dar. Der Statusbericht setzt sich bei großen Projekten aus den einzelnen

Arbeitspaket-Statusberichten sowie den zusätzlich im Statusmeeting bearbeiteten Themen, wie Trends, Risiken, Claims etc., zusammen. Bei kleineren Projekten wird der Statusbericht vom Projektleiter oder gemeinsam im Projektteam in einer Sitzung erstellt. Der Statusbericht hat häufig einen Umfang von einer DIN-A4-Seite (Projektstatus auf einen Blick), der in Form eines Grafikprogramms erstellt wird, um ihn zu präsentieren.

Bei größeren Arbeitspaketen (z. B. bei einer Dauer von mehr als sechs Wochen) macht ein Arbeitspaket-Statusbericht Sinn. Der Arbeitspaket-Statusbericht gibt dann regelmäßig (z. B. 14-tägig oder monatlich) Auskunft über den aktuellen Stand des entsprechenden Arbeitspakets. Er ist meist analog zu dem Projektstatusbericht aufgebaut.

Auch wenn der Statusbericht erst in der Controllingphase zum Einsatz kommt, sollte er in der Planungsphase konzipiert werden. Wobei die meisten Organisationen, die Projektmanagement bereits professionell betreiben, Vorlagen für Statusberichte haben (◘ Abb. 3.34).

Folgende inhaltliche Fragen sollte ein Statusbericht kurz und knapp beantworten:

Projektname					Datum			
Status (Einschätzung Projektleitung)					**Gegenüberstellung Plan/Ist**			
Gesamt-status	Leistungs-umfang	Res-sourcen	Kosten	Zeit	Zeitraum	Gesamt	Plan	Ist
R	R	Y	Y	G	Aufwand (d)			
					Kosten (€)			
• Bemerkungen zum Status					**Nächste Arbeitspakete/Meilensteine Termine**			
								tt.mm.jj
Erzielte Ergebnisse seit letztem Bericht								
					Neue Probleme/Risiken seit letztem Bericht			
Nicht durchgeführte Arbeitspakete/Aktivitäten (aber geplant)					**Entscheidungsbedarfe**			

◘ **Abb. 3.34** Statusbericht

3

- ■ **Aktuelles**
- ▬ Welches sind aktuelle, für das Projekt relevante Neuerungen oder Entwicklungen?

- ■ **Ziele/Rahmenbedingungen**
- ▬ Welche (Zwischen-)Ziele sollen kurzfristig erreicht werden?
- ▬ Sind diese Ziele gefährdet?
- ▬ Sind Rahmenbedingungen verletzt?

- ■ **Status der wesentlichen Projektmanagementelemente (Lieferobjekt, Arbeit, Qualität, Zeit, Ressourcen, Kosten, Organisation)**
- ▬ Stand aller Arbeitspakete, der Teilprojekte bzw. des Gesamtprojekts
- ▬ Kostensituation
- ▬ Ressourcensituation
- ▬ Meilensteinstatus
- ▬ Risikostatus
- ▬ Trendanalyse (z. B. Meilensteintrendanalyse oder Earned Value Management)

- ■ **Maßnahmen und Entscheidungen**
- ▬ Was ist der Status der eingeleiteten Maßnahmen inkl. Wirksamkeit?
- ▬ Sind neue Maßnahmen erforderlich?
- ▬ Welche Entscheidungen sind zu treffen?

3.2.3.2 Ampelbewertung

Ein wichtiges Thema beim Reporting ist die effiziente Kommunikation des Status, die auf Managementebene und damit im Lenkungskreis meist in den Ampelfarben (grün, gelb, rot) erfolgt.

◘ Abb. 3.35 gibt eine Definition der Ampelfarben.

Im Rahmen des Reportings und der Darstellung des Status relevanter Projektmanagementelemente sollten folgenden Regeln berücksichtigt werden:

- ▬ Für jedes Arbeitspaket sollte eine Ampelbewertung durchgeführt werden.
- ▬ Die Ampelbewertung darf nicht ohne Zustimmung des Arbeitspaket-Verantwortlichen für das Arbeitspaket erfolgen.
- ▬ Kann ein Projektteammitglied nicht an einer Sitzung teilnehmen, sollte im Vorfeld die Ampelbewertung vorgenommen werden.

Definition

Rote Ampel

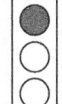

- Projektziele (Lieferobjekt, Zeit, Aufwand/Kosten) können nicht eingehalten werden
- Abweichungen können durch das Team nicht gelöst werden
- Eskalation in den Projektlenkungskreis

Gelbe Ampel

- Projektziele (Lieferobjekt, Zeit, Aufwand/Kosten) können nicht eingehalten werden
- Abweichungen können über Maßnahmen im Team geregelt werden

Grüne Ampel

- Projektziele (Lieferobjekt, Zeit, Aufwand/Kosten) werden eingehalten

Neutrale Ampel

- Arbeitspaket liegt in der Zukunft und kann noch nicht bewertet werden

◘ **Abb. 3.35** Definition Ampelfarben

- Die Ampelbewertung wird eine Stufe zurückgesetzt, wenn die jeweiligen Maßnahmen erfolgreich sind (von rot auf gelb durch Projektlenkungskreis, von gelb auf grün durch das Projektteam).
- Wird das Projektmanagementelement oder Arbeitspaket mehrmals hintereinander (z. B. zwei Mal) aus demselben Grund mit gelb bewertet, dann wird die Ampel auf Rot gesetzt.
- Die Projektsitzung sollte erst beendet werden, wenn relevante Arbeitspakete bewertet sind.
- Rote Ampeln/Projekte werden vom Projektleiter *sofort* an den Auftraggeber gemeldet.
- Die schlechteste Eckpunktbewertung bestimmt die Gesamtprojektbewertung.

3.2.4 Change Request Management

In Projekten ergeben sich immer wieder Änderungen, die unterschiedliche Gründe und unterschiedliche Auswirkungen haben.

3

Auch wenn die Projektplanung noch so gut ist, können sich Änderungen auf Basis der folgenden Ursachen ergeben:

- Das sachliche Umfeld hat sich geändert (z. B. neue Gesetze, neue Projekte, Strategien, Technologien).
- Die Struktur der einflussreichen Stakeholder ändert sich (z. B. der Lenkungskreis oder Projektauftraggeber mit neuen Ideen).
- Der Kunde hat neue Wünsche bzw. Anforderungen.
- Risiken treten ein, es ergeben sich Probleme.

Mit diesen Änderungen muss im Rahmen des Projektmanagements entsprechend umgegangen werden. Es sollten im ersten Schritt die Auswirkungen der Änderung bewertet werden, um im zweiten Schritt zu entscheiden, ob diese Änderung angenommen wird. Im dritten Schritt erfolgt eine Anpassung der betroffenen Projektmanagementelemente.

Change Request Management

Change Request Management (Änderungsmanagement) umfasst ein Vorgehensmodell zur Identifikation, Bewertung, Abwicklung, Verwaltung und zum Controlling von Change Requests (Änderungsanträgen) während des Projekts.

Change Request

Ein Change Request (Änderungsantrag) ist ein Antrag (meist in Schriftform), der eine notwendige oder gewünschte Änderung im Projekt beschreibt.

Change Requests (Änderungsanträge) ähneln im Aufbau dem Projektantrag. Sie werden um die Darstellung der aktuellen Situation mit der entsprechenden Problemstellung, der Auswirkung des Problems und möglicher Empfehlungen erweitert (◘ Abb. 3.36).

Change Requests beinhalten insbesondere folgende Parameter:

- Situation: Was hat zum Änderungswunsch oder der Notwendigkeit geführt? (Grund)
- Beschreibung der Änderung: Was soll geändert werden?

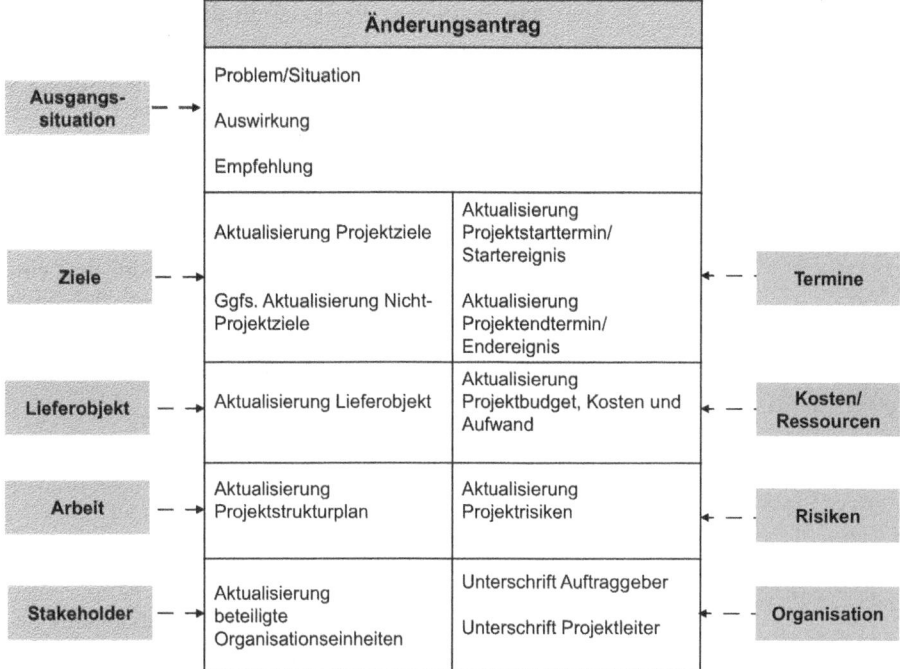

Abb. 3.36 Änderungsantrag

— Auswirkungen der Änderung: Was passiert, wenn die Änderung umgesetzt wird?
— Auswirkungen auf das Projekt: Welche Projektmanagementelemente sind von der Änderung betroffen und in welcher Form? (Aktualisierung des entsprechenden Projektmanagementelements)
— Unterschriften von Antragsteller und Entscheider: meistens Auftraggeber und Projektleiter

3.2.5 Zusammenfassung Projektcontrolling

■ **Projektcontrolling**
— Das ganzheitliche Projektcontrolling stellt einen ständigen Prozess dar, dessen *Life Cycle* von der Startphase bis zur Abschlussphase reicht.
— Der Prozess des Projektcontrollings ist eng in den Gesamtprozess der Projektdurchführung eingebettet.
— Ohne fundierte Projektplanung ist keine Steuerung möglich.

3

- Ein ganzheitliches Projektcontrolling umfasst alle Projektmanagementelemente.
- Nur *das* planen, *was* auch gesteuert werden kann.
- Es gibt drei Kategorien von Controllinginstrumenten im Projektmanagement:

1. Es gibt Controllinginstrumente, die identisch mit den Planungsinstrumenten sind. Hierbei handelt es sich um die Überprüfung der aktuellen Situation des entsprechenden Projektmanagementelements. Bei einer möglichen Änderung wird der Plan entsprechend angepasst. Hierbei spricht man von qualitativen Controllinginstrumenten, wie
   - Zielematrix,
   - Organigramm, Rollenbeschreibung, VEMI-Matrix, Kommunikationsplan,
   - Register des sachlichen Umfelds,
   - Stakeholderregister,
   - Risikoregister.
2. Des Weiteren gibt es die quantitativen Instrumente des Projektcontrollings. Hierbei werden die Planungsmethode oder -instrumente um die Ist-Werte oder den Status erweitert. Folgende Instrumente sind dabei zu nennen:
   - Projektstrukturplan,
   - Meilensteinplan,
   - Balkenplan,
   - Ressourcenplan,
   - Ressourcenhistogramm,
   - Kostenplan,
   - Kostengang und Kostensummenlinie.
3. Die dritte Kategorie umfasst die Controllinginstrumente, die ausschließlich für das Controlling entwickelt wurden. Hier sind zu nennen:
   - Fortschrittsgradmessung,
   - Meilensteintrendanalyse,
   - Earned Value Management,
   - soziales Controlling.

- Im Rahmen des Reportings spielt der Statusbericht eine wichtige Rolle.
- Änderungen im Projekt werden über Change Requests im Rahmen des Change Request Managements abgewickelt.

3.2.6 Wiederholungsfragen Projektcontrolling

❓ Projektcontrolling

1. Was heißt Projektcontrolling im Rahmen des Projektmanagements? (*Lösung* ▶ Abschn. 3.2)
2. Wie können die wesentlichen Methoden und Instrumente des Projektcontrollings kategorisiert werden? (*Lösung* ▶ Abschn. 3.2)
3. Was ist ein Controllingzyklus? (Lösung ▶ Abschn. 3.2.1)
4. Welche Projektmanagementelemente sollten controlled werden? (*Lösung* ▶ Abschn. 3.2.2)
5. Was ist der Fortschrittsgrad und wie kann er ermittelt werden? (*Lösung* ▶ Abschn. 3.2.4)
6. Welche Methoden im Rahmen der Fortschrittsgradermittlung gibt es und welche Vor- und Nachteile habe sie? (*Lösung* ▶ Abschn. 3.2.4)
7. Erklären Sie kurz den Aufbau und den Ablauf einer Meilensteintrendanalyse. (*Lösung* ▶ Abschn. 3.2.2.4)
8. Wie läuft das Controlling der Ressourcen im Projekt ab? (*Lösung* ▶ Abschn. 3.2.2.5)
9. Was sind die wichtigsten Parameter des Earned Value Managements? Erklären Sie diese kurz. (*Lösung* Abschn. „▶ Earned Value Management (EVM)")
10. Erklären Sie kurz den Ablauf des Earned Value Managements. (*Lösung* Abschn. „▶ Earned Value Management (EVM)")
11. Warum ist das soziale Controlling in Projekten so wichtig? (*Lösung* Abschn. „▶ Controlling der Strukturen, Prozesse und Rollen")
12. Wie ist ein Statusbericht aufgebaut? Was ist der Unterschied zu einem Change Request Änderungsantrag? (*Lösung* ▶ Abschn. 3.2.3.1)
13. Was ist der Nutzen des Change Request Managements? (*Lösung* ▶ Abschn. 3.2.4).

3.3 Projektabschluss

Der Projektabschluss ist die letzte der vier Projektmanagementphasen. Im Rahmen des Projektabschlusses wird das Projekt offiziell beendet. Im Idealfall fallen im

3

Nachhinein keine weiteren Aufgaben oder Aktivitäten mehr an. Der Projektabschluss ist damit das Pendant zur Initiierungsphase. Die Dauer und der Aufwand der Abschlussphase hängen dabei, wie auch bei den anderen Phasen, von der Größe und Komplexität des Lieferobjekts und der daraus resultierenden Arbeit ab. Der Projektabschluss stellt gleichzeitig den Abschluss und die Auswertung des Projektcontrollings dar. Dabei sollen Erfahrungen und das Wissen aus dem aktuellen Projekt für zukünftige Projekte zur Verfügung gestellt werden.

3.3.1 Prozesse des Projektabschlusses

Im Rahmen eines Projektabschlusses werden verschiedene Tätigkeiten und Prozesse unterschieden:
- Abnahme des Projektlieferobjekts,
- Nachkalkulation,
- Auflösung des Projektteams und der Infrastruktur,
- Abschlussanalyse und Projektreflexion,
- Erfahrungssicherung inkl. Abschlussdokumentation und Übergabe ans Wissensmanagement,
- ggfs. Planung von Restaktivitäten,
- ggfs. Vereinbarung über Wartungsverträge bzw. -aktivitäten.

■ **Abnahme des Projektlieferobjekts**
Die Abnahme des Lieferobjekts erfolgt durch den Projektauftraggeber (bei externen Projekten durch den Kunden) und basiert auf der im Projektauftrag (bei externen Projekten im Vertrag) und im Projektplan festgelegten Abnahmekriterien. Die Abnahme sollte auf jeden Fall schriftlich dokumentiert werden.

■ **Nachkalkulation**
Die Kalkulation der Projektkosten auf Basis aller angefallenen Kosten und Aufwände ist eine wichtige Aufgabe im Rahmen des Zentralcontrollings (Kostenmanagements) innerhalb der Organisation.

Die Überprüfung des Business Cases ist meist zu diesem Zeitpunkt noch zu früh, da die Nutzenbetrachtung häufig über mehrere Jahre nach Projektende erfolgt. Die Kostenbetrachtung hingegen kann in der Abschlussphase meist vollständig beendet werden.

- **Auflösung des Projektteams und der Infrastruktur**

Die Projektorganisation sollte vollständig aufgelöst werden. Darüber hinaus gehört auch das offizielle Beenden des Projekts in den relevanten IT-Systemen dazu und ggfs. die Rückgabe von Hilfsmitteln, wie Werkzeugen, Räumlichkeiten oder weiteren Ressourcen. Auch ein emotionaler Abschluss in Form einer Party oder eines gemeinsamen Essens ist ein wichtiger Aspekt.

- **Abschlussanalyse und Projektreflexion**

Die Reflexion des Projekts hinsichtlich der verschiedenen Projektmanagementelemente, aber auch hinsichtlich des Miteinanders, ist ein wichtiger Punkt zur Weiterentwicklung der Projektbeteiligten sowie zur Verbesserung des Projektmanagements in der Organisation. Hierzu werden in der Regel sog. Lesssons-Learned-Workshops (► Abschn. 3.3.3) durchgeführt.

- **Erfahrungssicherung inkl. Abschlussdokumentation und Übergabe ans Wissensmanagement**

Ein wichtiges und meist das letzte zu erstellende Dokument ist der Projektabschlussbericht. Er analysiert, reflektiert und kommentiert die für das Projekt wesentlichen Projektmanagementelemente. In ► Abschn. 3.3.2 wird der Abschlussbericht vorgestellt.

- **Ggfs. Planung von Restaktivitäten**

Falls Restaktivitäten für das Projekt anfallen, muss entschieden werden, wie damit umgegangen wird. Grundsätzlich stehen drei Alternativen zur Auswahl:
- Das Projekt wird verlängert.
- Es wird ein kleines Folgeprojekt eröffnet.
- Die Aktivitäten werden an die Linienorganisation übergeben (Routinetätigkeiten).

Die Auswahl einer Alternative hängt vom Umfang und Inhalt der Restarbeiten ab.

- **Ggfs. Vereinbarung über Wartungsverträge bzw. -aktivitäten**

Falls das Projekt ein Lieferobjekt vorsieht, das im Anschluss gewartet werden muss (Maschinen, IT-Systeme, Bauprojekte etc.) sollten alle Aufgaben, Verträge und Rollen im Rahmen der Abschlussphase geklärt sein, um die Wartungsverträge und -aktivitäten nach dem Projekt auszugestalten.

3

3.3.2 Abschlussbericht

Die wesentliche Dokumentation im Rahmen des Projektabschlusses ist der Abschlussbericht. Bei internen Projekten gibt es in der Regel einen Abschlussbericht. Bei externen Projekten kann es einen internen Abschlussbericht (nur für die eigene Organisation) und einen Abschlussbericht für den Kunden (Kundenorganisation) geben.

□ Abb. 3.37 zeigt die Struktur eines Abschlussberichtes.

Ein Projektabschlussbericht hat dabei folgende Struktur, die sich an die Projektmanagementelemente anlehnen sollte:

— Zusammenfassung (Ausgangsituation, wichtigste Ergebnisse, ggfs. Highlights und Lowlights des Projekts),
— Zusammenfassung der Lessons-Learned-Ergebnisse,
— Projektergebnisse (Soll-Ist-Vergleich in Bezug auf die verschiedenen Projektmanagementelemente: Ziele, Projektlieferobjekt, Qualität, Arbeit, Zeit, Ressourcen, Kosten, Organisation und Kommunikation, Umfeld, Stakeholder und ggfs. optionale Projektmanagementelemente),

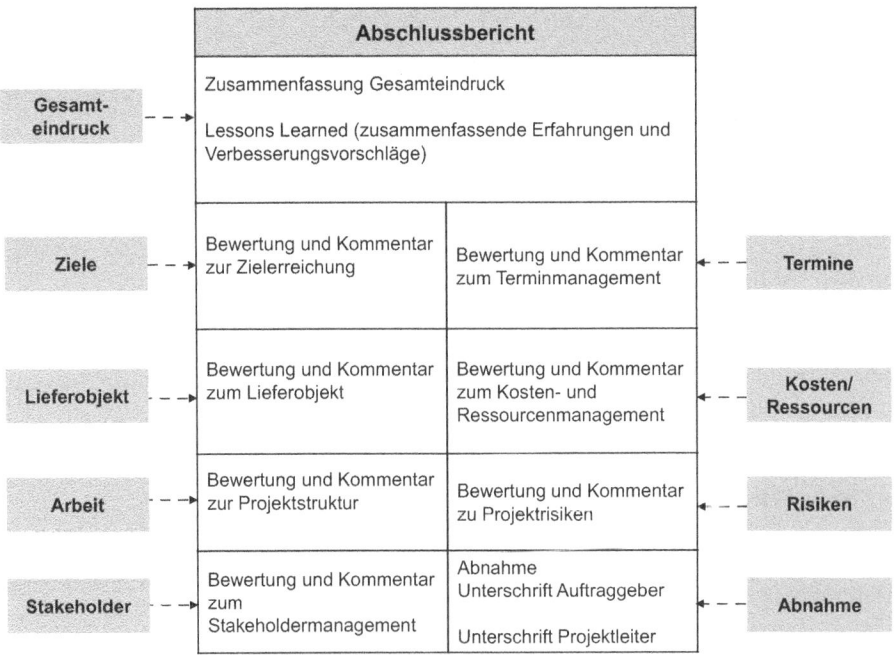

□ **Abb. 3.37**   Struktur und Themen eines Abschlussberichts

- Projektcontrolling (Projektänderungen, Controlling-maßnahmen, Probleme und Störungen während der Durchführung, Erfahrungen),
- ggfs. Hinweis auf Folgeprojekte.

Der Projektabschlussbericht sollte für zukünftige Projekte zugänglich abgelegt werden.

3.3.3 Lessons Learned

> **Lessons Learned**
>
> Lessons Learned sind Erkenntnisse, Wissen oder Er-fahrungen, die während der Projektdurchführung ent-standen und dokumentiert werden.

Den Kern der Lessons-Learned-Methode bildet der Lessons-Learned-Workshop, um das Projekt zu reflektie-ren und die positiven sowie negativen Erfahrungen zu identifizieren und zu bewerten.

Im Wesentlichen besteht die Lessons-Learned-Methode aus drei Schritten:

■ **Workshop-Vorbereitung**
Die Vorbereitung des Workshops konzentriert sich auf folgende Themen:
- Zielsetzung und Themen, die auf jeden Fall an-gesprochen werden sollten. Ggfs. wird auch der Fokus des Workshops festgelegt (fachlich-inhaltliche As-pekte, die Reflexion des Prozessverlaufs oder beides).
- Bei der Reflexion von sozialen und/oder emotionalen Themen sollen Instrumente, wie Abfragetechniken, im Vorfeld ausgewählt werden (ggfs. externe Moderation).
- Abstimmung mit dem Auftraggeber bzgl. Themenaus-wahl.
- Ggfs. externen Moderator bei Spannungen und Kon-flikten.
- Festlegung der Teilnehmer. Neben dem Projektteam können ggfs. auch Auftraggeber und Kunden ein-geladen werden.
- Erarbeitung und Erstellung der Agenda und des Workshop-Designs. Das Design gibt eine detaillierte Übersicht, wann wer was wie zu tun hat und wie viel

3

Zeit dafür aufgewendet werden muss. Typische Fragen für die Reflexion sind:
- Was ist im Projekt gut und was weniger gut gelaufen?
- Was soll zukünftig in der Projektarbeit anders gemacht werden? Was soll bzw. muss sich ändern?

- Klärung logistischer Themen (Räumlichkeiten, Beamer, Metaplanwände, Moderationskoffer, Getränke etc.).
- Einladung aller Teilnehmer inkl. Versenden der Agenda.

- **Workshop-Durchführung**

Die Durchführung des Lessons-Learned-Workshops sollte in Anlehnung an das Workshop-Design erfolgen. Dabei ist es aber auch wichtig, den Workshop so flexibel zu gestalten, zusätzliche wichtige Themen, die im Vorfeld nicht erkannt wurden zuzulassen und auch Konflikten Raum zu lassen. Ein Workshop kann grundsätzlich mit einem Mini-Projekt verglichen werden, bei dem man auch nicht alles im Vorfeld planen kann. Wichtige Hinweise zur Durchführung sind:

- Begrüßung der Teilnehmer und Schaffung einer entspannten Atmosphäre insbesondere bei konfliktreichen Projekten,
- Vorstellung der Ziele, der Agenda inkl. Zeiten, des Ablaufs und der Rollen im Workshop (Moderator, Zeitverantwortlicher, Dokumentation etc.),
- Vorstellung und Abstimmung von *Spielregeln* für den Workshop,
- Erklärung der ausgewählten Abfragetechniken (▶ Abschn. 2.8),
- Dokumentation der Ergebnisse für alle sichtbar am Flipchart oder der Metaplanwand; am besten ein Fotoprotokoll erstellen,
- Pausenzeiten einhalten,
- Vereinbarung über weitere Vorgehen,
- Feedback am Ende des Workshops einfordern.

Wichtige Voraussetzungen für einen nutzbringenden Lessons-Learned-Workshop für alle Beteiligten sind:

- Bereitschaft des Projektleiters und des Projektteams, sich einem persönlichen Feedback zu stellen,
- Bereitschaft des Projektleiters und des Projektteams, auch Unangenehmes (Fehler, Konflikte) in die Rückbetrachtung einzubeziehen,
- wechselseitiges Vertrauen,
- ggfs. Kundenbefragung,
- Einbindung des Auftraggebers.

■ **Workshop-Nachbereitung**
- Verschicken des Fotoprotokolls und/oder der dokumentierten Ergebnisse,
- Übergabe der Ergebnisse an zuständige Stellen in der Organisation (z. B. zentrales Wissensmanagement, Project Management Office (PMO, ► Abschn. 7.4), Qualitätsmanagement etc.),
- Einbindung bzw. Adressierung von vereinbarten Themen (To-Dos) an entsprechende Empfänger, falls diese nicht am Workshop teilgenommen haben,
- Sicherstellung des Controllings der vereinbarten Themen (To-Dos).

3.3.4 Zusammenfassung Projektabschluss

■ **Projektabschluss**
- Der Projektabschluss ist eine Phase des Projektmanagementlebenszyklus und nicht zu vernachlässigen.
- Wesentliche Aufgaben der Abschlussphase sind:
  - Abnahme des Projektlieferobjekts,
  - Nachkalkulation,
  - Auflösung des Projektteams und der Infrastruktur,
  - Abschlussanalyse und Projektreflexion,
  - Erfahrungssicherung inkl. Abschlussdokumentation und Übergabe ans Wissensmanagement,
  - ggfs. Planung von Restaktivitäten,
  - ggfs. Vereinbarung über Wartungsverträge bzw. -aktivitäten.
- Die wesentliche Dokumentation der Abschlussphase ist der Abschlussbericht.
- Lessons Learned ist ein wichtiger Teil des Abschlusses eines Projekts und dient der kontinuierlichen Verbesserung des Projektmanagements in der Organisation.

3

3.3.5 Wiederholungsfragen Projektabschluss

? **Projektabschluss**

1. Warum ist die Abschlussphase wichtig im Rahmen des Projektmanagements? (*Lösung* ▶ Abschn. 3.3)
2. Welches sind die wesentlichen Aufgaben im Rahmen des Projektabschlusses? (*Lösung* ▶ Abschn. 3.3.1)
3. Welche Themen sollten bei einem Abschlussbericht adressiert werden? (*Lösung* ▶ Abschn. 3.3.2)
4. Warum kann ein Lessons-Learned-Workshop als Mini-Projekt gesehen werden? (*Lösung* ▶ Abschn. 3.3.3).

Agiles Projektmanagement

Inhaltsverzeichnis

4

Lernziele dieses Kapitels

Nach der Lektüre dieses Kapitels ...
- kennen Sie die Besonderheiten und Merkmale des agilen Projektmanagements.
- können Sie das agile vom traditionellen Projektmanagement abgrenzen und kennen die Überschneidungen.
- kennen Sie das Vorgehensmodell Scrum mit seinen Elementen und sind in der Lage, in einem agilen Projekt nach Scrum mitzuarbeiten.
- kennen Sie das Vorgehensmodell Kanban mit seinen Elementen und sind in der Lage, in einem agilen Projekt nach Kanban mitzuarbeiten.
- kennen Sie das Vorgehensmodell Design Thinking mit seinen Elementen und sind in der Lage, in einem agilen Projekt nach Design Thinking mitzuarbeiten.
- wissen Sie, was hybrides und adaptives Projektmanagement bedeutet und wie man das passende Projektmanagement Vorgehensmodell auswählt.

Das vierte Kapitel hat die in ◘ Abb. 4.1 gezeigte Struktur.

Wie in ▶ Abschn. 1.3 bereits erwähnt, nimmt agiles Projektmanagement einen immer größeren Stellenwert ein. Deshalb wird in diesem Kapitel neben einem Überblick über das agile Projektmanagement auf verschiedene

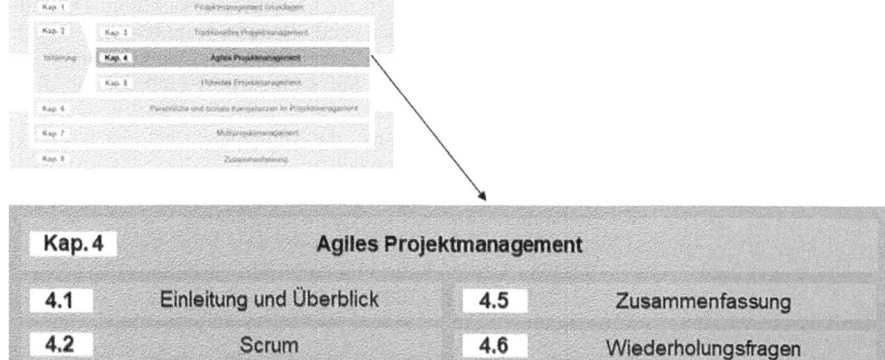

Abb. 4.1 Struktur Kap. 4

Vorgehensmodelle wie Scrum, Kanban und Design Thinking eingegangen. Überdies wird der direkte Vergleich zu dem traditionellen Projektmanagement hergestellt.

4.1 Einleitung und Überblick

Die vier Werte des agilen Managements, *Individuen und Interaktionen, funktionierende Software, Zusammenarbeit mit dem Kunden, Reagieren auf Veränderung* (▶ Abschn. 1.3.2), bilden die Basis für die zwölf agilen Prinzipien:

Zwölf agile Prinzipien

» 1. „Unsere höchste Priorität ist es, den Kunden durch frühe und kontinuierliche Auslieferung wertvoller Software zufrieden zu stellen.
2. Anforderungsänderungen, selbst spät in der Entwicklung, sind willkommen. Agile Prozesse nutzen Veränderungen zum Wettbewerbsvorteil des Kunden.
3. Liefere funktionierende Software regelmäßig innerhalb weniger Wochen oder Monate und bevorzuge dabei die kürzere Zeitspanne.
4. Fachexperten und Entwickler müssen während des Projekts täglich zusammenarbeiten.
5. Errichte Projekte rund um motivierte Individuen. Gib ihnen das Umfeld und die Unterstützung, die sie benötigen, und vertraue darauf, dass sie die Aufgabe erledigen.
6. Die effizienteste und effektivste Methode, Informationen an und innerhalb eines Entwicklungsteams zu übermitteln, ist im Gespräch von Angesicht zu Angesicht.
7. Funktionierende Software ist das wichtigste Fortschrittsmaß.

4

8. Agile Prozesse fördern nachhaltige Entwicklung. Die Auftraggeber, Entwickler und Benutzer sollten ein gleichmäßiges Tempo auf unbegrenzte Zeit halten können.
9. Ständiges Augenmerk auf technische Exzellenz und gutes Design fördert Agilität.
10. Einfachheit – die Kunst, die Menge nicht getaner Arbeit zu maximieren – ist essenziell.
11. Die besten Architekturen, Anforderungen und Entwürfe entstehen durch selbstorganisierte Teams.
12. In regelmäßigen Abständen reflektiert das Team, wie es effektiver werden kann und passt sein Verhalten entsprechend an." (Beck et al., 2001)

Der Zusammenhang von Werten, Prinzipien, Methoden und Vorgehensmodellen wird noch einmal in ◘ Abb. 4.2 verdeutlicht.

Dabei kann das agile Projektmanagement als Baum betrachtet werden, der nur durch seine Wurzeln (Werte und Mindset) am Leben bleibt, der Stamm (Prinzipien) gibt dem Baum die Stabilität und sichtbar sind die Blätter (Methoden), die an einzelnen Ästen (Vorgehensmodelle) gebündelt werden. Das heißt Agile Vorgehensmodelle, wie z. B. Scrum (s. ▶ Abschn. 4.2), integrieren verschiedene agile Methoden. Die erfolgreiche Anwendung agiler Vorgehensmodelle ist nur unter Berücksichtigung der agilen Werte und Prinzipien nachhaltig möglich.

Der agile Ansatz geht auf die Überlegung neuer Ansätze in der Softwareentwicklung Ende des letzten Jahrhunderts zurück, um die Erfolgsquote bei dieser Projekt-

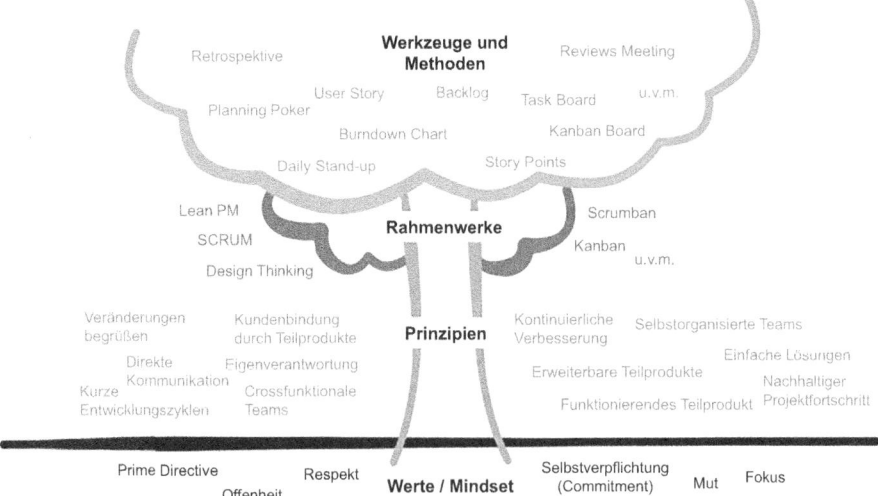

◘ **Abb. 4.2**   Der agile Baum – Zusammenhang agiler Werte, Prinzipien, Methoden und Vorgehensmodelle

art zu erhöhen. Hierbei wurden, wie oben bereits beschrieben, zunächst neue Werte und Prinzipien in den Mittelpunkt gerückt. Gleichzeitig entstand mit Scrum aber auch ein Vorgehensmodell, um Projekte abzuwickeln.

Weitere Merkmale des agilen Projektmanagements sind neben der iterativen und adaptiven Planung und den agilen Werten und Prinzipien die schlanke und flexible Gestaltung des Projekts und dessen Managements und damit die schnelle Abstimmung im Team. Ein weiterer grundsätzlicher Unterschied besteht in der Sichtweise auf das magische Dreieck. Im traditionellen Projektmanagement sind die Beschränkung *Lieferobjekt* und damit auch die *Arbeit* fix, die *Zeit* und die *Kosten* werden auf Basis des Lieferobjekts und der Arbeit abgeschätzt. Im agilen Projektmanagement stellt sich eher die Frage *Was bekomme ich wann für mein Geld?*, d. h. hier sind Zeit und Kosten fest und das Lieferobjekt ist variabel. ◘ Abb. 4.3 verdeutlicht diesen Unterschied.

Beim agilen Projektmanagement stehen damit grob skizzierte Projektziele und ein grob skizziertes Lieferobjekt am Anfang eines Projektes, das mit einem schrittweisen Voranschreiten und Anpassen des Lösungswegs im Projekt verfeinert und im Sinne der Kundenanforderungen erarbeitet wird (Inkrement und Iteration). Daher spielt die Einbindung des Kunden in das Projekt eine wesentliche Rolle.

Merkmale des agilen Projektmanagements

Darüber hinaus werden die Änderungen hinsichtlich des zu erstellenden Lieferobjekts bewusst in den Projektablauf eingebaut und als wichtig und sinnvoll angesehen. Das Team steuert sich in einem agilen Projekt selbst und es gibt im traditionellen Sinne keinen beauftragten Projektleiter. Das Team erhält die Verantwortung über das Projekt (vgl. hierzu auch Bea et al., 2020, S. 583 ff.; Gray & Larson, 2014, S. 582 ff.; Pichler, 2009, S. 1).

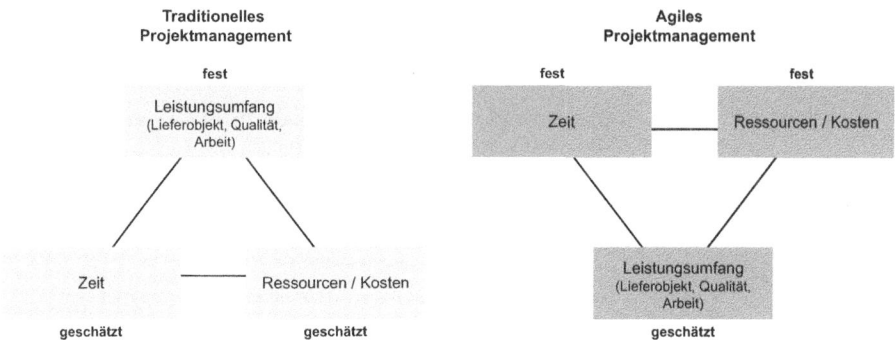

◘ **Abb. 4.3** Projektbeschränkungen im traditionellen und agilen Projektmanagement

4

Erfolgskriterien des agilen Projektmanagements

Die Erfolgskriterien beim agilen Projektmanagement sind:

- die Kommunikation und Interaktion der Entwickler,
- die Abgabe der Verantwortung vom Linienvorgesetzten an die Entwickler,
- diese Abgabe wiederum erfordert das Vertrauen des Managements in das Entwicklungsteam,
- der Kunde und damit die Anforderungen an das Projektergebnis werden regelmäßig eingebunden,
- das Wissen und die Entscheidungsbefugnis liegen beim Entwicklungsteam,
- die Transparenz des Projekts durch die enge Zusammenarbeit und den direkten Austausch des gesamten agilen Teams.

Die Unterschiede zwischen dem traditionellen und dem agilen Projektmanagement sind in ◘ Tab. 4.1 zusammengefasst.

Unterschiede traditionelles und agiles Projektmanagement

> An dieser Stelle soll noch einmal betont werden, dass trotz aller in ◘ Tab. 4.1 dargestellten Unterschiede die Projektmanagementelemente (▶ Abb. 1.20) im agilen Umfeld dieselben sind. Das heißt die Themen, die gemanagt werden müssen, sind identisch. Lediglich das Vorgehensmodell ist ein anderes.

Die wesentlichen Vor- und Nachteile des agilen Projektmanagements sind in der ◘ Tab. 4.2 dargestellt.

Vor- und Nachteile des agilen Projektmanagements

Im Folgenden werden die Vorgehensmodelle Scrum und Kanban und Design Thinking erklärt.

◘ **Tab. 4.1**   Unterschiede zwischen dem traditionellen und dem agilen Projektmanagement

Merkmal	Traditionelles Projektmanagement	Agiles Projektmanagement
Projektart	– Einfach bis komplizierte Projekte hinsichtlich Anforderungen und Vorgehensweise	– Komplexe Projekte hinsichtlich Anforderungen und Vorgehensweise – Alle Projekte, bei denen das Lieferobjekt leicht verändert werden kann (z. B. Konzepte, Software, Prototypenentwicklung)
Ziele/ Lieferobjekt	– Zu Beginn des Projekts definiert – SMART formuliert und über Zielhierarchie zerlegt – Konstant über Projektverlauf	– Als Vision formuliert, damit eher unscharf – Änderungen von Anforderungen erwünscht

◘ Tab. 4.1 (Fortsetzung)

Merkmal	Traditionelles Projektmanagement	Agiles Projektmanagement
Auftrag-geber	– Auftraggeber mit Fokus auf das finale Lieferobjekt – Einbindung über Lenkungskreis (Reporting)	– Project Owner vertritt Kundensicht oder ist der Kunde – Starke Einbindung ins Projekt
Projekt-leitung	– Beauftragter Projektleiter mit Projektkernteam	– Einen Projektleiter als Person gibt es nicht – Projektleitung liegt beim Entwicklungsteam
Team	– Benötigt Führung – Meist räumlich verteilt (ggfs. virtuell) – Meist zusätzlich durch Linienaufgaben gebunden	– Arbeitet eigenständig – Organisiert sich selbst – Interdisziplinär – Ist lokal konzentriert (ein Büro) – Eher kleines Team (< 10 Personen) – Meist nicht in Linienaufgaben und weiteren Projekten gebunden
Planung	Intensive Planungsphase mit Fokus auf Zeit, Kosten, Ressourcen, Risiken und Organisation, die dem Lieferobjekt und der benötigten Arbeit angepasst wird	Aufgrund vorgegebener fixer Projektmanagementelemente, wie Zeit, Kosten, Organisation, wird die Planung auf ein Minimum hinsichtlich Aufgabenverteilung und Umsetzung beschränkt
Change Request	– Definierter Prozess liegt vor – Sollte nach Möglichkeit vermieden werden	– Ist akzeptiert und erwünscht – In den Entwicklungsprozessen als festes Element eingeplant
Dokumen-tation	Recht umfassende Dokumentation über Projektauftrag, Projektplan mit allen Teilplänen, Statusberichte, Änderungsanträge, Abschlussbericht etc.	Auf ein Minimum reduziert (Anforderungslisten, wie z. B. Backlogs, Controllings Board, z. B. Burn-down-Chart oder Kanban Board)

◘ Tab. 4.2 Vorteile und Nachteile des agilen Projektmanagements

Vorteile	Nachteile
– Hohe Transparenz: Durch kontinuierlichen Informationsaustausch hat das Entwicklungsteam zu jedem Zeitpunkt einen vollständigen Überblick über den aktuellen Entwicklungsstand, mögliche Risiken und Probleme. Durch diese Transparenz reduzieren sich Fehler und die Entwicklung wird effizienter – Hohe Flexibilität: Das Entwicklungsteam ist im Umgang mit Anforderungen flexibel. Änderungen sind zu jeder Zeit möglich und erwünscht – Risikominimierung: Risiken werden durch die frühe Abnahme und Einbindung der Inkremente in das Gesamtsystem früher erkannt	– Nur bei hoher Verfügbarkeit des Entwicklungsteams möglich (mind. 50 % Verfügbarkeit) – Geringe Kontrolle – Abhängigkeit der Ergebnisse vom selbstorganisierten Team – Hohe Anforderungen an die Selbstständigkeit und das Verantwortungsbewusstsein der einzelnen Teammitglieder

4.2 **Scrum**

Als bekanntester Vertreter der agilen Vorgehensmodelle gilt Scrum. Scrum ist ein Begriff aus dem Rugby und heißt übersetzt *Gedränge.* Damit betont der Begriff ein wesentliches Merkmal des agilen Projektmanagements, nämlich die Teamarbeit mit einer zeitnahen und effizienten Kommunikation.

Drei Prinzipien von Scrum

Dabei setzt Scrum auf drei Prinzipien, um Komplexität zu reduzieren:

- **Transparenz:** Aufgrund der engen Zusammenarbeit gibt es eine hohe Transparenz bzgl. der Arbeit, des Fortschritts sowie der Hindernisse. Alle Themen werden täglich dokumentiert.
- **Überprüfung:** In gewissen Zyklen werden funktionierende Teillieferobjekte übergeben und getestet.
- **Anpassung:** Auf Basis der Überprüfung erfolgt eine Anpassung der Anforderungen. Damit ergibt sich nach jedem Zyklus eine dem Bedarf und den Wünschen des Kunden angepasste aktuelle Anforderungsliste.

In ◘ Abb. 4.4 ist der Ablauf eines Projektes nach Scrum dargestellt.

Wesentliches Merkmal von Scrum ist die Entwicklung des Lieferobjekts oder, in der Scrum-Sprache, des Produkts auf Basis von funktionsfähigen Teillieferobjekten, den sog. Produktinkrementen, die innerhalb eines Ent-

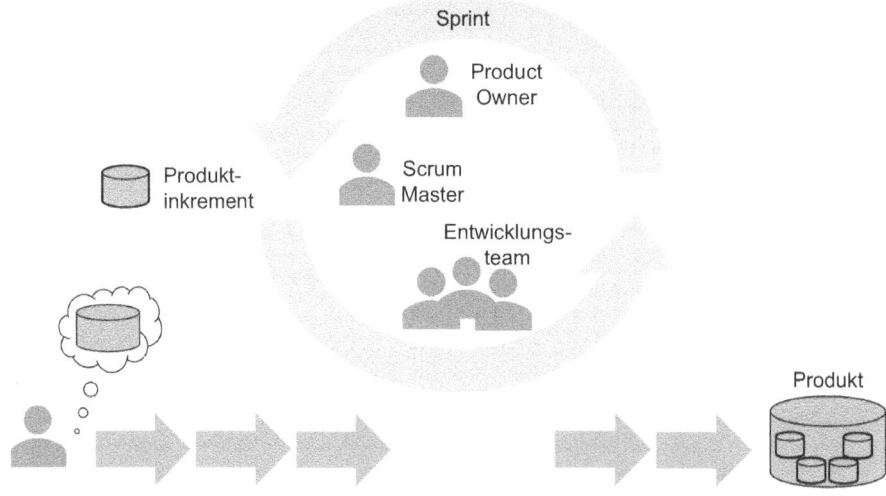

◘ **Abb. 4.4**   Scrum Vorgehensweise

wicklungszyklus von meist vier Wochen, dem Sprint, realisiert werden.

Scrum ist im Wesen ein sehr strukturiertes Vorgehensmodell,[1] das durch die drei Bestandteile Ereignisse, Rollen und Artefakte charakterisiert ist, die im Scrum-Guide beschrieben sind (Schwaber & Sutherland, 2020):

- Die Scrum-Rollen:
  - Product Owner
  - Scrum Master
  - Entwicklungsteam
- Die Scrum-Artefakte:
  - Product Backlog
  - Sprint Backlog
  - Produktinkrement
  - Neben den im Scrum-Guide beschriebenen Artefakten gibt es noch weitere, die in der Praxis häufig eingesetzt werden und deshalb vorgestellt werden: Impediment Backlog, Taskboard und Burn-down-Chart.
- Die Scrum-Ereignisse:
  - Sprint
  - Sprint Planning
  - Daily Scrum
  - Sprint Review
  - Sprint Retrospective.

4.2.1 Scrum-Rollen

Zunächst werden die drei Rollen beschrieben: Scrum-Rollen

■ **Product Owner**

Der Product Owner ist für die Eigenschaften und den   Product Owner
wirtschaftlichen Erfolg des Produkts verantwortlich. Er
verfügt über ein sehr gutes Kunden- und Produktver-
ständnis.

■ **Scrum Master**

Der Scrum Master ist für die erfolgreiche Abwicklung der   Scrum Master
Scrum-Vorgehensweise verantwortlich und unterstützt das
Team hinsichtlich einer effizienten Arbeitsweise. Inhaltlich
liefert der Scrum Master in der Regel keinen Beitrag.

---

1   Dieses steht nicht im Widerspruch zur Agilität. Denn Agilität
    stützt sich primär auf agile Werte und Prinzipien und kann trotz-
    dem sehr strukturiert ablaufen.

4

Entwicklungsteam

■ **Entwicklungsteam**

Das Entwicklungsteam ist für die Entwicklung und Lieferung der Produktinkremente und damit des Produkts verantwortlich. Zudem trägt es die Verantwortung für die Einhaltung der vereinbarten Qualitätsstandards.

4.2.2 Scrum-Artefakte

User Story

Eine Produktidee wird hinsichtlich der Anforderungen anhand von sog. User Stories beschrieben. Eine User Story ist eine bestimmte Art, Anforderungen zu formulieren. Dabei folgen User Stories der folgenden Struktur:

1. Nennung der Rolle, aus deren Blickwinkel die Anforderung formuliert wird,
2. Formulierung der Anforderung bzw. des Ziels, das erfüllt werden soll,
3. Formulierung einer Begründung.

> ▶ **Beispiel**
>
> Auf Basis dieser dreiteiligen Struktur könnte ein Anwender für eine mobile Restaurant-App beispielhaft folgende User Stories formulieren:
>
> ▬ Als Anwender möchte ich automatisch geortet werden, um im Umkreis meines Standortes geeignete Restaurants zu finden.
> ▬ Als Anwender möchte ich den Standort manuell verändern können, um auch in anderen wählbaren Regionen geeignete Restaurants zu finden.
> ▬ Als Anwender möchte ich nach den Kriterien *Preis, Geschmacksrichtung und Lage* selektieren können, um für mich geeignete Restaurants zu finden. ◀

Epic

Am Anfang vieler Projekte gibt es noch recht vage Anforderungen. Diese vagen Anforderungen werden mit aufgenommen und im weiteren Projektverlauf konkretisiert. Anforderungen, die eher vage und damit auf einer hohen Abstraktionsebene sind, werden Epics genannt.

Es wird versucht, die Epics im Laufe der Sprints in abschätzbare User Stories herunterzubrechen.

Die Güte von User Stories kann nach dem INVEST-   INVEST-Prinzip
Prinzip überprüft werden. Dabei steht INVEST für:
- Independent, d. h. die User Stories sollten unabhängig voneinander sein.
- Negotiable, d. h. die User Stories sollten verhandelbar sein.
- Valuable, d. h. die User Stories stellen für den Kunden einen Wert dar.
- Estimatable, d. h. die User Stories sind abschätzbar.
- Small, d. h. die User Stories sind klein genug, um abgeschätzt zu werden.
- Testable, d. h. die User Stories sind so spezifiziert, dass die Anforderungen getestet werden können (vgl. Pichler, 2009, S. 44 ff.; Cohn, 2013).

User Stories stellen die Anforderungen verschiedener Anwendergruppen an ein Produkt dar. Um von den User Stories zum Produkt zu gelangen, müssen sie zunächst in Funktionen übersetzt werden. Die Funktionen werden während des Sprints durch einzelne Tasks realisiert, die am Ende jedes Sprints ein Produktinkrement (funktionierendes Teilergebnis) darstellen. Dabei ist der Zusammenhang zwischen User Stories, Funktionen, Tasks und Inkrementen nicht linear. Es ergibt sich vielmehr eine *n:m-Beziehung* der einzelnen Elemente.
◨ Abb. 4.5 stellt die Abhängigkeiten dar.

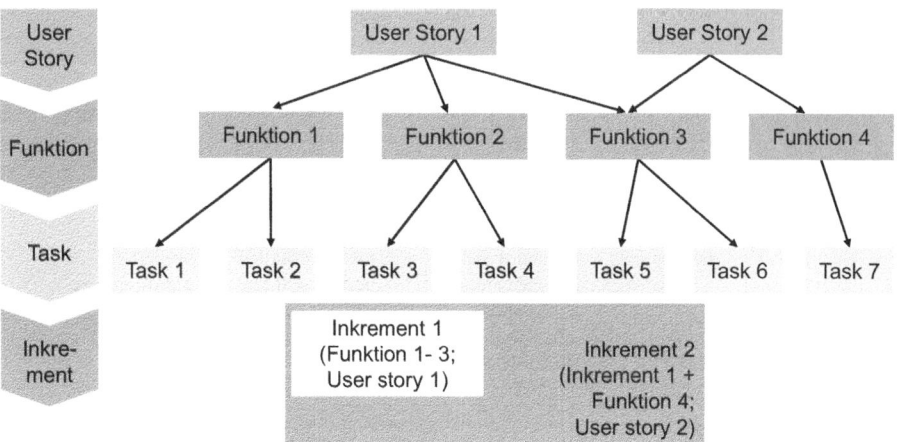

◨ **Abb. 4.5**   Zusammenhang User Stories, Funktion, Task, Inkrement

4

Weihnachtsfeier bei der Ei-Ti AG – User Stories und Epics

Laura Leiter hat zu einem Workshop bzgl. der Ermittlung von Anforderungen an die Ei-Ti-App eingeladen. Am Tisch sitzen Geschäftsführer Gerd Genau, Marketing-chefin Martina Mark als designierter Product Owner, Emil Expert, Sabine Schein, Sven Soft als zukünftiger Scrum Master und Ina Itti, die unbedingt dabei sein wollte. Laura Leiter ist ziemlich nervös, schon nach so kurzer Zeit im Unternehmen mit dem Geschäftsführer und einigen anderen Führungskräften zusammenzusitzen. Gemeinsam mit Emil Expert und Sven Soft hat sie den Workshop vorbereitet und ist froh, dass Sven Soft die Moderation übernimmt. Laura Leiter hat gemeinsam mit Sven Soft Flipcharts vorbereitet, um alle Anforderungen aufzunehmen. Die Flip-charts füllen sich recht schnell und haben nach nicht mal 45 min folgenden Inhalt:

Art und Nr.	Benutzer-rolle	Anforderung	Grund	Akzeptanz-kriterien
1 (US)	Als Mana-ger …	… möchte ich eine grafische Übersicht über die Ergebnisse der Befragung einer Veranstaltung, auf-geteilt nach der Funktion im Unternehmen, …	… um Aussagen über die Ziel-erreichung einer Veranstaltung zu erhalten.	Jede Frage kann nach Unternehmens-funktionen grafisch aus-gewertet wer-den
2 (US)	Als Mana-ger …	… möchte ich ein Gewinnspiel in Form eines Unter-nehmensquiz an-bieten, …	… um den Mit-arbeitern spiele-risch das Unter-nehmen zu er-klären und sie zu motivieren, an dem Quiz teilzu-nehmen	Spiele funktio-nieren ein-wandfrei
3 (US)	Als An-wender …	… möchte ich, dass die App mehr-sprachig ist, …	… um alles zu verstehen und damit die App zu nutzen	Native Speaker nimmt die Sprachen ab
4 (US)	Als An-wender …	… möchte ich mit meinen Arbeits-kollegen einfach kommunizieren und Fotos, Dateien etc. austauschen, …	… um den Kon-takt zu erhalten und schnell und einfach kommu-nizieren zu kön-nen	Feature funk-tioniert ein-wandfrei ohne Verzögerung

Art und Nr.	Benutzer-rolle	Anforderung	Grund	Akzeptanz-kriterien
5 (US)	Als An-wender …	… möchte ich meine Kollegen mit Fotos und ein paar persönlichen und beruflichen An-gaben hinterlegt haben, …	… um sie besser kennenzulernen und jemanden einfacher zu fin-den	Abnahme durch Personalrat und Mit-arbeiter
6 (US)	Als An-wender und Mitarbeiter des Berliner Office …	… möchte ich über die App über Mit-tagsessen im Um-kreis informiert werden und ggfs. auch Essen be-stellen können, …	… damit ich mit-tags nicht so viel Zeit für die Essensuche und -bestellung verwenden muss	Feature funk-tioniert ein-wandfrei ohne Verzögerung
7 (US)	Als Mana-ger …	… möchte ich, dass die App weiter-entwickelt werden kann, …	… um die Ver-besserungsvor-schläge regel-mäßig umzu-setzen und die App als Produkt anzubieten	Programmier-standards ein-gehalten und Schnittstellen offen
8 (US)	Als Marketing-manager …	… möchte ich den Mitarbeitern Unternehmens-informationen zu-kommen lassen, …	… damit die Mitarbeiter immer aktuell und schnell in-formiert werden	
9 (Epic)		Benutzerver-waltung		
10 (Epic)		Administrations-bereich		
Legende:	US – User Story			

Nachdem der Workshop vorbei ist, bittet Laura Leiter Sven Soft und Emil Expert noch kurz um Rat, da ihr beim Workshop Folgendes aufgefallen ist:

Die Marketingleiterin Martina Mark hat Anforderungen der Mitarbeiter ohne Rücksprache aufschreiben lassen. Emil Expert erklärt Laura Leiter, dass der Pro-duct Owner in Scrum die Sicht des Kunden einnimmt. Wenn aber keine Rück-kopplung über die Mitarbeiter erfolgt, kann es so zu Akzeptanzproblemen kommen. Emil Expert verspricht Laura Leiter, diese Anforderungen erneut mit Martina Mark zu besprechen.

4

▪ Product Backlog

Product Backlog

Die User Stories und Epics sind der wesentliche Bestandteil des Product Backlogs. Das Product Backlog enthält alle Anforderungen in Form von User Stories, Funktionalitäten, Verbesserungen, Fehlerbehebungen etc., die im Rahmen des Scrum-Projekts umgesetzt werden sollen. Beim Product Backlog handelt es sich um eine dynamische Liste, die während des Scrum-Projekts ergänzt und angepasst wird.

▪ Sprint Backlog

Sprint Backlog

Auf Basis der Priorisierung und der Schätzung (▶ Abschn. 4.2.4) werden nun vom Team so viele User Stories in einen Sprint übernommen, wie es meint, in dieser Zeit erledigen zu können. Die zu realisierenden User Stories für einen Sprint werden in einem Sprint Backlog gesammelt.

▪ Taskboard

Taskboard

Die Tasks, die zur Erstellung von Funktionen und damit zur Erfüllung der User Stories dienen, werden in einem sog. Taskboard dargestellt. Die Tasks können durch die Dreiteilung des Taskboards in *Tasks open, Tasks in progress und Tasks done* relativ einfach strukturiert und gesteuert werden. Das Taskboard ist ein Instrument des Sprint Backlogs.

▪ Burn-down-Chart

Burn-Down-Chart

Im Rahmen der Fortschrittsmessung im agilen Umfeld und insbesondere bei Scrum werden Burn-Down-Charts eingesetzt (◼ Abb. 4.6), die die geplante Arbeit gegen die tatsächlich geleistete Arbeit z. B. in Form von Story Points darstellen (Schätzung der Komplexität ▶ Abschn. 4.2.4). Dabei werden die maximale Anzahl von Story Points, die in dem Sprint bearbeitet werden sollen, auf der x-Achse eingetragen. Dann wird die Planlinie eingezeichnet (vom maximalen Story-Points-Wert bis zur 0-Linie am Ende des Sprints). Bei jedem Daily Scrum kann einfach nachvollzogen werden, wie viele Story Points bereits abgearbeitet wurden („verbrannt wurden", deshalb *burn down*).

▪ Impediment Backlog

Im Rahmen eines jeden Projektes gibt es Hindernisse (Probleme), die es zu überwinden gilt. Bei Scrum werden die identifizierten Hindernisse in einem sog. Impediment Backlog aufgenommen.

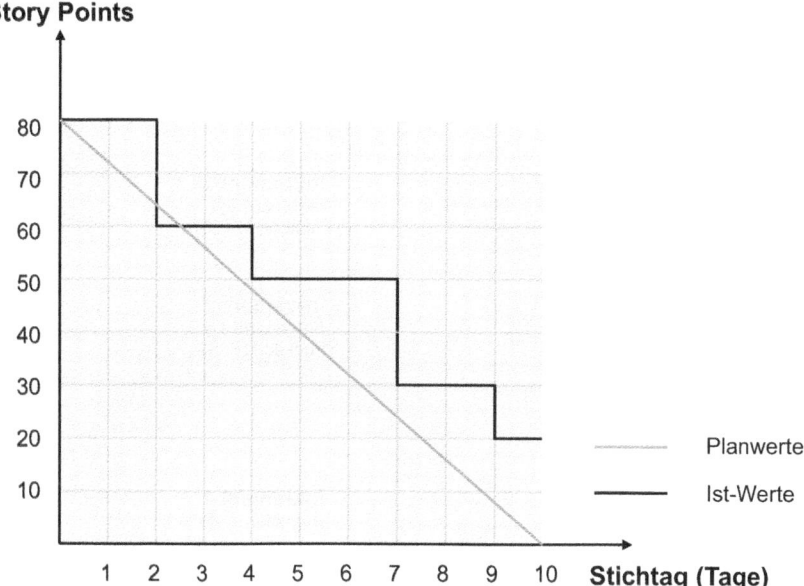

☐ Abb. 4.6 Burn-down-Chart

Das Impediment Backlog ist eine Sammlung von Proble- Impediment Backlog
men, die das Entwicklungsteam an der effizienten Aufgabenerfüllung hindert. Es wird während des Daily
Scrums oder der Sprint Retrospective am Ende des Sprints
gefüllt. Der Scrum Master ist für die Lösung der Hindernisse maßgeblich verantwortlich.

- **Produktinkrement**

Am Ende eines Sprints steht das fertiggestellte Produkt- Produktinkrement
inkrement, das die User Stories in Form von Funktionen
und weiteren Merkmalen umsetzt, zur Abnahme durch
den Product Owner bereit. Dabei ergibt sich pro Sprint
immer ein Inkrement, das wiederum Bestandteil der folgenden Inkremente ist (☐ Abb. 4.7).

Ein Inkrement kann isoliert betrachtet und abgenommen Definition of Done
werden.
    Um über den Erfolg eines Inkrements und damit über
die Erfüllung der User Stories entscheiden zu können,
müssen im Vorfeld der Umfang des Inkrements und entsprechende Fertigstellungskriterien definiert werden. Hier
handelt es sich um die Definition of Done, d. h. also die
Beschreibung, wann ein Inkrement als erledigt definiert
wird. Die Definition of Done wird vom Entwicklerteam
vorgenommen. Hierbei fließen die Akzeptanzkriterien der

4

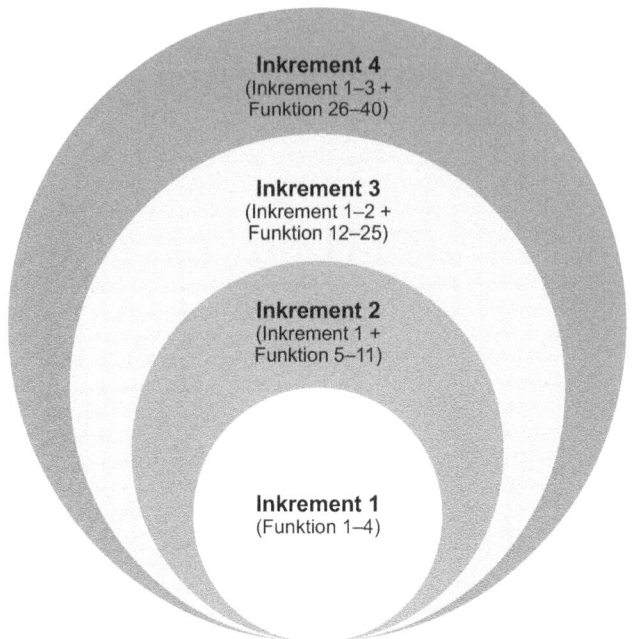

Inkrement 4
(Inkrement 1–3 +
Funktion 26–40)

Inkrement 3
(Inkrement 1–2 +
Funktion 12–25)

Inkrement 2
(Inkrement 1 +
Funktion 5–11)

Inkrement 1
(Funktion 1–4)

◘ **Abb. 4.7**   Produktinkrement

User Stories mit ein. Die Definition of Done ist aber nicht gleichzusetzen mit den Akzeptanzkriterien der User Stories. Die Definition of Done bezieht sich auf das Produktinkrement und wird über die Funktionen des Inkrements auf Basis der User Stories realisiert.

Beispiele für Definition of Done sind:
- Programmierung der Software für die Funktionen,
- Erfüllung der Akzeptanzkriterien der Funktionen,
- Erstellung der Dokumentation,
- Anwendung der Standards der Softwareentwicklung,
- Durchführung eines Reviews,
- Durchführung von Funktionstests,
- keine offenen Punkte oder Fehler.

Die Artefakte werden in ◘ Tab. 4.3 zusammenfassend dargestellt.

■ Tab. 4.3 Scrum-Artefakte

Artefakt	Beschreibung
Product Backlog	Im Product Backlog werden alle Anforderungen in Form von User Stories aufgelistet, die während des Projekts umgesetzt werden sollen. Das Product Backlog kann aber auch direkt Funktionalitäten, Verbesserungen, Fehlerbehebungen etc. beinhalten, die umgesetzt werden sollen. Das Product Backlog wird meist mithilfe der Spalten *To-Do, in Arbeit, erledigt* strukturiert
Sprint Backlog	Aus dem Product Backlog werden auf Basis der Schätzungen und Priorisierung so viele User Stories oder Funktionalitäten etc. in das Sprint Backlog übernommen, wie das Team in einem Sprint umsetzen kann. Darüber hinaus ist das Sprint Backlog ein Plan, um den Fortschritt im Daily Scrum transparent zu machen. Das Sprint Backlog sollte ebenfalls die drei Spalten *To-do, in Arbeit, erledigt* enthalten
Taskboard	Die Übersicht der einzelnen Aufgaben zur Entwicklung von Funktionen kann auf einem Taskboard dargestellt sein. Dabei sollen die Tasks den einzelnen Teammitgliedern zugeordnet werden und wie beim Sprint Backlog und Product Backlog sollte mit den Spalten *To-do, in Arbeit, erledigt* gearbeitet werden. Das Taskboard kann wiederum ein Flip sein, ein Excel-Sheet, oder Post-It-Zettel am Scrum-Board mit der Überschrift *Task*
Burn-down-Chart	Das Burn-down-Chart ist ein grafisches Kontroll- und Steuerungsinstrument für die einzelnen Sprints. Es visualisiert die geleistete Arbeit und die noch zu leistende Arbeit zu einem Stichtag. Die Darstellung erfolgt meist in Form von Story Points. Außerdem kann das Burn-down-Chart als Prognoseinstrument verwendet werden, inwieweit das Entwicklungsteam das geplante Ziel erreichen kann
Impediment Backlog	Das Impediment Backlog ist die Dokumentation der Hindernisse während eines Sprints in Form einer Liste. Die Hindernisse beziehen sich dabei auf alles, was ein Team daran hindert, die Aufgaben zu erfüllen. Das Impediment Backlog kann z. B. eine Liste auf einem Flip sein, ein Excel-Sheet, ein Ticket in einem Aufgabenmanagement-Tool oder Post-It-Zettel am Scrum-Board mit der Überschrift *Impediments*
Produktinkrement	Ein Inkrement ist das Ergebnis eines Sprints (Teillieferobjekt). Es umfasst die Funktionen und Merkmale, um die User Stories des Sprints zu erfüllen. Am Ende eines Sprints muss das Inkrement in einem funktionsfähigen Zustand sein und die *Definition of Done* des Teams erfüllen

4.2.3 Scrum-Ereignisse

■ **Sprint**

Ein Sprint ist ein Entwicklungszyklus, der ein Inkrement als Ergebnis hat. Es beinhaltet die folgenden Ereignisse:

Sprint

4

■ **Sprint Planning**

Sprint Planning

Zu Beginn eines jeden Sprints werden im Rahmen eines Sprint Planning das Sprintziel festgelegt, die User Stories abgeschätzt und für den Sprint ausgewählt. Hieran nimmt der Product Owner teil. Anschließend erfolgt die Aufgabenplanung des Sprints, indem das Entwicklungsteam die User Stories in Tasks herunterbricht. Bei diesem Teil des Sprint Plannings sind meist nur noch der Scrum Master und das Entwicklungsteam anwesend. Somit teilt sich das Sprint Planning in drei Teile, die die drei wesentliche Fragen des Projektmanagements beantwortet:

1. Warum?: Festlegung des Sprintziels
2. Was?: Abschätzung, Priorisierung und Auswahl der User Stories für den Sprint,
3. Wie?: Ableitung von Tasks für den Sprint.

■ **Daily Scrum**

Daily Scrum

In einer täglichen Besprechung, dem sog. Daily-Scrum-Meeting, kommen das Team und der Scrum Master für eine kurze und festgelegte Zeit (z. B. 15 min) zusammen und berichten kurz über den erreichten Status seit dem letzten Daily-Scrum-Meeting, über Hindernisse, die geplanten Aufgaben bis zum nächsten Daily Scrum sowie ggfs. über Synchronisationen mit anderen Tasks im Team. Das Daily Scrum sollte bewusst kurz gehalten werden, aber täglich stattfinden, um die Kommunikation im Team zu gewährleisten.

■ **Sprint Review**

Die Abnahme des im Sprint entwickelten Inkrements erfolgt im sog. Sprint Review. Bei diesem Termin, der in der Regel vier Stunden dauert, präsentiert das Entwicklungsteam dem Product Owner und anderen interessierten Personen das Ergebnis des Sprints. Wichtig ist, dass nur funktionsfähige Inkremente vorgeführt werden.

Sprint Review

Das Team nimmt das Feedback des Product Owners auf und baut es anschließend in Form von neuen oder angepassten User Stories in das Product Backlog ein.

Der Product Owner entscheidet am Ende des Sprint Reviews über die Abnahme des Inkrements und ggfs. weitere Anpassungen. Der Sprint Review wird am Ende eines jeden Sprints durchgeführt. Dadurch wird gewährleistet, dass die jeweils abgenommenen funktionierenden Inkremente des Lieferobjekts möglichst früh einen Nutzen erzeugen.

- **Sprint Retrospective**

Des Weiteren werden in einem sog. Sprint Retrospective am Ende jedes Sprints die Lessons Learned aus dem Sprint reflektiert und Verbesserungsmaßnahmen für den nächsten Sprint abgeleitet.

Sprint Retrospective

Zusammenfassend werden in ◻ Tab. 4.4 noch einmal die Scrum-Ereignisse dargestellt.

Das Time Boxing ist ebenfalls ein spezieller Begriff in Scrum und deutet auf die genau festgelegte Frequenz und Dauer eines jeden Ereignisses hin.

◻ Abb. 4.8 zeigt zusammenfassend das Scrum-Vorgehensmodell inkl. der Ereignisse und Artefakte.

◻ **Tab. 4.4** Scrum-Ereignisse

Ereignis	Beschreibung	Time Boxing
Sprint	Ein festgelegter Zyklus, in dem ein interdisziplinäres Team eigenverantwortlich und selbstorganisiert an der Umsetzung der Vorgaben des Sprints arbeitet. Das Projektteam entwickelt ein auslieferbares Produktinkrement	Vier Wochen
Sprint Planning	Ein Abstimmungs- und Planungstermin, der aus drei Teilen besteht: 1. Festlegung Sprintziel (Warum?) 2. Auswahl der User Stories für das Sprintziel (Was?) inkl. Priorisierung und Abschätzung der einzelnen Stories 3. Festlegung der Aufgaben (Wie?)	Zu Beginn des Sprints, 8 h
Daily Scrum	Ein täglicher Abstimmungstermin von fünfzehnminütiger Dauer, in dem jeder Entwickler kurz drei Fragen beantwortet: – Was habe ich seit dem letzten Daily Scrum erreicht? – Was hat mich ggfs. daran gehindert, mehr zu erreichen? – Was habe ich bis zum nächsten Daily Scrum vor?	Täglich, 15 min
Sprint Review	Präsentation bzw. Demo des Produktinkrements als Resultat des Sprints. Feedback durch den Kunden	Ende des Sprints, 4 h
Sprint Retrospective	Reflexion des aktuellen Sprints. Verbesserungen werden identifiziert, geplant und umgesetzt	Ende des Sprints, 3 h

4

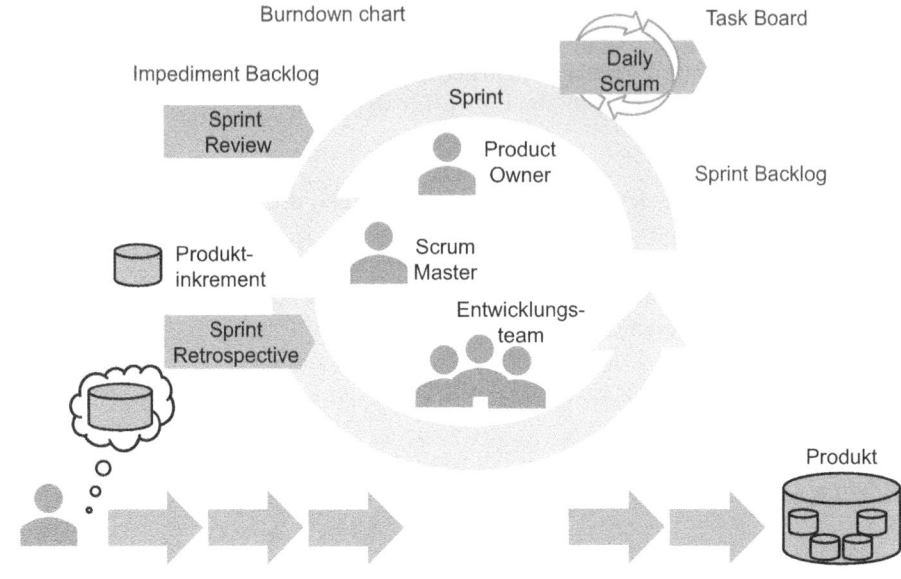

● **Abb. 4.8**   Scrum-Vorgehensweise mit Ereignissen, Artefakten und Rollen

4.2.4 **Agile Schätzmethoden**

Die Abschätzung der Größe der User Stories ist ebenfalls eine Besonderheit von Scrum. Im traditionellen Projektmanagement wird die Arbeit, die zur Erstellung eines Lieferobjektes notwendig ist, in Dauer und Aufwänden absolut abgeschätzt, z. B. ein Arbeitspaket 4711 hat einen Aufwand von 100 Projekttagen und dauert 20 Tage. Bei Scrum erfolgt die Abschätzung relativ bzw. vergleichend zwischen den einzelnen User Stories mit einer neutralen Größe, den sog. Story Points. Dabei werden pro User Story Punkte in Abhängigkeit zu der relativen Größe, die ein Ausdruck der Komplexität darstellt, vergeben. Die Punkte sind meist diskrete Werte. In den meisten Fällen wird eine angepasste Fibonacci-Zahlenfolge benutzt (1, 2, 3, 5, 8, 13, 20, 40, 100 Punkte).

Die Idee hinter dieser neuen Abschätzung ist zum einen den Fokus auf die User Stories – und damit indirekt auf das Ergebnis (Produktlieferobjekt) – und nicht auf den Aufwand in Abhängigkeit von der Erfahrung und Produktivität des Teams zu legen. Das heißt ein erfahrenes Team im traditionellen Projektmanagement wird den Aufwand geringer einschätzen als ein unerfahrenes Team. Im agilen Umfeld mit Story Points wird die Schätzung auf das Ergebnis bezogen und nicht auf den Aufwand und damit die Teamleistung.

Weitere Vorteile des agilen neutralen Schätzens auf Basis von Story Points sind:

– Relative bzw. vergleichende Schätzungen können schneller durchgeführt werden als das Schätzen absoluter Größen. Das Schätzen von Dingen zueinander ist einfacher als eine absolute Größe zu schätzen. So kann man relativ einfach Dinge in eine Reihenfolge zueinander bringen (z. B. über den paarweisen Vergleich ▶ Abschn. 7.3.2).

– Das Schätzen von Komplexität ist statisch, d. h. der Wert ändert sich nicht. Bei der Schätzung von Aufwänden oder Zeiten wird im Laufe des Projekts durch die Erfahrung des Teams die Produktivität erhöht und damit eine Neuschätzung nötig. Zwar spielt der Erfahrungsgewinn bei den agilen Methoden eine mindestens ebenso wichtige Rolle, doch ist diese nicht Bestandteil der Story Points.

– Durch die Diskussionen und Schätzungen im gesamten Entwicklungsteam wird eine gemeinsame Sichtweise bzgl. des Projekts geschaffen. Unklarheiten und offene Punkte werden häufig früh erkannt und besprochen.

Zur Aufwandsschätzung und damit zu Aussagen bzgl. der Produktivität gelangt man durch den sog. Velocity-Faktor. Die Velocity gibt an, wie viel Story Points in einem definierten Zeitbereich umgesetzt werden können.

Velocity

Der Velocity-Faktor entspricht dabei den abgearbeiteten Story Points eines Sprints. Lediglich im ersten Sprint ist eine Feststellung nicht möglich, da noch keine Werte vorliegen. Hier kann dann die Velocity entweder abgeschätzt oder aus historischen Daten bei gleicher Teamzusammensetzung ermittelt werden.

Ermittlung der Velocity

In der Praxis stellt die Schätzung auf Basis von Story Points anfänglich, insbesondere wenn man aus dem traditionellen Projektmanagement kommt, eine Umgewöhnung dar. Man verfällt häufig wieder in die „alte" Schätzung mittels Aufwand und Dauer, zumindest versucht man sich hier Brücken zu bauen (z. B. ein Story Point entspricht einem Tag Aufwand). Dieser Ansatz ist allerdings wenig zielführend. Dazu muss man erst einmal die Idee der Story Points verstehen und verinnerlichen. Es ist ein Ausdruck der Größe oder Komplexität einer User Story. Man kann es z. B. mit dem Grundriss einer Wohnung erklären. Wenn der Grundriss keine Quadratmeterangaben enthält, ist es schwierig abzuschätzen, wie lange ein Malerteam zum

4

Methoden zur Schätzung der Story Points

Schätzklausur

Planungspoker

Schwimm-bahnen-Methode

Streichen der Wände benötigt. Hat das Malerteam aber einen Raum gestrichen, kann es anhand der relativen Größe der Räume zueinander auch die anderen Räume abschätzen (vgl. Mike Cohn, 2006, S. 39 f.).

Um Story Points abzuschätzen, gibt es verschiedene Methoden. Die gängigsten Methoden in der Praxis sind die Schätzklausur, der Planungspoker *(planning poker)* und der Schwimmbahnen-Ansatz *(swimlane)*.

■ **Schätzklausur**

Bei der Schätzklausur handelt es sich um eine offene Diskussion zur Schätzung der Story Points. Nachdem der Product Owner die User Stories vorgestellt hat und Fragen geklärt sind, schätzt das Team die einzelnen User Stories gemeinschaftlich in einer Diskussion ab. Der Scrum Master übernimmt dabei die Moderation, die bei der Schätzklausur besonders wichtig ist.

■ **Planungspoker**

Beim Planungspoker erhält jedes Teammitglied einen Stapel von Karten (z. B. Karteikarten) mit den vorher festgelegten möglichen Story Points (z. B. Fibonacci-Zahlen). Jede User Story wird vom Product Owner erklärt, mögliche Fragen werden geklärt. Danach legt jeder Teilnehmer seine Schätzung verdeckt auf den Tisch (eine Karte). Wenn die Karten aller Entwicklungsteammitglieder verdeckt auf dem Tisch liegen, werden sie gleichzeitig umgedreht. Bei Abweichungen der Schätzungen sollte das Teammitglied mit dem niedrigsten und höchsten Wert seine Schätzung erklären. Anschließend wird erneut abgestimmt, bis eine gemeinsame Schätzung vorliegt.

■ **Schwimmbahnen-Methode**

Bei der Schwimmbahnen-Methode werden die User Stories aus dem Product Backlog gemeinsam für alle sichtbar auf die entsprechenden Story Points verteilt, die nebeneinander an einem Flipchart oder Whiteboard angeordnet sind. Da die Anordnung wie Schwimmbahnen aussieht, hat diese Methode den Namen *Schwimmbahn-Methode* erhalten (◘ Abb. 4.9). Wenn man ein Flipchart verwendet, kann man die User Stories auf Haftnotizen schreiben, anschließend mit den zugehörigen Story Points versehen, priorisieren und dann entsprechend der Priorität in den Sprint Backlog überführen. Selbstverständlich funktioniert das Ganze auch digital.

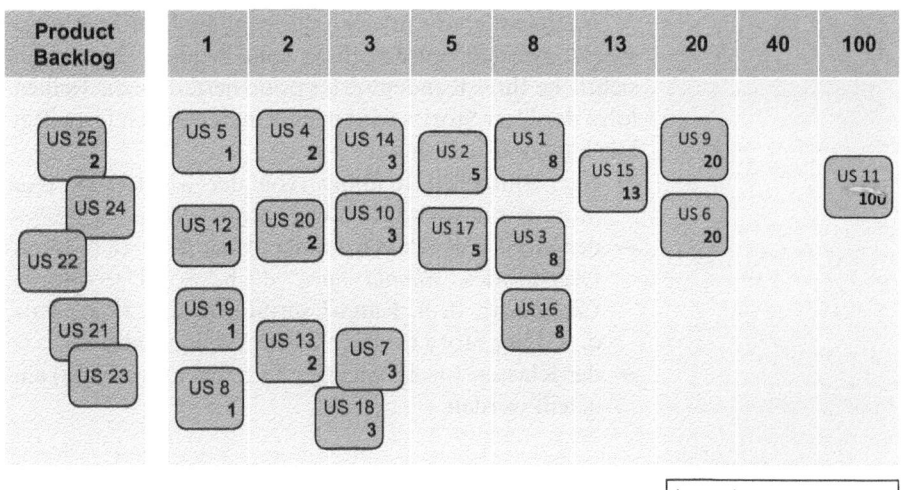

■ Abb. 4.9 Schätzung mithilfe des Schwimmbahnen-Diagramms

■ Magic Estimation

Das Entwicklungsteam teilt sich die User Stories auf und stellt sich in einer Reihe auf. Nacheinander ordnet jedes Teammitglied dann seine User Story den entsprechenden Story Points zu. Das kann auf einer Schwimm-bahnen-Struktur auf einer Metaplanwand oder digital erfolgen. Die nächste Person kann dann entweder die vorherige User Story verschieben oder wenn sie mit der Schätzung einverstanden ist, selber die eigene User Story den Story Points zuordnen. Die Verschiebung von User Stories werden entsprechend markiert. Wenn User Stories mehr als dreimal verschoben wurden, werden Sie anschließend diskutiert und dann nach gemeinsamer übereinstimmender Schätzung ebenfalls auf das Schwimmbahnen-Diagramm geheftet. Das Magic-Estimation-Verfahren ist ein sehr effizientes Verfahren, da die Schätzung vieler User Stories ohne Diskussion erfolgt. Nur die verschobenen User Stories werden diskutiert. Das Verfahren wird häufig bei einer großen Anzahl von User Stories eingesetzt.

Magic Estimation

Wichtig bei allen Schätzmethoden ist, dass eine einfache Mittelwertbildung oder Abstimmungen nach Möglichkeit vermieden und ein Konsens gefunden werden sollte.

Nachdem vom Entwicklungsteam die User Stories geschätzt wurden, werden diese vom Product Owner hinsichtliche Ihres Kundenwertes priorisiert, d. h. die Reihenfolge der User Stories wird nach Kundennutzen festgelegt. Die kann dabei mithilfe

- einer einfachen Reihung (von der wichtigsten User Story zur unwichtigsten User Story) oder
- der MuSCoW-Klassifizierung (*Must Have*, d. h. Muss-User-Stories, *Should have*, d. h. Soll-User-Stories, *Could have*, d. h. Kann-User-Stories und *Won't have*, d. h. User Story für die nächste Version) oder
- der Klassen 1 (sehr wichtig) bis n (eher unwichtig) eingeteilt werden.

Weihnachtsfeier bei der Ei-Ti AG – Scrum Anwendung/Sprint Durchlauf

Da die Entwicklung der Mobilen App nach Scrum erfolgen soll, werden zunächst das Scrum Team mit den drei Rollen festgelegt.

- Product Owner: Martina Mark
- Entwicklungsteam: Laura Leiter, Elena, Emma, Edgar, Eddy
- Scrum Master: Sven Soft

Da Sven Soft noch nicht so viel Erfahrung mit Scrum hat, jedoch agiler Experte bei der Ei-Ti AG werden soll, hat Emil Expert der Geschäftsführung zugesichert, Sven Soft und dem gesamten Scrum Team als Coach zur Verfügung zu stehen.

Emil Expert schlägt auf Basis der ungenauen Anforderungen an diese App eine Sprintlänge von zwei Wochen vor. Damit ergeben sich bei einer Dauer des Arbeitspakets „App Entwicklung" von 12 Wochen, was der Gesamtdauer des Scrum-Projekts entspricht, insgesamt sechs Sprints (12 Wochen/2 Wochen Sprintlänge = 6 Sprints). Das Scrum Team will mit folgenden Ereignissen und Artefakten arbeiten, die laut Emil Expert (Coach) auch so in vielen anderen Unternehmen verwendet werden.

Ereignisse:

Die Dauer der Events sind auf Basis der Sprintlänge festgelegt (Time Boxing):

- Sprint Planning: 4 h (time boxed)
- Daily Scrum: 15 min
- Sprint Review: 2 h (time boxed)
- Sprint Retrospective: 1,5 h (time boxed).

Artefakte:

- Product Backlog
- Sprint Backlog
- Task Backlog bzw. Task Board
- Burn-down-Chart
- Impediment Backlog

Vor einigen Wochen wurden bereits einige User Stories identifiziert. Dabei haben die User Stories folgenden Aufbau, den das Scrum Team als Vorlage für alle weiteren User Stories verwendet.

Business Value	Grafische Übersicht (US1) Name des Product Backlog Items (PBI) / User Story	Story Points
	Als **Manager**... *(Rolle)* ...möchte ich eine grafische Übersicht über die Ergebnisse der Befragung einer Veranstaltung, aufgeteilt nach der Funktion im Unternehmen,...*(Anforderung)* ... um Aussagen über die Zielerreichung einer Veranstaltung zu erhalten. *(Begründung)*	

Akzeptanzkriterien
- ☐ Jede Frage kann nach Unternehmensfunktionen grafisch ausgewertet werden
- ☐ Verschiedene graphische Auswertungsmöglichkeiten

Business Value	Unternehmensquiz (US2) Name des Product Backlog Items (PBI) / User Story	Story Points
	Als **Manager**... *(Rolle)* ...möchte ich ein Gewinnspiel in Form eines Unternehmensquiz anbieten,...*(Anforderung)* ... um den Mitarbeitern spielerisch das Unternehmen zu erklären und sie zu motivieren, an dem Quiz teilzunehmen. *(Begründung)*	

Akzeptanzkriterien
- ☐ Spiele funktionieren einwandfrei
- ☐ Anonyme Auswertung der Ergebnisse nach Fragen möglich

Martina Mark (Product Owner) übernimmt nur die Verantwortung für das Product Backlog. Sven Soft erklärt Ihr, dass sie zunächst die User Stories priorisieren soll. Das macht sie nach einer einfachen Klassifizierung mit

- Sehr wichtig (€€€)
- Wichtig (€€)
- Weniger Wichtig (€)

Das Product Backlog enthält nun die priorisierten User Stories.

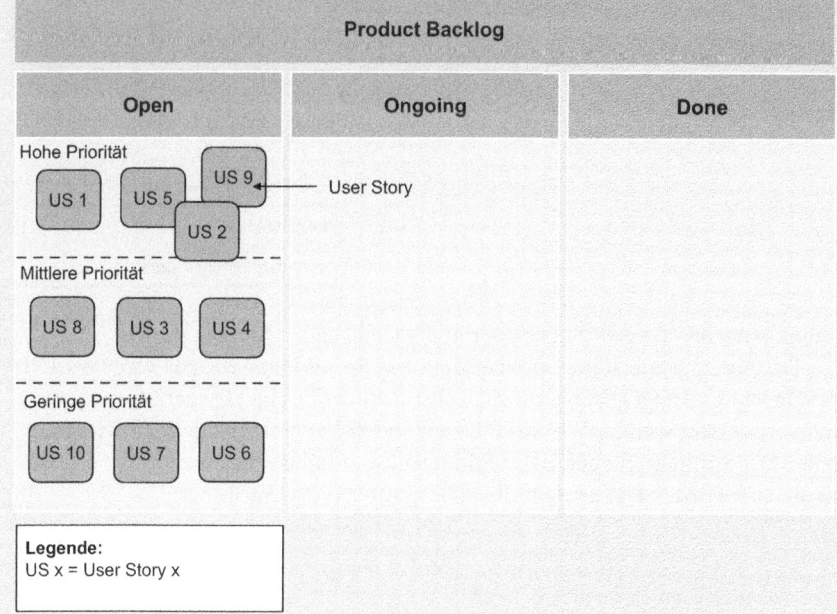

In einem nächsten Schritt setzen sich Martina Mark, Sven Soft und Laura Leiter und der Rest des Entwicklungsteams zusammen, um die Komplexität der einzelnen User Stories abzuschätzen, damit das Entwicklungsteam einschätzen kann, wie viele User Stories in einem Sprint abgearbeitet werden können. Sven Soft hat sich im Vorfeld mit Emil Expert abgestimmt und schlägt für die Abschätzung das Planning Poker vor (▶ Abschn. 4.2.4). Sven Soft hat für jedes Entwicklungsteammitglied einen Kartensatz mitgebracht. Martina Mark stellt die User Stories dem Entwicklungsteam nochmal vor und dann wird jede User Story mit Hilfe der Poker Karten vom Entwicklungsteam geschätzt. Sven Soft als Scrum Master moderiert die Planning Poker Runden und Martina Mark beantwortet die inhaltlichen Fragen zu den User Stories. Nach ca. 1 h haben die fünf Entwicklungsteammitglieder die zehn User Stories mit Hilfe von Story Points abgeschätzt. Sie hatten dabei noch eine Menge Spaß, was die Arbeit sehr erleichtert hat. Durch die vielen Fragen haben jetzt alle ein sehr gutes Verständnis der Anforderungen. Alle sind zufrieden mit dem Ergebnis. Martina Mark verwendet dann noch zusätzlich die Schwimmbahnen-Methode (▶ Abschn. 4.2.4), um die User Stories und die Story Points für alle sichtbar auf einem Flipchart zu visualisieren und einzuordnen.

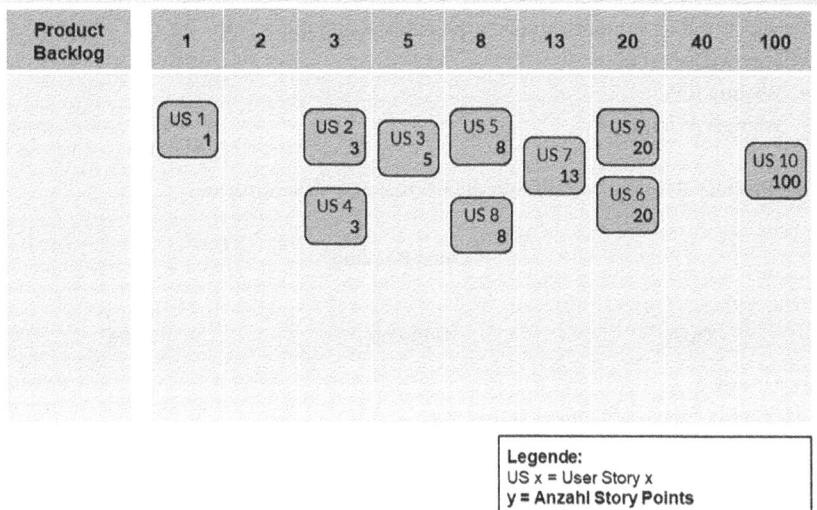

Damit kann das Team den ersten Sprint am kommenden Montag starten.

Das Scrum Team startet montags mit dem Sprint Planning, das von 9 bis 13 h (4 h timeboxed) angesetzt wurde. Zunächst stellt der Product Owner Martina Mark das vorbereitete Sprintziel (WARUM?) vor und diskutiert es mit dem Entwicklungsteam. Das Sprintziel für den ersten Sprint lautet: „Einfache Erfassung von Feedback in digitaler Form". Das gesamte Team unterstützt dieses Sprintziel.

In einem zweiten Schritt stellt Martina Mark das Product Backlog vor. Das Entwicklungsteam wählt dann mit Unterstützung von Martin Mark die User Stories aus, die das Sprintziel unterstützen und im Rahmen eines Sprints machbar sind (WAS?). Das Entwicklungsteam hängt darauf die User Stories in das mit Hilfe von Sven Soft entwickelte Sprint Backlog um.

Das Entwicklungsteam einigt sich auf folgende User Stories:

Sprint Backlog		
Open	**Ongoing**	**Done**
US 1 — 1 US 5 — 8 US 9 — 20 US 2 — 3 US 3 — 5 US 4 — 3		

Legende:
US x = User Story x
y = Anzahl Story Points

Im dritten Teil des Sprint Plannings diskutiert jetzt das Entwicklungsteam, wie es die einzelnen User Stories fachlich und technisch umsetzen kann, sodass am Ende des Sprints auch ein Inkrement (funktionierendes Teillieferobjekt) entsteht. Ganz sicher ist sich das Team nicht, ob es wirklich schon nach zwei Wochen eine Lösung präsentieren kann, die man nutzen kann. Aber Emil Expert als Coach spricht ihnen Mut zu. Das erste Sprint Planning hat somit schonmal nach Einschätzung von Sven Soft (Scrum Master) und Emil Expert (Coach) gut funktioniert.

In den nächsten Tagen arbeitet das Entwicklungsteam die einzelnen Aufgaben des Task Backlogs ab. Während des Sprints trifft sich das Entwicklungsteam täglich zum Daily Scrum, mit der Intention, dass alle Teammitglieder drei Fragen beantworten, um einen Überblick über aktuelle Situation und anstehende To Do's zu erhalten:

1. Was ist seit dem letzten Daily Scrum passiert?
2. Was will ich vor dem nächsten Daily Scrum tun?
3. Was hindert mich daran?

4

Dadurch, dass das Daily Scrum nur 15 min lang ist und somit ein fester Zeitrahmen gesetzt ist, fühlen sich die Teammitglieder nicht erschöpft oder ihrer Zeit beraubt. Sich selbst täglich zu reflektieren und auch zu hören, was die anderen Teammitglieder so umtreibt, wirkt motivierend und sie bekommen eine klare Zielsetzung für den Tag. Bzgl. der 3. Frage der Hindernisse im Projekt füllt das Scrum Team ein Impediment Backlog, das Sven Soft als Scrum Master regelmäßig pflegt. Drei Punkte wurden schon identifiziert.

Impediment Backlog		
Open	**Ongoing**	**Done**
Gemeinsamer Raum fehlt		
Unterschiedliche Arbeitszeiten		
Defekte Kaffeemaschine		

Die drei Themen will Sven Soft sofort angehen und bis zum nächsten Sprint gelöst haben. Dabei ist er zuversichtlich, dass er von der Geschäftsführung das Budget für eine neue Kaffeemaschine recht schnell bekommt. Auch der Umzug in einen neuen Raum ist kurzfristig möglich, da noch ein großer Büroraum für sechs Personen im Gebäude leer steht. Das Thema der gemeinsamen Arbeitszeiten will er nochmal im Rahmen der Retrospektive am Ende des Sprints adressieren und hofft auf einen guten Kompromiss.

Nach der Hälfte der Sprintzeit (1 Woche) fertigt das Entwicklungsteam mit Hilfe von Sven Soft folgendes Burn-down-Chart an:

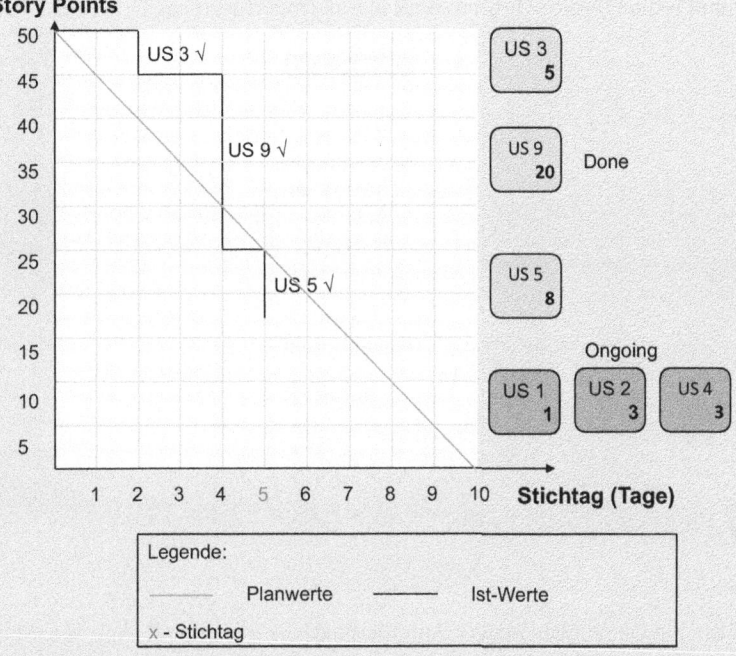

Die User Stories 3, 9 und 5 konnten in der ersten Hälfte der Sprintzeit bereits abgeschlossen werden. Die User Stories 1, 2 und 4 sind noch offen. Das Entwicklungsteam hofft, auch diese bis zum Ende des Sprints abschließen zu können, da bis zum Stichtag mehr Story Points geschafft wurden als geplant.

Am Freitag der zweiten Woche ist das Sprint Review für den Vormittag geplant (2 h timeboxed). Das Entwicklungsteam stellt Martina Mark das entwickelte Inkrement vor. Das Inkrement setzt alle im Sprint Backlog erwähnten User Stories um, die vom Product Owner Martina Mark alle akzeptiert wurden.

Darüber hinaus wurden weitere Anforderungen an die Mobile App von Martina Mark und weiterer Stakeholder identifiziert und in Form neuer User Stories formuliert.

Am Freitagnachmittag versammeln sich dann der Scrum Master Sven Soft, das Entwicklungsteam und Martina Mark zur Retrospektive, um über den Verlauf und mögliche Verbesserungen in der Zusammenarbeit zu sprechen. Die Retrospektive setzt Sven Soft für 1,5 h (timeboxed) an. Die Retrospektive strukturiert er anhand der drei Fragen:

1. Was lief gut und sollte ausgebaut werden?
2. Was lief nicht so gut und sollte verbessert oder vermieden werden?
3. Was sollte mal ausprobiert werden?

Das gesamte Scrum Team hat dabei im Rahmen eines Brainstormings die folgenden fünf Punkte bzgl. der o. g. drei Fragen identifiziert:

Sven Soft freut sich besonders über die Lösung des Problems der unterschiedlichen Arbeitszeiten. Das Team hat von selbst den Vorschlag gemacht, die Arbeitszeiten durch freiwillige Anwendung von Kernarbeitszeiten von 9 bis 16 h zu harmonisieren.

Insgesamt ist das Scrum Team (Scrum Master, Entwicklungsteam und Product Owner) zufrieden mit dem Ergebnis des ersten Sprints.

Aufgrund der in der Retrospective erarbeiteten Verbesserungen und der im Impediment Backlog abgeleiteten Maßnahmen hierzu, ist das gesamte Scrum Team motiviert und freut sich auf den zweiten Sprint am nächsten Montag.

Zusammenfassend sollen noch einmal die wesentlichen Prinzipien der Scrum-Methode genannt werden:
1. Strukturiertes Vorgehensmodell mit Rollen, Ereignissen und Artefakten und festgelegten Zeiten (Time Boxing),
2. Empirische Prozesssteuerung durch Retrospective, Daily Scrums und Impediment Backlog,
3. Selbstorganisation und Zusammenarbeit,
4. Kundenorientierung durch Werte-basierte Priorisierung durch den Product Owner,
5. Iterative Entwicklung.

4.3 Kanban

Kanban-Methode

Kanban ist grundsätzlich keine reine Projektmanagement-methode, sondern eher ein Prinzip zur Visualisierung und Steuerung von Aufgaben bei bestimmten Arbeitsweisen. Dabei hat es seinen Ursprung in der Produktion und ist auf die agile Welt (insbesondere IT-Projekte) angepasst worden.

Kanban ist eine Methode, bei der die Anzahl paralleler Aufgaben (Work Items) limitiert wird, um Engpässe zu vermeiden. In Kanban übernimmt jedes Teammitglied sein Work Item vom Vorgänger, sobald er bereit für weitere Arbeiten ist. Durch dieses Pull-Prinzip entsteht ein Arbeitsfluss (Work Flow). Etwaige Engpässe werden schnell transparent.

Merkmale von Kanban

Grundsätzlich kann Kanban mit den folgenden Praktiken oder Kerneigenschaften beschrieben und umgesetzt werden:

» ▬ „Visualisiere den Fluss der Arbeit (Workflow).
▬ Begrenze den Work in Progress (Menge an begonnener Arbeit).
▬ Führe Messungen zum Fluss durch und kontrolliere ihn.
▬ Mache die Regeln für den Prozess explizit.
▬ Verwende Modelle, um Chancen für Verbesserungen zu erkennen." (Vgl. Anderson et al., 2015, S. 19 ff.)

■ **Visualisiere den Fluss der Arbeit (Workflow)**

Das zentrale Instrument zur Visualisierung der Arbeit ist das Kanban-Board (◘ Abb. 4.10). Es ist sowohl ein Visualisierungs- als auch ein Steuerungsinstrument.

Work in Progress (WIP)

Kanban ist ein prozessorientiertes System, das nach dem Pull-Prinzip arbeitet. Aufgrund der Prozessorientierung werden die einzelnen Phasen des Projekts, auf ein Board geschrieben. Die Arbeit, die während des Kanban-Projekts durchgeführt werden muss, wird ebenfalls wie bei Scrum in ein Backlog (To-do) am Anfang des Prozesses aufgelistet. Jede Phase wird dabei in die beiden Stati *in Arbeit* und *fertig* eingeteilt. Außerdem gibt es für jede Phase ein Limit an sog. Work Items (Aufgabenpaketen), die pro Phase parallel bearbeitet werden. Dieses Limit wird über den *Work in Progress* dargestellt (WIP).

Die Work Items können Arbeitspakete, User Stories, Funktionen, Change Requests, Fehlerbehebungsaktivitäten etc. sein.

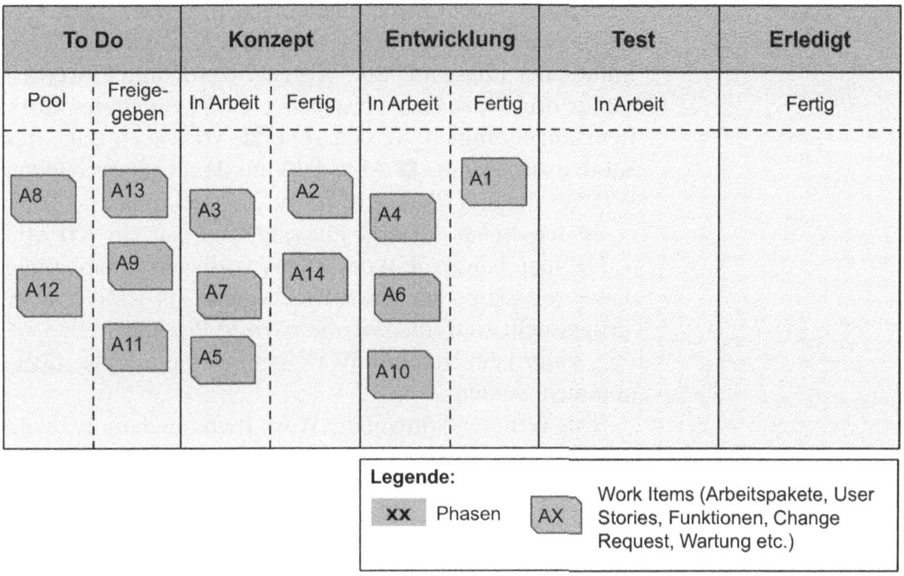

To Do		Konzept		Entwicklung		Test	Erledigt
Pool	Freige-geben	In Arbeit	Fertig	In Arbeit	Fertig	In Arbeit	Fertig
A8	A13	A3	A2	A4	A1		
A12	A9	A7	A14	A6			
	A11	A5		A10			

Legende:
xx Phasen | AX Work Items (Arbeitspakete, User Stories, Funktionen, Change Request, Wartung etc.)

◘ **Abb. 4.10** Kanban-Board

In der Praxis handelt es sich beim Kanban-Board entweder um eine Tafel (z. B. ein Whiteboard) mit Karten bzw. Haftnotizen oder um ein digitales Produkt.

- **Begrenze den Work in Progress (Menge an begonnener Arbeit)**

Die Anzahl der Work Items pro Phase werden in Kanban über das Work in Progress-Limit (WIP-Limit) eingeschränkt. Eine Beschränkung der Work Items pro Phase verbessert den Workflow im Sinne einer kürzeren Durchlaufzeit und/oder eines höheren Durchsatzes.

Die Durchlaufzeit ist die Dauer, die ein Work Item pro Phase und in der Summe bis zur Fertigstellung benötigt. Das heißt man kann die Durchlaufzeit pro Phase für ein Work Item und die Gesamtdurchlaufzeit messen.

Der Durchsatz ist die Anzahl der Work Items, die pro Zeitraum (z. B. pro Woche) abgearbeitet werden können.

Da die Ressourcen und insbesondere das Personal in einer Organisation limitiert sind, kommt es immer wieder zu Engpässen in der Ablaufplanung bei Projekten. Diese Tatsache wird in der sog. Engpasstheorie näher erklärt (s. hierzu auch Goldratt, 2002; Techt & Lörz, 2011). Wenn aber der Engpass identifiziert und der gesamte Workflow sinnvoll im Sinne einer Ressourcenharmonisierung be-

4

grenzt wird, kann die Durchlaufzeit pro Work Item ver-
bessert werden. Das heißt beispielhaft, wenn das WIP-
Limit einer Phase auf drei begrenzt wurde und es werden
gerade drei Work Items bearbeitet, darf kein viertes Work
Item angenommen werden. Die ◘ Abb. 4.11 zeigt das
Kanban-Board aus ◘ Abb. 4.10 mit dem entsprechenden
WIP für die drei Phasen Konzept, Entwicklung und Test.

In dem Beispiel hat die Phase *Entwicklung* ein WIP von
4. Da hier bereits 4 Work Items vorliegen, unabhängig
davon, ob sie gerade bearbeitet werden *(in Arbeit)* oder
fertiggestellt sind und auf die nächste Phase warten *(fertig),* kann kein weiteres Work Item in diese Phase übernommen werden.

Des Weiteren können die Work Items auch individuell,
d. h. pro Mitarbeiter, limitiert werden. Diese Limitierung
kann ergänzend zur WIP-Limitierung der Phasen vorgenommen werden.

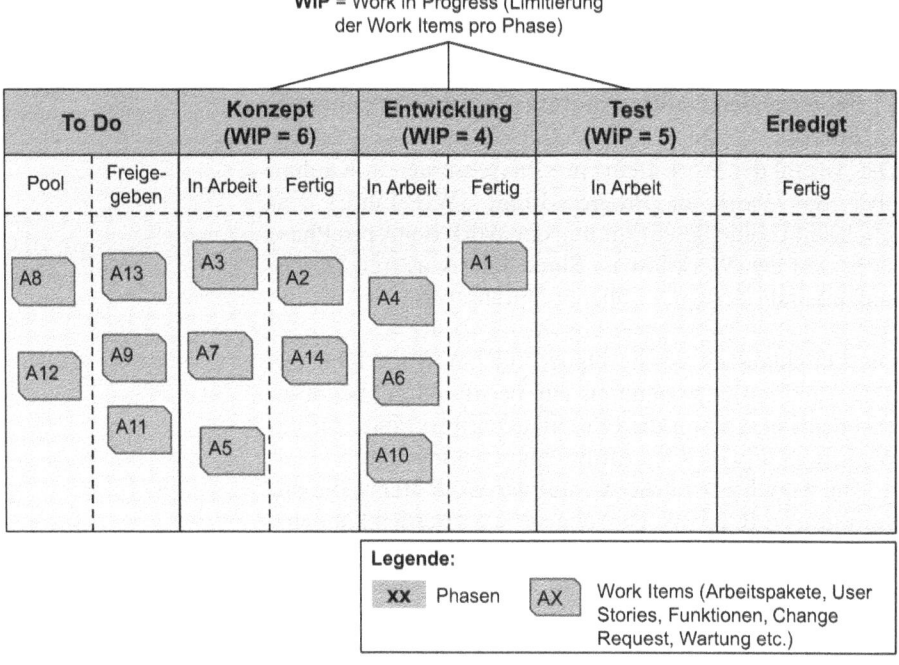

◘ **Abb. 4.11**   Kanban-Board mit Limitierungen

■ **Führe Messungen zum Fluss durch und kontrolliere ihn**
Zunächst einmal sollten sinnvolle Kennzahlen zur Analyse und Steuerung des Kanban-Projekts gefunden werden. Hierbei geht es schwerpunktmäßig um die Analyse und Steuerung des Workflows. Folgende Parameter sind zur Messung und Steuerung des Arbeitsflusses geeignet und werden in der Praxis verwendet:

Kennzahlen zur Steuerung des Workflows

- Durchlaufzeit,
- Durchsatz,
- Wartezeit,
- kumulativer Fluss.

Die Durchlaufzeit und der Durchsatz wurden bereits oben beschrieben.

Die Wartezeit ist die Zeit von Work Items, in der diese bis zum Beginn der nächsten Phase nicht bearbeitet werden. Je länger die Wartezeit einzelner Work Items, desto unproduktiver das Kanban-System.

Der kumulative Fluss ist die Anzahl von Work Items in einer bestimmten Phase.

Um das Kanban-System zu verbessern, müssen die ausgewählten Kennzahlen erhoben und das System entsprechend gesteuert werden. Im Kanban liegt der Fokus der Messungen und Optimierungen auf dem System, nicht auf einzelnen Mitarbeitern.

■ **Mache die Regeln für den Prozess explizit**
Hier werden Regeln entwickelt und transparent gemacht, die die Zusammenarbeit im Team regeln.

Spielregeln innerhalb des Kanbans können ähnlich dem traditionellen Projektmanagement folgende Themen umfassen:

- Besprechungen mit Startzeit und Dauer,
- Regeln zur Handhabung des Kanban-Boards (z. B. Umhängen von Karten),
- Regeln zur Begrenzung der Arbeit (WIP-Limit) oder Limits pro Mitarbeiter,
- Kommunikationsregeln (z. B. tägliche kurze Besprechungen analog dem Daily Scrum, Verbesserungen, Abnahmen, Eskalationen),
- Prioritäten (Wie wird mit Prioritäten umgegangen?),
- Definition of Done (Wann ist ein Work Item, ein Teillieferobjekt oder das gesamte Lieferobjekt fertig?).

4

Die gemeinsame Formulierung von Regeln schafft eine Basis für die Zusammenarbeit der Beteiligten. Dabei sollte versucht werden, alle Regeln, die den Workflow steuern, explizit zu formulieren.

- **Verwende Modelle, um Chancen für Verbesserungen zu erkennen**

Alle Rückmeldungen aus dem System, insbesondere die Kennzahlen, aber auch Hindernisse oder Ideen zur Verbesserung des Workflows oder der Zusammenarbeit müssen gesammelt und gemeinsam im Rahmen eines Verbesserungsprozesses ausgewertet und umgesetzt werden, um das Kanban-System ständig zu verbessern.

Es gibt verschiedene Kanban-Elemente, die den Prozess kontinuierlich verbessern sollen.

Feedback-Meetings

Feedback-Meetings können konkrete Hinweise oder Ideen zur Prozessverbesserung liefern. Dabei können diese Meetings in folgender Art und Weise stattfinden:

- tägliches Standup-Meeting vor dem Kanban-Board,
- kurze Durchsprache aller Tickets, mit besonderem Fokus auf schwierige Tickets,
- Besprechung von Herangehensweisen schwieriger Tickets (Blockade aufheben),
- zusätzlich (monatlich) ein größeres Retrospective-Meeting um Arbeitsabläufe zu verbessern.

Messungen dienen als Input für Verbesserung. Die gemessenen Kennzahlen müssen ausgewertet und Verbesserungsvorschläge identifiziert und bewertet werden.

Mithilfe dieser Elemente kann schnell Transparenz in den Entwicklungsprozess gebracht werden und der Prozess kann nachhaltig gesteuert und verbessert werden.

Zusammenfassung Merkmale von Kanban

Kanban kann zusammenfassend mit den folgenden Merkmalen beschrieben werden:

- Kanban ist ein Pull-System.
- Mit Kanban wird der Ist-Zustand des Workflows auf einem *Kanban-Board* visualisiert. Pro Phase gibt es eine Spalte. Die Work Items durchlaufen die Phasen.
- Die Arbeit wird auf die reale Kapazität des Systems limitiert. Die Anzahl der Work Items wird für jede Spalte limitiert, sodass nicht zu viele Tickets gleichzeitig in einer Spalte vorhanden sind (= Work in Progress, WIP).

- Es wird mit einem *Pull-System* gearbeitet. Projekt-teams arbeiten eigenverantwortlich ihre Work Items ab und ziehen neue Work Items, sobald in dem System die Kapazitäten dafür frei geworden sind.
- Das Kanban-System wird ständig verbessert. Die Verbesserung relevanter Messgrößen, wie Durchlauf-zeiten und Durchsatz, sichern einen maximalen Kundennutzen, minimale Nacharbeit und damit die Effizienz des Systems.

- **Vergleich Kanban und Scrum**

Kanban hat viele Gemeinsamkeiten mit Scrum: Gemeinsamkeiten
- Es ist agil.   Kanban und Scrum
- Beide Methoden verwenden das Pull-Prinzip.
- Die Arbeit wird begrenzt.
- Beide Methoden basieren auf selbstorganisierenden Teams.
- Projekte werden in kleinen Teams durchgeführt.
- In beiden Methoden wird das System immer weiter op-timiert, indem empirische Daten ausgewertet werden (Team-Geschwindigkeit/Durchlaufzeiten).
- Beide Methoden setzen auf Transparenz, um den Pro-zess zu verbessern.
- Beide Methoden verwenden einfache Hilfsmittel.

Es gibt aber auch einige Unterschiede zu Scrum (◘ Tab. 4.5).

◘ **Tab. 4.5**   Unterschiede Scrum und Kanban

Thema	Scrum	Kanban
Limitierung der Arbeit	Iterativ pro Sprint durch das Team	Kontinuierlich für die einzelnen Phasen im Prozess
Rollen	3 Rollen (Product Owner, Scrum Master, Entwicklungsteam)	Keine Vorgaben
Kennzahlen	Velocity	Durchlaufzeit, Durchsatz, etc.
Schätzungen	Komplexität über Story Points	–
Instrumente	Backlog und Tasks Boards, Burn-down-Chart, Impediment Backlog	Kanban-Board
Dauer einzel-ner Ereignisse	Time Boxing, d. h. alle Ereignisse zeitlich vorgegeben	Keine Vorgaben

4.4 Design Thinking

Design Thinking ist ein agiles Vorgehensmodell, das es ermöglicht, kreativ und systematisch Probleme zu lösen und damit auch kundenzentrierte Produkte zu entwickeln. Dieses Modell basiert auf dem agilen Prinzip der Kundenfokussierung, bei dem der Kunde mit seinen Bedürfnissen im Mittelpunkt der Betrachtung steht. Bei Design Thinking werden Probleme und Bedürfnisse aus verschiedenen Blickwinkeln betrachtet und iterativ im Rahmen einer Prototypenentwicklung umgesetzt.

Design Thinking besteht aus mehreren Phasen, wobei sich in den meisten Anwendungen eine fünfstufige Vorgehensweise nach dem Stanford University oder eine sechsstufige Vorgehensweise nach dem Hasso Platto Institut durchgesetzt haben. Im Folgenden wird der sechsstufige Ansatz des Hasso Plattner Instituts (HPI)vorgestellt.

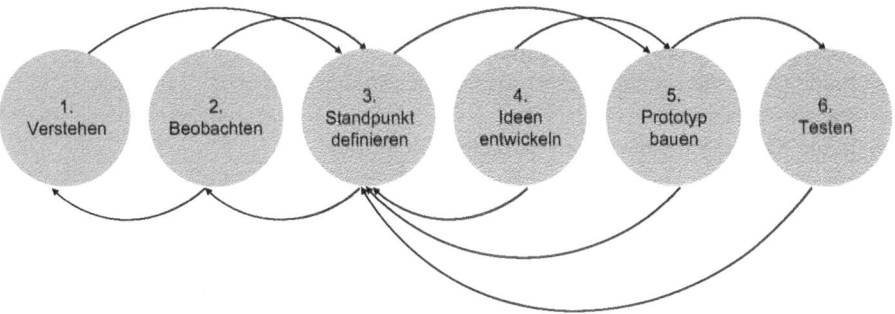

- **1. Phase: „VERSTEHEN"**

In einem ersten Schritt identifiziert und definiert ein interdisziplinäres Team das Problem. Dabei kann das Problem über nutzergruppenspezifische Anforderungen beschrieben werden. Hierzu können auch User Stories (▶ Abschn. 4.2.2) eingesetzt werden.

Darüber hinaus können Expertengespräche, Nutzermeinungen und Informationen aus Praxis und Forschung integriert werden, um ein umfassendes Problemverständnis zu gewinnen. Dies erlaubt die Entwicklung eines Forschungsdesigns und die kritische Überprüfung des Problems.

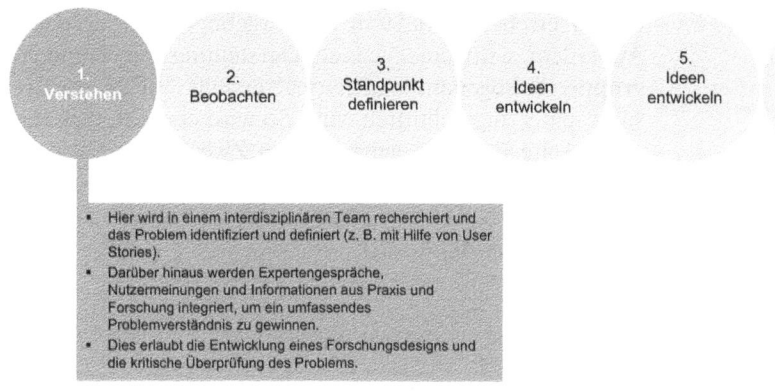

■ **2. Phase: „BEOBACHTEN"**

Im zweiten Schritt steht der Nutzer und Kunde im Fokus des Design Thinking Teams, um möglichst viele Informationen zu den unterschiedlichen Vorstellungs- und Lebenswelten der User zu sammeln. Dabei werden Nutzungskontexte, Erwartungen und Erfahrungen einbezogen, welche die Definition des Problems erleichtern. Hierbei wird deutlich, welche Funktionen, Add-ons und Anforderungen priorisiert werden. Ferner stellt sich heraus, welche Eigenschaften und Merkmale nicht relevant für den Produktionsprozess sind. Eine Definition aus User-Sicht, die den Menschen in den Mittelpunkt des Geschehens nimmt, stellt eine höhere Motivation des Teams sicher.

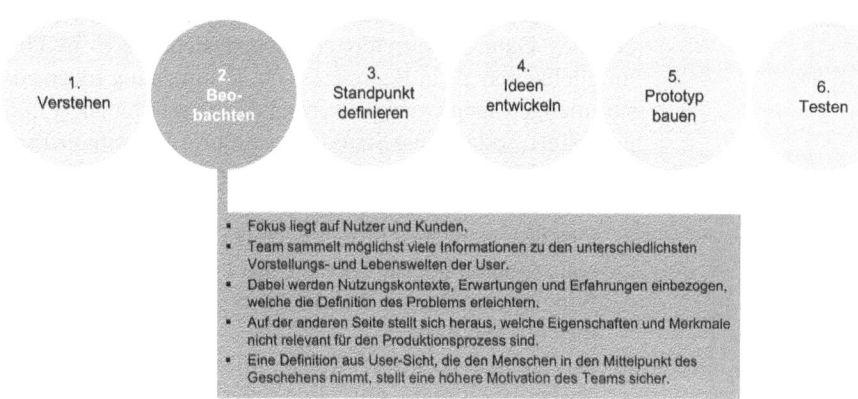

■ **3. Phase: „STANDPUNKT DEFINIEREN"**

Zu diesem Zeitpunkt werden die Ergebnisse aus den vorherigen Phasen zusammengetragen und in einem konzeptionellen Rahmen eingebettet. Die Lösungsmöglichkeit, die als realistisch und umsetzbar und gleichzeitig am wich-

4

tigsten erscheint, fließt in das Ergebnis der Phase ein. Außerdem wird eine genaue Darstellung der Kundengruppe, die sogenannte „Persona" erstellt, auf die die Lösung später zugeschnitten wird. So wird erreicht, dass der entwickelte Prototyp genau seinen Zweck – nämlich die Lösung des Problems erfüllt. Auch in dieser Phase können User Stories helfen den Standpunkt des Kunden zu definieren (► Abschn. 4.2.2.).

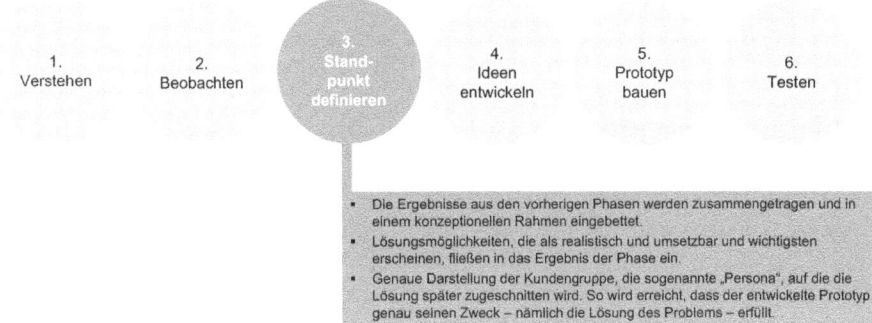

| 1. Verstehen | 2. Beobachten | 3. Standpunkt definieren | 4. Ideen entwickeln | 5. Prototyp bauen | 6. Testen |

- Die Ergebnisse aus den vorherigen Phasen werden zusammengetragen und in einem konzeptionellen Rahmen eingebettet.
- Lösungsmöglichkeiten, die als realistisch und umsetzbar und wichtigsten erscheinen, fließen in das Ergebnis der Phase ein.
- Genaue Darstellung der Kundengruppe, die sogenannte „Persona", auf die die Lösung später zugeschnitten wird. So wird erreicht, dass der entwickelte Prototyp genau seinen Zweck – nämlich die Lösung des Problems – erfüllt.

■ **4. Phase: „IDEEN ENTWICKELN"**

In dieser Phase kann das Team kreative Ideen einbringen und ausarbeiten. Kreativitätstechniken erleichtern den Prozess und fördern ergebnisoffenes Denken und somit innovative Ideen. Dabei ist zu berücksichtigen, dass alles gesagt werden soll, was den Teammitgliedern in den Kopf kommt. Denn Kreativität entwickelt sich besser in Unmöglichkeiten als in Begrenzungen. Wenn genug Ideen zusammengetragen wurden, werden diese systematisiert und geclustert, sodass eine Struktur entsteht. Ein weiterer Prozess der Ideenentwicklung besteht darin, die drei folgenden Perspektiven einzubeziehen:

1. Organisationale/unternehmerische Perspektive: Welchen Nutzen hat die Idee für das Unternehmen?
2. Nutzerperspektive: Welche Idee wird vom User am meisten geschätzt?
3. Zukunftsperspektive: Welche Idee ist zukunftsfähig, ausbaubar und hat Potenzial für die Weiterentwicklung?

In ► Abschn. 2.8 wurden bereits mehrere Kreativitätstechniken vorgestellt, die im Rahmen dieser Phase eingesetzt werden können

1. Verstehen	2. Beobachten	3. Standpunkt definieren	4. Ideen entwickeln	5. Prototyp bauen	6. Testen

- Ideen einbringen und ausarbeiten zur Lösungsfindung.
- Anwendung von Brainstorming Methoden und Kreativitätstechniken.
- Systematisierung und Clusterung von der Ideen.
- Einbeziehung der drei folgenden Perspektiven:
    - Organisationale/unternehmerische Perspektive: Welchen Nutzen hat die Idee für das Unternehmen?
    - Nutzerperspektive: Welche Idee wird vom User am meisten geschätzt?
    - Zukunftsperspektive: Welche Idee ist zukunftsfähig, ausbaubar und hat Potential für die Weiterentwicklung?

■ 5. Phase: „PROTOTYP BAUEN"

Der Prototyp ist der erste greifbare Lösungsansatz, der unterschiedliche Formen annehmen kann. Es können Designs, Geschäftsmodelle, Formen der Zusammenarbeit oder neue Produktentwicklungen in Form von Prototypen entwickelt werden. In der Regel entstehen in dieser Phase mehrdimensionale Vorschläge oder Produkte, die in ihrer Komplexität variieren und somit eine fundierte Grundlage für die Lösung des Problems darstellen. Je vielschichtiger der Prototyp entwickelt wird, desto höher ist die Wahrscheinlichkeit das Problem in seinen unterschiedlichen Ebenen zu lösen. Die Prototypen können in Form von Modellentwürfen, Lego, Knetgummi oder als visuelle Darstellung durch Film oder Bild illustriert werden. In der Regel werden kostengünstige, einfach konzipierte Prototypen erstellt, die unkonventionelle Verbesserungen anstreben.

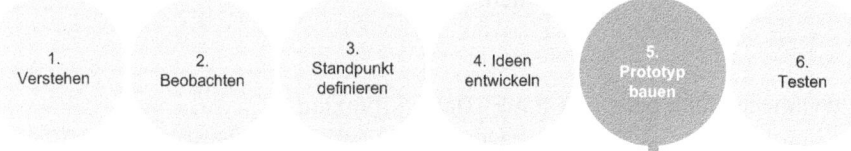

1. Verstehen	2. Beobachten	3. Standpunkt definieren	4. Ideen entwickeln	5. Prototyp bauen	6. Testen

- In dieser Phase werden Designs, Geschäftsmodelle, Zusammenarbeit und neue Produktentwicklungen als Prototyp umgesetzt.
- Es entstehen meist mehrdimensionale Vorschläge oder Produkte, die in ihrer Komplexität variieren und somit eine fundierte Grundlage für die Lösung des Problems darstellen.
- Je vielschichtiger der Prototyp entwickelt wird, desto höher ist die Wahrscheinlichkeit das Problem in seinen unterschiedlichen Ebenen zu lösen.
- Die Prototypen können in Form von Modellentwürfen, Lego, Knetgummi oder als visuelle Darstellung durch Film oder Bild illustriert werden.
- In der Regel werden kostengünstige, einfach konzipierte Prototypen erstellt, die unkonventionelle Verbesserungen anstreben.

4

■ **6. Phase „TESTEN"**

Abschließend wird in der letzten Phase nach der Übergabe des Prototypen Feedback gesammelt, um das Produkt möglichst effizient weiterzuentwickeln. Dazu dienen beispielsweise Feedbackschleifen mit Experten. Die Meinungen von aktuellen und potenziellen Kunden werden dokumentiert und visuell in unterschiedlichen Prototypen dargestellt, um eine einwandfreie Kommunikation von Änderungen zu garantieren. Vorteil dieser Darstellung ist, dass der konzeptionelle Entwurf überschritten wird und in Form eines Modells erlebbar und realistisch wird. Das verhilft dem Kunden, dem Team und auch Dritten zu einer konkreten Vorstellung über das Produkt.

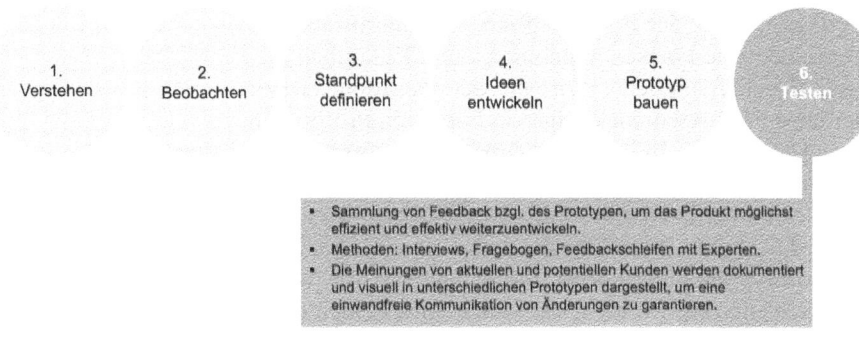

Design Thinking ist ein flexibles Rahmenwerk, das zur Entwicklung innovativer und kreativer Problemlösungen dient. Die Abfolge der Phasen kann variieren und ist nicht sequenziell zu betrachten. Es ist möglich, die Phasen parallel, überlappend oder auch in ihrer Reihenfolge flexibel zu gestalten.

Weihnachtsfeier bei der Ei-Ti AG – Design Thinking

Laura Leiter und ihr Team möchten für das diesjährige Weihnachtsfest etwas Besonderes organisieren. Etwas, was für die Mitarbeiter von Interesse ist und auch das Unternehmen widerspiegelt. Neulich hat sie bei einem Design Thinking Workshop teilgenommen und sie ist nun Feuer und Flamme, diesen Ansatz mit ihrem Team auszuprobieren.

1. **Verstehen:**
   Gibt es irgendein Problem, das die Mitarbeiter der Ei-Ti AG beschäftigt? Laura Leiter fragt direkt bei sich im Team nach. Sie stellt fest, dass im Großen und Ganzen alles in Ordnung ist, doch dass ihnen häufig die Möglichkeit fehlt, mit

anderen Kollegen in Kontakt zu kommen. Zudem halten die meisten Team-mitglieder das anstehende Weihnachtsfest nicht für nachhaltig. Sie würden sich ein stärkeres Bewusstsein, was zum Beispiel den produzierten Müll und die geringe Lebensdauer beispielsweise der Deko betrifft, wünschen. Das sind schon mal zwei sehr gute Problemansätze für Design Thinking, denkt sich Laura Leiter. Sie fragt im Team nach, wer ihr gerne bei der Lösung dieser Probleme helfen möchte. Alle melden sich. Einige erklären sich dazu bereit, Literatur zum Thema „Nachhaltigkeit in Unternehmen" herauszusuchen und zu lesen. Das ist super, sagt Laura Leiter, denn so kann das Team auch auf Forschung zurückgreifen und Inspiration für mögliche Lösungsansätze finden.

2. **Beobachten:**
   Als Nächstes steht an, die Mitarbeiter und ihre Bedürfnisse bezogen auf die zuvor definierten Probleme zu beobachten und zu verstehen. Einige Team-mitglieder schlagen vor, in der Kantine die Augen offen zu halten. Die Mittagspause ist in einem bestimmten Rahmen ja irgendwie auch ein kleines Ereignis. Dort sind die Mitarbeiter entspannt und haben die Möglichkeit, über Privates zu sprechen. Ein Mitarbeiter sitzt allein an einem Tisch und beteuert, dass es ihm leider schwerfällt, mit anderen Kollegen in Kontakt zu kommen, vor allem, da er immer im Home Office ist, wenn seine Kollegen mal im Büro sind. Eine andere Mitarbeiterin erwähnte, dass es sie störe, dass die Kantine immer noch Plastik-besteck und Plastikbecher bereitstellt. Sie kam zudem gerade aus einem Meeting, in welchem ebenfalls nur Einwegbecher und–teller verwendet wurden. Durch diesen kurzen Ausflug in der Kantine, konnten sich Laura Leiter und ihr Team nun ein genaueres Bild über die Bedürfnisse der Mitarbeiter der Ei-Ti AG machen.

3. **Standpunkt definieren:**
   Nun gilt es also, die neuen Erkenntnisse zusammenzutragen. Dadurch, dass die Zielgruppe bereits in der Beobachtungsphase angesprochen wurde, können sich Laura Leiter und ihr Team ein genaueres Bild über die Zielgruppe machen: Hierfür erstellen sie sogenannte Persona. Dies wird es einfacher machen, die Lösung genau auf sie zuzuschneiden. Für ihr Vorhaben erstellen sie zwei Persona.

   1. Konrad Kontakt. Konrad Kontakt ist 37 Jahre alt und schon seit 8 Jahren in der Ei-Ti-AG tätig. Er ist Familienvater und seit der Pandemie drei Tage die Woche im Homeoffice. Er mag seinen Job und ist ein sehr kontaktfreudiger Mensch. In seiner Freizeit geht er gerne mit seinen Freunden vom Fußball-club bouldern. Konrad Kontakt probiert gerne neue Dinge aus und ist für viele Dinge offen. Er ist ein großer Familienmensch und hat gerne Leute um sich. Da seine Partnerin im Schichtdienst arbeitet, ist er so oft es geht im Homeoffice, um zu Hause zu sein, wenn die Kinder nach der Schule und der Kita heimkommen. Auch wenn er sich freut, diese Möglichkeit zu haben, würde er gerne öfter ins Büro gehen, da ihm der Kontakt zu seinen Kollegen fehlt und es bisher keine gute Möglichkeit gibt, von zu Hause aus viel von den Kollegen mitzubekommen.

4

2. Nora Nachhaltig. Nora Nachhaltig ist gerade erst zur Ei-Ti-AG gekommen. Sie ist 26 Jahre alt und hat ihrem Informatikstudium, welches sie mit der Bestnote abgeschlossen hat, ein Masterstudium im Umweltmanagement angeschlossen. Sie ist politisch sehr interessiert und aktiv und findet die Fridays-for-Future-Bewegung sehr gut. In ihrem Job ist ihr wichtig, dass er einen Mehrwert für sie und die Gesellschaft darstellt. Sie ist der Meinung, dass man überall etwas für die Umwelt tun kann. Nora Nachhaltig ist stets mit ihrer Thermoskanne und ihrer Alubrotdose vorzufinden. Sie probiert gerne neue vegane Rezepte aus und lässt ihre Kollegen kosten. An und für sich ist sie sehr zufrieden mit ihrem Job und der Ei-Ti-AG, aber ihr sind immer mal wieder einige Aspekte aufgefallen, die man im Sinne der Nachhaltigkeit verbessern könnte.

4. **Ideen entwickeln:**
Nun geht es ans Eingemachte. Dem Team liegen sowohl das Problem als auch die Persona vor. Sie haben nun ein Verständnis davon, was sich die Mitarbeiter für die Weihnachtsfeier wünschen könnten. Laura Leiter schlägt vor, die Kreativitätsmethode 6-3-5, eine Brainwriting-Methode, auszuprobieren. Hierbei geht es darum, dass jeder jeweils drei Ideen für die Weihnachtsfeier entwickelt und aufgreift, die sowohl den Aspekt des einfachen Kennenlernens als auch der Nachhaltigkeit beinhalten. Daraufhin werden diese aufgeschriebenen Ideen an ein Teammitglied weitergegeben und weiterentwickelt. Am Ende hat jeder jede Idee einmal mitgedacht und es liegen nun viele Ideen für die Weihnachtsfeier vor. Doch nicht jede Idee ist unbedingt für den gegebenen Zweck geeignet. Laura Leiter regt dazu an, die Ideen einmal zu clustern und dabei sowohl die unternehmerische Perspektive als auch die Nutzer- und Zukunftsperspektive einzubeziehen. Das Team überlegt nun gemeinsam, welche der Ideen am sinnvollsten für den gegebenen Anlass ist und entscheidet sich letztendlich für eine Kombination aus zwei Ideen.

5. **Prototyp bauen:**
In dieser Phase geht es darum, die Idee umzusetzen. Das Team möchte eine App entwickeln, die alle Mitarbeiter in einem Aspekt der Organisation der Weihnachtsfeier miteinbezieht. Und zwar bezüglich der Dekoration. Das Fest soll auch schön geschmückt sein. Doch Girlanden und Papierservietten stellen letztendlich viel Müll dar. Ziel dieses Weihnachtsfestes ist es also, dass am Ende so wenig Müll wie möglich produziert wird. Hierzu sollen die Mitarbeiter mit einbezogen werden. Jeder Mitarbeiter soll sich ein Dekoelement überlegen und mitbringen. Dazu macht er ein Foto vom Dekoelement und schreibt dann ein paar Sätze dazu, wieso er sich dafür entschieden hat. Zusätzlich dazu, erstellt er sich in der App ein Profil mit Anekdoten und Merkmalen zu seiner Person. Die anderen können dann als Ratespiel das Dekoelement zur richtigen Person zuordnen. Am Ende des Weihnachtsfests wird der Gewinner bekannt gegeben. Die App ermöglicht somit die Organisation der Deko und gleichzeitig das persönlichere Kennenlernen der Mitarbeiter. Und Gesprächsstoff wird sie zusätzlich bieten.

6. **Testen:**
Der erste Prototyp steht und das Team ist sehr gespannt, wie die Idee bei den Mitarbeitern ankommt. Sie bitten ein paar Mitarbeiter, die App herunterzuladen und auszuprobieren. Danach holen sie sich Feedback ein. Allgemein kommt die Idee sehr gut an, aber hier und da werden Verbesserungswünsche geäußert. Zum Beispiel wurde bemängelt, dass es keinen wirklichen Leitfaden, oder keine Information darüber gibt, wie viel oder wie detailreich man sein Dekoelement beschreiben soll. Hier wäre es besser, wenn bestimmte Punkte vorgegeben wären, die man einfach nur ausfüllen müsste. Auch wird sich eine Liste mit Dekoelementen, die in Frage kämen, gewünscht. Damit kann das Team schon sehr viel anfangen.

4.5 Zusammenfassung

Alle in den Abschnitten ▶ Abschn. 4.2, 4.3 und 4.4 dargestellten Methoden unterstützen die zwölf agilen Prinzipien (s. ▶ Abschn. 4.1). ◘ Tab. 4.6 fasst die genannten Methoden noch einmal zusammen und verweist auf die Relevanz für die entsprechenden agilen Werte und Prinzipien.

Die in diesem Kapitel dargestellten agilen Methoden werden in ◘ Abb. 4.12 zusätzlich zu den traditionellen Methoden zusammenfassend dargestellt.

■ **Zusammenfassung Agiles Projektmanagement**
— Merkmale des agilen Projektmanagements sind:
  – iterativer und inkrementeller Ansatz,
  – Selbstmanagement des Entwicklungsteams,
  – Abgabe der Verantwortung vom Linienvorgesetzten an die Entwickler,
  – Einbindung der Kunden,
  – die Transparenz für das Entwicklungsteam durch die enge Zusammenarbeit und den direkten Austausch während der Entwicklung.
— Scrum und Kanban sind die beiden häufigsten angewendeten Methoden in der Praxis.
— Scrum wird durch drei Rollen (Product Owner, Scrum Master, Entwicklungsteam), fünf Ereignisse (Sprint, Sprint Planning, Daily Scrum, Sprint Review, Sprint Retrospective) und sechs Artefakte (Product Backlog, Sprint Backlog, Taskboard, Produktinkrement, Impediment Backlog, Burn-down Chart) charakterisiert.

4

◘ **Tab. 4.6**   Übersicht agile Methoden und die Relevanz für die agilen Werte und Prinzipien

Agile Methode	Unterstützung agile Werte und Prinzipien
Backlog (z. B. Product und Sprint Backlog)	Erweiterbares Teilprodukt; Transparenz
Crossfunktionales Team	Crossfunktionale Teams
Daily Scrum/Stand-up Meeting	Direkte Kommunikation
Entwicklungsteam	Crossfunktionale Teams, Selbstorganisation
Impediment Backlog	Kontinuierliche Verbesserung
Inkrement	Erweiterbares Teilprodukt;
Iteration	KVP; Kundenbindung durch schnelle Lieferung von Teilprodukten
Kanban Board	Transparenz
Persona	Kundenfokus
Planning Meeting	Iterative und/oder inkrementelle Vorgehensweise; Kundenbindung durch schnelle Lieferung von Teillieferungen
Product Owner	Kundensicht
Pull Prinzip	Nachhaltiger Projektfortschritt
Retrospective	Kontinuierliche Verbesserung
Review Meeting	Kurze Entwicklungszyklen; Kundenfokus
Scrum Master	Alle agilen Werten und Prinzipien
Selbstorganisiertes Team	Selbstorganisierte Teams
Swarming	Kontinuierliche Verbesserung
Time Boxed	Nachhaltiger Projektfortschritt
User Stories	Kundensicht
Story Points und agile Schätzemethode (z. B. Planning Poker, Magic Estimation)	Transparenz

Abb. 4.12 Methodenauswahl Traditionelles und Agiles PM

- Kanban folgt fünf Regeln (Workflow-Visualisierung, WIP-Begrenzung, Workflow-Steuerung, Prozessregeln und kontinuierlicher Verbesserungsprozess).
- Design Thinking ist eine Methode zur sehr schnellen Erstellung von Lösungen (Prototypen).

4.6 Wiederholungsfragen

❓ Agiles Projektmanagement

1. Was sind die wesentlichen Unterschiede zwischen dem traditionellen und dem agilen Projektmanagement?
   (*Lösung* ► Abschn. 4.1)
2. Warum ist Scrum ein agiles Vorgehensmodell
   (*Lösung* ► Abschn. 4.1 und 4.2)
3. Was sind die besonderen Merkmale von Scrum?
   (*Lösung* ► Abschn. 4.2)
4. Was ist der wesentliche Unterschied zwischen den Schätzungen im traditionellen und agilen Projektmanagement?
   (*Lösung* ► Abschn. 4.2.4)
5. Was sind die besonderen Merkmale von Kanban?
   (*Lösung* ► Abschn. 4.3)
6. Was sind die sechs Schritte des Design Thinking?
   (*Lösung* ► Abschn. 4.4)

Hybrides Projektmanagement

Inhaltsverzeichnis

© Der/die Herausgeber bzw. der/die Autor(en), exklusiv lizenziert an Springer-Verlag GmbH, DE, ein Teil von Springer Nature 2024
A. Dechange, *Projektmanagement – Schnell erfasst*, Wirtschaft – Schnell erfasst,
https://doi.org/10.1007/978-3-662-68169-5_5

Lernziele dieses Kapitels

Nach der Lektüre dieses Kapitels ...
- kennen Sie die wesentlichen Merkmale des hybriden Projektmanagements.
- kennen Sie verschiedene Ansätze des hybriden Projektmanagements.
- kennen Sie die Elemente eines Projektmanagement Vorgehensmodells.
- verstehen Sie, wie man ein Projektmanagement Vorgehensmodell aufbaut.
- kennen Sie die wesentlichen Anforderungen und Erfolgsfaktoren des hybriden Projektmanagements.
- kennen Sie optionale Projektmanagementelemente, wie Beschaffung, Vertragsmanagement, Claimmanagement, Changemanagement und Projektmarketing.

Das fünfte Kapitel des Buchs beschäftigt sich mit dem hybriden Projektmanagement und behandelt verschiedene Aspekte wie die typischen Ansätze (► Abschn. 5.2), den Auswahlprozess eines hybriden Ansatzes (► Abschn. 5.3), gängige Vorgehensmodelle (► Abschn. 5.4) sowie die individuelle Entwicklung von hybriden Vorgehensmodellen (► Abschn. 5.5). Des Weiteren werden die Anforderungen an das hybride Projektmanagement und die Erfolgsfaktoren bei der Anwendung des hybriden Projekt-

5

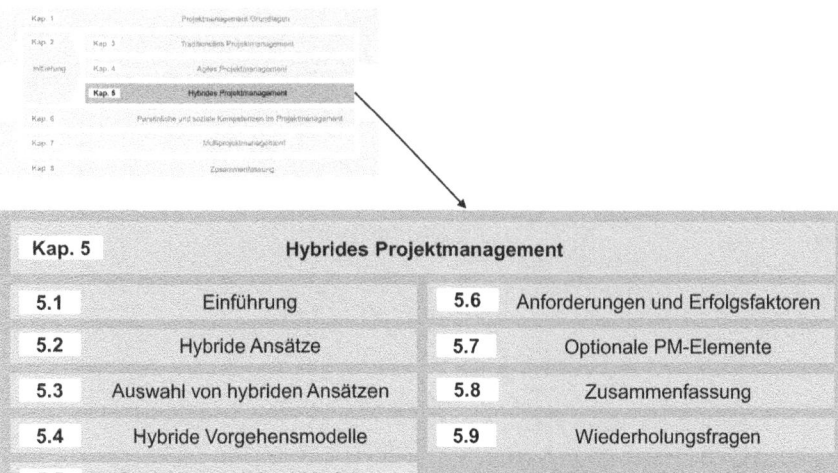

◨ **Abb. 5.1**   Struktur Kap. 5

managements dargestellt (▶ Abschn. 5.6). Neben den in ▶ Kap. 1 hergeleiteten und in ▶ Kap. 3 ausführlich beschriebenen Projektmanagementelementen werden weitere optionale Projektmanagementelemente beschrieben, die sowohl für das traditionelle, das agile als auch das hybride Projektmanagement von Bedeutung sein können (▶ Abschn. 5.7). Das Kapitel enthält auch ein durchgängiges Beispiel, um die Themen praxisnah zu veranschaulichen und schließt mit einer Zusammenfassung und Wiederholungsfragen ab (▶ Abschn. 5.8 und 5.9).

Dieses Kapitel hat die in ◨ Abb. 5.1 gezeigte Struktur.

5.1 Einführung

Hybrides Projekt-
management

Die Verbindung bzw. gemeinsame Anwendung von agilen und traditionellen Vorgehensmodellen wird als hybrides Projektmanagement bezeichnet.

Darüber hinaus kann auch die Kombination von Projektmanagement Vorgehensmodellen im weiteren Sinne als hybrides Projektmanagement bezeichnet werden. Das heißt, auch die Kombination von rein traditionellen oder agilen Vorgehensmodellen (z. B. Scrum und Kanban als sog. Scrumban) wird als hybrider Ansatz bezeichnet (Timinger, 2021, S. 184; Hüsselmann, 2021, S. 51). Diese erweiterte Sichtweise wird diesem Buch zugrunde gelegt.

Die Kombination von traditionellen und agilen Ansätzen und Methoden kann dabei als Kontinuum gesehen werden, d. h. Projekte lassen sich auf einer Skala von vollständig traditionell bis zu vollständig agil anordnen. Dazwischen gibt es, je nach Anforderungen an das Projekt, unterschiedliche Verteilungen von traditionellen und agilen Ansätzen, die sich auf diesem Spektrum einordnen lassen.

◘ Abb 5.2 verdeutlicht diesen Sachverhalt.

In Zukunft wird es immer weniger Projekte geben, die ausschließlich traditionell oder ausschließlich agil durchgeführt werden. Der größte Teil der Projekte wird hybrid abgewickelt.

Die gemeinsame Anwendung von verschiedenen Ansätzen und Vorgehensmodellen innerhalb eines Projektes kann unterschiedliche Ausprägungen haben. Grundsätzlich kann zwischen verteilt hybriden Ansätzen und integriert hybriden Ansätzen unterschieden werden (◘ Abb. 5.3). Bei verteilten Ansätzen wird innerhalb eines Projektes entweder traditionell oder agil bei der Bearbeitung einzelner Aufgaben (Arbeitspakete, Product Backlog Items, User Stories, Work Items etc.) gearbeitet. Hierbei kann noch zwischen sequenziellen und parallelen Ausprägungen unterschieden werden. Bei einem integrierten Ansatz erfolgt die Mischung der beiden Ansätze für eine Aufgabe. Im Folgenden sind die drei Ausprägungen beschrieben (vgl. auch Timinger, 2021, S. 184 ff.).

■ **Verteilt sequenzielle Ausprägung**
Einzelne Projektphasen werden entweder nach der traditionellen oder der agilen Vorgehensweise durchgeführt. Beispielsweise können Planungsphasen innerhalb eines Entwicklungsprojektes agil durchgeführt und die Ent-

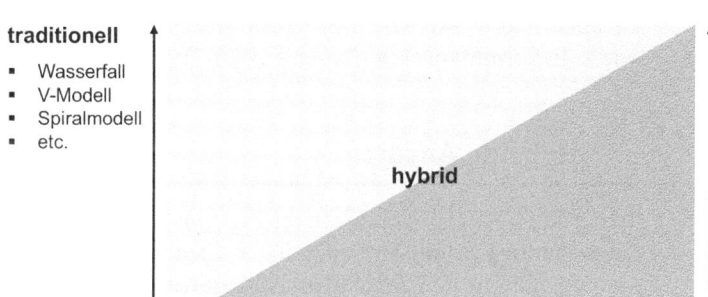

traditionell
- Wasserfall
- V-Modell
- Spiralmodell
- etc.

hybrid

agil
- SCRUM
- Kanban
- Design Thinking
- Lean PM
- etc.

◘ **Abb. 5.2** Hybrides Kontinuum

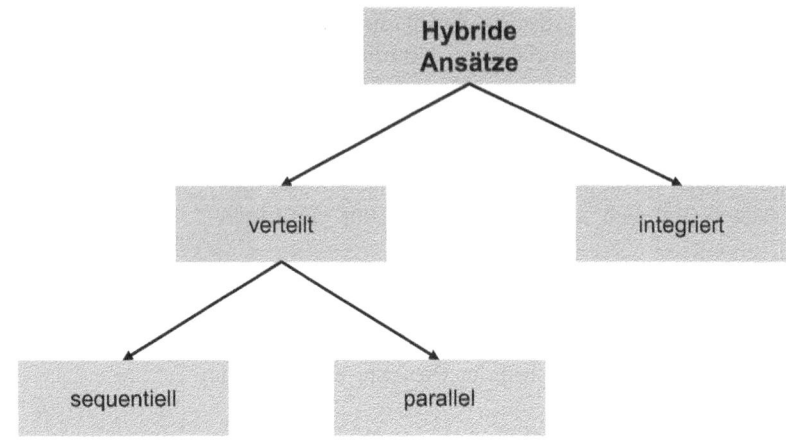

5

◘ **Abb. 5.3**   Arten hybrider Ansätze

wicklung des Prototyps dann traditionell abgewickelt werden.

■ **Verteilt parallele Ausprägung**
Hierbei werden die beiden Vorgehensweisen parallel angewandt, d. h. innerhalb eines Projekts kann z. B. für ein Arbeitspaket eine traditionelle Vorgehensweise verwendet werden, für ein anderes parallel zu bearbeitendes Arbeitspaket wird eine agile Vorgehensweise gewählt.

■ **Integrierte Ausprägung**
Bei der integrierten Ausprägung werden für eine Aufgabe, wie ein Arbeitspaket, innerhalb eines Projektes sowohl Ansätze und Methoden des traditionellen als auch des agilen Projektmanagements verwendet. So können z. B. bei einem grundsätzlich traditionell gemanagten Projekt agile Methoden (z. B. Daily Scrums, Kanban-Board, Burndown-Charts) angewandt werden. In dieser Ausprägung ist auch häufig der Mix von agilen Standards zu finden, wie z. B. Scrumban (s. ► Abschn. 5.4.1.2).

5.2 Hybride Ansätze

In der Praxis haben sich in letzter Zeit einige typische Ansätze herauskristallisiert, die im Folgenden vorgestellt werden. Die in den folgenden Abschnitten dargestellten Ansätze sind somit eine Umsetzung der in ► Abschn. 5.1 beschriebenen Strukturen.

5.2.1 Traditioneller Ansatz mit Agilen Methoden (TA-AM)

Bei diesem hybriden Ansatz werden in einem typischen traditionellen Modell (z. B. Wasserfall Modell) agile Methoden, wie Dailys oder Retrospektiven, verwendet.

Der TA-AM-Ansatz eignet sich bei jedem traditionellen Vorgehensmodell, das Vorteile der agilen Ansätze integriert. Die Anforderungen und die Vorgehensweise und Methoden sind bei diesem Ansatz klar und bekannt. Durch die Anwendung agiler Methoden werden die Kundenorientierung, die Transparenz und/oder die Kommunikation und damit die Zusammenarbeit im Team verbessert. Insbesondere die Methoden Daily, Backlogs/Kanban Board unterstützen die Transparenz im Projekt, die ebenfalls im traditionellen Projektmanagement einen großen Vorteil bringt, da die Projektbeteiligten den Status des Projekts kennen und so effizienter und effektiver handeln können. Retrospektiven unterstützen den kontinuierlichen Verbesserungsprozess bereits innerhalb eines Projektes und nicht erst am Ende eines Projektes, wie es bei Lessons Learned in traditionellen Ansätzen der Fall ist (s. hierzu auch Timinger, 2017; Hellbeck, 2023 S. 62).

◘ Abb. 5.4. verdeutlicht den TA-AM Ansatz grafisch.

5.2.2 Traditioneller Ansatz mit Agilen Phasen seriell (TA-AP s)

Dieser Ansatz ist von einer traditionellen seriellen Struktur geprägt (Phasenorientierung). Innerhalb einer oder mehrerer Phasen wird agil gearbeitet (◘ Abb. 5.5). Damit schafft die traditionelle Struktur eine gewisse Planungs- und Kontroll-Sicherheit und wird primär in Unternehmen angewandt, die eher traditionell geprägt sind, aber das Lieferobjekt so komplex ist, dass agile Ansätze und Vorgehensmodelle in einigen Phasen sinnvoller sind. Es wird durch die traditionelle Struktur eine gewisse Sicherheit ge-

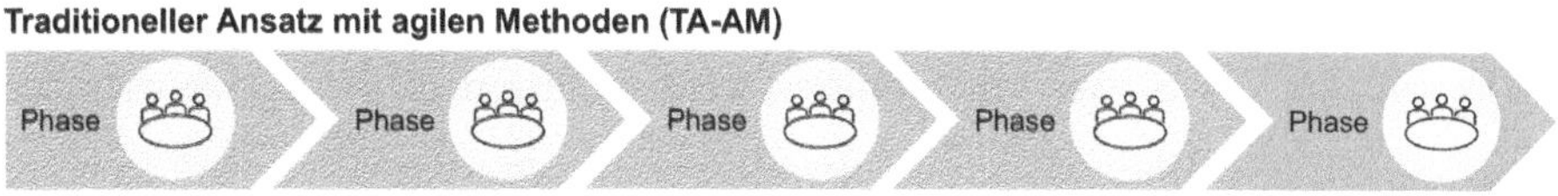

Traditioneller Ansatz mit agilen Methoden (TA-AM)

◘ **Abb. 5.4** Traditioneller Ansatz mit agilen Methoden (TA-AM)

Traditioneller Ansatz mit seriellen agilen Phasen (TA-AP seriell)

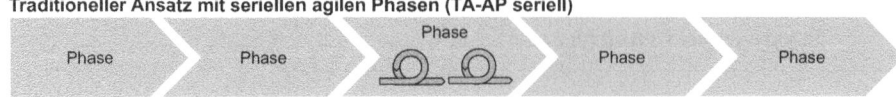

▫ **Abb. 5.5**   Traditioneller Ansatz mit seriellen agilen Phasen (TA-AP s)

schaffen, die insbesondere bei hierarchisch geprägten Organisationen sinnvoll ist.

Die agilen Phasen finden sich in der Praxis einerseits am Anfang des Projekts, wenn die Anforderungen, die Vorgehensweise und Methoden ggfs. noch nicht bekannt sind. Dieser Ansatz findet sich aufgrund seiner sequenziellen Struktur z. B. bei einigen Bauprojekten oder auch bei Produktentwicklungsprojekten wieder, bei dem am Anfang des Projekts erst einmal die Produktidee reifen muss, da die Anforderungen nicht gänzlich bekannt sind. Häufig wird hier mit einem Design Thinking oder Scrum Vorgehensmodell gestartet und anschließend in einen traditionellen Ansatz überführt, wenn die Anforderungen und die Umsetzung klar sind. Andererseits können die agilen Phasen auch in der Implementierungsphase, also in der Mitte des Projekts eingebettet werden, d. h. die Anforderungen sind am Anfang klar und während der Implementierung wird der Kunde eingebunden, um ein zeitnahes und regelmäßiges Feedback zu geben. Ein typisches Vorgehensmodell dieses Ansatzes ist das Wasser-Scrum-Fall-Modell (s. ▶ Abschn. 5.4.1.1) (s. hierzu auch Timinger, 2021, S. 185; Hellbeck, 2023 S. 64).

5.2.3 Traditioneller Ansatz mit Agilen Phasen parallel (TA-AP p)

Ein ähnlicher Ansatz wie der TA-AP s Ansatz ist der TA-AP p Ansatz, der ebenfalls einen traditionellen Überbau aus den unter ▶ Abschn. 5.2.2 genannten Gründen hat. Im Gegensatz zu den rein seriellen Phasen des TA-AP s Ansatzes, hat der TA-AP p Ansatz auch parallele Phasen. Diese Tatsache macht den Ansatz im Rahmen des Projektmanagements etwas herausfordernder, da Teillieferobjekte der verschiedenen agilen und traditionellen Phasen synchronisiert werden müssen, da diese gemeinsam als

Traditioneller Ansatz mit parallelen agilen Phasen (TA-AP parallel)

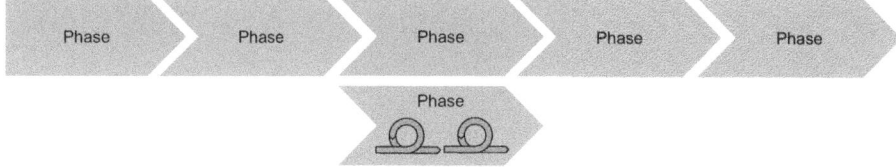

🔲 Abb. 5.6 Traditioneller Ansatz mit parallelen agilen Phasen (TA-AP p)

Input der nächsten Phase dienen. Das heißt bei diesem Ansatz spielt die Synchronisation eine bedeutende Rolle. Dieser Ansatz kommt ebenfalls bei Entwicklungsprojekten in denen sowohl Hardware als auch Software entwickelt wird vor (s. hierzu auch Timinger, 2021, S. 185; Hüsselmann, 2021, S. 51; Hellbeck, 2023 S. 64).

Die 🔲 Abb. 5.6. verdeutlicht die grundsätzliche Struktur dieses Ansatzes.

5.2.4 Traditionell und Agile Ansätze (TuAA)

Der TuAA Ansatz ist eine Kombination aus unterschiedlichen bestehenden Ansätzen, die sowohl parallel als auch seriell abgewickelt werden (🔲 Abb. 5.7). Der Unterschied zu den beiden TA-AP Ansätzen (► Abschn. 5.2.2 und 5.2.3) ist, dass hierbei nicht zwingend ein Ansatz führend ist. Das heißt im Gegensatz zu den TA-AP Ansätzen muss dieser Ansatz keine traditionelle Struktur aufweisen. Es wird nicht in Phasen gedacht, sondern die Vorteile der beiden Ansätze situativ für die Umsetzung des Projekts bzw. Entwicklung des Lieferobjekts eingesetzt. Das macht diesen Ansatz zwar auf der einen Seite komplizierter, auf der anderen Seite erlaubt es der Organisation auch mehr Spielraum bei der Gestaltung des Projektmanagements. Ein typisches Beispiel wäre hier die Abwicklung eines Projektes beginnend mit Design Thinking, gefolgt von einem planbasierten Ansatz mit einigen Arbeitspaketen, die mit Scrum und Kanban umgesetzt werden. Dieser Ansatz wird verwendet, um recht hohe Komplexität am Anfang immer weiter zu reduzieren und den Kunden in einigen Teilen intensiv einzubinden (s. hierzu auch Hüsselmann, 2021, S. 51).

Traditionell und agile Ansätze (TuAA)

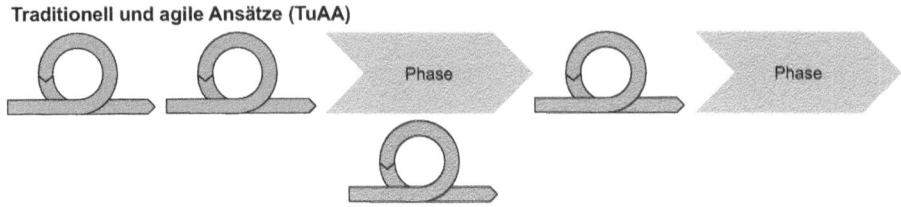

⬛ Abb. 5.7   Traditionell und Agile Ansätze (TuAA)

5

Agiler Ansatz mit traditionellen Methoden (AA-TM)

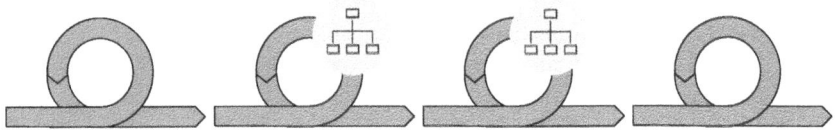

⬛ Abb. 5.8   Agiler Ansatz mit Traditionellen Methoden (AA-TM)

5.2.5 Agiler Ansatz mit Traditionellen Methoden (AA-TM)

Ein ebenfalls in der Praxis angewandter hybrider Ansatz ist der agile Ansatz (z. B. iterativer Ansatz), bei dem traditionellen Methoden eingesetzt werden (⬛ Abb. 5.8). Der Grund für den Einsatz traditioneller Methoden ist häufig die Zusammenarbeit mit Zulieferern oder Kunden, die traditionelle Methoden (wie einen Meilensteinplan) verlangen oder es aufgrund vertraglicher Bedingungen von Relevanz ist z. B. bei Ausschreibungen von Zulieferern, die eine Art Lastenheft verlangen.

5.2.6 Freestyle Ansatz

Dieser Ansatz folgt keiner Vorgabe und passt sich den Projektgegebenheiten entsprechend an (⬛ Abb. 5.9). Er kann alle Arten von Kombinationen von Ansätzen, Methoden, Rollen und Strukturen enthalten. Er weist eine integrative Ausprägung aus. Ein Vertreter dieses Ansatzes ist das Scrumban Modell (s. ▶ Abschn. 5.4.1).

Freestyle

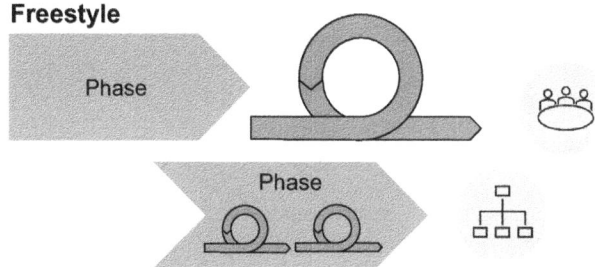

◘ **Abb. 5.9** Hybrider Ansatz Freestyle

5.2.7 Zusammenfassung hybride Ansätze

In ◘ Tab. 5.1 werden die Ansätze noch einmal zusammengefasst und hinsichtlich der wesentlichen Merkmale und der Zuordnung zur hybriden Struktur (verteilt vs. integriert) gegenübergestellt.

> **Weihnachtsfeier Ei-Ti AG – Projektmanagementansatz**
> Laura Leiter wird von Gerd Genau gefragt, um was für einen Projektmanagementansatz es sich denn bei der Weihnachtsfeier handelt, da hier ja der traditionelle Projektmanagementansatz mit dem agilen Ansatz bei der App-Entwicklung kombiniert werde.
> Laura Leiter erklärt ihm die Strukturierung hybrider Ansätze (◘ Tab. 5.1). Durch das Arbeitspaket *App entwickeln,* das nach Scrum umgesetzt wird, bekommt das ganze Projekt eine hybride Struktur mit verteilt parallelem Charakter. Es handelt sich um den sog. TA-AP p Ansatz (Traditioneller Ansatz mit agilen Phasen parallel; ▶ Abschn. 5.2.3). Falls agile Methoden und Instrumente, wie z. B. das morgendliche Stand-up-Meeting oder ein Burn-down-Chart in die traditionellen Phasen bzw. Arbeitspakete eingesetzt worden wären, wovon Laura Leiter nach Rücksprache mit Emil Expert abgesehen hat, wäre zusätzlich ein TA-AM befolgt worden (Traditioneller Ansatz mit agilen Methoden).

Nachdem die Entscheidung für einen hybriden Projektmanagementansatz gefallen ist, sollte das hybride Vorgehensmodell festgelegt bzw. ausgestaltet werden. Hierbei kann dann entweder ein hybrides Standardvorgehensmodell (▶ Abschn. 5.4.1) gewählt werden, oder das Vorgehensmodell wird individuell ausgestaltet (▶ Abschn. 5.5). Das Design eines hybriden Vorgehensmodells ist aufgrund der Einmaligkeit eines Projektes grundsätzlich eine Einzelfallentscheidung und hängt von mehreren Kriterien ab. Die Wahl eines entsprechenden Projektmanagementansatzes (s. ▶ Abschn. 5.2) unterstützt das Design eines Vorgehensmodells.

In der Praxis haben sich verschiedene Modelle herauskristallisiert, die im ▶ Abschn. 5.4 beschrieben werden.

○ **Tab. 5.1** Strukturierung der typischen hybriden Projektmanagementansätze

Typische hybride Ansätze	Art der Struktur
TA-AM (Traditioneller Ansatz mit agilen Methoden)	verteilt sequenziell
TA-AP s (Traditioneller Ansatz mit agilen Phasen seriell)	verteilt sequenziell
TA-AP p (Traditioneller Ansatz mit agilen Phasen parallel)	verteilt parallel
TuAA (Traditionelle und Agile Ansätze)	verteilt sequenziell und verteilt parallel
AA-TM (Agiler Ansatz mit traditionellen Methoden)	verteilt sequenziell
„Freestyle"	Integriert und verteilt sequenziell und verteilt parallel

5.3 Auswahl von hybriden Ansätzen

In diesem Abschnitt wird eine Vorgehensweise vorgestellt, mit deren Hilfe man eine Tendenz bei der Auswahl des passenden Ansatzes erhält. Es sei betont, dass diese Vorgehensweise lediglich eine Unterstützung bei der Auswahl eines der vorgestellten Ansätze darstellt. Es existiert aktuell kein datenbasiertes Verfahren zur Auswahl der in ► Abschn. 5.2 dargestellten Ansätze. Folglich auch keine Berechnungen, bei der man mit Hilfe von Kennzahlen zur Ausgangssituation, Kriterien erhebt und berechnet, was für ein Ansatz der Passende ist.

○ Abb. 5.10 stellt die Vorgehensweise zur Auswahl eines hybriden Ansatzes dar.

In einem **ersten Schritt** (Vorselektion) wird mithilfe der Stacey Matrix, dem Cynefin Modell oder weiterer K.O. Kriterien aus dem Projektkontext abgeschätzt, ob ein Projekt rein agil, rein traditionell oder hybrid abgewickelt werden sollte. Bei den K.O. Kriterien kann es sich um Vorgaben des Kunden oder regulative Vorgaben an das Projektmanagement handeln, die eine bestimmte Herangehensweise vorschreiben oder ausschließen. Z.B. kann ein Kunde eine rein traditionelle Vorgehensweise von

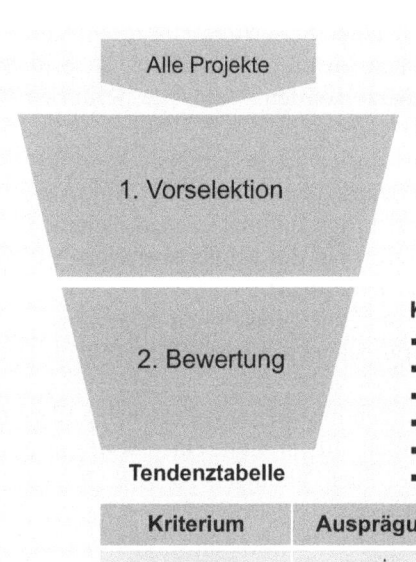

Hilfsmittel:
- Stacey Matrix oder Cynefin
- K.O. Kriterien (z.B. Regularien oder Vorgaben)

Kriterien z.B.:
- Inhaltliche Komplexität
- Anforderungen unbekannt
- Inkremente möglich?
- Änderungen möglich?
- Agiles Team
- Agile Organisation und Führung

Tendenztabelle

Kriterium	Ausprägung	Tendenz hybrider Ansatz
Inhaltliche Komplexität	gering	TA-AM
	mittel	TA-AP s, TA-AP p
	hoch	TuAA, AA-TM, Freestyle
Anforderungen unbekannt	gering	TA-AM
	mittel	TA-AP s, TA-AP p
	hoch	TuAA, AA-TM, Freestyle
...	...	...

☐ **Abb. 5.10** Trichtermodell mit Tendenztabelle (zweistufig)

einem Lieferanten verlangen, auch wenn das Projekt agil oder hybrid abgewickelt werden kann. Der Schritt der Vorselektion wird durchgeführt, um festzustellen, ob ein Projekt grundsätzlich hybrid umgesetzt werden kann und sollte.

Im **zweiten Schritt** (Bewertung) erfolgt die Analyse und Bewertung über verschiedene Kriterien (s. ► Abschn. 2.2) zu diesen Projekten mit Hilfe einer Scoringtabelle oder eines Spinnendiagramms. Um die Bewertung recht einfach und effizient zu gestalten, sollten von den typischen Kriterien (s. ► Abschn. 2.3.1.3) die re-

5

levanten, im Sinne einer Bewertung, ausgewählt und mit einer recht einfachen Ausprägungsskala (z. B. gering/mittel/hoch) abgeschätzt werden. Sinnvolle Kriterien sind z. B.:

- Projektart hinsichtlich der inhaltlichen Komplexität
- Projektart hinsichtlich Bekanntheit der Anforderungen
- Projektart hinsichtlich Bildung von Inkrementen
- Projektart hinsichtlich der Möglichkeit von Änderungen am Projektlieferobjekt
- Kultur und Kompetenz hinsichtlich des Teams
- Kultur und Kompetenz hinsichtlich der Organisation

Grundsätzlich können hier weitere oder auch andere Kriterien genutzt werden, die im Sinne einer Bewertung sinnvoll sind (s. hierzu auch Timinger, 2021, S. 202ff.; Hellbeck, 2023 S. 67ff.).

Die Bewertung der Projekte hilft über Zuordnung und Ausschluss, einen oder mehrere passende Ansätze zu bestimmen. (s. hierzu auch Hellbeck, 2023 S. 70ff). Die Auswahl kann über eine sog. Tendenztabelle vorgenommen werden, bei der die Ausprägungen der Kriterien aus Schritt 2, möglichen Ansätzen zugeordnet werden (s. ◘ Abb. 5.11).

Zusätzlich zu der Tabelle bzw. als Ergänzung können weitere Kriterien dienen, die durch Tendenzen die Wahl eines passenden Ansatzes weiter eingrenzen. So kann z. B. die Art des Projektes hinsichtlich der Branche oder hinsichtlich des Inhalts Aufschluss geben, ob es sich eher um ein TA-AP s oder TA-AP p Ansatz handelt (s. Beispiele ► Abschn. 5.2.2 und 5.2.3).

Kriteriumsbereich	Kriterium	Ausprägung	Tendenz hybrider Ansatz
Projektart (inhaltliche Sicht)	Inhaltliche Komplexität	gering	TA-AM
		mittel	TA-AP s, TA-AP p
		hoch	TuAA, AA-TM, Freestyle
	Anforderungen unbekannt	gering	TA-AM
		mittel	TA-AP s, TA-AP p
		hoch	TuAA, AA-TM, Freestyle
	Inkremente möglich?	gering	TA-AM; TA-AP s, TA-AP p
		mittel	TA-AM; TA-AP s, TA-AP p
		hoch	TuAA, AA-TM, Freestyle
	Änderungen möglich? (Iterationen)	gering	TA-AM
		mittel	TA-AP s, TA-AP p
		hoch	TuAA, AA-TM, Freestyle
Kultur und Kompetenz	Agiles Team	gering	TA-AM; TA-AP s, TA-AP p
		mittel	TA-AM; TA-AP s, TA-AP p
		hoch	TuAA, AA-TM, Freestyle
	Agile Organisation und Führung	gering	TA-AM; TA-AP s, TA-AP p
		mittel	TA-AM; TA-AP s, TA-AP p
		hoch	TuAA, AA-TM, Freestyle

Legende:

- **TA-AM** = Traditioneller Ansatz mit Agilen Methoden
- **TA-AP s** = Traditioneller Ansatz mit seriellen Agilen Phasen
- **TA-AP p** = Traditioneller Ansatz mit parallelen Agilen Phasen
- **TuAA** = Traditionell und Agile Ansätze
- **AA-TM** = Agiler Ansatz mit Traditionellen Methoden

◘ Abb. 5.11 Tendenztabelle zur Abschätzung des hybriden Ansatzes

5.4   Hybride Vorgehensmodelle

Die Ausgestaltung der in ▶ Abschn. 5.2 vorgestellten Ansätze führen zu einem Projektmanagement Vorgehensmodell.

Dabei können sowohl mehrere bestehende Vorgehensmodelle oder bestehende und/oder neue Ansätze die Basis für ein hybrides Vorgehensmodell liefern. Letztendlich bestehen alle Projektmanagement Vorgehensmodelle, d. h. traditionelle, agile und hybride aus den folgenden vier Dimensionen:

- Struktur
- Funktion
- Methode und
- Mensch

Die vier Dimensionen mit den verschiedenen Elementen werden in ▶ Abschn. 5.5 detaillierter beschrieben.

5.4.1   Standardisierte hybride Vorgehensmodelle

Aus den in ▶ Abschn. 5.2 dargestellten typischen Ansätzen haben sich in der Praxis folgende standardisierte hybride Vorgehensmodelle etabliert.

5.4.1.1   Wasser-Scrum-Fall

Das hybride Wasser-Scrum-Fall-Modell ist ein Ansatz, der agile und traditionelle Projektmanagement-Methoden kombiniert. Es wurde entwickelt, um die Vorteile von Wasserfall- und Scrum-Methoden zu nutzen und gleichzeitig die Nachteile zu minimieren.

Im hybriden Wasser-Scrum-Fall-Modell wird das Projekt traditionell in Phasen unterteilt, ähnlich dem Wasserfallmodell (s. ▶ Abschn. 1.3.1). Einzelne Phasen werden dabei agil mittels Scrum umgesetzt. Dabei können auch die eingesetzten Ereignisse, Artefakte und Rollen angepasst werden. Zum Beispiel werden Sprint Reviews, Retrospektiven und Backlog-Management verwendet, um den Fortschritt zu überwachen und sicherzustellen, dass die Anforderungen des Kunden erfüllt werden. Des Weiteren können die Rollen von Scrum übernommen werden. Der Projektleiter kann dabei in die Product Owner Rolle schlüpfen, um das agilen Rollenverständnis und die agilen Prinzipien anzuwenden.

Ein weiterer wichtiger Aspekt ist die Planung und Steuerung des Projekts. Das hybride Wasser-Scrum-Fall-Modell erfordert eine sorgfältige Planung, um sicherzustellen, dass die agilen und traditionellen Methoden nahtlos zusammenarbeiten. Die Steuerung muss sicherstellen, dass das Projekt auf Kurs bleibt und Probleme schnell behoben werden.

In welcher Phase des traditionell geplanten Projekts agil nach Scrum gearbeitet wird, hängt wiederum von dem entsprechenden Projekttyp ab. So werden häufig bei Projekten, bei denen die Anforderungen am Anfang nicht klar sind und das Projektlieferobjekt keine inkrementelle Vorgehensweise zulässt (z. B. Bauprojekte), mit Scrum gestartet, um das Design festzulegen.

Das Wasser-Scrum-Fall Modell basiert aufgrund seiner sequenziellen Struktur auf dem TA-AP s (Traditioneller Ansatz mit agilen Phasen seriell) (s. ▶ Abschn. 5.2.2).

5.4.1.2 Scrumban

Wie der Name vermuten lässt, ist Scrumban die Kombination der beiden agilen Vorgehensmodelle Scrum und Kanban. Es kombiniert damit den agilen Entwicklungsprozess nach Scrum, mit den Prinzipien und Elementen nach Kanban. Obwohl dieses hybride Vorgehensmodell in der Praxis recht verbreitet ist, ist es nicht komplett hinsichtlich der verschiedenen Projektmanagementelemente standardisiert.

Scrumban passt sich dem jeweiligen Projekt sowie Kontext an. In fast allen Scrumban Modellen finden sich die folgenden Elemente der beiden Modelle wieder:
- Rollen, wie Product Owner und Entwicklungsteam
- Sprints
- Kanbanboards
- Dailys
- Retrospektiven

Scrumban setzt auch auf die Visualisierung des Arbeitsfortschritts durch das Kanban-Board, um ein besseres Verständnis für den Status der Aufgaben zu schaffen und Engpässe schnell zu identifizieren. Ein wichtiges Element von Scrumban ist häufig wie in Kanban das „WIP-Limit", also die Begrenzung der gleichzeitig bearbeiteten Aufgaben. Dadurch soll verhindert werden, dass sich zu viele Aufgaben auf einmal ansammeln und dadurch die Durchlaufzeit verlängert wird.

5

Im Vergleich zu Scrum setzt Scrumban nicht immer auf feste Sprint-Zyklen. Auch die Rollen und Ereignisse von Scrum werden in Scrumban flexibler gehandhabt und können an die spezifischen Bedürfnisse des Teams angepasst werden.

Ein weiterer Vorteil von Scrumban ist, dass es sich relativ einfach in bestehende Prozesse und Systeme integrieren lässt. Unternehmen, die bereits mit Scrum oder Kanban arbeiten, können Scrumban als Erweiterung nutzen, um die Vorteile beider Methoden zu kombinieren. Jedoch erfordert Scrumban wie auch Scrum und Kanban auch eine hohe Disziplin und Selbstorganisation des Teams, um eine erfolgreiche Umsetzung zu gewährleisten.

Das Scrumban Modell wird aufgrund seiner rein agilen und integrierten Anwendung der dem Freestyle-Ansatz zugeordnet (s. ► Abschn. 5.2.6).

5.4.1.3 V-Scrum

Das hybride V-Scrum-Modell ist eine Kombination aus dem traditionellen V-Modell (s. ► Abschn. 1.3.1) und dem agilen Scrum Modell (s. ► Abschn. 4.2) und soll die Vorteile beider Ansätze vereinen. Wie beim V-Modell gibt es im hybriden V-Scrum-Modell eine klare Struktur und eine Vorwärts- und Rückwärtsverfolgbarkeit der Artefakte. Gleichzeitig ermöglicht es wie Scrum eine iterative und inkrementelle Vorgehensweise. Um die Vorteile von Scrum und dem V-Modell zu nutzen, haben sich in der Praxis zwei Kombinationenarten der beiden Modelle herauskristallisiert.

Bei der ersten Kombinationsart des hybriden V-Scrum-Modells wird das V-Modells inkrementell in Sprints durchlaufen. Das heißt jeder Sprint umfasst dabei eine Planungs-, Entwicklungs- und Testphase, die jeweils innerhalb des Sprints durchgeführt werden. Nach jedem Sprint gibt es eine Abnahme- und Feedbackphase, in der das Ergebnis des Sprints vom Kunden oder Auftraggeber abgenommen wird. Die Sprints sind in der Regel länger als im reinem Scrum Modell. In der Praxis können dann Sprints bis zu mehreren Monaten Dauer angewandt werden, um ein Inkrement im Rahmen des V-Modells zu entwickeln.

Eine Besonderheit dieser Kombinationsart des hybriden V-Scrum-Modells ist die Integration von Tests in den Entwicklungsprozess. Jede Sprint-Phase wird mit einem

Test abgeschlossen, der sicherstellt, dass das entwickelte Inkrement den Anforderungen entspricht und funktionsfähig ist. Dadurch wird sichergestellt, dass das Produkt am Ende des Projekts den Anforderungen des Kunden oder Auftraggebers entspricht.

Eine zweite Möglichkeit der Kombination des V-Modells und Scrum ist die Anwendung von Scrum innerhalb der Umsetzungsphase, d. h. der linke Ast des V-Modells (Konzeption) und der rechte Ast (Testen) wird traditionell in den entsprechenden Phasen durchgeführt. Der mittlere bzw. untere Teil des V-Modells (Umsetzung) erfolgt dann iterativ und inkrementell nach Scrum.

Das hybride V-Scrum-Modell ist besonders geeignet für Projekte, die eine klare Struktur und Vorwärts- und Rückwärtsverfolgbarkeit erfordern, aber gleichzeitig eine iterative und inkrementelle Umsetzung ermöglichen sollen.

5.4.1.4 Übersicht und Zusammenfassung

◼ Tab. 5.2 fasst noch einmal die drei standardisierten hybriden Vorgehensmodelle zusammen und stellt sie mit Ihren wesentlichen Merkmalen und dem hybriden Ansatz gegenüber.

Überdies gibt es viele weitere Kombinationen aus Projektstandards, die in der Praxis vereinzelt vorkommen (vgl. Königbauer, 2021).

◼ **Tab. 5.2** Überblick standardisierter hybrider Vorgehensmodelle

Hybrides Vorgehensmodell	Wesentliche Merkmale	Art des hybriden Ansatzes (Ansatz)
Wasser-Scrum-Fall (inkl. Scrum/PMI und Scrum Stage Gate)	Verkettung von traditionellen und agilen Standards (Wasserfall und Scrum)	Verteilt sequenzielle Ausprägung (TA-AP s)
Scrumban	Integration der beiden agilen Standards (Scrum und Kanban)	Integrierte Ausprägung (Freestyle)
V-Scrum	Verkettung von traditionellen und agilen Standards (V-Modell und Scrum)	Verteilt sequenzielle Ausprägung (TA-AP s)

5

5.5 Design von hybriden Vorgehensmodellen

In vielen Fällen muss ein hybrides Vorgehensmodell entwickelt oder zumindest angepasst werden. Gründe hierfür sind:

- Es gibt keinen passenden hybriden Projektmanagement Standard für das Projekt,
- Der Projektkontext erfordert eine Anpassung des Standards,
- Das Standardmodell ist nicht sehr detailliert und hat eher das Niveau eines Ansatzes.

Grundsätzlich müssen bei der Entwicklung oder Beschreibung von Projektmanagementstandards verschiedene Elemente, die in diesem Buch vorgestellt werden, berücksichtigt werden. Dabei können diese Elemente in die zu Beginn von ▶ Abschn. 5.4 vier vorgestellten Dimensionen Struktur, Funktion, Methode und Mensch gebündelt werden.

Die ◨ Abb. 5.12 zeigt die vier Dimensionen eines Projektmanagement Vorgehensmodells mit den relevanten Elementen, die entsprechend dem Projekt oder dem Projekttyp ausgestaltet werden müssen.

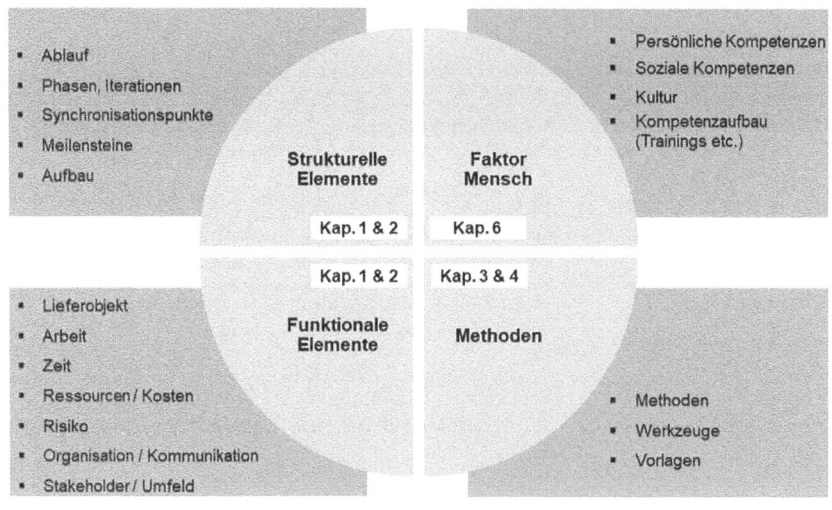

◨ **Abb. 5.12**   Dimensionen hybrides Vorgehensmodell

Wobei jede der Dimensionen entsprechende Elemente enthält. Diese werden dann in den folgenden Abschnitten (▶ Abschn. 5.4.1 bis 5.5.1) beschrieben.

In der Praxis wird nicht für jedes Projekt ein eigenes Vorgehensmodell entwickelt. Es wird vielmehr versucht, ähnliche Projekte, d. h. gleiche Projekttypen einem Ansatz zuzuordnen und ein für das Unternehmen passendes Vorgehensmodell zu finden.

5.5.1 Strukturelle Elemente

▪▪ Ablauf

Als Basis für jedes Vorgehensmodell sollte der Ablauf beschrieben werden. Der Ablauf entspricht in weiten Teilen dem Projektmanagementansatz. Bei einem Modell werden die Projektphasen oder Iterationen weiter detailliert. In Abhängigkeit der in den Abschnitten ▶ Abschn. 5.2.1 bis 5.2.6 beschriebenen Ansätzen wird das Modell in die entsprechenden Phasen oder Iterationen strukturiert. Die Ausgestaltung bzw. Detaillierung der Phasen erfolgt im Rahmen der Projektstrukturierung durch Arbeitspakete (s. ▶ Abschn. 3.1.3) und die zeitliche Strukturierung durch die Anwendung der zeitlichen Planungsmethoden Meilensteinplan, Netzplan und Balkenplan (s. ▶ Abschn. 3.1.5).

▪▪ Synchronisationspunkte

Ein wichtiges Element im Rahmen der Erstellung eines hybriden Vorgehensmodells, dass über einen parallelen Ansatz gekennzeichnet ist, sind Synchronisationspunkte, um eine passende Übergabe von Informationen, Teillieferobjekten und/oder Inkrementen zwischen den verschiedenen Phasen, Arbeitspaketen und Iterationen zu gewährleisten. Synchronisation kann durch folgende Elemente erfolgen:

- Meilensteine (vgl. Def. Meileinstein, ▶ Abschn. 3.1.5.5)
- Phasenübergänge und Quality Gates
- Reviews (vgl. Def. Meileinstein, ▶ Abschn. 3.1.5.5)
- Akzeptanzkriterien und Definition of Done
- Sprintlängen
- Arbeitspaketdauern
- Kennzahlen
- Strukturierung des Projektlieferobjekts in modulare Teillieferobjekte und Inkremente

(vgl. Timinger (2021), S. 99 ff.)

■■ Aufbau

Die Aufbaustruktur wird im Großteil über die Art der Zusammenarbeit definiert. Das heißt hier wird dann in Abhängigkeit des führenden Ansatzes festgelegt, in welcher Form die Zusammenarbeit der verschiedenen Projektbeteiligten erfolgt. Bei einem hybriden Ansatz, bei dem das traditionelle PM führend ist (TA-AM, TA-AP s, TA-AP p) wird eher eine hierarchische Aufbaustruktur mit den Rollen wie Lenkungskreis, Auftraggeber, Projektleiter, Teilprojektleiter/Arbeitspaketverantwortlicher (vgl. ▶ Abschn. 1.7) festgelegt. Bei dem AK-TM Ansatz, bei dem die Agilität führend ist, wird eher ein selbstorganisiertes Team die Aufbaustruktur bilden, das in ein führendes Unternehmensnetzwerk oder eine führende Instanz eingebettet wird. Bei den restlichen Ansätzen AK-TU und Freestyle hat die Aufbaustruktur keine Tendenz, sondern muss individuell anhand des Projekttyps und der Rahmenbedingungen festgelegt werden.

Die im Rahmen der Aufbaustruktur zugehörigen typischen Rollen sind ein funktionales Element und bereits im traditionellen Projektmanagement (vgl. ▶ Abschn. 1.7) und im agilen Projektmanagement (vgl. ▶ Abschn. 4.2.1) beschrieben.

5.5.2 Funktionale Elemente

In ▶ Kap. 1 und 2 sind die wesentlichen funktionalen Elemente bereits beschrieben worden.
Hierzu gehören:

■■ Stakeholder und Umfeld

Aufgrund des Einflusses von Stakeholdern (Wer?) und des Umfelds (Was?), kann die Ausgestaltung der strukturgebenden, weiteren funktionalen Elemente, der Methoden und kulturellen Elemente ausgestaltet werden. So sollte z. B. die Kommunikation und das Reporting zu kritischen Stakeholdern durch ein regelmäßiges und aktives Reporting verbessert werden.

■■ Qualität

Im Rahmen des Qualitätsmanagements ist es insbesondere wichtig, die qualitätssichernden Methoden auszuwählen. Hierbei kann in Abhängigkeit des führenden Projektmanagementansatzes und damit der Entscheidung, ob eher in modularen Teillieferobjekten (traditionell) oder Inkrementen (agil) gedacht werden soll, folgende Methoden zum Einsatz kommen:

- Quality Gates und Meilensteine zur Überprüfung von Lieferobjekten und Teillieferobjekten zu festgelegten Zeitpunkten
- Reviews und Abnahmen zur
- Verifizierung und Validierung
- Akzeptanzkriterien und Definition of Done
- Qualitätskennzahlen
- Audits zur Validierung des Projektmanagements (vgl. auch Timinger (2021) „Modernes PM", S. 90 ff.)

■ ■ Organisation und Kommunikation
Dieses Element ist besonders hinsichtlich der Zusammenarbeit geprägt und wird durch die Themen, Rollen, Kommunikationsstrukturen und -medium (Wer kommuniziert mit wem und wie?) beschrieben. Diese Fragen werden in der Struktur Dimension (Organisationsstruktur) vorgedacht und innerhalb der Methoden Dimension (Methoden und Instrumente) ausgestaltet.

■ ■ Zeit
In Abhängigkeit des führenden Ansatzes sollte grundsätzlich festgelegt werden, ob die Dauer des Projekts fixiert wird (timeboxed), was eher einem rein agilen Ansatz entspricht. Sobald man die Dauer eines Projekts mit seinen strukturgebenden Instanzen (Phasen, Meilensteine, Iterationen etc.) abschätzen bzw. berechnen möchte, ist ein eher traditioneller Ansatz gefragt. Hier finden die in ▶ Abschn. 3.1.5 vorgestellten Methoden Anwendung. Eine Kombination ist in Abhängigkeit des hybriden Ansatzes ebenfalls möglich.

■ ■ Ressourcen/Kosten
Analog dem führenden Ansatz verhält es sich mit der Ressourcenabschätzung bzw. den Kosten. Bei der Festlegung eines bestimmten Projektteams über eine gewisse Laufzeit eines Projekts bzw. über das gesamte Projekt, befindet man sich eher auf der agilen Seite des Kontinuums in ◼ Abb. 5.2. Wenn die Personalressourcen in Abhängigkeit des Arbeitsaufwands berechnet bzw. abgeschätzt werden ist die traditionelle Seite und die entsprechenden hybriden Ansätze führend.

■ ■ Risiko

Auch der Umgang mit Risiken und damit die Ausgestaltung des Risikomanagements kann zunächst in Abhängigkeit der Tendenz zum agilen oder traditionellen
Ansatz über ein ausgeprägtes aktives Risikomanagement
aufgebaut oder eher agil mit den risikorelevanten Methoden, wie z. B. Dailys, Retrospektiven, Iterationen dargestellt werden.

5.5.3 Methoden

Innerhalb dieser Dimension werden die angewandten Methoden, die eingesetzten Instrumente, welche häufig IT ge-
stützt sind und die zu verwendenden Vorlagen, beschrieben.

■ ■ Methoden

Die gängigen und wesentlichen Methoden, die im Rahmen des Projektmanagements angewandt werden, sind in
▶ Kap. 3 und 4 beschrieben und in der ◘ Abb. 5.13 nochmal zusammengefasst.

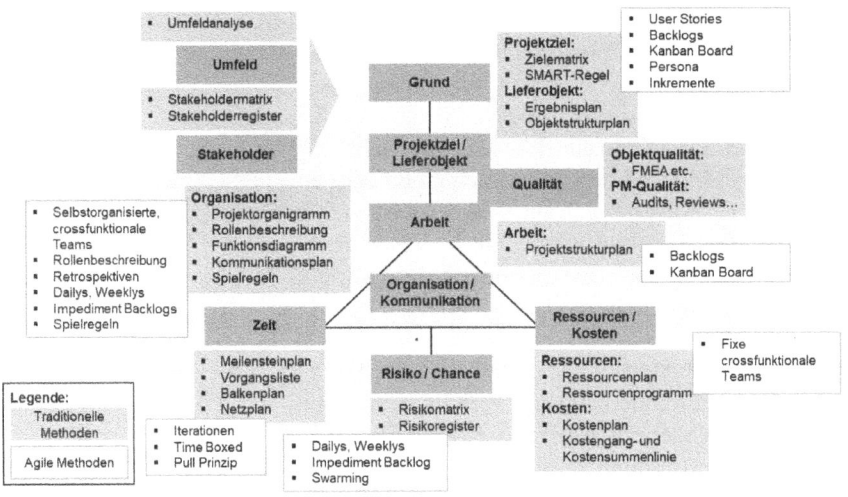

◘ **Abb. 5.13** Übersicht traditionelle und agile Methoden

■ ■ **Instrumente insbesondere IT-Tools**

Es gibt zahlreiche IT-gestützte Instrumente. Dabei wird häufig unterschieden zwischen:

▬ **Planungs- und Controlling Systeme**

Planungs- und Controllingsysteme im Projekt-management bilden die o. g. Methoden in IT Systemen ab, um den Erfolg von Projekten zu gewährleisten. Die Planung umfasst die Definition der Projekt-managementelemente, während das Controlling die systematische Überwachung des Projektfortschritts sowie die Abweichungsanalyse von Soll- zu Ist-Zuständen beinhaltet.

Planungs- und Controllingsysteme

▬ **Aufgabenmanagementsysteme**

Aufgabenmanagementsysteme sind IT Systeme, die dazu dienen, Aufgaben, Verantwortlichkeiten und Fristen innerhalb eines Projekts zu organisieren und zu verfolgen. Diese Systeme ermöglichen eine klare Zu-ordnung von Aufgaben an Teammitglieder, das Fest-legen von Prioritäten und das Überwachen des Fort-schritts in Echtzeit. Mit Aufgabenmanagement-systemen können Projektteams effizienter arbeiten, die Zusammenarbeit verbessern und Projekte erfolgreich und termingerecht abschließen.

Aufgabenmanagement-systeme

▬ **Online Kollaborationssysteme**

Online Kollaborationssysteme im Projektmanagement sind meist webbasierte IT Systeme, die es Team-mitgliedern ermöglichen, unabhängig von ihrem Standort und ihrer Zeitzone effektiv zusammenzu-arbeiten. Diese Systeme bieten Funktionen wie Datei-austausch, Echtzeit-Kommunikation, Aufgabenver-waltung und gemeinsame Bearbeitung von Dokumen-ten. Durch die Nutzung von Online Kollaborationssystemen können Teams nahtlos zu-sammenarbeiten, Informationen teilen, Diskussionen führen und den Projektfortschritt transparent ver-folgen, was die Effizienz steigert und die Projekt-umsetzung erleichtert.

Online Kollaborations-systeme

▬ **Kommunikationsplattformen insbesondere Video-systeme**

Kommunikationsplattformen, insbesondere Video-systeme, spielen bei verteilten Projektorganisationen eine entscheidende Rolle, da sie die virtuelle Zu-sammenarbeit und den persönlichen Austausch zwi-schen Teammitgliedern fördern. Video-Konferenzen ermöglichen es den Projektbeteiligten, sich in Echtzeit zu sehen, was die Kommunikation und das Verständ-

Kommunikationsplatt-formen insbesondere Videosysteme

5

nis verbessert. Durch den Einsatz von Videosystemen können Projektteams Meetings abhalten, Probleme besprechen, Ideen austauschen und effiziente Entscheidungen treffen, auch wenn sie sich an verschiedenen Standorten befinden. Dies trägt dazu bei, die Projektumsetzung zu beschleunigen und die Teamdynamik zu stärken.

— Dokumentenmanagementsysteme

Dokumenten-
managementsysteme

Dokumentenmanagementsysteme im Projektmanagement sind IT-Lösungen, die es ermöglichen, Projektunterlagen und Informationen systematisch zu organisieren, zu speichern und zu verwalten. Diese Systeme bieten Funktionen wie Versionierung, Zugriffsrechte und die Möglichkeit, Dokumente gemeinsam zu bearbeiten. Durch den Einsatz von Dokumentenmanagementsystemen können Projektteams effizienter arbeiten, die Dokumentation zentralisiert halten und die Transparenz bei der Verwaltung von Projektinformationen verbessern, was wiederum die Zusammenarbeit und den Projekterfolg unterstützt.

■ ■ Vorlagen

Um ein effizientes und effektives Projektmanagement zu ermöglichen, ist es sinnvoll, Vorlagen zu erstellen, die innerhalb jedes Projektes genutzt werden.

Vorlagen im Projektmanagement sind vorgefertigte Dokumente oder Muster, die als Leitfaden und Hilfsmittel während des gesamten Projektverlaufs dienen. Sie erleichtern die Strukturierung und Planung von Projekten sowie die Durchführung wiederkehrender Aufgaben. Typische Vorlagen umfassen Projektaufträge oder Projektsteckbriefe, Zeitpläne, Kostenpläne Risikolisten, Statusberichte und Kommunikationspläne. Vorlagen können sowohl papierbasiert als auch digital erstellt werden.

Durch die Verwendung von Vorlagen sparen Projektmanager Zeit und minimieren das Risiko von Fehlern, da sie bewährte Formate und bewährte Methoden nutzen können. Vorlagen fördern auch die Einheitlichkeit und Konsistenz in der Projektdokumentation, insbesondere in größeren Organisationen mit vielen Projekten. Darüber hinaus ermöglichen sie eine effiziente Kommunikation innerhalb des Projektteams und mit den Stakeholdern, da alle die gleiche Struktur und Terminologie verwenden.

Es ist jedoch wichtig zu betonen, dass Vorlagen an die spezifischen Bedürfnisse jedes Projekts angepasst werden können und sollten. Flexibilität ist entscheidend, um sicherzustellen, dass die Vorlagen den einzigartigen Anforderungen und Umständen jedes Projekts gerecht werden. Daher sollten Projektmanager die Vorlagen regelmäßig überprüfen und aktualisieren, um sicherzustellen, dass sie den aktuellen Projektanforderungen und bewährten Praktiken entsprechen. Insgesamt sind Vorlagen im Projektmanagement wertvolle Werkzeuge, die die Effizienz steigern und zum Erfolg eines Projekts beitragen können.

5.5.4 Faktor Mensch

■ ■ **Persönliche und soziale Kompetenzen**
Die persönlichen und sozialen Kompetenzen, die im Rahmen des Projektmanagements benötigt werden, sind ausführlich in ► Kap. 6 beschrieben.

■ ■ **Mindset**
Ein erfolgreiches Mindset im Rahmen des Projektmanagements umfasst eine Vielzahl von positiven Einstellungen, Denkweisen und Verhaltensweisen, die einer Projektorganisation dabei helfen, effektiv, effizient und auch zufrieden zu arbeiten, Herausforderungen zu bewältigen und letztendlich damit für das Projekt einen positiven Beitrag zu leisten. Hier sind einige Merkmale eines solchen Mindsets:
1. Flexibilität:
   Projekte können sich ändern und unvorhergesehene Herausforderungen können auftreten. Ein erfolgreiches Mindset bedeutet, sich anpassen zu können und alternative Lösungen zu finden, wenn Pläne sich ändern müssen.
2. Proaktivität:
   Die gesamte Projektorganisation handelt proaktiv und ergreift die Initiative, um Risiken frühzeitig zu erkennen und anzugehen, bevor sie zu größeren Problemen werden.
3. Teamorientierung:
   Erfolgreiches Projektmanagement erfordert eine starke Zusammenarbeit innerhalb des Teams, und das nicht nur im agilen Projektmanagement. Ein erfolgreicher Projektmanager bzw. ein selbstorganisiertes Team fördert ein positives Arbeitsumfeld, in dem alle offen kommunizieren und sich gegenseitig unterstützen.

4. Risikobereitschaft:
Projekte beinhalten immer ein gewisses Maß an Unsicherheit und Risiko. Ein erfolgreiches Mindset bedeutet nicht, Risiken zu vermeiden, sondern sie bewusst zu erkennen und zu bewerten, um angemessene Maßnahmen zu entwickeln.
5. Lernbereitschaft:
Eine erfolgreiche Projektorganisation ist offen für kontinuierliches Lernen und Entwicklung. Das Projektmanagementumfeld entwickelt sich ständig weiter, und es ist wichtig, sich auf dem Laufenden zu halten und neue Erkenntnisse zu integrieren.
6. Selbstmanagement:
Der Mensch ist die kostbarste und wichtigste Ressource im Projektmanagement. Sich selbst zu managen ist daher ein wichtiger Baustein des Mindsets (s. ► Abschn. 6.1).
7. Kommunikation:
Klare und effektive Kommunikation ist entscheidend für den Erfolg eines Projekts. Ein erfolgreiches Projektteam kommuniziert aktiv mit allen Stakeholdern und sorgt dafür, dass Informationen richtig übermittelt werden.

Ein erfolgreiches Mindset im Projektmanagement geht über die bloße Anwendung von Methoden und Werkzeugen hinaus. Es geht darum, eine positive Denkweise zu entwickeln und die richtige Einstellung zu haben, um die Herausforderungen zu meistern und die Projektorganisation zu inspirieren und sein Bestes zu geben.

■ ■ Kultur
Eng verknüpft mit dem Mindset, ist eine positive Projektmanagement Kultur. Kultur im Projektmanagement umfasst die Gesamtheit der Werte, Normen, Einstellungen und Verhaltensweisen innerhalb der Projektorganisation, die die Art und Weise beeinflussen, wie Projekte geplant, ausgeführt und kontrolliert werden. Eine positive Projektmanagement-Kultur zeichnet sich insbesondere durch offene Kommunikation, Teamarbeit, Vertrauen, Flexibilität und Lernbereitschaft aus. Eine solche Kultur fördert die Akzeptanz von Veränderungen, die Übernahme von Verantwortung und die Bereitschaft, innovative Lösungen zu entwickeln.

Eine gesunde Kultur ermöglicht es den Teammitgliedern, effektiv zusammenzuarbeiten und Herausforderungen zu bewältigen, was letztendlich zu besseren Ergebnissen führt. Ein kultureller Rahmen, der Fehler als Lern-möglichkeiten betrachtet, fördert eine Atmosphäre des Experimentierens und verbessert die Risikobereitschaft. Eine wertschätzende und inklusive Kultur stärkt das Engagement und die Motivation der Teammitglieder.

Bei internationalen Projekten ist es entscheidend, kulturelle Unterschiede zu berücksichtigen, um Missverständnisse zu vermeiden und eine effektive Zusammenarbeit zu fördern. Eine globale Projektmanagement-Kultur zeichnet sich durch interkulturelle Sensibilität und Anpassungsfähigkeit aus.

Eine Kultur des Wissensaustauschs und der kontinuierlichen Verbesserung fördert die Entwicklung innovativer Verfahren und den Einsatz von Best Practices in zukünftigen Projekten. Dies ermöglicht eine bessere Projektleistung und erhöht die Effizienz und Effektivität des gesamten Projektmanagements.

Um eine erfolgreiche kulturfördernde Umgebung im Projektmanagement zu schaffen, gibt es verschiedene Maßnahmen, die zur Entwicklung einer positiven Projektmanagement-Kultur beitragen können:

1. Offene und transparente Kommunikation fördern:
   - Regelmäßige Meetings,
   - Feedback-Runden,
   - Dailys und
   - Retrospektiven.
2. Teamarbeit und Zusammenhalt stärken:
   - Teambuilding-Aktivitäten,
   - Teamwork-Trainings.
3. Lern- und Fehlerkultur etablieren:
   - Fehler als Lernmöglichkeiten betrachten, aus denen das Team und die Organisation wertvolle Erkenntnisse ziehen können.
   - Fehler nicht bestrafen, sondern als Chance zur Verbesserung ansehen,
   - Projektbeteiligte zu Experimentierfreude und Innovation ermutigen.
4. Anerkennung und Wertschätzung zeigen:
   - Die Anerkennung von Leistungen und Erfolgen kommunizieren,
   - Lob und Wertschätzung sollten regelmäßig ausgesprochen werden, um ein positives Arbeitsklima zu schaffen.
5. Interkulturelle Sensibilität fördern:
   - Unterschiede in Arbeitsstilen, Kommunikation und Geschäftspraktiken respektieren.

- Interkulturelle Schulungen,
- Sensibilisierungsmaßnahmen wie Kurzvorträge oder digitale Formate.
6. Wissensaustausch und Best Practices teilen:
   - Raum für Erfahrungsaustausch schaffen in Meetings und auf Plattformen.
   - Instrumente (IT-Tools) zum Wissensmanagement etablieren.
7. Professionalisierung des Projektmanagements durch Schulungen und Weiterbildungen.

Diese Maßnahmen können dazu beitragen, eine positive Projektmanagement-Kultur zu schaffen, die die Effizienz, Zusammenarbeit und den Erfolg von Projekten nachhaltig beeinflusst. Dabei ist es wichtig, dass die Führungskräfte und das gesamte Projektteam diese Werte und Prinzipien aktiv vorleben und unterstützen.

■ ■ **Kompetenzaufbau**

Kompetenzaufbau im Projektmanagement bezieht sich auf die Entwicklung und Verbesserung der Fähigkeiten und Kenntnisse von Einzelpersonen oder Teams, um Projekte effizienter und erfolgreicher zu planen, durchzuführen und abzuschließen. Projektmanagementkompetenz ist in vielen Berufsfeldern und Branchen von entscheidender Bedeutung, da sie dazu beiträgt, die Projektziele zu erreichen, Ressourcen effektiv zu nutzen und Risiken zu minimieren.

Hier sind einige wichtige Aspekte des Kompetenzaufbaus im Projektmanagement:
1. Schulung und Weiterbildung:
   Die Teilnahme an Schulungen, Workshops und Zertifizierungsprogrammen im Projektmanagement ermöglicht es den Beteiligten, grundlegende Konzepte, Techniken und bewährte Verfahren zu erlernen. Gängige Zertifizierungen sind beispielsweise die Project Management Professional (PMP)-Zertifizierung des Project Management Institute (PMI) oder die PRINCE2-Zertifizierung.
2. Erfahrung sammeln:
   Praktische Erfahrung ist entscheidend, um Projektmanagementfähigkeiten zu entwickeln. Die Teilnahme an realen Projekten, sei es als Mitglied eines Projektteams oder als Projektleiter, ermöglicht es den Beteiligten, Herausforderungen zu bewältigen und aus Fehlern zu lernen.

3. Mentoring und Coaching:
   Erfahrene Projektmanager können als Mentoren oder Coaches fungieren und ihr Wissen und ihre Erfahrung mit anderen teilen. Dieser informelle Wissensaustausch kann dazu beitragen, spezifische Probleme zu lösen und einen breiteren Überblick über das Projektmanagement zu vermitteln.
4. Best Practices und Lessons Learned:
   Die Dokumentation von Best Practices und Lessons Learned aus vergangenen Projekten ist ein wertvolles Instrument für den Kompetenzaufbau. Indem man auf die Erfahrungen anderer zugreift, können Fehler vermieden und bewährte Methoden übernommen werden.
5. Soft Skills entwickeln:
   Projektmanagement erfordert nicht nur technische Fähigkeiten, sondern auch ausgeprägte Soft Skills wie Kommunikation, Teamarbeit, Führung und Konfliktmanagement. Der Aufbau dieser Fähigkeiten ist wichtig, um effektiv mit Stakeholdern und Teammitgliedern zu interagieren.
6. Projektmanagement-Methoden und Instrumente:
   Der Umgang mit verschiedenen Projektmanagement-Methoden und Instrumenten, insbesondere Softwarelösungen, unterstützt die effiziente Planung, Verfolgung und Steuerung von Projekten. Die Kenntnis solcher Werkzeuge ist ein wichtiger Teil des Kompetenzaufbaus.
7. Kontinuierliche Verbesserung:
   Projektmanager sollten stets danach streben, ihre Fähigkeiten zu verbessern und sich neuen Herausforderungen und Entwicklungen im Projektmanagement anzupassen. Dies kann durch den Austausch mit anderen Experten, das Lesen von Fachliteratur und die Teilnahme an Branchenveranstaltungen erreicht werden.

Der Kompetenzaufbau im Projektmanagement ist ein fortlaufender Prozess, der Zeit, Engagement und die Bereitschaft zur kontinuierlichen Verbesserung erfordert. Durch die ständige Weiterentwicklung ihrer Fähigkeiten können Projektmanager und ihre Teams erfolgreiche Ergebnisse erzielen und zum langfristigen Erfolg von Organisationen beitragen.

5.6 Anforderungen und Erfolgsfaktoren des hybriden Projektmanagements

Die Anwendungen von hybriden Vorgehensmodellen im Projektmanagement erhöht die Effizienz und Effektivität des Projektmanagements durch eine an die Rahmenbedingungen des Projektes angepasste Vorgehensweise. Die Vorteile lassen sich allerdings nur realisieren, wenn folgende Anforderungen an ein hybrides Projektmanagement, die gleichzeitig die Erfolgsfaktoren darstellen, erfüllt werden.

- Klare Ziele und Erwartungen: Es ist wichtig, dass sich sowohl alle Projektbeteiligten und Stakeholder über die Ziele und Erwartungen des Projekts im Klaren sind.
- Flexible Modellarchitektur: Die Kombination von Strukturen, Funktionen und Methoden des Projektmanagements erfordert eine flexible und anpassungsfähige Modellarchitektur, um sicherzustellen, dass die Elemente reibungslos ineinandergreifen.
- Transparenz: Eine hohe Transparenz ist wichtig, um sicherzustellen, dass die Projektorganisation und Stakeholder über den Fortschritt des Projekts informiert sind und schnell auf Probleme reagieren können.
- Kommunikation: Eine gute Kommunikation ist entscheidend, um sicherzustellen, dass die Projektorganisation und Stakeholder auf dem gleichen Stand sind und sich gegenseitig unterstützen können.
- Flexibilität und Anpassungsfähigkeit: Ein hybrider Ansatz erfordert Flexibilität und Anpassungsfähigkeit von allen Beteiligten, um schnell auf Veränderungen reagieren zu können.
- Regelmäßige Überprüfung: Regelmäßige Überprüfungen sind wichtig, um sicherzustellen, dass das Projekt auf Kurs bleibt und die gewünschten Ergebnisse erzielt werden.
- Zusammenarbeit: Eine effektive Zusammenarbeit ist entscheidend für den Erfolg eines hybriden Projekts. Das Projektteam sollte regelmäßig zusammenkommen, um Fortschritte und Probleme zu besprechen.
- Kompetenz des Projektmanagements: Das Projektteam sollte über Erfahrung im Umgang sowohl mit traditionellen als auch mit agilen Ansätzen und Methoden verfügen.

5.7 Optionale Projektmanagementelemente und angrenzende Disziplinen

5.7.1 Beschaffung

Das Managementelement *Beschaffung* ist ein Thema innerhalb des Projektmanagements, das nicht bei allen Projekten berücksichtigt werden muss. Es gibt Projekte ohne den Zukauf von Sachmitteln und/oder Personal. Als Beispiel können hier fast alle konzeptionellen Projekte genannt werden, bei denen das Lieferobjekt aus einem Dokument besteht, z. B. ein neues Marketingkonzept oder eine Unternehmensstrategie auch interne Softwareentwicklungsprojekte kommen z. T. ohne Beschaffung von externen Ressourcen aus.

Damit ist das Managementelement *Beschaffung* optional.

> **┌─ Beschaffungsmanagement ─────────────┐**
>
> Das Beschaffungsmanagement in Projekten umfasst alle Rollen, Prozesse, Methoden, Instrumente, Vorlagen, die für die Auswahl der Lieferanten und die Beschaffung von Produkten oder Dienstleistungen außerhalb der Projektorganisation benötigt werden.
>
> Das Beschaffungsmanagement läuft bei den meisten Projekten in vier Phasen ab (◘ Abb. 5.14).

■ **Beschaffungsplanung**

In der ersten Phase des Beschaffungsmanagements wird das Beschaffungsmanagement als solches für das Projekt geplant (Prozesse, Rollen, Methoden & Instrumente, Vorlagen etc.). Darüber hinaus wird festgelegt, was überhaupt extern beschafft werden muss. Hierbei geht es nicht nur um Materialien, z. B. PC für ein IT-Projekt. Es können auch die Teillieferobjekte ganzer Arbeitspakete eingekauft werden, z. B. kann die Entwicklung einer Datenbank, die im Rahmen eines großen IT-Projektes ein Teillieferobjekt darstellt, beschafft werden.

Die Entscheidung, ob überhaupt ein Teillieferobjekt selbst erstellt oder eingekauft wird, nennt man *Make or buy-Entscheidung.*

5

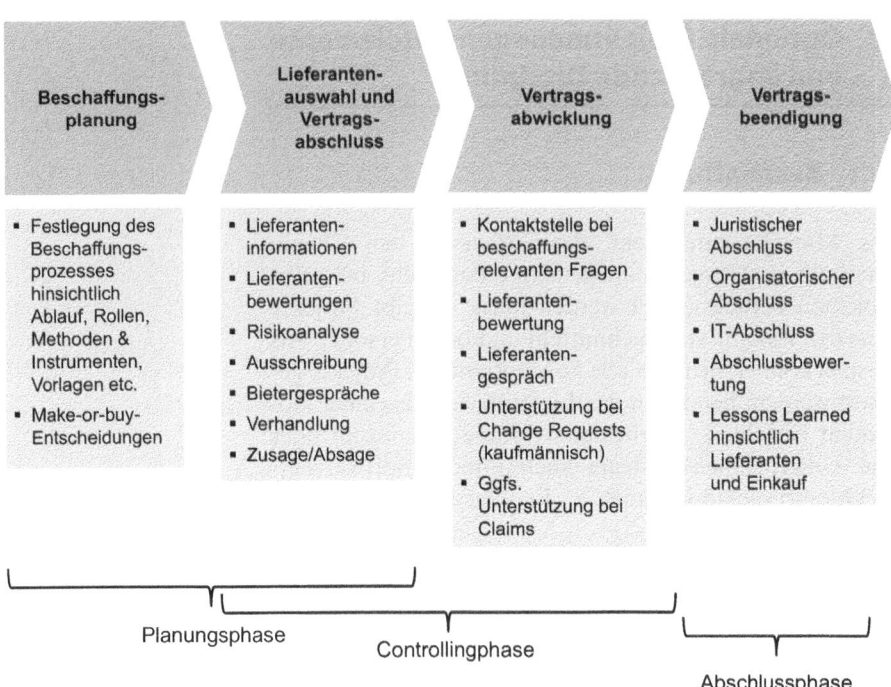

● Abb. 5.14 Beschaffungsprozess in Projekten

■ **Lieferantenauswahl und Vertragsabschluss**

In der zweiten Phase werden passende Lieferanten ausgewählt und die entsprechenden Verträge geschlossen. Bei der o. g. Datenbankentwicklung für ein Projekt handelt es sich nicht um ein Standardprodukt, sondern um eine sog. Systemlösung, die individuell von einem Lieferanten entwickelt werden muss. Deshalb müssen Ausschreibungsunterlagen für potenzielle Lieferanten erstellt werden. Die Erstellung der Ausschreibungsunterlagen wird meist vom Projektleiter mit den entsprechenden Experten unter Beratung der Einkaufsabteilung erstellt. Die Unterlagen enthalten alle wesentlichen Anforderungen an das Lieferobjekt. Auf Basis der Ausschreibungsunterlagen geben Lieferanten Angebote ab. Mithilfe der Angebote und ggfs. einiger Gespräche mit den potenziellen Lieferanten wählt die Organisation einen Lieferanten aus und schließt einen Vertrag. Es gibt unterschiedliche Methoden, die im Rahmen der Lieferantenauswahl eingesetzt werden:

- Bieterkonferenzen, bei denen einige vorselektierte Anbieter ihre mögliche Lösung vor dem Auftraggeber (z. B. Projektauftraggeber, Projektleiter, Einkaufabteilung) präsentieren,
- Scoringtabellen (▶ Abschn. 2.8.4) zur Beurteilung und zur Auswahl verschiedener Anbieter,
- Expertenmeinungen,
- Beschaffungsverhandlungen.

In dieser Phase arbeiten Projektleitung und Beschaffung meist eng zusammen. Handelt es sich um eine Systemlösung, ist es für den Lieferanten dann ebenfalls ein Projekt, das eng mit dem Kunden, meist in Persona der Projektleiter der beschaffenden Organisation, abgestimmt werden muss.

Aus Sicht des Projektmanagements können diese Aktivitäten sowohl in der Planungsphase als auch in der Controllingphase, in der das Projekt abgewickelt wird, stattfinden.

■ **Vertragsabwicklung**

Die dritte Phase des Beschaffungsprozesses enthält alle Aktivitäten, die zur Abwicklung und Verwaltung von Verträgen notwendig sind. Hierzu gehören folgende Aufgaben:

- Ablage, Monitoring und Pflege von Vertragsdokumenten,
- Lieferantenkoordination, d. h. Ansprechpartner für alle Fragen rund um die Lieferabwicklung seitens der Organisation,
- Überprüfung und Unterstützung bei der Einhaltung von Standards und Regularien im Rahmen der Beschaffung,
- Rechnungsvorprüfung,
- Klärung von Rechnungsdifferenzen,
- Umsetzung von Skonto-Vereinbarungen,
- Freigabe von Zahlungen,
- etc.

■ **Vertragsbeendigung**

Die Vertragsbeendigung hat als wesentliche Aufgaben den Beschaffungsvertrag juristisch, organisatorisch und IT-technisch zu beenden. Bei der juristischen Beendigung des Beschaffungsvertrages können die Erstellung und der Austausch von entsprechenden Dokumenten, wie Abschlussberichte, Abschlussprotokolle, Rechnung etc. wichtig sein. Die organisatorische Beendigung umfasst meist die Beendigung von Aufgaben der Mitarbeiter der Einkaufsabteilung. Bei der IT-technischen Beendigung eines Lieferantenvertrages sollten alle notwendigen Tätigkeiten in entsprechenden IT-Systemen durchgeführt werden, um den Vertrag als beendet zu erfassen.

Zusätzlich sollte immer eine Lieferantenbewertung durchgeführt werden.

Weihnachtsfeier Ei-Ti AG – Beschaffung

Aus dem letzten Jahr weiß Sabine Schein noch, wie schwierig es war, den passenden Caterer zu beauftragen. Sie erzählt Laura Leiter, dass sehr viel diskutiert wurde. Sie hat erfahren müssen, dass jeder gern mitreden möchte, wenn es ums Essen geht. Laura Leiter macht Sabine Schein den Vorschlag, dass sie dieses Jahr den Caterer mithilfe einer Scoringtabelle (▶ Abschn. 2.8.4) auswählen sollten. Sie fragt aber nochmal in der Einkaufsabteilung nach, die ihr ebenfalls eine Scoringtabelle empfiehlt und gleich Hilfe anbietet, da das Ganze ja letztendlich als Beschaffung über die Einkaufsabteilung läuft. Zusammen mit dem Einkauf und Sabine Schein wird folgende Tabelle erstellt und nach und nach mit den Daten von zwei potenziellen Caterern gefüllt.

Kriterium	Ge-wichtung	Caterer A		Caterer B		Metriken
		Punkte (0–3)	Ge-wichtet	Punkte (0–3)	Ge-wichtet	
Preis	50 %	1	0,5	2	1,0	Essenspreis pro Gast: 0: > 30 € 1: 20 € < x < = 30 € 2: 10 € < x < = 20 € 3: < = 10 €
Varianten-vielfalt	20 %	2	0,4	2	0,4	Anzahl Hauptgerichte 0: ein Hauptgericht 1: 2–3 Hauptgerichte 2: 3–4 Hauptgerichte 3: > 4 Hauptgerichte
Erfahrung mit Großveranstaltungen	30 %	3	0,9	0	0	0: nein 3: ja
Ergebnis	**100 %**		**1,8**		**1,4**	

Damit fällt die Auswahl auf Caterer A.

5.7.2 Vertragsmanagement

Externe Projekte beruhen in der Regel auf Verträgen zwischen rechtlich eigenständigen Organisationen (z. B. Unternehmen, Körperschaften des öffentlichen Rechts, Verbänden etc.). Auch innerhalb eines Konzerns zwischen den rechtlich eigenständigen Tochtergesellschaften gilt das Vertragsrecht.

Vertrag

Ein Vertrag ist eine Einigung von mindestens zwei Parteien (Privatpersonen, Institutionen, Behörden, Verbänden, Unternehmen etc.) zur Erfüllung von Leistungen. In einem Vertrag sind die Regeln und Bedingungen für die Leistungserfüllung festgehalten.

Ein Vertrag kommt durch die Willenserklärungen der Parteien zustande. Dabei entstehen Verbindlichkeiten der beteiligten Parteien meist in Form von Lieferungen von Produkten oder Dienstleistungen auf der einen Seiten und einer Zahlung auf der anderen Seite.

Verträge kommen im Projektgeschäft zwischen verschiedenen rechtlichen Organisationen vor. Dabei gibt es in der Regel drei Akteure im Projektgeschäft aus rechtlicher Sicht. Der Projektkunde beauftragt das Projekt. Der Projektanbieter (Projektauftragnehmer) führt das Projekt durch. Und für viele Projekte gibt es noch einen Sublieferanten, der Material, Personal, Teillösungen etc. liefert.

Grundsätzlich kann man zwischen internen und externen Projekten aus Sicht des Projektanbieters (Projektauftragnehmers) unterscheiden. Die in ◘ Abb. 5.15 dargestellten Alternativen I–III sind interne Projekte, die sich in der Einbindung eines Sublieferanten unterscheiden.

Alternative I ist ein internes Projekt, bei dem keine weiteren Beschaffungen notwendig sind, z. B. entwickelt der Vertrieb eines Unternehmens ein neues Vertriebskonzept. Der Projektkunde bzw. Projektauftraggeber ist z. B. der Vertriebsvorstand und der Projektanbieter bzw. Projektauftragnehmer ist der Vertriebsleiter mit ausgewählten Mitarbeitern. *(Internes Projekt ohne Lieferanten)*

Alternative II enthält zusätzlich noch Lieferungen (Ressourcen) aus weiteren Abteilungen der eigenen Organisation. So könnte im o. g. Beispiel die IT-Abteilung des *(Internes Projekt mit internen Lieferanten)*

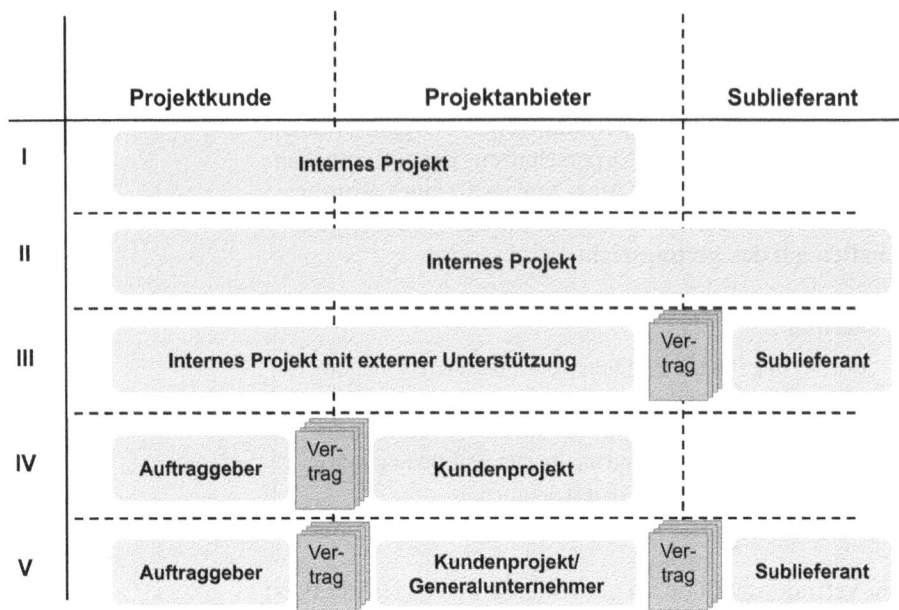

□ Abb. 5.15 Rechtliche Konstellationen im Projektgeschäft

Unternehmens eine Vertriebsdatenbank entwickeln, die dann im Rahmen des neuen Vertriebskonzepts eingesetzt wird. Bei der Datenbank handelt es sich um ein Teillieferobjekt, das von der Vertriebsabteilung nicht selber erbracht wird und im eigenen Unternehmen von der IT-Abteilung entwickelt wird.

Internes Projekt mit externen Lieferanten

Alternative III spiegelt ein internes Projekt (Projektkunde und Projektanbieter aus derselben Organisation) mit externer Beauftragung einer Teilleistung wider. In o. g. Beispiel wird zur Entwicklung der Datenbank ein externes IT-Unternehmen beauftragt. Dabei wird ein Vertrag zwischen Vertrieb (Projektkunde) und IT-Unternehmen bzgl. der Entwicklung der Datenbank geschlossen.

Externes Projekt ohne weitere Lieferanten

In **Alternative IV** wird die Konstellation wiedergegeben, bei der der Projektkunde und der Projektanbieter aus zwei rechtlich verschiedenen Organisationen stammen. Dann wird ein Vertrag zwischen Projektkunde und Projektanbieter geschlossen. In unserem Beispiel könnte der Vorstand des Unternehmens eine Unternehmensberatung mit der Entwicklung eines Vertriebskonzeptes beauftragen.

Externes Projekt mit weiteren Lieferanten/ Generalunternehmer

Bei der **Alternative V** kommen Projektkunde, Projektanbieter und Sublieferant aus verschiedenen rechtlichen Organisationen. Bezogen auf das Beispiel beauftragt der

Vorstand eines Unternehmens eine Unternehmens-beratung mit der Entwicklung eines Vertriebskonzeptes und der IT-technischen Umsetzung einer Datenbank. Da die Unternehmensberatung keine Datenbankentwicklung anbietet, beauftragt sie ihrerseits ein IT-Unternehmen. Es werden somit zwei Verträge geschlossen, einmal zwischen Projektkunde (Unternehmen) und Projektanbieter (Beratungsunternehmen), zum anderen zwischen Projektanbieter und Sublieferant (IT-Unternehmen). Von einem Generalunternehmer wird gesprochen, wenn der Projektlieferant die Verantwortung für die Leistungen des Sublieferantens gegenüber dem Projektkunden übernimmt und alle Sublieferanten im Rahmen eines Projektes steuert.

Ein Vertrag bildet die Grundlage für Rechtsgeschäfte und den juristischen Rahmen. Für die Inhalte im Sinne von Leistungen, Terminen und Kosten (magisches Dreieck) sind meist die Fachabteilungen verantwortlich.

Vertragsmanagement

Das Vertragsmanagement stellt die Prozesse, Rollen, Methoden, Instrumente und/oder Vorlagen bereit, um Verträge zu verhandeln, zu schließen, abzuwickeln sowie zu beenden.

Das Vertragsmanagement im Rahmen von Projekten ist Teil des Projektmanagements und wird durch Experten in der Organisation (Einkaufs- und Rechtsabteilung) unterstützt.

5.7.2.1 Vertragsarten

Im Projektgeschäft kommen in der Regel drei Arten von Verträgen vor, die im Bürgerlichen Gesetzbuch (BGB) geregelt sind.

▪ Kaufvertrag

Der Kaufvertrag basiert auf § 433 des Bürgerlichen Gesetzbuchs (BGB) und enthält folgenden relevanten Paragrafen:

Kaufvertrag

» „(1) Durch den Kaufvertrag wird der Verkäufer einer Sache verpflichtet, dem Käufer die Sache zu übergeben und das Eigentum an der Sache zu verschaffen. Der Verkäufer hat dem Käufer die Sache frei von Sach- und Rechtsmängeln zu verschaffen.

(2) Der Käufer ist verpflichtet, dem Verkäufer den vereinbarten Kaufpreis zu zahlen und die gekaufte Sache abzunehmen." (Auszug aus dem Bürgerlichen Gesetzbuch § 433)

Bei einem Kaufvertrag geht es um die Veräußerung von Produkten oder Rechten, d. h. Verschaffen von Eigentum und Besitz gegen vereinbarte Vergütung. Das Produkt oder das Recht ist vor dem Kauf meist ersichtlich und kann damit geprüft werden. Es erfolgt keine zusätzliche Wertschöpfung an den Produkten oder Rechten.

5

Werkvertrag

■ **Werkvertrag**

Der Werkvertrag basiert auf § 631 des Bürgerlichen Gesetzbuchs (BGB) und enthält folgenden relevanten Paragrafen:

» „(1) Durch den Werkvertrag wird der Unternehmer zur Herstellung des versprochenen Werks, der Besteller zur Entrichtung der vereinbarten Vergütung verpflichtet.

(2) Gegenstand des Werkvertrags kann sowohl die Herstellung oder Veränderung einer Sache als auch ein anderer durch Arbeit oder Dienstleistung herbeizuführender Erfolg sein." (Auszug aus dem Bürgerlichen Gesetzbuch § 631)

Damit ist in einem Werkvertrag die Herstellung eines *Werkes* (Lieferobjekt) mit den vertraglichen Eigenschaften und ohne Fehler gegen eine vereinbarte Vergütung geregelt. Geschuldet wird bei einem Werkvertrag der unmittelbare Erfolg (nicht z. B. der wirtschaftliche Folgeerfolg). Die Besitzübertragung und Billigung des Erfolgs, erfolgen durch eine oder mehrere Abnahmen.

Der Auftragnehmer schuldet dem Auftraggeber die Herstellung eines Werks.

Beispiele für *Werke* sind:
━ Herstellung einer Anlage oder Fabrik,
━ Herstellung eines IT-Systems (Hardware und/oder Software),
━ Lieferung von Konzepten oder Zeichnungen.

Auf der anderen Seite schuldet der Projektkunde dem Projektanbieter die Vergütung. Bei der Vergütung handelt es sich um Geld oder sachliche Vergütungen (z. B. Kompensationsgeschäft).

❯❯ Bei einem Werkvertrag wird der Erfolg geschuldet.

Deshalb gilt der Vertrag als erfüllt, wenn das *Werk* entsprechend der Definition im Vertrag hergestellt wurde. Das *Werk* muss deshalb im Vertrag genau spezifiziert und definiert werden. Beispiele für die Spezifikation eines Werks sind:

— technische Spezifikationen,
— Pflichtenheft,
— Datenblatt,
— Definition von Leistungskriterien, die das *Werk* zu erbringen hat, z. B. Produktionsleistung/-kapazität, Produktqualität der vom *Werk* hergestellten Produkte.

■ **Dienstvertrag**

Der Dienstvertrag basiert auf § 611 des Bürgerlichen Gesetzbuchs (BGB) und enthält folgenden relevanten Paragrafen:

Dienstvertrag

» „(1) Durch den Dienstvertrag wird derjenige, welcher Dienste zusagt, zur Leistung der versprochenen Dienste, der andere Teil zur Gewährung der vereinbarten Vergütung verpflichtet.
(2) Gegenstand des Dienstvertrags können Dienste jeder Art sein." (Auszug aus dem Bürgerlichen Gesetzbuch § 611)

D. h. in einem Dienstvertrag wird das Erbringen eines (qualifizierten) Dienstes gegen vereinbarte Vergütung geregelt.

❯❯ Bei einem Dienstvertrag wird der Dienst geschuldet (nicht der Erfolg).

■ **Absichtserklärung**

Von Verträgen sind sogenannte *Absichtserklärungen* zu unterscheiden, z. B. *Letter of Intent* (LOI) oder *Memorandum of Understanding* (MoU). Diese Dokumente werden meist in der Verhandlungsphase aufgesetzt und unterschrieben. Sie sind keine Verträge und haben daher keine oder nur geringe rechtliche Bindung und sind eher aus verhandlungspsychologischen oder Marketing-Gesichtspunkten wichtig. Kennzeichen dieser Dokumente sind meist, dass Worte wie Vertrag, Schuldverhältnis, Vertragsgegenstand, Gegenleistung, Verzug oder Gewährleistung

Absichtserklärung

nicht auftauchen. Formulierungen werden bewusst als Absichten formuliert und nicht als Verpflichtungen.

Beispielhafter Unterschied bei der Formulierung:

- LOI: „Die unterzeichnenden Parteien beabsichtigen, in absehbarer Zeit das Produkt 4711 zu entwickeln.“
- Vertrag: „Die unterzeichnenden Parteien werden in absehbarer Zeit das Produkt 4711 entwickeln.“

5.7.2.2 Vertragsinhalt

Ein Vertrag ist in mindestens drei Teile unterteilt: die Präambel, einen inhaltlichen und einen juristischen Teil.

■ Präambel

Präambel

Die Struktur eines Vertrages startet häufig mit einer sog. Präambel, die die Ausgangssituation beschreibt und die Zielsetzung enthält.

■ Inhaltlicher Teil

Inhaltlicher Teil

Der inhaltliche Teil beschreibt den Liefer- und Leistungsgegenstand bzw. die Dienstleistung und die daraus resultierenden Verpflichtungen für Kunde und Anbieter. Darüber hinaus kann der inhaltliche Teil noch folgende Themen enthalten:

- Lieferausschlüsse,
- Verpackung,
- Lagerung,
- Inspektionen und Überwachung,
- Inbetriebnahme und Tests,
- technische Dokumente,
- Normen und Vorschriften.

Im kommerziellen und organisatorischen Teil werden zudem die Preis- und Zahlungsbedingungen genannt. Im Übrigen können weitere Themen, wie z. B. Rabatte, Steuern, Bankgarantien, Liefererstellung, Lizenzgebühren, Finanzierung, Risiko und Versicherungen, Vertragstermine etc. beschrieben werden.

■ Juristischer Teil

Juristischer Teil

Der juristische Teil enthält Themen, wie

- Inkrafttreten des Vertrags,
- Vertragsinterpretation (Dokumentenpriorität, welches Dokument ist übergeordnet und welches untergeordnet),
- Leistungsgarantien,
- Geheimhaltung,

- Terminierung,
- Patente, geschützte Rechte,
- Garantien und Gewährleistungen,
- Gerichtsort,
- Pönalen,
- Haftungsausschlüsse und Haftungslimitierungen,
- Handhabung von Vertragsabweichungen,
- Folgeschadenausschluss,
- Vertragsabbruch (Termination),
- Handhabung von Änderungen (Änderungs-management),
- höhere Gewalt (Force Majeur),
- anzuwendendes Recht.

5.7.3 Claimmanagement

Claimmanagement bedeutet im Deutschen (Nach-)Forderungsmanagement. Es ist eng mit dem Vertragsmanagement verknüpft.

> **Claim**
>
> Ein Claim *(deutsch: Forderung)* ist eine finanzielle, terminliche und/oder sachliche Forderung eines Vertragspartners infolge von Handlungen, Unterlassungen, Abweichungen und/oder Erschwernissen im Zusammenhang mit der Vertragserfüllung. Claims werden an einen Vertragspartner gestellt.

Damit ist ein Claim eine an den Vertragspartner gestellte Forderung, die auf einer Vertragsänderung basiert.

> **Claimmanagement**
>
> Claimmanagement bedeutet das geplante und kontrollierte Voraussehen, Beobachten, Festhalten, Dokumentieren und Geltendmachen oder Abwehren von nicht ursprünglich zwischen den Parteien geregelten Forderungen, die sich erst bei Abweichungen des tatsächlichen vom vorgestellten Vertragsverlauf ergeben.

Aufgabe des Claimmanagements ist es, eigene ungesicherte Ansprüche in rechtlich gesicherte Ansprüche umzuwandeln und durchzusetzen (Eigenclaims) bzw. un-

5

gesicherte gegnerische Ansprüche abzuwehren (Fremd-claims).

Das Ziel des Claimmanagements ist damit sicherzu-stellen, dass man das erhält, was einem zusteht (nicht mehr und nicht weniger), sich gegen ungerechtfertigte Forderungen und Ansprüche zu schützen, Schäden zu be-grenzen, wenn sie nicht vermeidbar sind und vor allem Konflikte mit Auftraggebern und anderen (Vertrags-)Part-nern möglichst zu vermeiden, zu vermindern oder einzu-grenzen.

5.7.4 Changemanagement

Changemanagement befasst sich mit dem Umgang von Veränderungen in Organisationen und beim Menschen.

Das Lieferobjekt vieler Projekte ist direkt mit einer Änderung des Umfelds eines Mitarbeiters verbunden. Dies kann im einfachsten Fall die Entwicklung oder Ein-führung einer neuen Software sein, an die sich ein Mit-arbeiter erst gewöhnen muss, bis hin zu einer Unter-nehmenszusammenlegung, bei der Mitarbeiter ihren Arbeitsplatz verlieren. Die Auswirkung der Veränderung hat unterschiedliche Intensitäten und wird von jedem Menschen auch anders wahrgenommen (▶ Abschn. 6.2.2, Wahrnehmung). Es gibt auch Projekte, die kaum oder gar keine Veränderung bei Mitarbeitern hervorrufen, wie z. B. bei Entwicklungsprojekten, die ein neues Produkt zum Ziel haben.

Changemanagement versucht bei den Projekten, die eine Veränderung beim Menschen herrufen, diese so zu gestalten, dass die betroffenen Menschen damit gut um-gehen können.

Changemanagement

Changemanagement ist das Gestalten von Ver-änderungsprozessen in Organisationen, die eine Aus-wirkung auf den Menschen haben.

Hierzu gibt es eine Reihe von Ansätzen, Methoden und Instrumenten, die den bestmöglichen Umgang mit dem Veränderungsprozess ermöglichen sollen und in ▶ Abschn. 5.7.4.2 vorgestellt werden. Dafür muss aber zu-nächst einmal das Verständnis und das Verhalten des Menschen bei Veränderungen etwas näher erklärt werden.

Abb. 5.16   Vier Defizite im Rahmen von Veränderungen

Grundsätzlich können vier große Defizite (■ Abb. 5.16) bei einem Menschen im Rahmen von Veränderungen identifiziert werden (Komus & Putzer, 2017, S. 92 ff.).

Motivationsdefizite entstehen bei jedem Mitarbeiter auf unterschiedliche Weise (▶ Abschn. 6.1.3). Sie sind häufig mit der Angst vor einer schlechteren Stellung, vor Mehrarbeit, vor vermindertem Ansehen etc. verbunden. Motivationsdefizite korrelieren sehr stark mit der Leistung (man will nicht mehr arbeiten).

Motivationsdefizite

Informationsdefizite haben ihren Ursprung in der Wahrnehmung ungenügender Information über die Veränderung, insbesondere bezogen auf die eigene Person. Der Mitarbeiter fühlt sich nicht richtig informiert. Diese Unkenntnis kann ebenfalls in Motivationsdefiziten münden.

Informationsdefizite

Bei den Organisationsdefiziten geht es häufig um die Verunsicherung der organisatorischen Stellung in der Organisation. Viele Menschen benötigen gerade in Zeiten der Veränderung strukturellen Halt. Mindestens benötigen sie die Gewissheit einer Struktur und der eigenen

Organisationsdefizite

5

Qualifikationsdefizite

Rollen am Ende der Veränderung. Hier kann es zu Rollenkonflikten kommen, da die Rollen während und nach der Veränderung nicht transparent sind.

Qualifikationsdefizite entstehen bei einem Kompetenzmangel. Das heißt der Mitarbeiter fühlt sich mit neuen Aufgaben überfordert, insbesondere dann, wenn es keine entsprechende Aufklärung oder Kompetenzentwicklung für die neuen Aufgaben gibt bzw. keine geplant ist.

Die Ausprägung dieser Defizite ist bei jedem Projekt und bei jedem Menschen, der von einer Veränderung betroffen ist, unterschiedlich. Insofern muss die Ausprägung der Defizite zunächst festgestellt werden.

Changemanagement setzt an diesen vier Defizitbereichen an und versucht, diese nach Möglichkeit auszugleichen.

5.7.4.1 Modelle des Changemanagements

Um auf Veränderungen entsprechend im Sinne der Mitarbeiter und der Organisation zu reagieren, gibt es verschiedene Modelle und Ansätze zum Umgang mit Veränderung. Im Folgenden werden einige bekannte Modelle vorgestellt.

■ **Sieben Phasen der Veränderung nach Kübler-Ross**

Sieben Phasen der Veränderung nach Kübler-Ross

Bei Veränderungen, die eine Auswirkung auf den Menschen haben, gibt es einen typischen emotionalen Verlauf in Abhängigkeit von der Zeit, der in ◻ Abb. 5.17 dargestellt ist. Dieser Verlauf basiert auf Forschungen der

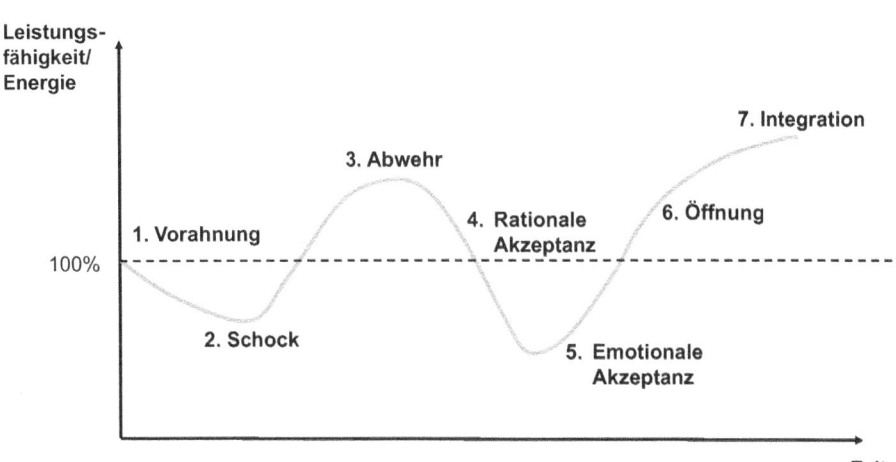

◻ **Abb. 5.17** Phasen der Veränderung

Psychologin Edith Kübler-Ross (Dobiey & Wargin, 2001; in Ahnlehnung an Dobiey & Wargin, 2001, S. 30 f.).

Dabei wird jede Veränderung in sieben Phasen eingeteilt. Jede Phase wird pro Mitarbeiter unterschiedlich durchlaufen. Das hängt sehr stark von der entsprechenden Persönlichkeit und der damit verbundenen Wahrnehmung der Veränderung ab.

Nach Bekanntgabe der Veränderung bzw. Gerüchten über eine Veränderung tritt in der Phase der **Vorahnung** eine erste Verunsicherung bei den betroffenen Mitarbeitern auf.

Vorahnung

Nach der Verunsicherung durchlaufen betroffene Mitarbeiter die sog. Schockphase, in der bei einigen Mitarbeitern eine gewisse Schockstarre durch Ängste entsteht, da etwas Unbekanntes auf sie zukommt.

Schockphase

Die nächste emotionale Reaktion ist die Abwehr gegenüber der Veränderung, bei der eine Menge Energie freigesetzt wird. Es wird versucht, die „bedrohende" Veränderung abzuwehren.

Abwehr

Nach Erkennen der Vor- und Nachteile und ggfs. der Nichtbeeinflussbarkeit der Veränderung ergibt sich meist die sog. rationale Akzeptanz, in der der Mitarbeiter einerseits frustriert ist, andererseits aber auch die Einsicht beginnt. Hier versucht der Mitarbeiter häufig zu verhandeln.

Rationale Akzeptanz

Nach der rationalen Akzeptanz folgt die emotionale Akzeptanz, in der die betroffenen Mitarbeiter die Veränderung emotional akzeptieren. Diese Phase ist mit Trauer verbunden, die einen sehr geringen Energielevel aufweist. Vor diesem Hintergrund ist diese Phase auch sehr weit unten auf der emotionalen Reaktionsskala.

EmotionaleAkzeptanz

Nach der Trauer beginnt die Neugier, in der sich die betroffenen Mitarbeiter öffnen (Phase der Öffnung).

Öffnung

Zum Schluss schöpfen die betroffenen Mitarbeiter Selbstvertrauen oder sehen sogar Chancen in der Veränderung und integrieren sich (Integration).

Integration

Auf der Basis der emotionalen Reaktionen bei Veränderungen in ◘ Abb. 5.17 können der Projektleiter oder die entsprechende Führungskraft durch ihr Verhalten und ggfs. entsprechende Methoden und Instrumente versuchen, die negativen Auswirkungen der Phase zu beschränken und/oder die Dauer der Phase zu verkürzen. ◘ Tab. 5.3 gibt hierzu einige Verhaltensmöglichkeiten.

◻ Tab. 5.3 Sieben Phasen der Veränderung mit den entsprechenden Verhaltensmöglichkeiten für den Projektleiter

Nr.	Phase	Emotion	Verhalten des Projektleiters
1	Vorahnung	Sorge, Hoffnung	Ernst nehmen – offenes Ohr für die Mitarbeiter haben
2	Schock	Schreck, Erstarrung	Offenheit – möglichst offen über die Situation sprechen – Sorgen der betroffenen Mitarbeiter ernst nehmen – Verständnis für deren Ängste zeigen – Bereitschaft zur Kommunikation signalisieren
3	Abwehr	Ärger, Widerstand/ Abwehr, Selbstüberschätzung	Kommunikation – Gesprächsbereitschaft signalisieren – den Mitarbeitern Gelegenheit geben, sich mitzuteilen – Emotionen der Mitarbeiter Raum geben
4	Rationale Akzeptanz	Frustration, beginnende Einsicht	Ermutigung – Verständnis zeigen – Bereitschaft signalisieren, Zukunftsperspektiven zu diskutieren
5	Emotionale Akzeptanz	Trauer	Verständnis – den Mitarbeitern Zeit geben, von den vergangenen Zeiten Abschied zu nehmen – Unterstützung bei der Verkürzung der „Trauerzeit" anbieten (z. B. durch Einzel- oder Teamgespräche)
6	Öffnung	Neugier, Chancen werden gesehen	Unterstützung – neugierig machen auf die Zukunft – Unterstützung und Ideen anbieten – die Mitarbeiter spüren lassen, dass man selbst Vertrauen in sie und ihre Zukunft hat – vorleben, dass beim Erlernen von Neuem Fehler normal sind und toleriert werden
7	Integration	Selbstvertrauen	Bestätigung – erfolgreiche Verhaltensweisen stabilisieren und implementieren

■ Drei Phasen der Veränderung nach Levin

Drei Phasen der Veränderung nach Levin

Nach Levin sollte die Veränderung in drei Phasen durchlaufen werden, in denen versucht wird, den o. g. Defiziten (Motivations-, Informations-, Organisations- und Qualifikationsdefizite) und emotionalen Reaktionen bestmöglich entgegenzuwirken.

Die drei Phasen heißen:
- Unfreezing,
- Moving,
- Refreezing.

Ziel der Unfreezing-Phase ist es, bei den betroffenen Mitarbeitern eine Bereitschaft zur Veränderung zu erzeugen. Hierbei gilt es, eine Transparenz für die aktuelle Situation zu schaffen und die Bedeutung der Veränderung mit all seinen Vor- und Nachteilen zu kommunizieren.

In der Moving-Phase wird versucht, den Mitarbeiter im Sinne der Veränderung zu integrieren und vor allem die vier Defizitbereiche zu kompensieren.

Die Refreezing-Phase dient der Etablierung der Veränderung bei den betroffenen Mitarbeitern.

Die Inhalte in den Phasen werden im folgenden Modell von Kotter etwas ausführlicher beschrieben.

■ **Acht Phasen des Veränderungsprozesses nach Kotter**

Kotter unterteilt die drei Phasen von Levin detaillierter und kommt zu acht Phasen, die im Rahmen eines Changemanagements beachtet werden sollten:

Acht Phasen der Veränderung nach Kotter

Unfreezing
1. Probleme sichtbar machen und Dringlichkeit vermitteln,
2. Veränderungsteam aufbauen,
3. Vision der Veränderung festlegen,
4. Vision kommunizieren,

Moving
5. Mitarbeiter bevollmächtigen,
6. kurzfristige Erfolge feiern,

Refreezing
7. Veränderungsprozesse fortführen,
8. Veränderung fest in der Unternehmenskultur verankern.

■ **Phase 1: Probleme sichtbar machen und Dringlichkeit vermitteln**

Die erste Phase verfolgt das Ziel, ein Bedürfnis bei den Mitarbeitern entstehen zu lassen, etwas verändern zu wollen oder zu müssen. Es sollte die Einsicht entstehen, dass der aktuelle Status so nicht mehr gehalten werden kann oder darf und es sinnvoll ist, etwas zu verändern.

Im Rahmen von Projekten werden zahlreiche Gründe sichtbar, die zu einer Veränderung führen. Hier können Situationsanalysen eingesetzt werden, um den aktuellen Status zu bewerten. Szenarien können helfen, die zukünftige Situation transparent zu machen.

5

- **Phase 2: Veränderungsteam aufbauen**

Veränderungen werden von motivierten Menschen initiiert und vorangetrieben. Vor diesem Hintergrund braucht jedes erfolgreiche Changemanagement-Projekt ein Kernteam, das den Change gestalten und Vorbild sein will (Change-Kernteam). Deshalb gilt es, in dieser Phase, das richtige Team zusammenzustellen. Wichtig bei der Teambildung ist die ausreichende Anzahl von Personen mit genügend Macht in der Organisation, um etwas zu verändern.

Bei einer bestehenden Projektorganisation sollten vor allem Mitglieder des Lenkungskreises in das *Change-Kernteam* integriert werden.

- **Phase 3: Vision der Veränderung festlegen**

In dieser Phase entwickelt das Change Kernteam Visionen, Strategien oder bei bestehender Zielsetzung Botschaften, um die Veränderung transparent und plausibel zu machen. Vor allem muss ein Bild der Zukunft entstehen, an dem sich die betroffenen Mitarbeiter orientieren können. Im Idealfall dienen Visionen, Strategien und Botschaften als Inspiration und Wegweiser für andere.

In einem Projekt sind über die Zielsetzung und ggfs. Nutzendarstellung schon wesentliche Argumente vorhanden. Diese müssen häufig mithilfe des Projektmarketings aufbereitet und emotional verpackt werden (▶ Abschn. 5.7.5).

- **Phase 4: Vision kommunizieren**

In der vierten Phase steht das Thema *Kommunikation* im Vordergrund. Dabei ist vor allem die Akzeptanz eine wichtige Zielsetzung. Vor diesem Hintergrund muss auf der einen Seite der Nutzen sinnvoll transportiert werden, auf der anderen Seite ist es wichtig, die Bedürfnisse der unterschiedlichen Betroffenen mit den vorhandenen Barrieren zu identifizieren. Die Kommunikation und weitere Maßnahmen zur Akzeptanzsicherung sollten zielgruppenspezifisch erfolgen.

In diesem Zusammenhang ist auch wieder auf das Projektmarketing in ▶ Abschn. 5.7.5 hinzuweisen.

- **Phase 5: Mitarbeiter bevollmächtigen**

In den ersten vier Phasen steht im Sinne des Lewin-Modells das Unfreezing im Fokus. Es wird versucht, die bestehende Situation zu reflektieren, die Zukunft zu beschreiben, bestehende Strukturen aufzubrechen und eine

Aufbruchsstimmung zu erzeugen. In der fünften Phase sollen die Maßnahmen zur Akzeptanzsicherung und -förderung eingesetzt werden, um die Motivations-, Informations-, Organisations- und Qualifikationsdefizite zu kompensieren (◼ Abb. 5.16). Darüber hinaus sollen die Täler der Veränderungskurve (◼ Abb. 5.17) schnell durchlaufen werden. Hierzu dienen insbesondere die Methoden und Instrumente, die im nächsten Abschnitt kurz vorgestellt werden (▶ Abschn. 5.7.3 sowie ◼ Abb. 5.18).

- **Phase 6: Kurzfristige Erfolge feiern**
Die sechste Phase zielt auf die Motivation der betroffenen Mitarbeiter. So sollen kurzfristige Erfolge, die bereits während der Projektlaufzeit auftreten, identifiziert, kommuniziert und bestätigt werden.

- **Phase 7: Veränderungsprozesse fortführen**
In der siebten Phase werden auf Basis der kurzfristigen Erfolge aus der sechsten Phase weitere Maßnahmen zur Veränderung geplant und umgesetzt, um das in der dritten Phase formulierte Gesamtziel zu erreichen.

Informieren
- Projekt-Homepage
- Intranet Foren
- Workshops
- Info
- Projektbericht
- Management by walking around
- Vorstandspräsentationen
- Info-Broschüren

Qualifizieren
- Schulungen
- Training on the Job
- Coaching
- Arbeitsgruppen / Seminare
- Wissensmanagement

Integrativer Ansatz

Motivieren
- Schnelle Erfolge in der Umsetzung
- Meinungsumfragen
- Veranstaltungen mit Leitfiguren
- Anreizsysteme

Organisieren
- Organigramm
- Rollenbeschreibung
- Funktionendiagramm
- Kommunikationsplan
- Prozessmodell
- Spielregeln

◼ **Abb. 5.18** Methoden und Instrumente im Rahmen des Changemanagements

5

Es hängt an der Veränderung selbst, wie ausgeprägt die Phase ist. Bei einer Unternehmensintegration, bei der zwei Unternehmenskulturen aufeinander treffen, ist es sicherlich sinnvoll, weitreichende Maßnahmen zu ergreifen. Bei einem kleinen Change-Projekt, wie der Ausstattung des Vertriebs mit neuer Software und damit veränderten Prozessen, ist der Bedarf nach weitreichenden Maßnahmen sicherlich nicht so groß wie im ersten Beispiel.

- **Phase 8: Veränderung fest in der Unternehmenskultur verankern**

Die achte Phase kann als Etablierungsphase gesehen werden. Hierbei geht es darum, den erfolgreichen Wandel fest und nachhaltig in der gesamten Organisation zu verankern. Dies ist häufig eine schwierige Phase, denn der Mensch neigt häufig dazu, ohne weitere Energie von außen, in alte Verhaltensmuster zurückzufallen. Das heißt es muss auch nach dem Veränderungsprojekt durch geeignete Maßnahmen sichergestellt werden, dass die Veränderungen nachhaltig greifen. Hierzu dient sicherlich auch ein kontinuierlicher Verbesserungsprozess, an dem die einzelnen Mitarbeiter stark beteiligt sind.

5.7.4.2 Methoden und Instrumente beim Changemanagement

Im Rahmen des Changemanagements gibt es zahlreiche Methoden und Instrumente, die für unterschiedliche Zielsetzungen und Ansätze eingesetzt werden. ◘ Tab. 5.4 gibt einen Überblick über häufig eingesetzte Methoden und Instrumente in Verbindung mit den vier Defizitbereichen.

◘ Tab. 5.4 zeigt zusätzlich auf, welche Elemente, Methoden und Instrumente des Projektmanagements bei einem Changemanagement unterstützen können.

Die Auswahl der Instrumente kann niemals pauschal erfolgen und sollte immer angepasst an den Projektkontext erfolgen.

Das Changemanagement kann entweder integraler Bestandteil des auslösenden Projekts sein oder aber als eigenes Projekt parallel oder in Abstimmung mit dem auslösenden Projekt laufen.

◘ Tab. 5.4 Methoden und Instrumente zum Ausgleich der vier Defizite

Defizite	Changemanagement-Ansatz	Methoden und Instrumente innerhalb des Projekts
Wissensdefizit	Informieren	– Projektauftrag – Project Canvas – Abgrenzungs- und Kontextanalyse – Mitarbeiter- und Teamgespräche – Informationsmanagement
Motivations-defizit	Motivieren, Ausgleichen, Anregen	– Stakeholdermanagement – Erfolge – Feedback – Einbindung ins Projekt (Projektrolle) – Mitarbeitergespräche – situative oder emotionale Führung
Organisations-defizit	Organisieren, Strukturieren, Einbinden, Rechte und Pflichten klären	– Organigramm – Rollenbeschreibung – Funktionendiagramm – Kommunikationsplan – Spielregeln
Qualifikations-defizit	Qualifizieren, Entwickeln	– Training – Coaching – Einbindung ins Projekt (Learning on the job)

5.7.5 Projektmarketing

Der Erfolg eines Projektes ist in starkem Maße von seiner Qualität und seiner Akzeptanz abhängig (vgl. Patzak & Rattay, 2017, S. 177). Die Qualität wird in ▶ Abschn. 3.1.2 beschrieben. Die Akzeptanz eines Projektes kann insbesondere durch das Projektmarketing erhöht werden.

5.7.5.1 Grundlagen des Projektmarketings

┌─ **Projektmarketing** ──────────────

„Unter Projektmarketing sind alle Aktivitäten zu verstehen, die dazu dienen, Projekte in ihrem Umfeld besser bekannt zu machen sowie die Akzeptanz ihrer Prozesse und Ergebnisse zu erhöhen." (Patzak & Rattay, 2017, S. 104).

Defizite in der Wahrnehmung und Interpretation des Projekts können die Zielerreichung beeinträchtigen.

5

Die Ziele des Projektmarketings sind:
- Steigerung bzw. Sicherstellung des Bekanntheitsgrads und der Akzeptanz des Projekts und der Projektergebnisse,
- zielgruppenspezifische Informations- und Kommunikationspolitik,
- Beitrag zur Differenzierung im „Projektwettbewerb",
- Unterstützung von notwendigen Changeprozessen im Unternehmen,
- Beitrag zur Festigung der Projektkultur bzw. zur Motivation der Projektmitarbeiter.

Diese Punkte führen zur Sicherstellung des Projekterfolgs und damit zur Erhöhung der Kunden- und Mitarbeiterzufriedenheit.

Das Projektmarketing kann durch folgende Kriterien vom klassischen Marketing in permanenten Organisationen abgegrenzt werden:
- Einschränkung auf Planung, Koordination und Kontrolle von Aktivitäten in Ausrichtung auf die relevanten Stakeholder (Zielgruppen),
- Einschränkung auf Kommunikationspolitik im weiteren Sinn,
- Berücksichtigung der zeitlichen Beschränkung (Unternehmen auf Zeit).

Abgrenzung Projektmarketing zu Changemanagement

Ebenfalls sinnvoll an dieser Stelle ist eine Abgrenzung des Projektmarketings von dem Changemanagement, da es hier Überschneidungen gibt. Das Projektmarketing hat den Projekterfolg und damit die Akzeptanz des Projekts im Fokus. Es bedient sich hauptsächlich der Methoden und Instrumente der Kommunikation. Das Changemanagement fokussiert auf die Veränderung der einzelnen Mitarbeiter und der Organisation durch das neu geschaffene Projektlieferobjekt. Es bedient sich aber auch zahlreicher Kommunikationsmethoden und -instrumente, die ebenfalls im Changemanagement Berücksichtigung finden. Hier ist eine starke Überschneidung zu erkennen.

Zur Generierung bzw. Erhöhung der Projektakzeptanz sind wiederum die drei Themenfelder Attraktivität, Transparenz und Orientierung innerhalb des Projektmanagements von Bedeutung.

■ **Attraktivität**

Projektattraktivität

Ein attraktives Projekt stellt den Nutzen für einzelne Stakeholdergruppen heraus, fokussiert auf Entwicklungsmöglichkeiten für die Beteiligten einer Organisation, die Nutzenorientierung des Lieferobjekts sowie die Wahrnehmung des Projekts.

▪ **Transparenz**

Transparenz wird geschaffen durch Kommunikation/Information/Dokumentation sowie Nachvollziehbarkeit der einzelnen Projektmanagementelemente (z. B. Leistungen, Termine, Ressourcen/Kosten).

Transparenz

▪ **Orientierung**

Das Thema Orientierung wird ausgestaltet durch die Ziele, das Lieferobjekt, die Projektphasen (Planung, Controlling und Abschluss) und die einzelnen Projektmanagementelemente (insbesondere hier das Umfeld, die Stakeholder und die Projektorganisation).

Orientierung

5.7.5.2 Projektmarketingprozess

Der Projektmarketingprozess ist ein Teil des Projektmanagementprozesses und umfasst im Wesentlichen, die in ◘ Abb. 5.19 dargestellten Phasen mit den dazugehörigen Aufgaben.

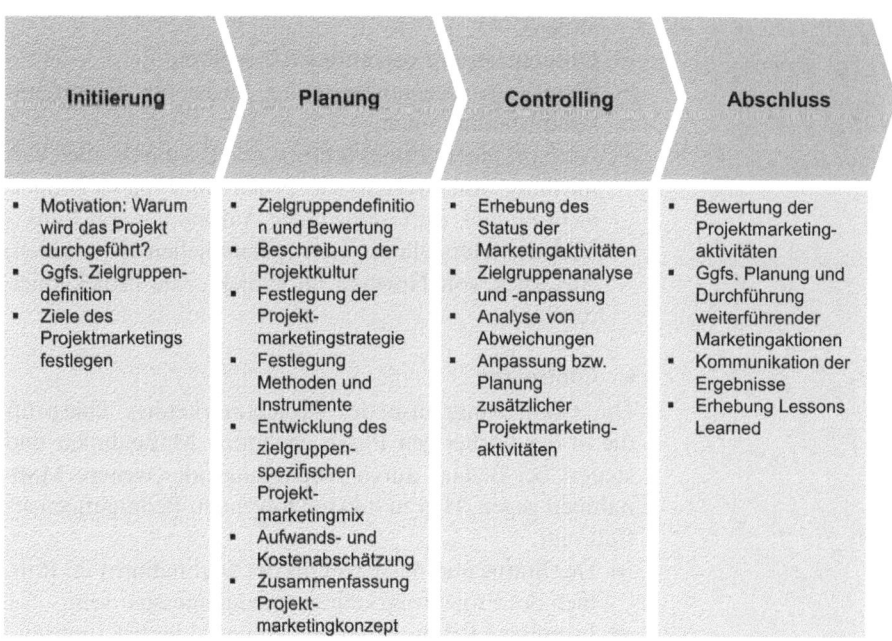

◘ **Abb. 5.19** Aufgaben des Projektmarketings innerhalb der Projektmanagementphasen

5

■ **Initiierung**

Innerhalb der Zielgruppenidentifikation sollten folgende Fragen geklärt werden:

- Welche Gruppen und Personen müssen wir ansprechen?
- Wie gut kennen wir die Zielgruppe?
- Wissen wir, was die Zielgruppe über unser Projekt sagt?
- Wie oft kommunizieren wir mit der Zielgruppe?
- Warum ist die Zielgruppe für unser Projekt wichtig?
- Was will die Zielgruppe wissen?/Wofür interessiert sich die Zielgruppe?
- Wessen/welche Sprache müssen wir sprechen?
- Wie können wir die Zielgruppe am besten erreichen?

■ **Planung**

In der Planungsphase werden folgende Aspekte rund um die Projektidentität behandelt:

- Identifizierung der Teammitglieder mit dem Projekt (Big Project Picture),
- Förderung des Wir-Gefühls im Projektteam,
- Beitrag zur Schaffung eines positiven Projekt-Images,
- Vermittlung von Sinnzusammenhang nach innen und außen (Motivation nach innen, Legitimation nach außen),
- Differenzierung von anderen Projekten,
- klare/eindeutige/ganzheitliche Basis für Kommunikationsmaßnahmen,
- Aufbau einer Projektkultur (z. B. durch die Vermittlung von Werten wie *Fehler im Projekt erlaubt/ nicht erlaubt,* unterschiedliche Auffassung von Pünktlichkeit, Herstellung von persönlichen Kontakten; Ausdruck von Normen im Projekt, wie Projektspielregeln).

■ **Controlling**

Die Controllingphase des Projektmarketings überprüft die in der vorherigen Phase geplanten Maßnahmen und steuert bei Bedarf durch Anpassung oder weitere Maßnahmen gegen. Hierzu müssen folgenden Bedingungen erfüllt sein:

- Der Status und das Ergebnis der Maßnahmen im Rahmen des Projektmarketings müssen messbar sein.
- Es müssen Erfolgskriterien definiert oder bekannt sein, an denen der Erfolg einer Maßnahme bzgl. der Nutzen erkennbar ist.

━ Es sollte eine Aufwand-Nutzen-Betrachtung erfolgen (jede Maßnahme erfordert Geld, Aufwand oder Zeit).

━ Neue Maßnahme sollten mit bestehenden Maßnahmen abgeglichen werden.

■ **Abschluss**

In der Abschlussphase wird der Erfolg des gesamten Projektmarketings eruiert und Lessons Learned für das nächste Projekt bzw. für die nächsten Maßnahmen herausgearbeitet.

5.7.5.3 Methoden und Instrumente des Projektmarketings

Auf Basis der unterschiedlichen Anforderungen der Zielgruppen in Organisationen kann ein entsprechendes Kommunikationsportfolio zusammengestellt werden: Das Kommunikationsportfolio besteht aus unterschiedlichen Kommunikationsmethoden und -instrumenten, von denen beispielhaft einige in ◘ Abb. 5.20 dargestellt sind. Die Kommunikationsmethoden und -instrumente sind dabei nach ihrem Zweck (Informieren, In Dialog treten, Identifizieren, Involvieren und Feedback einholen) strukturiert.

◘ **Abb. 5.20** Kommunikationsmethoden und -instrumente im Rahmen des Projektmarketings

5

■ **Informieren**

Methoden und Instrumente der Kategorie *Informieren* sind schwerpunktmäßig unidirektional, d. h. hier werden Mitarbeiter informiert, es erfolgt aber kein direkter Rückkanal, inwieweit die Botschaft angekommen ist. Deswegen sind diese Methoden und Instrumente sehr gut geeignet, um eine breite Zielgruppe zu erreichen. Bei kritischen Projekten sollten diese Methoden und Instrumente aber immer um weitere Instrumente und Maßnahmen aus der Kategorie *In Dialog treten* ergänzt werden.

■ **In Dialog treten**

In Dialog treten heißt, eine bidirektionale Kommunikation aufbauen, bei der direktes Feedback von der Zielgruppe abgefragt werden kann, bzw. erwünscht ist. Die Methoden und Instrumente eignen sich für mittlere Gruppengrößen. Im Rahmen der Digitalisierung ist es aber auch möglich, größere Gruppen z. B. mithilfe von Videos zu erreichen und den Rückkanal über Chats o. Ä. aufzubauen. Bei kritischen Themen ist die persönliche Kommunikation jedoch immer noch die sinnvollste (▶ Abschn. 6.2.3).

■ **Identifizieren**

Die Kategorie *Identifizieren* versucht, Botschaften mittels identitätsstiftender Instrumente auf Basis der Werte/Normen des Projekts zu transportieren. Hierzu gehören typischerweise die in ◘ Abb. 5.20 dargestellten Projektlogos und Slogans.

Bei diesen Methoden und Instrumenten sollten folgende Dinge berücksichtigt werden:
- projektspezifische Auswahl,
- Ansprache der emotionalen Ebene der Zielgruppen,
- Zusammenarbeit mit der Kommunikationsabteilung der Organisation,
- Abstimmung mit Corporate Design, wenn es um Poster etc. geht.

■ **Involvieren**

Involvieren heißt, die betroffenen Mitarbeiter eng an das Projekt heranzuführen oder direkt in das Projekt einzubinden.

■ **Feedback einholen**

Die Kategorie *Feedback einholen* hat zum Ziel einen standardisierten Rückkanal in das Projekt von außerhalb der Projektorganisation zu bieten. Mithilfe dieser Methoden

◘ Tab. 5.5 Übersicht und Bewertung Marketinginstrumente

Methode/ Instrument	Zielgruppe	Nutzen/ Wirkung	Aufwand (Arbeit)	Dauer	Realisierbar- keit (Aufwand * Dauer)
Name der Methode bzw. des Instruments bei Bedarf mit einer kurzen Beschreibung	Zielgruppe der Methode/ des Instruments (z. B. alle Mitarbeiter, Führungskräfte, Prozessbeteiligte)	Den Nutzen/die Wirkung auf einer Skala, z. B. von gering – hoch, einschätzen	Den Aufwand auf einer Skala, z. B. von gering – hoch, einschätzen	Die Dauer auf einer Skala, z. B. von gering – hoch einschätzen	Produkt aus Aufwand und Dauer

und -instrumente können viele Mitarbeiter einer Organisation erreicht werden.

Die Auswahl der Instrumente und Maßnahmen kann wieder mithilfe einer Scoringtabelle erfolgen. ◘ Tab. 5.5 liefert eine Übersicht über mögliche Maßnahmen in einem Projekt und bewertet diese, sodass die für das Projekt erfolgversprechendsten Instrumente relativ einfach ausgewählt werden können.

Die Abschätzung von Aufwand und Dauer sollte inkl. vorbereitender und nachbereitender Tätigkeiten vorgenommen werden.

Die Realisierbarkeit ist das Produkt aus Aufwand und Dauer und beschreibt eine Kombination aus Machbarkeit und Sinnhaftigkeit der Maßnahme.

Weihnachtsfeier Ei-Ti AG – Projektmarketing

Aus dem letzten Jahr wissen viele der Stakeholder, insbesondere das Projektteam um Sabine Schein, wie schlecht die Weihnachtsfeier in der Vorbereitung gelaufen ist und z. T. wie schlecht sie bei einigen Mitarbeitern angekommen ist. Deshalb hatte Laura Leiter die Idee, mit ein paar einfachen Projektmarketinginstrumenten für Akzeptanz der diesjährigen Weihnachtsfeier zu werben.

Übersicht und Bewertung Marketinginstrumente für die Weihnachtsfeier bei der Ei-Ti AG

5

Instrument inkl. Kurzbeschreibung	Zielgruppe	Nutzen/ Wirkung	Aufwand (Arbeit)	Dauer	Realisierbarkeit (Aufwand * Dauer)
Intranet-Artikel mit Agenda	Alle Mitarbeiter	Mittel	Gering	Mittel (aufgrund Genehmigung)	Mittel
Umfrage bzgl. der Mitarbeiter-App und Vorschläge für die Weihnachtsfeier	Alle Mitarbeiter	Hoch	Mittel	Mittel	Mittel
Statusbericht	Leitende Angestellte	Gering	Keiner (wird ohnehin erstellt)	Mittel (wird ohnehin erstellt)	Hoch (wird ohnehin erstellt)
Informelle Gespräche zur Stimmungsabfrage	Ausgewählte Mitarbeiter	Mittel	Gering	Hoch (über ganzen Zeitraum)	Mittel

Anmerkung zur Realisierbarkeit: die Bewertung über die Werte „gering, mittel, hoch" ist umgekehrt proportional zu dem Produkt aus Dauer und Aufwand, d. h. wenn Dauer und Aufwand gering sind, ist die Realisierbarkeit hoch.

Diese Maßnahmen erfordern zwar kein zusätzliches Budget, erhöhen aber den Aufwand des Kernteams um ein paar Tage. Laura Leiter hat den gesamten Aufwand mit drei zusätzlichen Tagen abgeschätzt. Vor diesem Hintergrund stellt Laura Leiter die Maßnahmen Paul Perso vor und schlägt vor, ein zusätzliches Arbeitspaket *Projektmarketing* in das Teilprojekt *Projektmanagement* aufzunehmen. Paul Perso ist von diesem Vorschlag begeistert und will gemeinsam mit Laura Leiter beim nächsten Lenkungskreis für die Genehmigung werben.

5.8   Zusammenfassung

- **Hybrides Projektmanagement**
  Das hybride Projektmanagement hat folgende Merkmale:
  - Hybrides Projektmanagement ist eine Kombination verschiedener Projektmanagement Standards und Ansätze aus dem traditionellen und/oder dem agilen Bereich.

- Es beinhaltet sowohl hybride Ansätze als auch hybride Modelle. Ansätze sind dabei eine vereinfachte Form der Modelle.
- Die hybriden Ansätze lassen sich nach der Strukturierungsart in verteilte und integrierte Ansätze unterteilen, wobei die verteilten Ansätze wiederum sequenziell oder parallel ablaufen können.
- Des Weiteren können die hybriden Ansätze nach der Art der Zusammensetzung (agil/traditionelle Elemente) in sechs verschiedenen Ansätzen strukturiert werden.
- (Hybride) Vorgehensmodelle setzen sich aus den vier Dimensionen Struktur, Funktion, Methode und Mensch zusammen.

5.9 Wiederholungsfragen

❓ Hybrides Projektmanagement

Fragen zum hybriden Projektmanagement

1. Was wird unter hybridem Projektmanagement verstanden und wie kann man verschiedene Ansätze des hybriden Projektmanagements strukturieren? (*Lösung* ▶ Abschn. 5.1)

2. Erklären Sie kurz die sechs verschiedenen Ansätze des hybriden Projektmanagements? (*Lösung* ▶ Abschn. 5.2)

3. Erklären Sie kurz eine Möglichkeit, um einen hybriden Ansatz auszuwählen? (*Lösung* ▶ Abschn. 5.3)

4. Was sind typische hybride Vorgehensmodelle im Projektmanagement? Erläutern Sie diese kurz. (*Lösung* ▶ Abschn. 5.4)

5. Wie werden Vorgehensmodelle des Projektmanagements strukturiert und welche Elemente beinhalt ein Vorgehensmodell? (*Lösung* ▶ Abschn. 5.5)

Fragen zu den optionalen Projektmanagementelementen

6. Erklären Sie kurz den Beschaffungsprozess in Projekten mit seinen wichtigsten Methoden und Instrumenten. (*Lösung* ▶ Abschn. 5.7.1)

7. Was sind die drei wesentlichen Vertragsarten in Projekten und was unterscheidet sie? (*Lösung* ▶ Abschn. 5.7.2)

8. Was ist das Ziel des Claimmanagements? (*Lösung* ▶ Abschn. 5.7.3)

9. Warum ist Changemanagement in vielen Projekten wichtig? (*Lösung* ▶ Abschn. 5.7.3)
10. Welche Modelle, Methoden und Instrumente gibt es im Changemanagement? (*Lösung* ▶ Abschn. 5.7.3)
11. Was sind die Unterschiede zwischen Projektmarketing und Changemanagement? (*Lösung* ▶ Abschn. 5.7.4 und 5.7.5)
12. Was sind sinnvolle Methoden und Instrumente des Projektmarketings und wie kann man diese auswählen? (*Lösung* ▶ Abschn. 5.7.5)

5

Persönliche und soziale Kompetenzen im Projektmanagement

Inhaltsverzeichnis

A. Dechange, *Projektmanagement – Schnell erfasst*, Wirtschaft – Schnell erfasst, https://doi.org/10.1007/978-3-662-68169-5_6

Konfliktmanagement

Lernziele dieses Kapitels

Nach der Lektüre dieses Kapitels …

- kennen Sie relevante Kompetenzen sowie deren Be-deutung und Merkmale im persönlichen und sozia-len Bereich.
- lernen Sie Methoden und Instrumente, um die persönlichen und sozialen Kompetenzen einzu-schätzen und zu entwickeln.
- kennen Sie die im Projektmanagement wesentlichen Modelle, Instrumente sowie Methoden zur Kommu-nikation und können diese anwenden.
- kennen Sie relevante Führungsmodelle im Projekt-management und können Ihre Führungskompetenz einschätzen.
- kennen Sie die wichtigsten Modelle, Methoden und Instrumente im Bereich des Teammanagements inkl. der virtuellen Teamarbeit.
- kennen Sie die Ansätze und Methoden zum Konflikt-management.
- lernen Sie, Ihre persönlichen und sozialen Kompe-tenzen effektiv und effizient in der Praxis umzu-setzen.

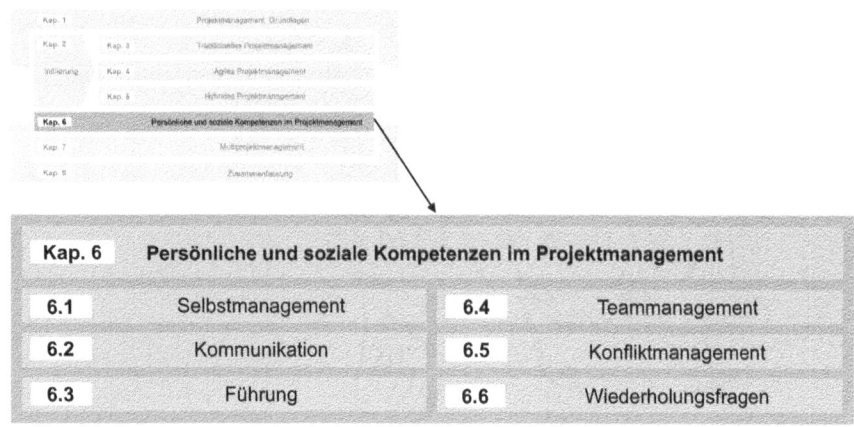

Kap. 6 **Persönliche und soziale Kompetenzen im Projektmanagement**

6.1	Selbstmanagement	6.4	Teammanagement
6.2	Kommunikation	6.5	Konfliktmanagement
6.3	Führung	6.6	Wiederholungsfragen

6

☐ Abb. 6.1   Struktur Kap. 6

Das sechste Kapitel hat die in ☐ Abb. 6.1 gezeigte Struktur.

Auf Basis des kompetenzbasierten Standards der Individual Competence Baseline (ICB, ► Abschn. 1.4) wurden in den ersten fünf Kapiteln dieses Buches schwerpunktmäßig traditionelle und agile Vorgehensweisen mit Methoden und Instrumenten beschrieben, die den Kompetenzbereichen *Kontext und Technik* der Individual Competence Baseline zuzuordnen sind. Diese beiden Kompetenzbereiche kann man auch als harte Faktoren *(Hard Skills)* bezeichnen. Der dritte Kompetenzbereich, *persönliche und soziale Kompetenzen,* der Individual Competence Baseline umfasst die sogenannten weichen Faktoren *(Soft Skills)* des Projektmanagements. Sie werden im Projektmanagement immer bedeutsamer, da viele der heutigen Anforderungen an das Projektmanagement (► Abschn. 1.8) in diesen Kompetenzbereich fallen.

Dieses Kapitel orientiert sich an den Kompetenzen der ICB des Kompetenzbereiches *persönliche und soziale Kompetenzen (People)* (IPMA, 2015) und fasst die relevanten Kompetenzen in fünf Kompetenzfelder zusammen:

1. Selbstmanagement,
2. Kommunikation,
3. Führung,
4. Teammanagement,
5. Konfliktmanagement.

Die Kompetenzfelder werden im Folgenden näher betrachtet und verschiedene Modelle, Methoden und Instrumente innerhalb dieser Kompetenzfelder vorgestellt.

6.1 Selbstmanagement

Ein guter Projektleiter ist häufig auch eine gute temporäre Führungskraft und verfügt über die notwendigen Führungs- und Teamfähigkeitskompetenzen. Diese setzen wiederum ein gutes Selbstmanagement voraus (Collins & Jackson, 2015). Denn nur wer sich selbst führen kann, kann auch andere gut führen.

Selbstmanagement bedeutet neben der Bewältigung der Arbeitsanforderungen eine bewusste Steuerung der damit verbundenen psychischen und physischen Prozesse (vgl. Kuhrts 2012, S. 230).

Das Selbstmanagement kann in mehrere Kompetenzen strukturiert werden, die ein Projektbeteiligter für sich managen sollte, um einen positiven Einfluss auf sich selbst und damit auf das Projekt zu haben (◘ Abb. 6.2):

Kompetenzen des Selbstmanagements

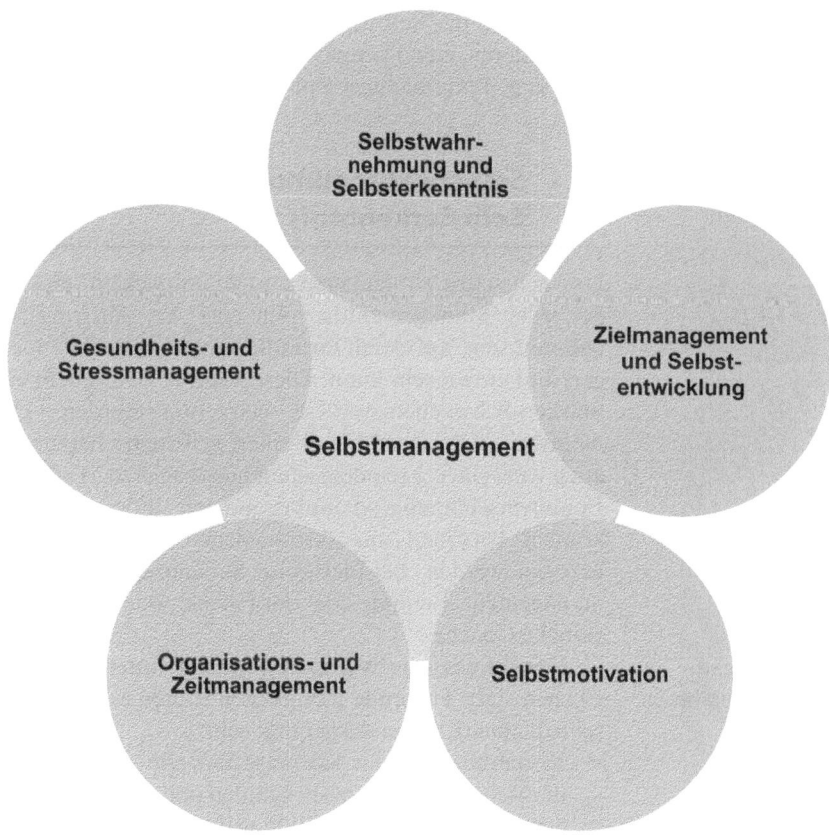

◘ **Abb. 6.2** Kompetenzen des Selbstmanagements

- Selbstwahrnehmung und Selbsterkenntnis (Wo stehe ich?),
- Zielmanagement (Wo möchte ich hin?) und Selbstentwicklung (Wie komme ich dahin?),
- Motivation (Was treibt mich an?),
- Organisations- und Zeitmanagement (Welche Methoden und Instrumente unterstützen mich auf meinem Weg?),
- Gesundheits- und Stressmanagement (Was hilft mir und wie kann ich Risiken vermeiden?).

Gerade der Projektmanager, aber auch die verschiedenen Rollen im Team, unterliegen heute mehr denn je einer hohen Komplexität und einem hohen Leistungsdruck. Um hiermit erfolgreich umgehen zu können, müssen sich Projektbeteiligte selbst mit all ihren Herausforderungen managen.

Einige der oben genannten Kompetenzen sind sowohl im Rahmen des Selbstmanagements relevant als auch bei den anderen vier Kompetenzbereichen Kommunikation, Führung, Teammanagement und Konfliktmanagement.

6.1.1 Selbstwahrnehmung und Selbsterkenntnis

Um sich selbst zu managen und zu entwickeln, muss wie bei jeder Managementdisziplin eine Art Ausgangsbasis bekannt sein, auf deren Grundlage man sich selbst managen und entwickeln kann. Diese kann z. B. in Form einer Stärken-Schwächen-Analyse betrachtet werden. Diese Analyse sollte sowohl auf einer Selbsteinschätzung als auch auf einer Fremdeinschätzung basieren. Damit die Fremdeinschätzung so umfassend wie möglich ausfällt, können Personen aus verschiedenen Bereichen herangezogen werden, beispielsweise Stakeholder im Projektmanagement, Freunde oder der Partner, oder auch professionelle Coaches.

Unterschiedliche Wahrnehmungsebenen Dabei findet die Wahrnehmung auf unterschiedlichen Ebenen statt. Folgende Fähigkeiten sollten auf den unterschiedlichen Ebenen ausgeprägt sein:

- Körperbewusstsein: Körpergefühl entwickeln und somatische Störungen wahrnehmen und auflösen können,
- emotionale Ebene: Gefühle wahrnehmen und regulieren können,

- mentale Ebene: eigenes Wertesystem reflektieren und
ändern können,
- Verhaltensebene: die eigenen Handlungsmöglichkeiten
reflektieren und erweitern.

Insbesondere in Konfliktsituationen kann diese Selbst-
wahrnehmungskompetenz einen Beitrag zur Konfliktlösung leisten. Das klingt einfacher als es für einige Personen ist, d. h. hier geht es um die Identifikation der eigenen
Stärken, Schwächen, Potenziale, Fähigkeiten, Werte, Bedürfnisse und Gefühle. Die Selbsterkenntnis beinhaltet
zum einen eine Wahrnehmungsfähigkeit, die während
einer Situation ausgeübt werden kann, und zum anderen
eine Reflexionsfähigkeit, die im Anschluss an diese Situation als eine Art Analyse des Geschehenen auf der Sach-
und Gefühlsebene durchgeführt wird. Wenn man z. B. ver-
ärgert ist und dieses Gefühl recht schnell wahrnimmt, hat
man die Möglichkeit eine entsprechende Reaktion zu wählen. Im Anschluss an den Ärger kann man sich selbst-
kritisch hinterfragen, wie es dazu gekommen ist und hier-
aus ggfs. Entwicklungsmaßnahmen ableiten. Ein guter
Projektleiter kann nur weiter an sich arbeiten, wenn er
weiß, wo er steht, und ein hohes Reflexionsvermögen hat.
Diese Kompetenz hat auch eine positive Auswirkung auf
andere Kompetenzen, wie Kommunikation, Führung,
Teammanagement und Konfliktfähigkeit.

Im Rahmen der Selbsterkenntnis können sog. Persön-   Selbsterkenntnis
lichkeitsmodelle helfen, die eigene Persönlichkeit zu identifizieren. Persönlichkeitsmodelle beschreiben Personen auf
Basis verschiedener allgemein gültiger Persönlichkeitsmerkmale. Dabei werden bestimmte Merkmalsgruppen
bzw. Charaktereigenschaften einer Person gewissen An-
teilen zugeordnet. Das heißt die Person wird nicht vollständig in eine Persönlichkeitsgruppe einsortiert, sondern
hat unterschiedliche Anteile von jeder Gruppe. Persönlichkeitsmodelle haben ihre Limitierung in der Bildung
von Stereotypen. Das heißt die Zuordnung zu einem bestimmten „Typen" kann dazu führen, dass man sich
bewusst und unbewusst so verhält, wie es das Modell vorsieht. Es kann zu einer Verstellung der eigenen Persönlichkeit und somit zu einer Hyperidentifizierung mit dem
entsprechenden Persönlichkeitstypen kommen. Diese Modelle können bei der Führung und beim Teammanagement
helfen, einander besser einzuschätzen und die unterschiedlichen Kompetenzen richtig einzusetzen.

6.1.2 Zielmanagement und Selbstentwicklung

Projektleiter, wie alle Mitarbeiter und Führungskräfte in einer Organisation, sollten sich selbst aktiv und bewusst weiterentwickeln. Dazu dienen persönliche und berufliche Ziele, die festgelegt werden und an denen gearbeitet werden sollte.

■ **Zielmanagement**

Ziele zu setzen, ist nicht nur im Projektmanagement ein kritischer Erfolgsfaktor, sondern auch im persönlichen Bereich und beim Selbstmanagement eine wesentliche Komponente. Ziele geben Menschen eine wichtige Orientierung sowohl im kurzfristigen als auch im langfristigen Bereich. Ziele haben eine handlungsregulierende Funktion.

Auf Basis der Erkenntnis der eigenen Stärken, Schwächen, Werte und Gefühle können persönliche und berufliche Ziele entwickelt werden. Jede Person hat aus den verschiedenen Kontexten heraus Ziele, die er umsetzen will.

Das Ziel sollte dabei nach der SMART-Regel definiert werden, um den Fortschritt der persönlichen Weiterentwicklung verfolgen zu können. Allerdings sollte der Weg nur grob skizziert werden.

■ **Selbstentwicklung**

Selbstentwicklung   Selbstentwicklung bedeutet, dass Personen sich neue Verhaltensweisen aneignen, Einstellungen verändern, Kompetenzen erweitern, neue Laufbahn- und Entwicklungswege suchen und einschlagen. Lebenslanges Lernen ist hierzu eine wichtige Voraussetzung.

Das Thema Selbstentwicklung ist für alle Projektbeteiligten ein eher mittel- bis langfristiges Vorhaben. Jeder Mensch entwickelt sich automatisch durch das *Altern,* die Sozialisierung und sein Umfeld. Es gibt aber auch einen Anteil der selbstbestimmt werden kann, um welchen es bei der Selbstentwicklung eines Projektleiters gehen soll. Sicherlich stehen Themen wie Fort- und Weiterbildungen im Fokus. Allerdings kann auch die persönliche Weiterentwicklung (z. B. durch Kennenlernen anderer Kulturen, Unterstützung in sozialen Projekten) einen Beitrag zur Weiterentwicklung im Beruf beitragen.

Selbstverantwortung   Selbstentwicklung hat auch etwas mit Selbstverantwortung zu tun. Insbesondere wird von einem Projektmanager oder einer temporären Führungskraft erwartet, dass diese sich selbst und anderen gegenüber verantwortlich handelt (Gesundheitsmanagement, ▶ Abschn. 6.1.5).

Selbstverantwortung bedeutet, zu den eigenen Bedürfnissen, Werten, Stärken, Schwächen sowie Zielen im persönlichen und beruflichen Umfeld zu stehen und die eigene Lebensgestaltung zu übernehmen. Selbstverantwortung ist nicht delegierbar.

Zur Selbstentwicklung gehört auch, wie beim Projektmanagement, eine Controllingphase. Diese Phase wird Selbstkontrolle und Selbstregulation genannt. Dabei wird das eigene Verhalten so gesteuert, dass die gesetzten Ziele erreicht werden und damit die Entwicklung stattfindet.

Dabei entsprechen die Selbstkontrolle der Überwachung und die Selbstregulation der Steuerung. Allerdings sind die Methoden und Instrumente nicht identisch. Bei der Selbstkontrolle spielt die Selbstwahrnehmung eine große Rolle (▶ Abschn. 6.1.1).   **Selbstkontrolle**

Bei der Selbstkontrolle, wie auch bei der Selbstwahrnehmung sind für alle Projektbeteiligten im Rahmen von Reflexionen die Beantwortung der folgenden Fragen von Interesse:

- Bin ich mir meiner Gedanken und Handlungen bewusst?
- Kann ich meine Energie fokussieren und ggfs. steigern? Kann ich entspannen?
- Wie habe ich mich in gewissen Projektsituationen gefühlt?
- Wie bin ich mit meinen Gefühlen (Freude, Angst, Wut, Verzweiflung etc.) umgegangen?
- Habe ich meine persönlichen Ziele und die Projektziele erreicht? Waren sie mir gegenwärtig?
- Habe ich meine fachliche Rolle innerhalb des Projekts ausgefüllt? Müssen ggfs. Änderungen vorgenommen werden?
- Habe ich soziale Rollen innerhalb des Projekts übernommen und habe ich diese erkannt?

Im Rahmen der Selbstregulation sind eher Fähigkeiten und Fertigkeiten von Bedeutung, um den vorhandenen Ablenkungen von innen (Emotionen, Gefühle, Gedanken, Empfindungen etc.) und von außen (privates und berufliches Umfeld, Umwelteinflüsse etc.) entgegenzuwirken und Emotionen gezielt zu regulieren.   **Selbstregulation**

6.1.3 Motivation

Im Rahmen des Selbstmanagements ist Motivation ein weiterer wichtiger Faktor. Grundsätzlich kann Motivation in Selbstmotivation (Wie motiviere ich mich bzw. was motiviert mich?) und Fremdmotivation im Rahmen der Führung (Was kann die Führungskraft tun, damit die Geführten motiviert sind?) eingeteilt werden.

> ┌─ **Motivation** ──────────────────────────
> Motivation ist die Bereitschaft zu einem bestimmten Verhalten, um ein Ziel zu erreichen bzw. eine Aufgabe zu erfüllen.

Damit begründet Motivation das Verhalten eines Menschen. Sie bestimmt die Intensität und Art des Verhaltens. Im Rahmen der Motivationsforschung und -lehre sind die Gründe für die Verhaltensbereitschaft und das Verhalten ein wichtiger Bestandteil. Die Gründe stellen die Motive für die Bereitschaft und das Verhalten selbst dar. Deshalb wird Motivation häufig als Gesamtheit der Motive bezeichnet, die zur Verhaltensbereitschaft führen. Die Motive werden durch eine bestimmte Situation getriggert (Anreiz). Der Prozess der Motivation läuft in drei Schritten ab.

Drei Schritte der Motivation

Motivation entsteht, wenn eine Person in einer bestimmten Situation Anreize wahrnimmt (1. Schritt). Durch diese Wahrnehmung werden Motive aktiviert (2. Schritt), die zu einem bestimmten Verhalten führen (3. Schritt). Motivation ist damit ein Zusammenspiel zwischen einer Person, deren Motiven und einer Situation, in der ein Anreiz wahrgenommen wird (vgl. Weibler, 2016, S. 179 ff.).

Grundsätzlich wird zwischen intrinsischer und extrinsischer Motivation unterschieden.

Intrinsische Motivation

Bei der intrinsischen Motivation werden die Motive von der Person selbst, d. h. von innen heraus, getriggert, d. h. der Anreiz kommt von der Person selbst. Das Verhalten wird dadurch bestimmt, was der Person Spaß macht, zur Zufriedenheit führt, interessant ist oder als herausfordernd angesehen wird.

Extrinsische Motivation

Extrinsische Motivation bedeutet, dass der Anreiz zu der Verhaltensbereitschaft von außen kommt. Dies kann sowohl der Wunsch nach positiven Anreizen, wie Gehaltserhöhung oder Boni, eine besondere Aufgabe als auch die Vermeidung negativer Anreize, wie Drohungen, Urlaubssperren etc. bedeuten, die einen Projektbeteiligten zu bestimmtem Verhalten führt.

Grundsätzlich wirkt die intrinsische Motivation intensiver und ist nachhaltiger. Deshalb sollte ein guter Projektleiter die intrinsische Motivation seiner Mitglieder kennen. So kann er die richtigen Rahmenbedingungen schaffen, um die Mitarbeiter intensiver und nachhaltiger zu motivieren.

Motive sind von Zielen zu unterscheiden. Motive sind unbewusst, wobei die Zielsetzung ein bewusster Prozess ist. Die Übereinstimmung von Zielen und Motiven ist für die Zufriedenheit wichtig und kann bei Inkongruenz zu Leiden, d. h. Krankheit führen (vgl. Roth, 2017, S. 243 ff.).

Wichtige Quellen der Motivation sind:

Quellen der Motivation

- **Zugehörigkeit:** Personen möchten zu einer Gruppe gehören und von dieser anerkannt werden, mit dem Bedürfnis nach Sicherheit, Geborgenheit und Freundschaft.
- **Macht:** Personen möchten Kontrolle ausüben. Ihnen sind Status und Einfluss sehr wichtig.
- **Leistung:** Personen möchten selbst etwas erreichen und für sich erfolgreich sein. Typische Persönlichkeitseigenschaften dieses Grundmotivs sind außerdem Kreativität und Neugier.

Intrinsische und extrinsische Motive schließen sich nicht zwangsläufig aus. Ein Projektbeteiligter kann z. B. sein Arbeitspaket sowohl aus Spaß an der Arbeit als auch dem Wunsch nach Lob, Anerkennung oder Erfolg bearbeiten.

■ **Der Motivation Crowding Effect**

Die o. g. Überschneidung von intrinsischer und extrinsischer Motivation kann zum sog. Motivation Crowding Effect (Korrumpierungseffekt) führen, wenn die extrinsische die intrinsische Motivation verdrängt. Dies kann z. B. passieren, wenn ein Projektmitarbeiter seine Arbeit gern macht (Spaß an der Aufgabe), aber zusätzlich noch ein Bonus für bestimmte Leistungen eingeführt wird (termingerechte Beendigung des Projekts). Jetzt wird der Mitarbeiter verstärkt auf den Bonus hinarbeiten. Beim nächsten Projekt ohne Bonus ist der Mitarbeiter intrinsisch nicht mehr so motiviert, da die extrinsische Motivation die intrinsische korrumpiert hat. Das heißt bei intrinsischen, selbstmotivierten Arbeiten steigt die Motivation durch Belohnungen ab einer

6

gewissen Grenze nicht weiter an und kann sogar die innere Motivation verdrängen. Außerdem gilt, dass jede Motivation von außen (extrinsisch) nur dann nachhaltig wirksam ist, wenn sie zur Selbstmotivation (intrinsisch) wird.

Im Rahmen des Projektmanagements ist es wichtig zu wissen, welche Motive bei den Mitarbeitern zu welchen Arbeitsleistungen führen und wie diese Motive beeinflusst werden können. Im Gegensatz zu Trieben sind Motive meist weder direkt zu beobachten noch permanenter Bestandteil eines Menschen. Sie sind meist erlernt und unterliegen dem Umfeld sowie kulturellen Einflüssen.

Weitere Motive in Form von Bedürfnissen liefern das Modell nach Maslow, und die Zwei-Faktoren-Theorie nach Herzberg.

■   **Maslowsche Bedürfnispyramide**

Der amerikanische Psychologe und Motivationsforscher Abraham Maslow hat um 1950 herum ein Modell zur Erklärung von verschiedenen Bedürfnisstufen eines Menschen entwickelt, die aufeinander aufbauen. ◨ Abb. 6.3 zeigt diese Stufen und entsprechende Beispiele.

Nach Maslow erfolgt somit die Motivation eines Menschen durch den Mangel an Bedürfnisbefriedigung in den ersten vier Ebenen. Bedürfnisse sind den Motiven vorgelagert, d. h. sie sind für einen Menschen von höherer Bedeutung und beschreiben ein Ungleichgewicht. Wichtig ist

◨ **Abb. 6.3**   Maslowsche Bedürfnispyramide

die Aussage von Maslow, dass man bei den vier Defizit-bedürfnissen erst auf einer Stufe Befriedigung findet, wenn die darunterliegenden Stufen erfüllt sind. Im Umkehrschluss heißt das, dass ein Mensch, der finanzielle Sorgen (Sicherheitsbedürfnis) hat, sich gar nicht oder weniger um die sozialen Bedürfnisse kümmert.

■ **Zwei-Faktoren-Theorie nach Herzberg**
Die Zwei-Faktoren-Theorie nach Herzberg (❏ Abb. 6.4) ist im Wesen eine Theorie zur Arbeitszufriedenheit, die ebenso wie die Maslowsche Bedürfnispyramide zur Ableitung von Motiven im Rahmen der Motivation genutzt werden kann. Nach Herzberg gibt es zwei voneinander unabhängige Dimensionen, die die Arbeitszufriedenheit auf unterschiedliche Weise beeinflussen. Die Hygienefaktoren beeinflussen die Unzufriedenheit einer Person, d. h. sie können auf einer Skala von *unzufrieden* bis *nicht unzufrieden* ausgeprägt sein und führen nicht zur Zufriedenheit. Die Dimension der Motivatoren beeinflusst die Zufriedenheit auf einer Skala von *nicht zufrieden* bis *zufrieden bzw. motiviert*. Motivatoren kommen schwerpunktmäßig aus dem Arbeitsinhalt. Motivatoren verändern also die Zufriedenheit, ihr Fehlen führt aber nicht zwangsläufig zur Unzufriedenheit. Die Motivatoren sind in der Maslowschen Bedürfnispyramide mit den Wachstumsmotiven zu vergleichen.

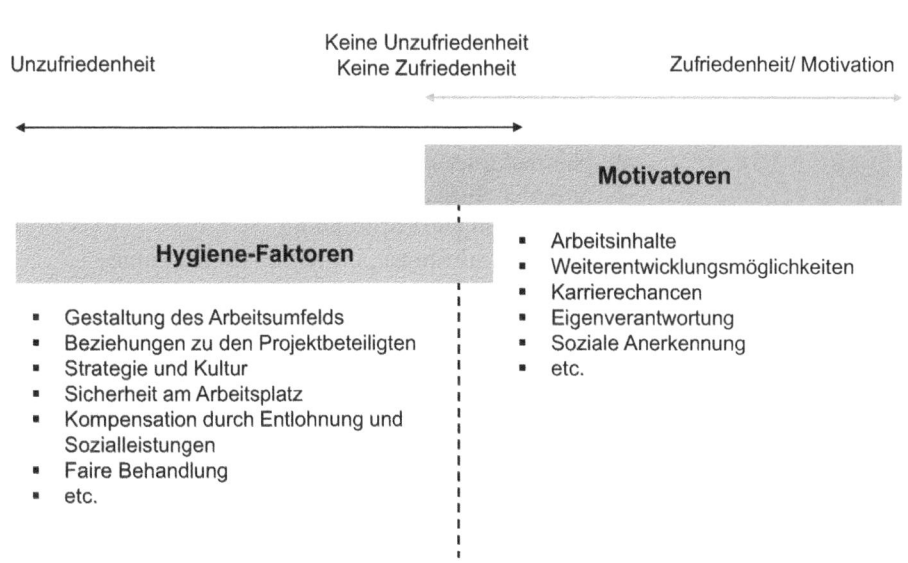

❏ **Abb. 6.4** Zwei-Faktoren-Theorie nach Herberg

6

Hygienefaktoren

Beispiele im Rahmen der Hygienefaktoren im Projektmanagement sind insbesondere:

- Entlohnung inkl. Bonus für Projekterfolg,
- Arbeitsmittel, Methoden und Instrumente sowie standardisierte Vorlagen des Projektmanagements bereitstellen,
- Projektorganisation inkl. Aufgaben, Kompetenzen und Verantwortlichkeiten klären,
- Zugang zu den Projektdokumenten ermöglichen,
- einheitliche und zentrale Dokumentenablage.

Motivatoren

Zu den Motivatoren im Projektmanagement zählen:

- Wertschätzung durch Projektbeteiligte,
- Feedback,
- als wert- und sinnschöpfend wahrgenommene Tätigkeiten und Inhalte,
- Übernahmen von Verantwortung im Sinne von Arbeitspaket-Verantwortlicher, Teilprojektleiter oder Projektleiter,
- Selbstorganisation (wie im agilen Projektmanagement).

Eine Studie aus dem Jahr 2010 zeigt folgende Reihenfolge von motivierenden Faktoren bei Mitarbeitern (sowohl Führungskräften als auch Mitarbeiter):

1. Zufriedenheitsgefühl,
2. Arbeitsklima, Freude und gute Stimmung in der Abteilung,
3. eigenverantwortliches Handeln, Freiräume, aktive Teilnahme am Entscheidungsprozess,
4. gesicherter Arbeitsplatz,
5. eigene Visionen und Lebensziele,
6. Herausforderung der Tätigkeit,
7. Sinn der Aufgabe, ihre Bedeutung für die persönliche oder berufliche Entwicklung,
8. eigene Erfahrungen, die ich einsetzten kann,
9. Rückmeldungen von Vorgesetzten oder Kollegen,
10. gesetztes Ziel, die Aufgabe selbst ('Motivation', 2010, S. 18).

Letztendlich bleibt anzumerken, dass es nicht eine allgemeingültige Theorie zum Thema Motivation gibt. Die
o. g. Theorien dienen als Erklärungsansätze und Hinweise
für alle Projektbeteiligten, die sich mit diesem Thema be-
schäftigen. Bei allen Themen im Bereich Selbstmanagement und Sozialkompetenz darf nicht vergessen
werden, dass es sich beim Menschen und seiner Persönlichkeit um ein einzigartiges und sehr komplexes System
handelt, dessen Handlungen, Werte, Motivationen, Gefühle etc. auch heutzutage nicht über eine allgemeingültige
Theorie erklärt werden können.

Kritische Würdigung
Motivationstheorien

Praxistipp

Motivation
- Motivieren bedeutet, ein Bedürfnis zu befriedigen.
- Für eine erfolgreiche und nachhaltige Motivation
  muss das in Aussicht gestellte Ziel den Motiven des
  zu Motivierenden entsprechen. Das heißt dabei sind
  extrinsische und intrinsische Motivation identisch.
- Der Projektleiter sollte die Motive seines Teams kennen,
  d. h. er muss wissen, in welchem *Motivationszustand*
  (Bedürfnisbefriedigung) sich der Betreffende befindet.
- Die Zuordnung von Aufgaben an die Projekt-
  beteiligten, insbesondere die Arbeitspaketzuordnung,
  sollte auch unter Berücksichtigung der Interessen der
  Projektbeteiligten erfolgen.
- Folgende Interventionen können motivations-
  fördernd sein:
  - im Rahmen der Motivation ist es wichtig, nicht
    nur Arbeit zu delegieren, sondern auch Ver-
    antwortung und Befugnisse,
  - Einführung einer Feedback-Kultur,
  - Pflege der Beziehungsebene (informelle Meetings,
    Flurgespräche, persönliche Ansprachen statt
    E-Mail-Verkehr etc.).

6

Weihnachtsfeier Ei-Ti AG – Motivation

Laura Leiter ist mit ihrem Projekt der Organisation der Weihnachtsfeier sehr zufrieden. Sie arbeitet gerne daran und kommt jeden Morgen freudig ins Büro. Anders ist das allerdings bei ihrer Kollegin Anna Anders, die sich mit ihr ein Büro teilt. Anna Anders arbeitet schon seit 12 Jahren bei der Ei-Ti AG und hat seitdem auch noch nie ihre Position in der Kostenabrechnung gewechselt. Das Grinsen, mit dem Laura Leiter morgens ins Büro kommt, ist bei Anna Anders sehr selten zu sehen. Heute fällt es Laura Leiter besonders auf, dass Anna Anders ein bisschen müde und antriebslos an ihrem Büro sitzt. Sie fängt an zu grübeln, was diesen großen Unterschied ausmachen könnte. Liegt es vielleicht an fehlender Motivation? Das könnte es sein, denn Laura Leiter wird oft auch von ihren anderen Kollegen als stets motiviert bezeichnet. Das kann man von Anna Anders nicht unbedingt behaupten. Aber woran liegt es, dass Laura Leiter so hoch motiviert ist? Laura Leiter erinnert sich an einen Coaching-Kurs zum Thema Motivation, den sie im vergangenen Jahr besucht hatte und findet in ihren aufbewahrten Unterlagen direkt die Quellen der Motivation: Zugehörigkeit, Macht und Leistung. Das ergibt für sie so weit Sinn, denn dadurch, dass ihr das Projekt „Weihnachtsfeier" anvertraut wurde, hat sie deutlich mehr Verantwortung als zuvor und bemerkt dies auch in ihrem Umgang mit anderen, denn in diesem Sinne hat sie, was das Projekt betrifft, auch mehr Macht. Durch das Projekt fühlt sie sich auch äußerst gewertschätzt, sowohl in ihrer Leistung als auch in ihrer Zugehörigkeit zum Team und zum Unternehmen. Dies alles führt dazu, dass Laura Leiter von außen positive Anreize bekommt, die sie motivieren. Ganz anders scheint es bei Anna Anders, die sichtlich unzufrieden ist. Laura Leiter erinnert sich an die sogenannte Zwei-Faktoren-Theorie nach Herzberg. Darin meint sie den Grund für Anna Anders fehlende Motivation zu erkennen. Die Theorie besagt nämlich, dass sogenannte Hygiene-faktoren und Motivatoren einen starken Einfluss auf die Zufriedenheit und Motivation haben. Die Hygiene-Faktoren scheinen für beide ähnlich gegeben zu sein. Sie teilen das gleiche Arbeitsumfeld, pflegen Beziehungen zu denselben Kollegen und werden ähnlich entlohnt. Die Motivatoren scheinen hierbei jedoch der ausschlaggebende Punkt für Anna Anders zu sein. Denn anders als Laura Leiter profitiert sie in den letzten Jahren kaum von Weiterentwicklungsmöglichkeiten. Demnach stagnieren ihre Karrierechancen und die soziale Anerkennung, sowohl im privaten als auch im professionellen Kreis, ist seit Jahren dieselbe. Laura Leiter erkennt, dass es Anna Anders deutlich an Motivatoren fehlt. Sie zieht daraus, dass auf jeden Fall bessere Rahmenbedingungen für Anna Anders gesetzt werden müssen, die sie motivieren und somit auch ihre Zufriedenheit erhöhen. Sie weiß auch, dass sich Anna Anders des Öfteren schon gewünscht hat, an Weiterbildungen teilzunehmen. Das würde sie bestimmt intrinsisch weiter motivieren. Denn klar ist: fehlende Motivation kann man häufig auf konkrete Gründe zurückführen und demnach auch ändern.

6.1.4 Organisations- und Zeitmanagement

Die Organisations- und Zeitmanagementkompetenz ist eine praxisorientierte Kompetenz, die zu mehr Zufriedenheit und weniger negativem Stress führt und für die meisten gesteckten Ziele eine wichtige Basis ist. Eine wesentliche Voraussetzung für ein erfolgreiches Organisations- und Zeitmanagement ist die Bewusstheit und Einschätzung bzgl. der Bedeutung und Prioritäten von Aufgaben. Auch der Einsatz der verfügbaren Zeit ist eine wichtige Voraussetzung für ein erfolgreiches Zeitmanagement. Diese Kompetenz hilft dem Projektleiter und den Kernteammitgliedern die benötigte Organisations- und Zeitplanung im Projekt (d. h. für andere) vorzunehmen. Zeitmanagement ist im Projektmanagement ein wichtiger Erfolgsfaktor und eines der Projektmanagementelemente. Ein effizientes Zeitmanagement im Projekt basiert auf der eigenen Kompetenz mit Zeiteinteilungen, Zeitvorgaben und Terminen erfolgreich umzugehen.

■ **Eisenhower-Matrix**

Eine weit verbreitete Methode ist die Priorisierung von Aufgaben nach der sog. Eisenhower-Matrix. Dabei werden zu erledigende Aufgaben mithilfe der Kriterien Wichtigkeit und Dringlichkeit eingeteilt. Dabei ergeben sich vier Kategorien.

 Eisenhower-Matrix

A. Aufgaben mit hoher Wichtigkeit und hoher Dringlichkeit,
B. Aufgaben mit hoher Wichtigkeit und geringer Dringlichkeit,
C. Aufgaben mit geringer Wichtigkeit und hoher Dringlichkeit,
D. Aufgaben mit geringer Wichtigkeit und geringer Dringlichkeit.

◘ Abb. 6.5 veranschaulicht diese Matrix und gibt einige Beispiele.

 Was dringlich ist, bestimmen in vielen Situationen andere. Hier liegt die Ursache für fehlende Selbstmotivation und schlechte Ergebnisse.

■ **ABC-Analyse**

Eine Vereinfachung der Eisenhower-Matrix ist die ABC-Analyse, in der die Aktivitäten lediglich nach der Wichtigkeit priorisiert werden:

6

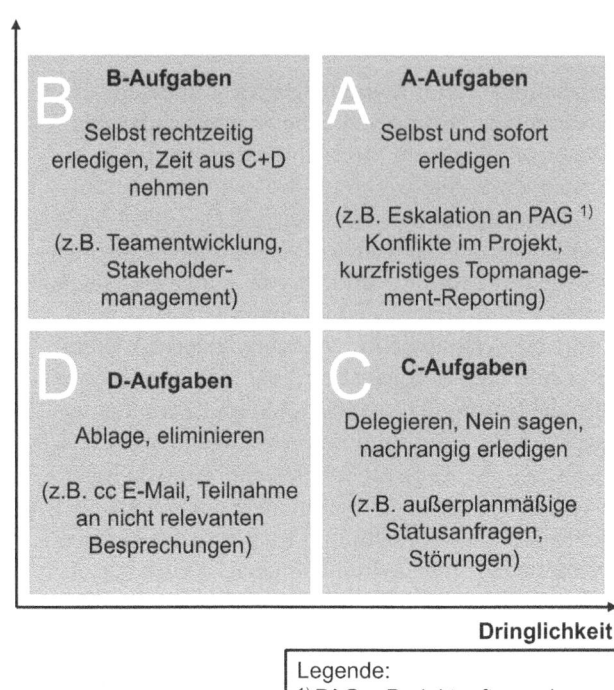

■ Abb. 6.5 Eisenhower-Matrix

— A-Aufgaben: sehr wichtig (sofort erledigen),
— B-Aufgaben: weniger wichtig (später erledigen oder delegieren),
— C-Aufgaben: kaum wichtig bis unwichtig (delegieren oder verwerfen).

■ **ALPEN-Methode**
Die ALPEN-Methode ist eine Methode zur persönlichen Organisations- und Zeitplanung und zur Erstellung von realistischen Tagesplänen. Dabei erkennt man die Ähnlichkeit des Aufgaben- und Zeitmanagements im Projektmanagement:
1. Aktivitäten,
2. Länge der Aktivitäten,
3. Pufferzeiten,
4. Entscheidungen,
5. Nachkontrolle.

◘ Tab. 6.1 ALPEN-Methode

Nr.	Schritt	Erklärung
1	Aktivitäten festlegen	Auflistung der anstehenden Termine, Aufgaben, Unerledigtes für die nächsten Tage
2	Länge der Aktivitäten bestimmen	Die Länge bzw. die Dauer der einzelnen Aktivitäten schätzen. Hierzu sollte eine grobe Schätzung auf Basis von Erfahrungen ausreichen
3	Pufferzeiten für Unvorhergesehenes reservieren	Die Auslastung des Tages sollte nur bei ca. 60 % liegen. Der Rest (ca. 40 %) ist für Unvorhergesehenes reserviert (60:40 Regel)
4	Entscheidungen treffen	An dieser Stelle sollten Prioritäten bzgl. der Aktivitäten erfolgen. Hier kann z. B. die Eisenhower-Matrix eingesetzt werden
5	Nachkontrolle durchführen	Am Ende des Tages sollte der Tag reflektiert werden. Unerledigte Aktivitäten sollten übertragen werden, aber auch die Gründe für die unerledigten Aktivitäten ermittelt werden

Die Anfangsbuchstaben dieser fünf Schritte haben der Methode ihren Namen gegeben. Im Einzelnen werden die in ◘ Tab. 6.1 erläuterten Schritte durchlaufen.

■ **Kanban light**

Die Projektbeteiligten können den Kanban-Ansatz auch im privaten Umfeld bzw. zur Planung von Aufgaben während der Projektarbeit verwenden. Dabei sollten alle Aufgaben gesammelt und ein Backlog (To-do-Liste) geschrieben werden. Am sinnvollsten kann dies wieder mit Haftnotizen erfolgen. Auf einem Kalender, der täglich genug Platz hat, um die Aufgaben anzuzeigen, wird dann entschieden, wann – d. h. an welchem Tag oder welchen Tagen – man die Aufgaben zu erfüllen hat. Die Aufgabe wird an den entsprechenden Tag/die entsprechenden Tage gehängt. Fertige Aufgaben können abgehängt werden und neue, noch nicht priorisierte bzw. geplante Aufgaben bleiben im Backlog. Am Vorabend oder am Morgen sollte innerhalb einiger Minuten die Tagesplanung erfolgen und die Aufgaben ggfs. neugeplant oder umgeplant werden.

■ **Besprechungen managen**

Dieses Thema ist sehr eng mit dem Kommunikationsmanagement verknüpft (▶ Abschn. 3.1.4). Das Managen von Besprechungen kann als allgemeine Vorgehensweise für alle Arten von Besprechungen und Workshops innerhalb eines Projekts verstanden werden.

Die drei Phasen einer Besprechung sind:

1. Besprechung/Workshop vorbereiten – Dieser Schritt sollte frühzeitig vor der eigentlichen Besprechung erfolgen, da häufig noch eine Agenda mit Themen zur Vorbereitung verschickt werden muss. Diesen Vorlauf sollte der Projektleiter oder derjenige, der zur Besprechung einlädt, berücksichtigen. Im Rahmen der Vorbereitung fallen folgende Aufgaben an:
   - Zielsetzung der Besprechung formulieren und ggfs. abklären, falls der Einladende nicht die volle Verantwortung für die Besprechung hat.
   - Ableitung von Themen aus der Zielsetzung. Für eine typische Projektplanungsbesprechung oder eine Controlling-Besprechung gibt es häufig eine Standardagenda.
   - Festlegung von Dauer und Ort (ggfs. virtueller Termin).
   - Einladung an Verteilerkreis (Teilnehmer) schicken inkl. Zielsetzung und Agenda, ggfs. Hinweise auf vorzubereitende Themen.
   - Ggfs. auf Spielregeln für Besprechungen hinweisen (Vertreterregel, Vorbereitung, Pünktlichkeit etc.).
2. Besprechung/Workshop durchführen
   - In Abhängigkeit von der Besprechungsart, müssen vor dem Start noch die Hilfsmittel (Beamer, Laptop, Flipchart, Metaplanwand, Moderationskoffer, Tische, Stühle etc.) überprüft und vorbereitet werden.
   - Der Einladende oder Moderator eröffnet die Besprechung und verweist auf die Zielsetzung, die Agenda und die Spielregeln.
   - Mindestens alle Entscheidungsbesprechungen sollten protokolliert werden. Die Verantwortung zur Protokollführung sollte am Anfang der Besprechung geklärt werden.
   - Um eine Entscheidungsbesprechung von einer Arbeitsbesprechung zu trennen, kann mit einem Themenspeicher gearbeitet werden. Der Themenspeicher umfasst alle für das Meeting nicht relevanten, aber im Sinne des Projekts wichtigen Themen, die am Ende der Besprechung aufgeteilt werden. Des Weiteren können auch Themen gespeichert werden, die am Ende der Besprechung nochmal vertieft oder weiter besprochen werden sollen.

3. Besprechung/Workshop nachbereiten
  - Im Nachgang zur Besprechung sollte das Protokoll zeitnah verschickt werden.
  - Offene Punkte oder vereinbarte Themen sollten mit Angabe der Verantwortlichen und einem Stichtag ebenfalls verschickt werden (Wer macht was bis wann).

- **Pomodoro-Technik**

Im Rahmen von Arbeitstechniken für eine effiziente, aber auch im Sinne der Gesundheit förderlichen Arbeitsweise ist die sog. Pomodoro-Technik zu nennen.

Dabei werden bewusst kleine Pausen nach etwa 25 min Arbeit eingelegt und dann nach drei oder vier Schleifen, jeweils eine längere Pause. Damit sieht der Arbeits-/Pausenrhythmus folgendermaßen aus:

1. 25 min Arbeit,
2. kurze Pause machen (5 min),
3. nach jeweils drei bis vier halbstündigen Intervallen (25 min Arbeit + 5 min Pause) sollte eine längere Pause erfolgen (15–30 min).

Praxistipp

Zeit- und Organisationsmanagement
Tipps für alle Projektbeteiligten:

- Nicht den ganzen Tag zu 100 % verplanen, meist reichen 60–80 % Planung im Vorfeld aus. Der Rest ergibt sich automatisch.
- Unklare Organisations- und Kommunikationsstrukturen auflösen und klären. Diese sind häufig Zeitfresser.
- Realistische Schätzungen ohne Puffer vornehmen. Puffer immer als Gesamtpuffer für jeden Tag einplanen (mindestens 20 %).
- An die Phänomene der Schätzungen denken (Studentensyndrom, Parkinson-Gesetz, Abschn. ▸ Limitierung von Schätzungen).
- „Zeitfresser" eliminieren bzw. reduzieren. Es gibt interne und externe Zeitfresser. Interne Zeitfresser sind in unserer Persönlichkeit angelegt (z. B. Surfen im Internet, Kaffeetratsch). Externe Zeitfresser kommen von außen (z. B. unwichtige Telefonate, ineffiziente Besprechungen). Sie sind aber von Pausenaktivitäten oder Entspannungstechniken zu unterscheiden.

6

Tipps für Projektleiter:
Vermeidung von typischen Gefahren von Projektleitern:
- alles selber machen wollen,
- Detailverliebtheit,
- der Projektleiter als Informationsdrehscheibe aufgrund seines Führungsstils.

6.1.5 Gesundheits- und Stressmanagement

Der Bereich Gesundheits- und Stressmanagement ist im
Rahmen des Projektmanagements immer wichtiger geworden. Während noch im 20. Jahrhundert der Fokus auf
der Beseitigung bzw. Vermeidung von Krankheit lag, um
Gesundheit zu erlangen (Pathogenese), wird in den letzten
Jahrzehnten das Zusammenspiel von Krankheit und
Gesundheit vertieft und die Gesundheit in den Mittelpunkt der Betrachtung gestellt (Salutogenese) (Antonovsky & Franke, 1997, S. 21 ff.; vgl. Lorenz, 2016, S. 21 ff.).
Diese Entwicklung ist insbesondere im Projektmanagement relevant, da sich Projektleiter im Vergleich
zu anderen Führungskräften häufiger gestresst fühlen. Zu
diesem Thema wurden in einer Studie aus dem Jahr 2014
der TU München am Centrum für Disease Management
(CFDM) 965 Teilnehmer aus dem Projektmanagementumfeld untersucht. Dabei wurde deutlich, dass neben den
Anforderungen des Projekts, die 89 % der Befragten angaben, der Anspruch an sich selbst und das Projektergebnis zu Überforderung führen kann. Diese Aussage trafen
mehr als 80 % der Befragten. (Reichart & Müller-Ettrich,
2014, S. 28 ff.) Vor diesem Hintergrund sollen in diesem
Abschnitt positive Faktoren zur Gesundheitsförderung
betrachtet werden und es soll der Frage nachgegangen
werden, was Projektbeteiligte gesund hält bzw. gesund
macht.

Es haben sich verschiedene Ansätze zum Thema
Gesundheitsförderung herausgebildet. Die für die Projektbeteiligten wesentlichen Ansätze werden im Folgenden
vorgestellt.

Stressoren	**O**rganismus	**R**eaktion
Bereich: • Umwelteinflüsse, wie Lärm, Temperatur etc. • Soziale Systeme (Familie, Projekt etc.) • Zeit • Andere Menschen • etc.	**Bewertung auf Basis von der Persönlichkeit, wie:** • Erfahrung • Werte und Einstellung • Veranlagung • Persönlicher Verfassung • Kompetenzen • etc.	**5 Bereiche:** • Kognition • Emotion • Vegetativ-hormonelles System • Muskeln • Verhalten
• Elemination • Vermeidung • Reduktion • Bewusste Akzeptanz	Selbstmanagement, wie z.B. • Reflexion • Gesundheit • Training • Coaching • Meditation • Therapie	• Entspannungsübungen • Auszeit • Bewusstmachen • Reflexion und Feedback • etc.

◘ Abb. 6.6　SOR-Modell

■ SOR-Modell

Das SOR-Modell kann im Rahmen des Stressmanagements für alle Beteiligen der Projektorganisation einen Beitrag zur Stresserkennung und -vermeidung (Prävention) in unterschiedlichen Phasen liefern (◘ Abb. 6.6).

Das Modell basiert auf einem dreiphasigen Aufbau. In der ersten Phase werden die sog. Stressoren, d. h. Reize, die Stress verursachen können, wahrgenommen. Diese werden vom Betroffenen aufgrund des individuellen Organismus hinsichtlich Erfahrungen, Einstellungen, Werte und Veranlagungen unterschiedlich interpretiert und bewertet (2. Phase). Die anschließende Reaktion ist die Antwort des Betroffenen auf die Beurteilung des Stressors im Organismus. Dabei kann die Reaktion kognitiv, emotional, vegetativ, muskulär oder im Verhaltensbereich erfolgen (vgl. Litzcke et al., 2013, S. 6 ff.).

SOR-Modell
Stressoren
Organismus
Reaktion

Stressoren im Projektmanagement sind vor allem Konflikte in den Bereichen Projektziele, Rollen, Beziehungen zu Stakeholdern, Überforderung, Druck der Vorgesetzten sowie der inneren Zielkonflikte aufgrund unterschiedlicher Erwartungen. Überlagert werden die spezifischen Projektstressoren aus dem allgemeinen beruflichen und privaten Umfeld.

Stressoren im Projektmanagement

6

- **Überforderung und Burn-out**

Wie oben bereits erwähnt, sind Überforderung und Burn-out im Projektmanagement ein aktuelles Thema. Vor diesem Hintergrund ist für jede Führungskraft und jeden Mitarbeiter in Projekten sinnvoll, den Ablauf der Überlastung und den eines Burn-outs zu erkennen. In ◘ Tab. 6.2 sind die Phasen wachsender Erschöpfung kurz skizziert, um den Projektbeteiligten eine Hilfestellung bei der Erkennung dieser Zustände zu geben.

Gesundheitsförderliche Maßnahmen

Im Rahmen des Projektmanagements können folgende gesundheitsförderliche Maßnahmen genutzt werden:
- Wahrnehmung schärfen und somit Konflikte frühzeitig erkennen,
- Anzeichen der Phasen der sieben Schritte der Erschöpfung erkennen (◘ Tab. 6.2),
- ausreichend Pausen und Erholungsphasen im Projekt einrichten,
- Anregungen für einen gesunden Lebenswandel,
- Erkennung und Abbau von belastenden Faktoren sowie Warnsignale des Körpers ernst nehmen,
- soziales Controlling („Wie geht es Dir heute?") pflegen und etablieren,

◘ **Tab. 6.2** Sieben Phasen wachsender Erschöpfung (Quelle: s. Lehky, 2011, S. 174)

Schritte/Ablauf	Merkmale
1. Anfangsphase (Warnsymptome)	Nicht mehr abschalten können, Gereiztheit, beginnende Erschöpfung
2. Reduziertes (oder übersteigendes) Engagement	Innere Kündigung oder Schuldgefühle („Ich muss es schaffen")
3. Emotionale Reaktionen/ Schuldzuweisung	Niedergeschlagenheit, erhöhte Reizbarkeit
4. Abbau	Abbau der geistigen Leistungsfähigkeit (Konzentrationsschwierigkeiten) und der Motivation („Dienst nach Vorschrift")
5. Verflachung	Reduzierung des emotionalen Lebens (innere Leere) gekoppelt mit einem Rückzug aus dem sozialen und geistigen Leben
6. Körperliche Symptome	Psychosomatische Reaktionen wie Muskelverspannungen, geschwächtes Immunsystem, Magen-Darm- oder Herz-Kreislauf-Beschwerden
7. Verzweiflung	Hoffnungslosigkeit bis hin zu Suizidgedanken

- Beratungsmöglichkeiten für Krisensituationen anbieten,
- Stressbewältigung und Gesundheitspräventionen zum Thema machen,
- das Thema Lebensbalance in Mitarbeitergespräche einbauen,
- Bedürfnisse abfragen,
- Kommunikation pflegen,
- Feedbackkultur aufbauen,
- Pausenkultur pflegen,
- Abschied nehmen von der ständigen Erreichbarkeit,
- Grenzen respektieren,
- Ängste nicht als Schwäche darstellen und Angst als Gefühl zulassen.

Auch das bereits in ▶ Abschn. 3.1.5.3 genannte Aufschiebeverhalten, umgangssprachlich als Studierendensyndrom oder Aufschieberitis bezeichnet, kann ein Anzeichen von Stress sein, wenn es sich um ein pathologisches Aufschiebeverhalten handelt. Dieses wird dann als Prokrastination bezeichnet. Prokrastination ist eine Arbeitsstörung, die als Krankheitsbild ernstzunehmen ist.

Prokrastination

Es gibt unterschiedliche Gründe für das Aufschieben von Tätigkeiten, z. B.:
- Probleme im Rahmen der Priorisierung, die auf mangelnde Kompetenz oder wenig Erfahrung zurückzuführen sind,
- Kompetenzdefizite bei der Erledigung der Tätigkeit,
- grundsätzliche Angst vor Versagen oder Kritik,
- Fehlinterpretationen bei der Wichtigkeit und Dringlichkeit der Tätigkeit,
- Über- oder Unterschätzung der eigenen Leistungsfähigkeit,
- fehlende Motivation (keinen Spaß oder kein Interesse an der Tätigkeit).

Nicht alle Gründe sind sofort mit krankhaftem Verhalten gleichzusetzen. Es ist ein Unterschied, ob man aus verhaltensbedingtem Trödeln, Fehleinschätzungen oder einer Kompetenzschwäche beim Priorisieren Aufgaben vor sich herschiebt oder ob man aus purer Versagensangst die Aufgabe nicht erledigt.

6

Weihnachtsfeier Ei-Ti AG – Selbstmanagement-Kompetenz

Laura Leiter hat diese Nacht schlecht geschlafen. Sie hatte ein unschönes Gespräch mit Frank Findus, dem sie zufällig in der Kantine über den Weg lief. Frank Findus nahm sie kurz an die Seite und hatte in den ersten Sätzen ihr Projekt und ihr Engagement gelobt, dann aber unmissverständlich zu verstehen gegeben, dass er sich eine starke Kostenkontrolle wünsche und dass die neue App für ihn nicht so wichtig sei, solange man damit kein Geld verdiene.

Aber was Laura Leiter das größte Kopfzerbrechen bereitet, ist die Tatsache, dass sie heute zu Frank Findus kommen soll, um noch ein paar Ratschläge zu bekommen und ggfs. noch ein paar Wünsche zu erfüllen. Zu allem Überfluss hatte sie am Abend auch noch mit ihrem neuen Freund Lars Laf heftigen Streit. Die beiden sind erst ein paar Monate zusammen. Sie ist nun sehr verunsichert und zweifelt an ihren Fähigkeiten in ihrem Job, obwohl sie durch ihre Kollegen stets Zuspruch und Lob erhielt. Zudem ärgert es sie, dass sie ihre Probleme im Job mit nach Hause genommen hat und dies in einem privaten Streit endete. Sie erinnert sich an die „Sieben Phasen der Erschöpfung", die sie einmal im Rahmen eines Gesundheits-Workshops vorgestellt bekommen hat und erkennt direkt die Warnsymptome: sie kann zu Hause nicht mehr abschalten, denkt ständig an ihr Projekt und fühlt sich dadurch erschöpf. Wenn ihr Freund, Lars Laf, sie auf das Projekt anspricht, reagiert sie direkt gereizt.

Laura Leiter möchte nicht, dass dies Überhand annimmt und nimmt sich vor, etwas früher im Büro zu sein, um noch vor neun Uhr bei Emil Expert vorbeizuschauen und ihn zu fragen, ob dieser einen Tipp für ihr Gespräch mit Frank Findus hat. Als sie Emil Expert in seinem Büro vorfindet, ist sie froh und ihre Laune bessert sich. Komisch, denkt sie sich, nur weil jemand zu sprechen ist, geht es ihr schon besser. Hat sie Angst?

Sie erklärt Emil Expert kurz die Situation und lässt sogar in einem Nebensatz den Streit mit ihrem Freund Lars Laf fallen. Emil Expert sieht sie freundlich an und überlegt einige Zeit, bevor er antwortet. Er startet mit einer Frage, wie es ihr seit dem Start in der Ei-Ti AG gehe. Laura Leiter antwortet sehr offen, denn in Emil Experts Umgebung fühlt sie sich immer sehr wohl. Sie habe sehr großen Spaß an ihrer Arbeit und fühle sich sehr durch die Projektleitung geschmeichelt. Aber sie gibt zu, dass der Umgang mit dem höheren Management ihr schon einmal auf den Magen geschlagen sei.

Emil Expert bietet ihr an, bei Fragen oder auch persönlichen Problemen immer zu ihm kommen zu können (soziales Controlling). Überdies empfiehlt er ihr aber auch, einfach mal mit dem neuen Gesundheitsmanager der Ei-Ti AG über mögliche Techniken zu sprechen, wie mit diesen Empfindungen umgegangen werden kann

(Beratungsmöglichkeiten). Zudem rät er ihr, sich mögliche Unklarheiten über das Projekt aufzuschreiben, die sie bei dem Gespräch mit Frank Findus ansprechen soll (Erkennung und Abbau von belastenden Faktoren). Denn oft gibt es einen soliden Grund für Kritikpunkte und in den seltensten Fällen basieren diese auf der anderen Person. Wer weiß, vielleicht hat Frank Findus selbst Sorgen? Es könnte sein, dass er von seiner Vorgesetzten eine Budgetkürzung erhalten hat und nun selber Kürzungen angehen muss, die sich natürlich auch auf das Projekt von Laura Leiter niederschlagen. Oder er hatte einfach einen schlechten Tag. Wichtig zu wissen ist, dass wir stets mit Menschen arbeiten und dass wir sensibel auf äußere Einflüsse reagieren, die sich womöglich auch in unserem Umgang mit anderen zeigen. Wenn man sich dem jedoch bewusst ist, kann man Dinge, die blöd gelaufen sind oder falsch gesagt wurden besser einsortieren. Laura Leiter fühlt sich allein mit dieser Erkenntnis schon viel besser und hat keine Angst mehr mit Frank Findus zu sprechen, denn sie ist sich nun ihrer eigenen Bedürfnisse bewusst und kann diese somit gezielt an Frank Findus weitergeben.

6.2 Kommunikation

Kommunikation ist eine der wesentlichen Aufgaben eines Projektleiters sowie ein eigener Kompetenzbereich. Außerdem ist sie eine wesentliche Voraussetzung für andere Kompetenzbereiche, wie *Führung, Teammanagement* etc. Vor diesem Hintergrund kommt der Kommunikation im Projektmanagement eine besondere Bedeutung zu.

In diesem Abschnitt sollen neben den Grundlagen der Kommunikation die für das Projektmanagement wesentlichen Modelle erklärt und Tipps für die Praxis gegeben werden.

6.2.1 Grundlagen

Es gibt zahlreiche Definitionen und Perspektiven auf das Thema Kommunikation. Aus diesem Grunde soll zunächst eine Definition auf Basis gängiger Definitionen dem Abschnitt vorangestellt werden.

6

Kommunikation

Kommunikation ist der Austausch von Informationen zwischen einem Sender und einem oder mehreren Empfängern. Bei der menschlichen Kommunikation können zusätzlich persönliche Zustände (Gefühle, Empfindungen etc.) mit übertragen werden.

Bei der Definition sind mehrere Aspekte für das Projektmanagement von Bedeutung, um eine effektive und effiziente Kommunikation zu gewährleisten.

Der Sender und Empfänger sind in der Regel Personen. In Ausnahmefällen kann auch eine Mensch-Maschine-Kommunikation erfolgen.

Die Neurowissenschaften liefern und bestätigen wichtige Erkenntnisse der Kommunikation. Rein physikalisch und biologisch erfolgt verbale Kommunikation über akustische Signale. Die Bedeutung beim Empfänger hängt ausschließlich von den dort bereits vorhandenen Bedeutungen ab. Der Bedeutungskontext ergibt sich bewusst oder unbewusst aus der Persönlichkeit (Wahrnehmungsraster) des Empfängers. Damit ist Kommunikation eine Konstruktion des Empfängers.

Vor diesem Hintergrund ist das Thema Wahrnehmung im Rahmen der Kommunikation ebenfalls wichtig. Die Selbstwahrnehmung (► Abschn. 6.1.1) ist dabei hilfreich und als Basis bzw. Ergänzung der bei der Kommunikation wichtigen Fremdwahrnehmung zu sehen. Die wesentlichen Merkmale werden in ► Abschn. 6.2.2. erläutert.

6.2.2 Fremdwahrnehmung

Wahrnehmung ist ein wichtiger Baustein im Rahmen des Selbstmanagements, der Kommunikation, der Führung und weiterer sozialer Kompetenzbereiche. Denn immer, wenn es um soziale Interaktion (das Geschehen zwischen Menschen inkl. Kommunikation) geht, spielt die Wahrnehmung eine wichtige Rolle.

Selbstwahrnehmung und Fremdwahrnehmung

Wahrnehmung kann in die Selbstwahrnehmung der eigenen Person und die Fremdwahrnehmung unterteilt werden.

┌─ **Wahrnehmung** ──────────────────────────┐

Die Wahrnehmung ist der biologische Prozess der Aufnahme und Verarbeitung eines Reizes mithilfe der Sinnesorgane an dessen Ende ein Gefühl oder ein Bild entsteht.

└───┘

Die zielgerichtete, aufmerksame Wahrnehmung von Dingen (Objekten, Phänomenen, Prozessen etc.) auf der kognitiven Ebene nennt man Beobachtung. Die Beobachtung ist meist ein bewusster Prozess. Im Folgenden wird im Rahmen der Vereinfachung nur von Wahrnehmung gesprochen, die die Beobachtung miteinschließt.

Die Wahrnehmung ist ein Prozess, der gekoppelt mit der Persönlichkeit des Menschen zu einer Erkenntnis führt, die unser Handeln und Verhalten bestimmt.

Dabei beeinflusst die Persönlichkeit mit ihren Denkmustern, Wertesystemen, Erfahrungen etc. die Bewertung der Wahrnehmung und damit das abgeleitete Verhalten. Vor diesem Hintergrund werden Situationen unterschiedlich interpretiert und führen bei Menschen zu unterschiedlichem Verhalten und unterschiedlichen Handlungen. Wahrnehmungen sind damit subjektiv und im Laufe des Lebens, insbesondere der Sozialisation durch Eltern, Schule, Beruf sowie kulturelle Einflüsse, entstanden. Diese Erkenntnis aus der Neurobiologie ist wichtig, um im Projekt eine erfolgreiche Kommunikation aufzubauen.

Für alle Projektbeteiligten ist diese Erkenntnis wichtig, um verschiedene Sichtweisen zu verstehen und somit leichter zu einer gemeinsamen Sichtweise zu kommen. Gerade bei der Führung, in der Kommunikation und in der Teamarbeit ist diese Erkenntnis ein wichtiger Baustein.

Daher ist es notwendig, die Wahrnehmung zu kommunizieren, um eine gemeinsame Sichtweise zu entwickeln und Konflikte zu vermeiden.

Im Rahmen der Wahrnehmung gibt es einige Effekte, die Entscheidungen beeinflussen. Diese Kenntnis ist für die anderen Kompetenzbereiche Führen, Teamarbeit und Konflikte ebenfalls wichtig.

6

Heiligenschein-Effekt

■ **Heiligenschein-Effekt (Halo Effect)**

Beim sog. Heiligenschein-Effekt *(engl. Halo)* überlagern einige als besonders negativ oder positiv wahrgenommene Eigenschaften die gesamte Einschätzung einer Person bei den übrigen Eigenschaften. So wird zum Beispiel die ausgeprägte Hilfsbereitschaft eines Teammitglieds im Projekt als besonders positive Eigenschaft wahrgenommen und stellt dieses Teammitglied beim Projektleiter in allen Bereichen als positiv dar, obwohl dieses Teammitglied evtl. wenig Kreativität, Analysefähigkeiten und Durchsetzungsvermögen hat und eventuell sogar den Projektleiter hinter seinem Rücken bei den anderen Teammitgliedern schlecht redet.

Primär-Effekt

■ **Primär-Effekt (Primacy Effect)**

Auf Basis neurobiologischer Erkenntnisse weiß man heute, dass sich innerhalb von Sekundenbruchteilen der sog. erste Eindruck im Sinne von Sympathie/Antipathie einstellt. Dieser erste Eindruck beeinflusst, ähnlich wie beim Heiligenschein-Effekt, die nachfolgenden Wahrnehmungen und Beobachtungen. Das heißt die Bewertung dieser Beobachtungen wird durch den ersten Eindruck entsprechend überlagert. Wenn sich zum Beispiel ein neues Teammitglied beim Projektleiter vorstellt und aufgrund seines *ersten Eindrucks* als negativ eingestuft wird, obwohl das Teammitglied noch gar nicht für das Projekt gearbeitet hat, ist einige Überzeugungsarbeit nötig, um hier dem ersten Eindruck entgegenzuwirken.

Rezenz-Effekt

■ **Rezenz-Effekt (Receny Effect)**

Es gibt auch den umgekehrten Effekt, dass Personen im Wesentlichen nach ihrem letzten noch im Bewusstsein des Beobachters hängengebliebenen Eindruck beurteilt werden. Dieser Effekt wird häufig bei Präsentationen oder Verhandlungen eingesetzt, bei denen man am Ende noch eine wichtige Botschaft nennen möchte, die im wahrsten Sinne des Wortes „im Gedächtnis bleibt".

Hierarchie-Effekt

■ **Hierarchie-Effekt**

Beim Hierarchie-Effekt spielt nicht der Zeitpunkt der Wahrnehmung eine Rolle, sondern vielmehr die objektive Tatsache der hierarchischen Stellung einer Person im

Unternehmen. So wird z. B. ein Projektauftraggeber hinsichtlich seiner Projektmanagementkompetenz im Durchschnitt besser bewertet als ein Projektmitarbeiter, obwohl dies in der Realität oft anders aussieht. Dieser Effekt hat sich allerdings in Laufe der Jahre mit der Etablierung von flachen Hierarchien und agilen Teams relativiert.

- **Milde-/Strenge-Effekt**

Dieser Wahrnehmungseffekt geht auf eigene Persönlichkeitsmerkmale zurück und beschreibt das unterschiedliche Anspruchsniveau des Beurteilenden. Es gibt Projektleiter, die aufgrund der eigenen Persönlichkeit (z. B. ängstlicher Typ) andere Menschen eher milde wahrnehmen und auch so beurteilen. Auf der anderen Seite gibt es Projektleiter, die alle anderen sehr streng wahrnehmen und beurteilen, da z. B. der eigene Anspruch an sich selbst auch sehr hoch gesetzt wird. Dieser Effekt ist bei Fachkräften manchmal anzutreffen, die zu Führungskräften (z. B. auch Projektleiter) befördert wurden und sich und anderen in der neuen Rolle teilweise sehr hart begegnen.

Milde-/Strenge-Effekt

- **Pygmalion-Effekt (Self-Fulfilling Prophecy)**

Projektleiter haben Erwartungen in Bezug auf das Verhalten von Projektbeteiligten und deren Erfolge bzw. Misserfolge. Diese Erwartungen, seien sie nun bewusst oder unbewusst mitgeteilt, können tatsächlich einen Einfluss auf die Leistungen und Entwicklungen der Projektbeteiligten haben. Dieser Effekt heißt Pygmalion-Effekt. Es handelt sich dabei um eine Art sich selbst erfüllende Prophezeiung.

Pygmalion-Effekt

Rosenthal und Jacobson haben diesen Effekt experimentell 1966 nachgewiesen (Rosenthal & Jacobson, 1976).

- **Projektion**

Auf Basis der eigenen Persönlichkeitsmerkmale, die der Beurteilende an sich mag oder ablehnt, entsteht ein verzerrtes Bild der wahrgenommenen Person. Im Unterbewusstsein durchläuft die Wahrnehmung nämlich das persönliche Bewertungsraster, welches durch Einstellungen, Erfahrungen, Werte etc. geprägt ist. Es geht dann sehr schnell um Sympathien oder Antipathien zu der wahrgenommenen Person. Dieser Effekt hängt auch an

Projektion

6

Stereotypen-Effekt

dem im Unterbewusstsein verankerten Selbstwertgefühl. So empfindet ein Projektbeteiligter auf der einen Seite recht schnell Sympathie, wenn er etwas mit dem Wahrgenommenen gemeinsam hat (z. B. selbe Automarke, selber vorheriger Arbeitgeber, selber Wohnort). Es kann aber auch sein, dass z. B. ein Projektbeteiligter seine unstrukturierte Arbeitsweise im Unterbewusstsein verurteilt, obwohl er sie nach außen als Kreativität darstellt. So kann es in diesem Fall passieren, dass er meist unbewusst ebenfalls eher unstrukturierte Projektbeteiligte missachtet oder eher für unsympathisch hält.

■ **Stereotypen-Effekt**

Stereotypen-Effekte sind Vereinfachungen von Eigenschaften und Verhaltensweisen von Personengruppen. Sie dienen der schnellen und einfachen Kategorisierung von Personen und damit der Reduzierung von Komplexität im Alltag. Hinter den Kategorien befinden sich häufig vorgefasste Meinungen. Diese Kategorisierung kann zwar Komplexität reduzieren, birgt aber die Gefahr von Fehleinschätzungen aufgrund falscher oder einseitiger Zuordnung. Der Mensch als komplexes System kann nicht mit einer Kategorie beschrieben werden.

Stereotypen bilden sich häufig im Unterbewusstsein und sind daher nicht immer einfach zu erkennen. Auch hier benötigt man eine gute Selbstreflexionsfähigkeit.

Beispiele für Stereotypen im Rahmen des Projektmanagements, die bewusst überzogen wurden und in der Praxis eher in abgeschwächter Form vorkommen, sind:

- die IT-Mitarbeiter, die nur hinter den Rechnern sitzen, schlecht kommunizieren und nur Technik im Kopf haben,
- das Management der Organisation, das sich gar nicht für das Projekt interessiert und nur die eigenen Ziele im Kopf hat,
- eine Frau als Projektleiterin oder Auftraggeberin, die sich nicht durchsetzen kann oder viel zu überzogen reagiert und von Technik ohnehin nichts versteht,
- der ältere Projektmitarbeiter, der nur noch an seinen Ruhestand denkt und dem das Projekt gleichgültig ist.

Diese Erkenntnis liegt der o. g. Limitierung der Persönlichkeitsmodelle zu Grunde. Deshalb sind auch Persönlichkeitstests am besten mit professioneller Unterstützung durchzuführen.

- **Benjamin-Effekt**

Auch das Alter eines zu beurteilenden Projektbeteiligten kann einen Einfluss auf die Wahrnehmung bzw. die Beurteilung haben. Das heißt je jünger ein Projektbeteiligter ist bzw. je kürzer er im Projekt bzw. in der Organisation tätig ist, desto strenger oder milder fallen die Beurteilungen aus.

Benjamin-Effekt

- **Angst**

Angst ist bei allen Menschen ein Gefühl, das in gewissen Situationen mehr oder minder erlebt (gefühlt) wird. Das Gefühl der Angst führt zu unterschiedlichem Verhalten in Abhängigkeit von der Persönlichkeit. Durch die jeweilige Persönlichkeitsausprägung entsteht Angst bei jedem Menschen in unterschiedlichen Situationen. So kann z. B. ein Projektleiter Angst vor Zurückweisung haben und ungern in die bilateralen Gespräche mit dem Projektauftraggeber gehen, wenn er etwas benötigt. Er nimmt damit diese Gespräche auf Basis seiner Angst als Stress wahr und versucht sie ggfs. zu vermeiden. Auf der anderen Seite gibt es z. B. den Praktikanten im Projekt, der keine Angst vor Zurückweisungen hat und immer unvoreingenommen zum Projektleiter geht, wenn er etwas benötigt. Allerdings hat der Praktikant Angst vor großen Gruppen zu sprechen und versucht daher ggfs. diesen Situationen aus dem Weg zu gehen bzw. nimmt sie als Bedrohung wahr.

Angst

In der Praxis ist es wichtig zu wissen, dass es diese Effekte gibt und dass unsere Wahrnehmung und Beobachtungsfähigkeit subjektiv ist. Daher ist es für alle Projektbeteiligten wichtig, sich selbst zu reflektieren und auch andere Perspektiven einnehmen zu können. Dies ist eine wichtige Eigenschaft im Rahmen der emotionalen Intelligenz (▶ Abschn. 6.3.4).

Projektbeteiligte sollten nicht nur nach einigen besonders herausstechenden Eigenschaften bewertet werden.

6.2.3 Modelle und Erkenntnisse der Kommunikation

6.2.3.1 Kommunikationsarten

Es gibt mehrere Möglichkeiten, Kommunikation zu strukturieren. Eine weit verbreitete Struktur ist die Einteilung der Kommunikation auf Basis verschiedener Anteile der Übermittlung einer Botschaft. Die drei Anteile sind dabei:

- verbaler Anteil,
- paraverbaler Anteil,
- nonverbaler Anteil.

Dabei kann der rein verbale und damit inhaltliche Anteil der Kommunikation in Abhängigkeit von dem Kommunikationskanal (z. B. persönliches Gespräch, Telefonat, E-Mail) unter 10 % betragen, d. h. der paraverbale und nonverbale Anteil nehmen den Großteil der Übermittlung einer Botschaft ein.

Paraverbale Kommunikation

Beispiele paraverbaler Kommunikation sind:
- Stimmlage,
- Stimmfarbe,
- Lautstärke,
- Tonfall,
- Satzmelodie,
- Sprechtempo,
- Rhythmus,
- Störungen im Sprechverhalten.

Nonverbale Kommunikation

Beispiele für nonverbale Kommunikation sind:
- äußere Erscheinung:
  - Kleidung,
  - Frisur,
  - Make-Up,
  - Schmuck,
  - Statussymbole,
- Körperverhalten:
  - Gang,
  - Körperhaltung,
  - Oberkörper (vor-/zurückgelehnt),
  - Gesten,
- Gesichtsausdruck:
  - Augen,
  - Stirn,
  - Mund, Lippen,
  - Haut (rot/blaß/fahl),
- Sonstiges:
  - soziale Distanz (Sitzordnung, Berührungen),
  - Geruch (Parfum, After Shave, Körpergeruch etc.),
  - Schweißausbrüche,
  - Zittern,
  - Handschrift, Kritzeleien, etc.,
  - Physiognomie = Gesichtsform, Statur, etc.

Hierin liegt der Grund, dass eine persönliche Kommunikation (verbaler, paraverbaler und nonverbaler Anteil) nach Möglichkeit immer sinnvoller ist als eine telefonische Kommunikation (verbaler und paraverbaler Anteil). Eine telefonische Kommunikation aber immer noch hinsichtlich der Übermittlung der Botschaft sinnvoller ist als eine E-Mail (nur verbaler, d. h. inhaltlicher Anteil). Vor diesem Hintergrund ist es sicherlich sinnvoll in einer E-Mail mit Piktogrammen zu arbeiten, die Gefühle vermitteln (sog. Emojis). Dies muss aber im Einzelfall entschieden werden und sollte mit Bedacht geschehen. Es sieht sicherlich nicht besonders professionell aus, wenn der Projektleiter in seiner ersten offiziellen Kunden E-Mail Emojis einsetzt.

6.2.3.2 Sender-Empfänger-Modell nach Shannon und Weaver

Ein einfaches Modell, um Kommunikation zu erklären, ist das Modell von Shannon/Weaver. Es besteht, wie in ◘ Abb. 6.7 dargestellt, aus einem Sender, der in der Regel eine Person ist, und einem Empfänger. Der Sender stellt Informationen mithilfe eines Kodierers (z. B. Stimme, Sprache, Hände, Computer etc.) in Form von Tönen, Ges-

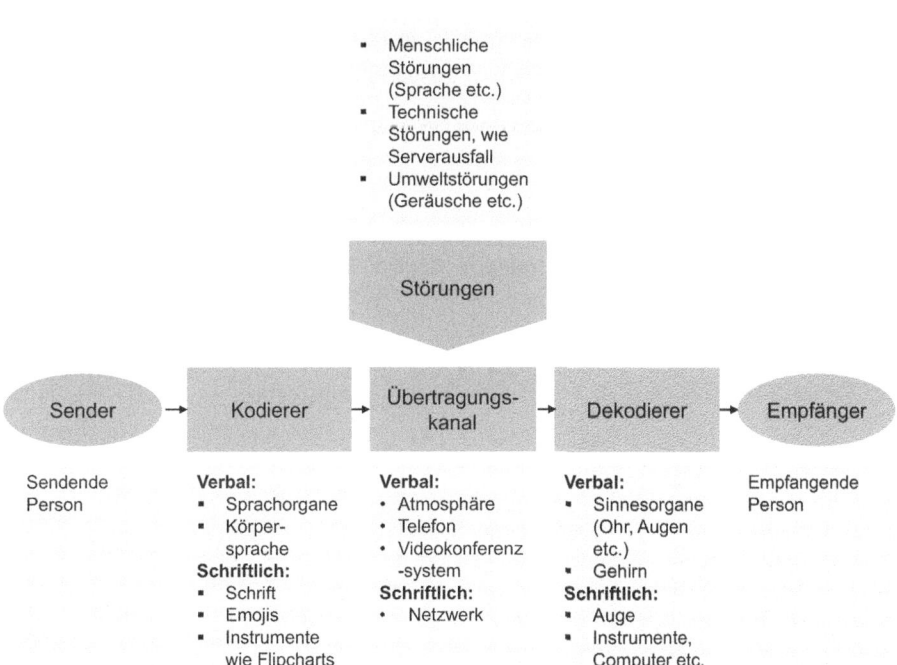

◘ Abb. 6.7 Sender-Empfänger-Modell der Kommunikation nach Shannon/Weaver

6

Vier Seiten einer
Nachricht
(Schulz von Thun)

ten, Zeichen etc. bereit. Die Informationen werden über
einen Kanal (z. B. Luft, Datennetz) übertragen und beim
Empfänger mithilfe eines Dekodierers (z. B. Sinnesorgane,
Computer) wahrgenommen und verarbeitet.

Wesentlich an diesem Modell ist die Erkenntnis, dass
die Kommunikation durch mehrere Elemente beeinflusst
wird. Einflüsse, insbesondere Störungen, können durch
den Sender und Empfänger selbst, (z. B. Projektleiter und
Team) entstehen. Ergänzend können Kodierer, Dekodierer
und der Übertragungskanal bei Störungen eine Rolle
spielen.

Die Übertragung findet dabei auf mehreren Ebenen
statt. Es gibt mindestens eine Sachebene (rationale Ebene)
und eine Beziehungsebene (emotionale Ebene) nach dem
zwischenmenschlichen Modell der Kommunikation. Das
nachfolgende Modell der vier Seiten einer Nachricht geht
von vier Ebenen bzw. Seiten aus.

6.2.3.3 Die vier Seiten einer Nachricht

Der deutsche Kommunikationspsychologe Friedemann
Schulz von Thun hat das Modell *Vier Seiten einer Nachricht* entwickelt, das neben der Sach- und Beziehungsebene noch eine Selbstoffenbarungs- und Appellebene im
Rahmen einer Nachricht beinhaltet. Damit besteht jede
Nachricht aus vier Botschaften, die vom Sender bewusst
oder unbewusst ausgesendet werden (◻ Abb. 6.8).

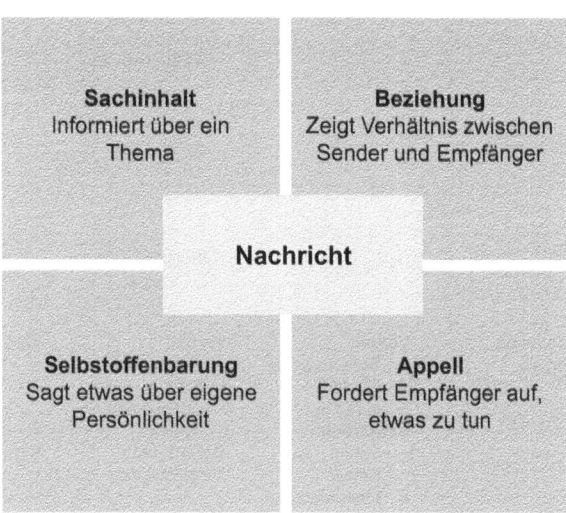

◻ **Abb. 6.8** Vier Aspekte einer Nachricht – Modell von Schulz von
Thun

So wie der Sender vier Botschaften versenden kann, hat der Empfänger auch „vier Ohren", mit denen er die Nachricht aufnimmt. Je nachdem, welches „Ohr" beim Empfänger gerade dominiert, bestimmt dies den weiteren Verlauf des Gesprächs:

- Sach-Ohr: Was sagt er mir?
- Selbstoffenbarungs-Ohr: Was ist das für einer?
- Beziehungs-Ohr: Wie steht er zu mir?
- Appell-Ohr: Was soll ich tun?

Es kommt zu Problemen, wenn Empfänger und Sender auf unterschiedlichen Ebenen bzw. Seiten kommunizieren. Denn Menschen sprechen und hören in unterschiedlicher Art und Weise, d. h. mit unterschiedlichen Gewichten auf allen vier Ebenen.

Die Schwierigkeit bei allen Kommunikationsprozessen ist herauszufinden, mit welchem Kodierer der Sender seine Nachricht spricht bzw. mit welchem Dekodierer der Empfänger diese Nachricht aufnimmt.

Weihnachtsfeier Ei-Ti AG – Kommunikation

Während der Planungsphase hatte Laura Leiter ein kurzes Gespräch mit Martina Mark, die ihr Folgendes sagte: „Der Projektstrukturplan gibt das Weihnachtsfeier-Projekt nicht vollständig wieder." Daraufhin geht Laura Leiter aufgeregt in das Büro von Emil Expert und bittet ihn kurz um einen Rat. Da Emil Expert noch eine dringende Aufgabe fertigzustellen hat, vertröstet er Laura Leiter auf den Nachmittag. Als Laura Leiter Emil Expert am Nachmittag die Nachricht von Martina Mark erzählt, erklärt Emil Expert ihr erst einmal das Vier-Ebenen-Modell von Schulz von Thun und analysiert mit ihr die Aussage.

Demnach kommuniziert Martina Mark mit ihrer Aussage zum Projektstrukturplan auf den vier Ebenen, die bei Laura Leiter folgendermaßen wahrgenommen wurden.

Anwendung des Vier-Ebenen-Modells einer Nachricht:

	Sender Martina Mark	Empfänger Laura Leiter
Sachebene	„Der Projektstrukturplan gibt das Weihnachtsfeier-Projekt nicht vollständig wieder."	Der Projektstrukturplan ist nicht vollständig
Beziehungs-ebene	„Du schaffst es nicht, einen vollständigen Projektstruktur-plan zu erstellen."	Martina Mark kritisiert mich

	Sender Martina Mark	Empfänger Laura Leiter
Selbstoffenbarungsebene	„Ich kann mit einem lückenhaften Projektstrukturplan nicht arbeiten."	Martina Mark kann nur mit vollständigen Projektstrukturplänen arbeiten
Appellebene	„Erstelle einen vollständigen Plan."	Martina Mark möchte, dass ich sofort einen vollständigen Projektstrukturplan erstelle

Je nachdem, auf welcher Ebene Martina Mark und Laura Leiter schwerpunktmäßig kommunizieren, können Missverständnisse entstehen. Obwohl Martina Mark Laura Leiter nur den Hinweis geben möchte, dass der Projektstrukturplan nicht vollständig ist (Sachebene), nimmt Laura Leiter das primär auf der Beziehungsebene wahr und fühlt sich kritisiert. Emil Expert erklärt ihr anschließend diesen Effekt, sodass Laura Leiter schon wieder etwas beruhigter ist.

6

6.2.4 Regeln, Thesen, Prinzipien der Kommunikation

Es gibt neben den Modellen und Konzepten innerhalb der Kommunikation noch einige Thesen und Prinzipien, die im Projektmanagement wichtig sind und daher hier vorgestellt werden.

■ **Watzlawick**

Der Kommunikationswissenschaftler Paul Watzlawick hat fünf sog. Axiome, d. h. Grundsätze, aufgestellt, die wesentlich Einfluss auf die Kommunikation innerhalb und außerhalb eines Projekts haben können. Die ersten beiden lauten:[1]

1. Axiom von Watzlawick

„Man kann nicht nicht kommunizieren." (1. Axiom, Watzlawick et al., 2017, S. 61)

Wenn z. B. ein Projektleiter auf eine Frage keine verbale Antwort gibt, tut er das mit seiner Körpersprache (nonverbal) sowie der Nicht-Antwort. Hierbei spielt die o. g. Erkenntnis, dass Kommunikation nicht nur das Aussenden von Botschaften ist, sondern beim Empfänger

---

1 Die weiteren Axiome werden hier nicht angesprochen. Sie können in einschlägiger Literatur nachgelesen werden (z. B. in Watzlawick et al., 2017).

entsprechend interpretiert wird, eine wesentliche Rolle. Auch wenn keine Botschaft gesendet wird, kann trotzdem etwas interpretiert werden.

Das zweite Axiom nach Watzlawick besagt:
„Jede Kommunikation besteht aus einem Inhalts- und einem Beziehungsaspekt, derart dass letzterer den ersten bestimmt." (2. Axiom, Watzlawick et al., 2017, S. 64)

2. Axiom von Watzlawick

D. h. mit anderen Worten, je stabiler die Beziehungsebene ist, desto mehr Botschaften kann der Projektleiter oder ein anderes Teammitglied während der Kommunikation senden.

■ **Erfolgsfaktoren der Kommunikation**
Gute Kommunikation setzt sich aus drei Erfolgsfaktoren zusammen:
1. Selbstwahrnehmung (► Abschn. 6.1.1):
   - Der Sender weiß, was er erreichen will.
   - Der Sender kennt seine aktuelle Stimmung.
   - Der Sender trennt seine Emotionen vom Sachinhalt.
   - Der Sender ist sich seiner Stärken und Schwächen bewusst und geht mit diesen gezielt um.
   - Der Sender kennt seine Erwartungen und Vorurteile.
2. Wertschätzung und Respekt für den Gesprächspartner:
   - Der Sender weiß, dass er den Gesprächspartner nicht verändern kann und schätzt dessen individuelle Persönlichkeit.
   - Der Sender respektiert die Meinung, Gefühle und Bedürfnisse des Gesprächspartners.
   - Der Sender nimmt den Gesprächspartner ernst und kommuniziert mit ihm auf Augenhöhe.
   - Der Sender hört dem Gesprächspartner zu und versucht ihn zu verstehen ohne gleich zu bewerten.
3. Eindeutigkeit und Klarheit:
   - Der Sender drückt sich so klar und eindeutig wie möglich aus.
   - Der Sender fragt nach, was der Gesprächspartner verstanden hat.
   - Der Sender bringt auch Gefühle und Wünsche klar zum Ausdruck.
   - Der Sender spricht Unstimmigkeiten und Konflikte sofort an.

6

Praxistipp

Kommunikation

- Missverständnisse und Fehlinterpretationen können vermieden werden, wenn sowohl Sender als auch Empfänger wahrnehmen, welches ihre *aktuellen Ebenen der Kommunikation* sind und versuchen, diese Ebenen zu synchronisieren (in Anlehnung an das Modell von Schulz von Thun, ◘ Abb. 6.8).
- Sprechen und hören sollte auf allen vier Ebenen gelernt sein.
- Rückfragen/Feedback helfen beim gegenseitigen Verständnis. Man sollte nicht davon ausgehen, dass der Empfänger die Nachricht so versteht, wie der Sender dies gemeint hat.
- Etablierung einer anschlussfähigen Kommunikation, d. h. man sollte sich auf sein Gegenüber einstellen.
- Aufbau einer Regelkommunikation (geplante Besprechungen, Berichte etc.).
- Etablierung von Beziehungsebenen im Projekt durch Spielregeln, Events und informelle Meetings.
- Bedeutung des sozialen Controllings schärfen und etablieren.
- Kurze Überlegung bzgl. des sinnvollsten Kommunikationsweges (es ist nicht immer die E-Mail).
- Wahrnehmung von Kommunikationsbarrieren und Störungen in der Kommunikation schärfen.

Zusätzlich zur E-Mail-Kommunikation:

- E-Mails sollten kurze Sätze, klare Aussagen und eine erkennbare Struktur haben.
- Emojis wie :-) oder ;-) nutzen, um den wichtigen non- und paraverbalen Anteil zu kompensieren.

Weihnachtsfeier El-Ti AG – Kommunikation

Nachdem Laura Leiter den Projektstrukturplan überarbeitet hat und auch Emil Expert diesen für gut befunden hat, fühlt Laura Leiter sich nun bereit, Martina Mark zu fragen, ob sie die Chance auf eine höhere Position hätte, da sie sehr viel Energie und Zeit in das Projekt steckt und somit auch einen besonderen Mehrwert für die Ei-Ti AG schafft. Sie bittet Martina Mark also per Mail mit dem Betreff „Zukunftsperspektiven" um ein Gespräch. Laura Leiter ist etwas nervös, da sie nicht weiß, wie Martina Mark ihre Anfrage aufnehmen wird. Ihr ist das Thema jedoch sehr wichtig, denn sie hatte über eine Freundin von einer ähnlichen Stelle in einem weiteren Unternehmen gehört, die jedoch besser bezahlt ist und mit flachen Hierarchien wirbt. Martina Mark bestätigt den Termin und vereinbart für die kommende Woche ein einstündiges Treffen für Laura Leiter in der Kantine während der Mittagspause. Laura Leiter ist etwas enttäuscht, dass ihre Mittagspause dafür herhalten muss und dass sich das für sie so wichtige Gespräch in der Kantine abhalten wird. Dennoch freut sie sich, dass Martina Mark dem Treffen zugestimmt hat. Um Punkt 12:00 Uhr ist Laura Leiter in der Kantine. Von Martina Mark jedoch keine Spur. Ein paar Minuten später erscheint sie völlig außer Atem und teilt Laura Leiter mit, dass sie bereits um 12:40 Uhr, also 20 min vorher, wieder in das nächste Meeting muss. Laura Leiter ist enttäuscht, nickt jedoch nur. Nach einem kurzen Small Talk setzt Laura Leiter mit ihrem Anliegen an, wird jedoch direkt von Martina Mark unterbrochen, die der Meinung ist, dass sie selbst ebenfalls auch eine Gehaltserhöhung verdiene. Sie ist etwas verwirrt über Laura Leiters Forderung und versteht nicht, wieso sie nicht zufrieden mit ihrer Stelle und ihrem Projekt ist. Während des Gesprächs schaut Martina Mark ununterbrochen auf ihr Handy. Als Laura Leiter erneut mit ihrem Anliegen ansetzen möchte, klingelt Martina Marks Handy. Sie geht mit der Begründung ran, dass es sehr dringend sei und dass sie sich bezüglich des Marketingbudgets dringend darum kümmern muss. Das Gespräch endet damit, dass Martina Mark Laura Leiter dazu rät, einfach mal abzuwarten, das Handy noch am Ohr haltend. Und schon ist sie auch schon auf dem Weg zum nächsten Meeting.

Das hatte sich Laura Leiter aber nun wirklich anders vorgestellt. Ist das gerade wirklich so passiert? Etwas fassungslos geht sie zu Emil Expert und erzählt ihm davon. Er schmunzelt etwas und erklärt Laura Leiter dann, dass es Martina Mark wohl eindeutig an der Kompetenz des aktiven Zuhörens fehlt. Im Endeffekt konnte Laura Leiter Martina Mark auch gar nicht erklären, was sie möchte und vor allem wieso, denn Martina Mark war so sehr mit ihren eigenen Gedanken und Wünschen beschäftigt, dass sie sich nicht einmal die Mühe gemacht hat, Laura Leiter zuzuhören.

Emil Expert schlägt Laura Leiter vor, die gesamte Situation noch einmal nachzuspielen. Bloß mit dem Unterschied, dass er die Rolle von Martina Mark übernimmt und Laura Leiter zeigt, was für große Unterschiede kleinste Gestiken und aktives Zuhören ausmachen kann. Sie sind sich beide einig: es wäre viel besser gewesen, wenn Martina Mark Laura Leiter in ihr Büro eingeladen hätte. Laura Leiter hätte sich dann deutlich ernstgenommener gefühlt. Ein Handy auf dem Tisch während eines wichtigen Gesprächs ist ebenfalls ein No-Go. Und zuletzt hätte Martina Mark zuhören sollen, anstatt selbst über ihre Probleme zu reden. Emil Expert zeigt deutlich, wie sehr schon Subtilitäten ein gesamtes Gespräch beeinflussen können. Laura Leiter ist beeindruckt und nimmt sich das für ihre nächsten Gespräche auf jeden Fall vor: es ist nämlich gar nicht so kompliziert und kann so einen großen Unterschied machen. Um sich zu vergewissern, ob das Gesagte auch wirklich richtig beim Gegenüber angekommen ist, kann Laura Leiter auch die gezielte Fragetechnik anwenden, indem sie zum Beispiel durch Bestätigungsfragen („Habe ich es richtig verstanden, dass es bei erfolgreichem Verlauf der Weihnachtsfeier die Möglichkeit einer höheren Position für mich gäbe?") oder Präzisierungsfragen („Wann genau kann ich mit einer Entscheidung rechnen?") Martina Mark dazu veranlasst, die gestellte Frage selbst noch einmal aufzugreifen.

6.3 Führung

6

Die Führung in Projekten hat einen starken Einfluss auf den Erfolg eines Projekts. Dabei hat die Führungsthematik im traditionellen Projektmanagement noch eine größere Bedeutung als im agilen Umfeld, da hierbei der Schwerpunkt auf Selbstorganisation und Selbstmanagement anstatt der typischen Führungsstruktur von Führendem und Geführten liegt. Die Rolle des Führenden wird im agilen Umfeld durch das Team selbst übernommen.

Führung soll folgendermaßen definiert werden (in Anlehnung an Weibler, 2016, S. 19).

Führung ─────────────────────

Führung heißt, andere durch ein sozial akzeptiertes Verhalten im Rahmen einer Zielsetzung zu beeinflussen. Die Beeinflussung führt beim Geführten mittelbar oder unmittelbar zu einem Verhalten im Sinne der Zielsetzung.

Wesentliche Merkmale der Führung sind die Verhaltensbeeinflussung durch den Führenden und die Akzeptanz auf der Seite der Geführten. Die Akzeptanz grenzt Führung von der Manipulation und auch vom Management ab.

Management

Darüber hinaus definiert sich Führung durch das Wirken, nicht durch die Position. Dies ist ein weiteres Abgrenzungskriterium der Führung vom Management. Management ist die Fähigkeit, Personen, Prozesse und Ressourcen anhand von bereits etablierten Werten, Überzeugungen und Regeln zu steuern, zu kontrollieren und optimal einzusetzen. Das heißt, beim Management spielen das Verhalten und die Akzeptanz eine untergeordnete Rolle.

Zu unterscheiden sind Führungsmodelle, Führungskonzepte und Führungsstile.

Ein Führungsmodell ist eine vereinfachte Darstellung der Führungskraft, des Geführten bzw. der Geführten und deren Interaktionen. Vor dem Hintergrund der Komplexität von Interaktionen zwischen Menschen ist eine vereinfachte Darstellung mithilfe eines Modells sinnvoll.

Führungsmodell

Ein Führungskonzept ist eine allgemeine Vorgehensweise (Art, Anleitung) zur Führung von Mitarbeitern, d. h. im Rahmen des Projektmanagements zur Führung von Projektteammitgliedern und Projektmitarbeitern.

Führungskonzept

Ein Führungsstil beschreibt ein gewisses Verhalten der Führungskraft im Rahmen der Führung.

Führungsstil

Die Führung in Projekten ist eine wesentliche Kompetenz innerhalb des Projektmanagements und nimmt aufgrund der Komplexität und von Unsicherheiten im Projektmanagement immer weiter an Bedeutung zu.

Folgende Merkmale eines Projekts unterscheiden die Führung in Projekten von der Führung in der permanenten Organisation:

- inhaltliche und zeitliche Begrenzung,
- organisationsübergreifende Zusammensetzung,
- häufig Teilzeitbeschäftigung im Projekt,
- Führen ohne Macht (keine disziplinarische Weisungsbefugnis).

Denn anders als in der permanenten Organisation, muss sich der Projektleiter, Teilprojektleiter oder Arbeitspaket-Verantwortliche immer wieder in neuen Projekten auf z. T. neue Mitarbeiter einstellen und diese führen. Da die sog. temporäre Führungskraft häufig keine disziplinarische Weisungsbefugnis hat, spricht man hier von der sog. lateralen Führung oder der Führung auf Augenhöhe.

Laterale Führung

Der Projektleiter trägt hinsichtlich Kosten, Zeit und Ergebnis für das Projekt die Verantwortung. Er ist aber häufig mit weniger Befugnissen ausgestattet als ein Vorgesetzter in der permanenten Organisation. Dieser Umstand kann zu Konflikten und Demotivation bei der Projektleitung führen.

Im Rahmen der Führung spielen die sog. kognitiven und emotionalen Kompetenzen eine große Rolle (Dulewicz & Higgs, 2005).

Kognitive und emotio-
nale Kompetenz

Unter der kognitiven Kompetenz bzw. Intelligenz (abgekürzt durch den sog. Intelligenzquotienten IQ) werden
die allgemeine Geschwindigkeit und Effektivität verstanden, mit denen Probleme verstanden und gelöst werden können (vgl. Roth, 2017, S. 27). Die emotionale Kompetenz bzw. Intelligenz (abgekürzt durch den sog. emotionalen Quotienten EQ) ist die Fähigkeit und Fertigkeit,
seine eigenen Gefühle und die Gefühle anderer wahrzunehmen, einzuschätzen und damit entsprechend umzugehen (vgl. Goleman, 1997, S. 56). Die emotionale Kompetenz hat insbesondere in der lateralen Führung eine
hohe Bedeutung.

6.3.1 Führungsmodelle

Führungsmodelle helfen der Führungskraft in Projekten
(Projektauftraggeber, Projektleiter, Teilprojektleiter,
Arbeitspaket-Verantwortlicher) die häufig komplexen Zusammenhänge der Führung zu vereinfachen und einen
erfolgreichen Weg bei der Führung in Projekten einzu-
schlagen. Es darf dabei aber niemals außer Acht gelassen
werden, dass man Menschen nicht wie Maschinen pro-
grammieren und von heute auf morgen eine gute
Führungskraft in Projekten durch das reine Wissen von
Modellen und -theorien entstehen kann.

6.3.1.1 Situatives Führen
(Hersey und Blanchard)

Grundsätzlich gibt es im Rahmen der Führung nicht den
besten Führungsstil, der für alle Geführten am besten geeignet ist und bei allen Situationen passt. Der Führungsstil hängt von der Bereitschaft (Wollen) und vom Reife-
grad/Kompetenz (Können) der Mitarbeiter ab, die der
Führende beeinflussen möchte. Damit hängt der
Führungsstil zum einen an der Person oder Gruppe
(Fokus Beziehung), die geführt werden soll, zum anderen
aber auch an der konkreten Situation bzw. der Aufgabenstellung (Fokus Aufgabe).

Situatives Führen bedeutet, dass je nach Situation
(Person und Aufgabe) unterschiedliche Führungsstile
eingesetzt werden. Das heißt: Situatives Führen fordert
eine gewisse Analyse- und Diagnosefähigkeit auf Seiten

der Führungskraft und zusätzlich die Fähigkeit, eine Reihe von unterschiedlichen Führungsstilen einzusetzen (◘ Abb. 6.9).

Es werden bei der situativen Führung vier Führungsstile unterschieden (◘ Tab. 6.3).

Auch beim situativen Führungsmodell erkennt man die Grenzen eines Modells, da es in der Praxis sicherlich nicht genau nach diesem Prozess und für jeden Mitarbeiter so abläuft bzw. anwendbar ist. Aber es ist ein Ansatz zur Sensibilisierung des Führenden, die Situation zu reflektieren und einzuschätzen.

Im Rahmen des situativen Führens spielen neben dem Reifegrad, dem aufgabenorientierten und beziehungsorientierten Führungsverhalten weitere persönliche und situative Merkmale eine Rolle, z. B. sind generationsbedingte Unterschiede bei der Führung zu berücksichtigen, wie sie in ◘ Tab. 6.4 verdeutlicht werden.

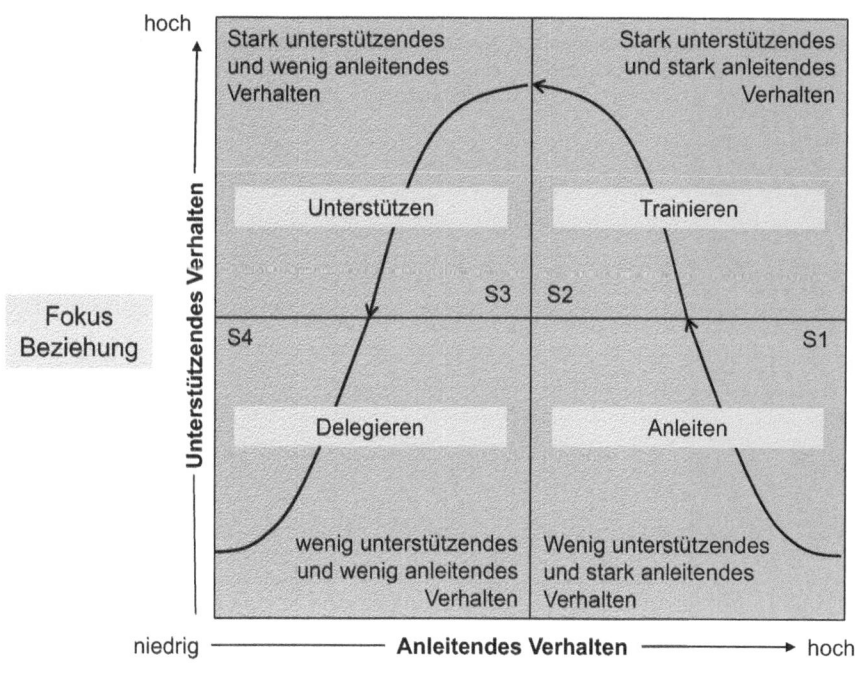

◘ **Abb. 6.9** Situatives Führen

6

□ **Tab. 6.3**   Vier Führungsstile des situativen Führens nach Hersey/Blanchard (Eigene Darstellung)

Ausprägung	1. Anleiten	2. Trainieren	3. Unterstützen	4. Delegieren
Reifegrad	Der Mitarbeiter ist hinsichtlich der anstehenden Aufgabe nicht fähig	Der Mitarbeiter ist noch nicht fähig, aber motiviert	Der Mitarbeiter ist fähig, aber nicht motiviert	Der Mitarbeiter ist fähig und motiviert
Aufgabenorientierung	Hoch	Hoch	Gering	Gering
Mitarbeiterorientierung	Gering	Hoch	Hoch	Gering
Erklärung Führungsstil	Direktiver Führungsstil. Genaue Anweisungen und strenge Kontrollen	Erklärung von Entscheidungen und Anweisungen. Inkl. Gelegenheit für Klärungsfragen	Mitteilung von Ideen, Schaffung der Basis und Ermutigung zum Treffen von Entscheidungen	Übergabe der Verantwortung zur Entscheidungsfindung und Durchführung
Kommunikation	Kommunikation in eine Richtung	Kommunikation in beide Richtungen	Gemeinsamer Entscheidungsprozess	Die Verantwortung für die Durchführung hat der Mitarbeiter. Der Vorgesetzte überwacht die Ausführung und die Ergebnisse

Tab. 6.4 Verschiedene Merkmale der Generation Baby Boomer, Generation X und Y (Quelle: Lehky, 2011, S. 113)

Fertigkeit	Babyboomer (geboren 1955–1965)	Generation X (geboren 1965–1979)	Generation Y (geboren ab 1980)
Problemlösung	Hierarchisch organisiert	Unabhängig, selbstständig	In der Gruppe, selten allein
Bewältigung von Aufgaben	Eine Aufgabe nach der anderen	Multitasking, wenn erforderlich	Multitasking als tägliche Routine
Kommunikation	An hierarchischen Strukturen orientiert	An persönlichen Beziehungen orientiert	Vernetzt und transparent
Führungsverhalten	Hierarchisch	Zusammenarbeit mit unterstellten Mitarbeitern	Partnerschaftliche Zusammenarbeit ohne Rücksicht auf Ort und Position
Feedback	Jährlich oder halbjährlich	Monatlich oder wöchentlich	Jederzeit auf Abruf, „offenes Ohr" und Mentoring
Entscheidungsfindung	Eigenständig, Team wird informiert	Eigenständig, mit Einholen von Teammeinungen	Konsensorientiert, in der Diskussion mit dem Team
Weiterbildung	Nur bei Bedarf	Gelegentlich per Seminar oder Training on-the-Job	Beständiges, lebenslanges Lernen
Lernstil	Wissensvermittlung durch Trainer	Wissensvermittlung durch Trainer oder Selbststudium	Selbststudium oder Lernen in Netzwerken
Nutzung von Technik	Notwendiges Übel, gelegentlich nützlich; direktes Gespräch wird bevorzugt	Routine mit neuer Technik und im direkten Gespräch	Allgegenwärtig, wenig Verständnis für Technikverweigerung, direktes Gespräch wird hoch geschätzt

6

6.3.1.2 Machtgrundlagen (Power based leadership)

Macht stellt nach wie vor etwas Wichtiges und auch Faszinierendes für den Menschen dar und ist heute immer noch eine der wichtigsten Grundlagen im Rahmen der Führung, sowohl für den Führenden als auch für den Geführten. Die Machtgrundlagen klären die Frage nach der Grundlage einer Verhaltensänderung des Geführten durch eine Führungskraft. Insbesondere bei der lateralen Führung ist die Frage nach der Legitimation der Führung sehr wichtig, da die Legitimation aufgrund der Hierarchie nicht gegeben ist (Macht aufgrund der Legitimation).

Die wohl bekanntesten und häufig genannten Machtgrundlagen stammen aus dem Jahre 1959 von R. P. French und Bertram H. Raven:

- **Legitimation** (legitimate power):
  Man lässt sich von einer Person beeinflussen, wenn man der Meinung ist, dass diese ein Recht dazu hat, Entscheidungen oder Verhaltensweisen zu bestimmen, z. B. aufgrund der hierarchischen Stellung.
- **Fähigkeit zur Belohnung** (reward power):
  Wenn eine Person andere Personen für ihre Ergebnisse belohnen kann, ist das eine Machtgrundlage.
- **Fähigkeit zur Bestrafung** (coercive power):
  Im Umkehrschluss ist die Fähigkeit zur Bestrafung ebenfalls eine Machtgrundlage.
- **Identifikation oder Vorbild** (reference power):
  Wenn jemand eine Vorreiterrolle hat oder Verhaltensweisen zeigt, die für andere nachahmenswert sind, handelt es sich um eine Machtgrundlage.
- **Expertenwissen und Informationen** (expert power):
  Ebenfalls eine Machtgrundlage ist das Wissen, das Personen besitzen oder zu dem sie Zugang haben. (Vgl. Rattay, 2013, S. 89 ff.)

Diese Machtgrundlagen kommen in unterschiedlicher Ausprägung bei Führungskräften im Projektmanagement vor, da insbesondere durch die laterale Führung (Führung ohne hierarchische Legitimierung) häufig die Belohnung und Bestrafung schwieriger umzusetzen ist. Aber bei der Belohnung muss es sich nicht immer um monetäre Größen handeln. Vielmehr kann ein Lob als Form der Anerkennung durch den Projektleiter hier wesentlich mehr motivieren.

6.3.2 Führungskonzepte

In der Praxis weit verbreitete Führungskonzepte sind die sog. *Management-by*-Konzepte. Diese Führungskonzepte weisen einen hohen Praxisbezug auf, da sie auf Basis der Erfahrungen von Führungskräften entstanden sind. Sie gelten als „Klassiker" unter den Managementtechniken, da sie verständlich und in der Praxis einfach anzuwenden sind:

- **Management by Objectives**
  Hierbei einigt sich der Projektleiter gemeinsam mit dem Mitarbeiter auf eine verbindliche, nach Möglichkeit SMARTe Zielvereinbarung (► Abschn. 2.4.3). Der Mitarbeiter soll die Ziele eigenverantwortlich umsetzen. Daher sollte der Projektleiter dem Mitarbeiter Entscheidungsbefugnisse einräumen. Das selbstständige Arbeiten kann die Motivation und damit die Leistungsfähigkeit des Mitarbeiters steigern.

- **Management by Delegation**
  In eine ähnliche Richtung geht der Führungsstil des Managements by Delegation, bei der die Übertragung von Entscheidungsbefugnissen und Verantwortung an den Mitarbeiter im Mittelpunkt steht. Wichtig hierfür ist eine klare Aufgabendefinition. Die Führungskraft wird bei der Übernahme von Aufgaben und Verantwortung durch den Mitarbeiter einerseits entlastet, andererseits bietet sie dem Mitarbeiter mehr Möglichkeiten, seine Arbeit zu gestalten.

- **Management by Exception**
  Einen Schritt weiter geht das Konzept des Managements by Exception (Management im Ausnahmefall). Hierbei werden die anfallenden Entscheidungen vom Mitarbeiter getroffen. Der Projektleiter greift nur im Ausnahmefall (by expection) ein. Auch bei diesem Konzept ist eine wesentliche Voraussetzung die Regelungen von Befugnissen und Verantwortungen. Das Eingreifen des Projektleiters sollte klar geregelt sein. Allerdings ist hierbei, wie beim agilen Projektmanagement, seitens der Führungskräfte ein Vertrauen und Loslassen notwendig.

- **Management by Results**
  Hier werden die Ziele vom Projektleiter vorgegeben. Die Vorgabe der Ziele ist der wesentliche Unterschied zum Management by Objective, wo die Ziele gemeinsam festgelegt werden. Der Mitarbeiter ist bei diesem Konzept ebenfalls bzgl. des Wegs zur Zielerreichung frei.

Bei allen Konzepten geht es um die Verteilung von Befugnissen, Verantwortungen und Aufgaben. Vor diesem Hintergrund kann das Funktionendiagramm einen wertvollen Beitrag liefern (► Abschn. 3.1.4.3).

6.3.3 Führungsstil

Führungsstile sind zur Anwendung der Führungsmodelle sowie bei der Umsetzung der Konzepte ein wichtiges Element.

Die wichtigsten Führungsstile im Rahmen des Projektmanagements sind in ◘ Abb. 6.10 dargestellt (vgl. Rattay, 2013, S. 49 ff.):

■ Der autoritäre Führungsstil

Der autoritäre Führungsstil erfordert von den Teammitgliedern eine deutliche Unterordnung. Der Führungsstil ist geprägt von Anweisungen und Kontrollen und keiner Entscheidungsbeteiligung des Teams. Eigeninitiative

	Autoritär	Beratend	Kooperativ/ Partizipativ	Demokratisch	Delegativ
Merkmale	Projektleiter entscheidet	Projektleiter entscheidet, lässt jedoch Fragen zur Entscheidung zu	Projektleiter entscheidet erst, nachdem die Meinung des Teams gehört wurde	Projektleiter entscheidet gemeinsam mit dem Team	Team entscheidet, Projektleiter greift nur in Ausnahmefällen ein
Analogie Situatives Führen	Anweisen	Trainieren	Unterstützen	Unterstützen/ Delegieren	Delegieren
Vorteile	• Schnelle Handlungsfähigkeit • Klare Verantwortung	• Akzeptanzfördernd • Klare Verantwortung	• Fördert die eigene Meinung und Kreativität • Motivierend	• Fördert Teambuilding • Motivierend	Eigenverantwortung führt zu erhöhter Motivation
Nachteile	• Demotivierend für die Geführten • Emotionaler Rückzug	• Ggfs. Demotivierend für die Geführten	• Ggfs. frustrierend bei unterschiedlicher Meinung • Längere Meinungsbildung	• Kann als Führungsschwäche interpretiert werden • Längere Meinungsbildung	Ggfs. Überforderung des Teams
Willensbildung	Beim Projektleiter				Beim Mitarbeiter

◘ **Abb. 6.10**   Führungsstile des Projektmanagements

und Kreativität spielen hier kaum eine Rolle. Die Gefahr bei diesem Führungsstil ist, dass Teammitglieder demotiviert werden oder sich aggressive Verhaltensformen entwickeln. Auf der anderen Seite ist der Führungsstil geprägt von schnellen Entscheidungen.

Der Projektleiter
- ist leistungsorientiert und lenkt jede Entscheidung in die gewünschte Richtung,
- kommuniziert deutlich in Form von Anweisungen,
- trifft wesentliche Entscheidungen allein,
- zeigt wenig Anteilnahme an Erwartungen, Bedürfnissen, Problemen der Mitarbeiter,
- ist eher distanziert und kühl und weist Aufgaben direkt und ohne Diskussion zu,
- erklärt alles sehr detailliert,
- hat für fast alle Probleme eigene Lösungen,
- kritisiert Mitarbeiter (offen oder verdeckt),
- besitzt häufig ein ausgeprägtes Überlegenheitsgefühl.

■ **Der beratende Führungsstil**
Beim beratenden Führungsstil entscheidet der Projektleiter, lässt aber Fragen und Anmerkungen zu. Er sieht das Team als Berater, das ihn bei der Entscheidungsfindung unterstützen kann, aber letztendlich keine Entscheidungsgewalt hat. Dieser Führungsstil ist vor allem bei einem jüngeren oder unerfahrenen Team sinnvoll, das durch die Einbindung motiviert werden soll, aber aufgrund fehlender Erfahrung noch keine soliden Entscheidungen treffen kann.

Der Projektleiter
- ist leistungsorientiert und lenkt Entscheidungen nach Rücksprache in die gewünschte Richtung,
- bindet das Team beratend mit ein,
- trifft wesentliche Entscheidungen allein,
- lässt Diskussionen zu und unterstützt das Team zur eigenen Meinungsbildung,
- erklärt viel und leitet an,
- gibt Feedback und versucht Teammitglieder zu entwickeln.

■ **Der kooperative Führungsstil**
Die Führungskraft nimmt sich Zeit, die Meinung der Teammitglieder zu hören und bindet sie in den Entscheidungsprozess ein. Letztlich trifft die Führungskraft

6

Entscheidungen aber selbst, unter Berücksichtigung der Meinung, Bedürfnisse und Anmerkungen des Teams.

Dieser Führungsstil erhöht die Akzeptanz und Motivation beim Projektteam. Wenn allerdings häufig andere Entscheidungen gefällt werden, als das Team es vorschlägt, kann es auch zu Frustration führen.

Der Projektleiter
- beteiligt seine Mitarbeiter am Prozess und erhöht dadurch deren Motivation und Selbstständigkeit,
- fördert Leistungsbereitschaft, lässt Kreativität und neue Ideen zu,
- gibt wichtige Informationen weiter,
- fördert eine offene Kommunikation,
- legt Aufgabenverteilung und Zeitplan im Konsens fest.

- **Der demokratische Führungsstil**

Beim demokratischen Führungsstil versucht der Projektleiter, die Mitarbeiter durch die Einbindung in den Entscheidungsprozess und die gemeinsame Entscheidungsfindung zu aktivieren. Der Projektleiter ist eher als Koordinator und Coach zu verstehen und fordert aktiv zu Kritik und Ideen auf.

Hierbei wird das Verantwortungsgefühl und die Selbstständigkeit des Teams und der einzelnen Teammitglieder gesteigert. Aufgrund des ggfs. längeren Abstimmungsprozesses ist dieser Führungsstil in Krisensituationen problematisch.

Der Projektleiter
- trifft Entscheidungen gemeinsam mit dem Projektteam,
- beteiligt seine Mitarbeiter am Prozess und erhöht dadurch deren Motivation und Selbstständigkeit,
- fördert Leistungsbereitschaft, lässt Kreativität und neue Ideen zu,
- gibt wichtige Informationen weiter,
- fördert eine offene Kommunikation.

- **Der delegative Führungsstil**

Der delegative Führungsstil beinhaltet die geringste Form der Einmischung des Projektleiters. Er nimmt sich ganz

zurück und lässt das Team entscheiden. Dieser Führungsstil geht in Richtung des Selbstmanagements des Teams
und ähnelt damit dem Management-by-Exception-
Ansatz.

Der Projektleiter

- lässt das Projektteam entscheiden,
- zieht sich ganz zurück und erhöht dadurch die Motivation und Selbstständigkeit des Teams,
- fördert Leistungsbereitschaft, lässt Kreativität und
neue Ideen zu,
- greift nur noch in Krisensituationen ein.

Der Führungsstil hängt auch vom Projektmanagementansatz ab. Im agilen Umfeld wird der delegative Führungsstil vorausgesetzt bzw. ist ein wichtiges Merkmal und
Erfolgsfaktor für agile Projekte.

Weihnachtsfeier Ei-Ti AG – Führung

Da Laura Leiter als Projektleiterin nun auch Verantwortung übernimmt, beschäftigt
sie sich mit der Frage, wie sie ihr Team am besten führen und anleiten soll. Sie ist sich
etwas unsicher, welchen Führungsstil sie wählen soll, denn zum einen besteht ihr Team
aus einem erfahrenen IT-Mitarbeiter, der bereits mehrere Jahre im Unternehmen ist
und auch älter ist als sie. Zum anderen gehört aber auch der neue Praktikant zu ihrem
Team, der sehr fleißig und engagiert ist, aber noch nicht so viel Praxiserfahrung hat.
Wenn sie zum Beispiel den autoritären Führungsstil wählen würde, wäre es ihr vor
dem erfahrenen IT-Mitarbeiter unangenehm, denn dieser braucht nun wirklich nicht
allzu viele Anweisungen. Bei einem delegativen Führungsstil würde es aber dem Praktikanten an Anweisungen und Richtlinien fehlen. Sie geht mit ihrem Zwiespalt zu
Emil Expert und bittet um Rat. Emil Expert ruft ihr zugleich eine tabellarische Übersicht der Führungsstile des Projektmanagements (◻ Abb. 6.10) in Erinnerung. Damit
zeigt er ihr, dass es nicht ad hoc für jede Situation den einen richtigen Führungsstil
gibt. In Laura Leiters Situation zum Beispiel, müssen die einzelnen Vor- und Nachteile der Führungsstile abgewägt werden, denn dadurch, dass so unterschiedliche Pro-
file dieses Team bilden, kann ein einzelner Führungsstil nicht alle Bedürfnisse abdecken. Er rät ihr also zum situativen Führungsstil und betont, dass sie sich je nach
Situation anders verhalten sollte: bei dem erfahrenen IT-Mitarbeiter sollte sie ruhig
etwas delegativer führen, während er ihr beim Praktikanten einen autoritäreren
Führungsstil empfehlen würde. Laura Leiter leuchtet dies ein: so wird sie es machen.

6.3.4 **Emotionale Führung**

Die emotionale Führung hat mit der situativen Führung den situationsabhängigen Charakter gemeinsam. Im Gegensatz zur situativen Führung stellt die emotionale Führung nicht den Reifegrad des Geführten in den Mittelpunkt, sondern die emotionale Intelligenz (EQ) des Führenden (Goleman, 1997). Damit erkennt ein Projektleiter zum einen die Emotionen und Persönlichkeiten des Geführten und des Teams und versucht zum anderen über die eigenen Gefühle, die Geführten und das Team zu erreichen.

Emotionale Intelligenz Die emotionale Intelligenz ist die Fähigkeit, seine eigenen und andere Gefühle wahrzunehmen, einzuschätzen und damit entsprechend umzugehen (vgl. Goleman, 1997, S. 56).

Fünf Merkmale der emotionalen Intelligenz Die emotionale Intelligenz wird durch fünf Merkmalen charakterisiert:

- Selbstwahrnehmung,
- Selbstregulierung,
- Empathie,
- Motivation,
- soziale Kompetenz (vgl. Goleman, 1997).

Die Erkenntnisse und Ansätze gehen auf den amerikanischen Psychologen und Harvard-Dozenten Daniel Goleman zurück, der sechs Führungsstile innerhalb der emotionalen Führung sieht (Goleman et al., 2015).

Vier der sechs Führungsstile von Goleman erzeugen Resonanz (d. h. eine positive Stimmung). Zwei Führungsstile erzeugen Dissonanz (d. h. eine negative Stimmung). Alle sind aber innerhalb der emotionalen Führung wichtig und auch wieder situativ zu verwenden.

Die sechs Führungsstile der emotionalen Führung werden im Folgenden kurz erläutert:

■ Visionär

Visionäre Führungskräfte geben einem Team eine Vision oder ein Ziel vor. Sie lassen dem Team und den einzelnen Mitarbeitern auch Freiraum, den Weg zum Ziel selbst zu bestimmen. Dieser Führungsstil ähnelt bzw. ist identisch zu dem delegativen Führungsstil.

■ **Coachend**

Der coachende Führungsstil konzentriert sich auf einzelne Teammitglieder. Coachende Führungskräfte erzeugen vertrauensvolle und enge Beziehungen zu Mitarbeitern. Coachende Führungskräfte arbeiten viel mit Reflexion, Feedback und ermöglichen es, dass die Mitarbeiter ihre optimale Leistungsfähigkeit entfalten und hoch motiviert sind.

Dieser Führungsstil überschneidet sich mit dem kooperativen Führungsstil und Teilen des demokratischen Führungsstils.

■ **Gefühlsorientiert**

Beim gefühlsorientierten Führungsstil gehen die Führungskräfte offen mit den eigenen Gefühlen und den Gefühlen im Team um. Der Schwerpunkt wird auf die emotionalen Bedürfnisse des Teams und der einzelnen Mitarbeiter gelegt. Hierdurch wird Vertrauen und Harmonie im Team geschaffen, die wiederum auch die Motivation steigen lässt. Die Limitierung dieses Stils ist, dass es bei einigen Personen, die mit Emotionen nicht umzugehen wissen, zu Irritationen kommen kann. Eine gute, emotionale Führungskraft kann hiermit jedoch umgehen.

Der gefühlsorientierte Führungsstil wird häufig mit anderen Führungsstilen verknüpft.

■ **Demokratisch**

Dieser Führungsstil ist zuvor beschrieben worden (◘ Abb. 6.10).

■ **Fordernd**

Der fordernde Führungsstil ist meist eine temporäre Erscheinung, bei der die Führungskraft von ihrem Team eine hohe Leistungsbereitschaft erwartet. Hierzu übt sie einen gewissen Druck aus.

Meist findet man diesen Stil vor dem Abschluss eines Meilensteins oder vor Projektabschluss.

■ **Befehlend**

Dieser Führungsstil ist bereits weiter oben unter dem *autoritären Führungsstil* beschrieben worden (◘ Abb. 6.10)

Ergänzend sei hier angemerkt, dass in gewissen Situationen (meist Not- und Krisensituationen) dieser Führungsstil sinnvoll ist, z. B. wenn innerhalb kürzester Zeit vom gesamten Team ein Dokument erstellt bzw. eine Produktänderung entwickelt werden muss.

6.3.5 Entscheidungen

Ein wichtiges Thema im Rahmen der Führung ist das Entwickeln und Treffen von Entscheidungen.

Auch in diesem Bereich hat es in den letzten Jahren durch die Neurobiologie einige wesentliche Erkenntnisse im Rahmen der Entscheidungswissenschaft gegeben.

Emotionale Entscheidungen und rationale Abwägungen

Auch bei Entscheidungen spielen Emotionen eine große Rolle. Es findet keine Entscheidung ohne Emotionen statt. Es gibt zwar rein rationale Abwägungen, aber keine rein rationalen Entscheidungen. Das liegt darin begründet, dass der menschliche Verstand komplexe Entscheidungssituationen gar nicht bewältigen kann. Hier hilft das sog. emotionale Erfahrungsgedächtnis (Roth, 2017). Es ist der sog. Instinkt oder die Intuition. Bevor Menschen eine Entscheidung rational getroffen haben, ist die emotionale Ebene schon längst aktiv. Dabei ist die emotionale Reaktion wesentlich schneller als die rationale. Der Verstand suggeriert meist nur noch in Form von Kalkulationen und Verifikationen eine rationale Begründung für die bereits getroffene Entscheidung (Roth, 2017).

Führungskräfte in Projekten sollten sich dieser Tatsache bewusst sein. Auch Projektbeteiligte sollten sich im Rahmen der Arbeitsorganisation und Tagesplanung, wo immer Entscheidungen getroffen werden, dieser Tatsache bewusst sein.

Selbstverständlich wird bei einer unternehmerischen Entscheidungsfindung vor allem durch mehrere Führungskräfte, wie z. B. bei einer Projektplanungssitzung oder einer Projektcontrollingsitzung versucht, rationale Entscheidungen im Sinne des Projekterfolgs zu treffen. Dazu können Methoden und Hilfsmittel, wie sie z. B. in ► Abschn. 2.8 vorgestellt werden, eingesetzt werden. Jede Entscheidung sollte rational abgestimmt und gemeinsam getroffen werden.

6.3.6 Delegation

Im Rahmen der Führung müssen und sollten Projektleiter, Teilprojektleiter sowie Arbeitspaket-Verantwortliche immer wieder delegieren. Delegation ist aus zwei Gründen sinnvoll. Zum einen können häufig alle anfallenden Aufgaben und Tätigkeiten nicht selbst durchgeführt werden oder es ist effizienter, einige Aufgaben abzugeben (Eisenhower Matrix, ▶ Abschn. 6.1.4). Zum anderen kann Delegation auch ein motivationsförderndes Instrument im Rahmen der Führung sein (▶ Abschn. 6.3.1 und 6.3.2).

Dabei geht es im Projektmanagement vorrangig um die Aufgabendelegation. Es können aber auch komplexe Tätigkeitsbereiche oder Rollen innerhalb des Projekts an Projektbeteiligte für die Dauer des Projekts übertragen werden. Die Delegation beschreibt den Prozess, bei dem eine Führungskraft innerhalb des Projekts (z. B. der Projektleiter) einem Mitarbeiter eine Aufgabe, einen Tätigkeitsbereich oder eine Funktion überträgt. In diesem Zusammenhang müssen die dafür notwendigen Befugnisse eingeräumt und es muss sichergestellt werden, dass der Mitarbeiter über die notwendigen Kompetenzen verfügt und den entsprechenden Teil der Verantwortung für die Erledigung der Aufgabe oder Rolle überträgt bzw. teilt. Zum Schluss muss die Führungskraft das Ergebnis der Aufgabenausführung überprüfen.

Die Vorteile der Delegation sind:

- Die Führungskraft wird entlastet und hat somit Zeit für andere bzw. wichtigere Arbeiten. Hierdurch kann Stress verhindert werden.
- Der Mitarbeiter wird durch mehr Verantwortung und Eigeninitiative gefördert. Die Motivation und Arbeitszufriedenheit wird gesteigert.
- Die Aufgaben werden meist schneller erledigt, da sie eher begonnen werden. Durch die Ausweitung auf mehrere Sichtweisen mit verschiedenen Kompetenzen kann das Projekt meist effizienter umgesetzt werden.
- Das Wissensmanagement der Organisation wird weiter ausgebaut.

6

Voraussetzungen für erfolgreiches Delegieren sind:
- effiziente und effektive Kommunikation, d. h. richtig informieren, kommunizieren und auch kontrollieren,
- Sicherstellung des Aufgabenverständnisses, z. B. über Einholen von Feedback,
- Transparenz der Ziele,
- Transparenz der Gründe und des situativen Kontexts der Aufgabe,
- Aufbau von Vertrauen.

6.3.7 Praxistipps

Führung in Projekten

Bei der Führung in Projekten sollte die Führungskraft (Projektleiter, Teilprojektleiter, Arbeitspaket-Verantwortlicher etc.) folgende Themen für sich etablieren und beherzigen:
- **Individualität** – individuelle Arbeitsgewohnheiten sowie individuelle Arbeitszeit- und Lerngestaltungsmöglichkeiten zulassen,
- **Freiheit** – Selbstverantwortung sowie Mitdenken, Kritikfähigkeit und Problemlösungskompetenz fördern,
- **Vorbild sein** – entscheidungsfreudig und vertrauenswürdig sein,
- **Feedback** – Feedback (in beide Richtungen) inkl. Abfrage von Erwartungen und Coaching installieren,
- **Kreativität** – dezentrale Entscheidungsfindung fördern,
- **Selbstorganisation** – temporäre, selbstverantwortliche Teams fördern,
- **Vielfalt** – Vielfalt im Team zulassen und fördern,
- **Kooperation** – Kooperation und Teamleistung fördern,
- **Flexibilität** – flexible Strukturen zulassen und/oder implementieren,
- **Vertrauen** – Vertrauen gewinnen und Versprechen einhalten.

(Weitere Hinweise finden Sie in Rattay, 2013.)

6.4 Teammanagement

6.4.1 Grundlagen des Teammanagements

Zunächst einmal sollen die Begriffe Gruppe und Team erklärt und voneinander abgegrenzt werden.

■ **Gruppe**

Eine Gruppe ist ein soziales System, das aus mindestens drei Mitgliedern besteht und aus einem gemeinsamen Grund zusammengekommen ist (gemeinsames Ziel; vgl. Weibler, 2016, S. 78 ff.). Bei zwei Mitgliedern spricht man eher von einer Dyade oder einem Paar. Bei mehr als 30 Mitgliedern kann man auch von Großgruppen sprechen.

Gruppen verfolgen ihr Ziel oder ihre Aufgabe dabei über längere Zeit. Dabei entwickelt sich ein entsprechendes Gruppengefühl *(Wir-Gefühl)*. Die Gruppe steht dabei in direkter Kommunikation. Es können sich sogar eigene Normen, Werte und Rollen innerhalb der Gruppe entwickeln. Das gemeinsame Warten beim Arzt im Wartezimmer erfüllt in der Regel noch nicht die Merkmale einer Gruppe. Es sei denn, es ergeben sich gruppendynamische Prozesse durch äußere Anlässe, wie z. B. zu langes Warten oder Ungleichbehandlung beim Aufrufen der Patienten. Hierdurch kann ein temporäres Gruppengefühl entstehen. Wenn Personen sich im Rahmen einer sportlichen oder sozialen Aktivität treffen, kann man hingegen von Anfang an von einer Gruppe sprechen.

Eine Gruppe kann durch folgende drei Merkmale beschrieben werden:
1. Triebkräfte (Ziele),
2. Gruppenprozess (Ablauforganisation),
3. Gruppenstruktur (Aufbauorganisation).

■ **Team**

Es gilt der Leitsatz „Ein Team ist immer eine Gruppe, eine Gruppe aber nicht immer ein Team". Daraus lässt sich ableiten, dass ein Team neben den Merkmalen der Gruppe weitere Charakteristika besitzt.

Das zusätzliche Merkmal eines Teams ist die Produktivität bzw. Effizienz, dass es von einer Gruppe abgrenzt. Das Team kommt zusammen, um ein Ergebnis zu erzeugen. Im Kontext von Projektteams ist hier das Lieferobjekt gemeint.

Teams weisen dabei einen noch stärkeren Zusammenhalt und stärkere Kooperation auf als Gruppen. Im Unterschied zur Gruppe sieht das Team die Ergebnisverantwortung nicht bei einzelnen Charakteren, sondern beim gesamten Team. Hierbei geht man davon aus, dass die Teamleistung größer als die Einzelleistungen der Mitglieder ist. So handelt es sich bei einer Schulklasse um eine Gruppe und bei einer Fußballmannschaft um ein Team.

▪ **Projektteam**
In Bezug auf die Merkmale unterscheidet sich ein Projektteam nicht von einem allgemeinen Team. Ein Projektteam ist ein Team, welches für ein Projekt zusammengestellt wurde, und die ihm übertragenen Aufgaben bearbeitet.

Unterschiede liegen in der Parallelität der Aufgaben zur permanenten Organisation und in dem temporären Charakter des Projekts. Ein Mitarbeiter kann z. B. Mitglied in der permanenten Organisation (z. B. im Team Softwareentwicklung) sowie in einem oder mehreren Projektteams sein. Der temporäre Charakter der Projektteams stellt eine weitere Besonderheit dar. Während Teams in der permanenten Organisation häufig auf unbestimmte Zeit entstehen (Zusammenarbeit über Jahre), arbeitet das Projektteam zeitlich befristet.

▪ **Echte und unechte Teamarbeit**
Des Weiteren kann bei der Teamarbeit zwischen echter und unechter Teamarbeit unterschieden werden (◘ Abb. 6.11).

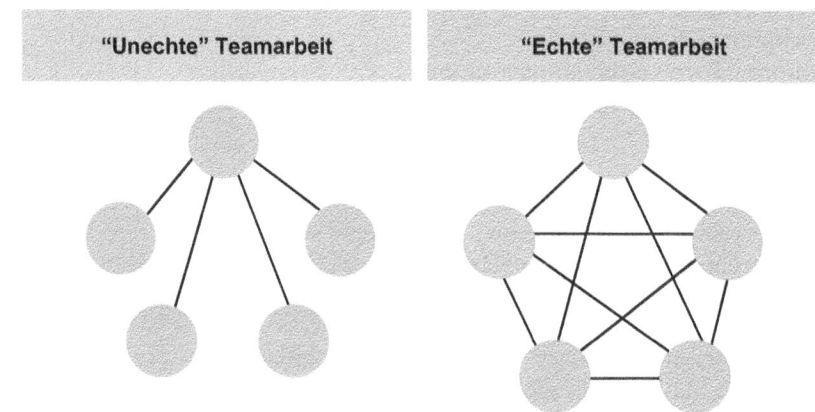

◘ **Abb. 6.11**   Unechte und echte Teamarbeit

Die wesentlichen Merkmale der unechten Teamarbeit sind:
- Addition von Einzelleistungen (keine Synergien),
- nur eigene Sichtweisen (partielle Sichtweisen),
- meist nur vereinzelte bilaterale Zusammenarbeit (co-agierend).

Die Merkmale von echter Teamarbeit sind:
- Teammitglieder arbeiten alle miteinander (inter-agierend),
- es werden Synergien genutzt,
- es entstehen gemeinsame Sichtweisen.

Der Erfolg eines echten Teams basiert auf verschiedenen Faktoren. Besonders wichtige Faktoren sind:
- gemeinsame Zielsetzung, am besten nach dem SMART-Prinzip (▶ Abschn. 2.4),
- Teammotivation,
- Aufgabenverteilung auf Basis der Kompetenzen,
- Anwendung von Methoden und Instrumenten (RASCI, Spielregeln, Rollenbeschreibungen etc.),
- nach Möglichkeit Selbstorganisation.

6.4.2 Teamzusammenstellung

Am sinnvollsten ist eine Teamzusammenstellung selbstverständlich nach fachlichen Gesichtspunkten. Hinzukommen aber auch die sozialen und persönlichen Eigenschaften von Projektbeteiligten, die in Abhängigkeit von der Projektart ausgewählt werden sollten. So benötigt eine Unternehmensintegration, d. h. die Verschmelzung zweier Unternehmen, die einen hohen Changemanagement-Anteil hat, einen anderen Typ von Projektleiter als ein technisches Roll-out-Projekt von 1000 Arbeitsplätzen mit neuen Computern. Aber nicht nur das Persönlichkeitsprofil eines Projektleiters sollte in Abhängigkeit von dem Projekt ausgesucht werden, auch einzelne Projektbeteiligte sollten sich je nach Projektart unterscheiden. Dabei zählt am Ende die Zusammensetzung des gesamten Teams im Rahmen eines Projektes.

Hierzu gibt es genau wie bei den Persönlichkeitsmodellen (▶ Abschn. 6.1.2) eine Reihe von Teammodellen, die unterschiedliche Teamrollen identifiziert haben. Über entsprechende Tests kann man die Ausprägung der Projektbeteiligten hinsichtlich einer Rolle

6

Rollen- und Persön-
lichkeitsmodelle

feststellen. Dabei gilt aber das gleiche, wie bei den Persönlichkeitstests: Jeder Mensch hat Anteile der verschiedenen
Rollen. Die Schwerpunkte oder Anteile an den Rollen sind
individuell.

In der Theorie und Praxis existieren eine Reihe von
Rollen bzw. Persönlichkeitsmodellen. Die bekanntesten
sind:

■ **Rollenmodell von Belbin**
Teams arbeiten dann effektiv und effizient, wenn sie aus
einer Vielzahl heterogener Persönlichkeits- und Rollen-
typen bestehen. Dabei unterscheidet Belbin (2010) in neun
Typen:
- drei handlungsorientierte Rollen: Macher, Umsetzer
  und Perfektionist,
- drei kommunikationsorientierte Rollen: Koordinator/
  Integrator, Teamarbeiter/Mitspieler und Wegbereiter/
  Weichensteller,
- drei wissensorientierte Rollen: Erneuerer/Erfinder, Be-
  obachter und Spezialist. (Belbin, 2010)

■ **Teammanagementsystem (TMS)**
Das TMS-Modell basiert auf acht Aufgabentypen, die
Personen anteilig zugewiesen werden:
- innovieren: denken, erfinden, tüfteln,
- promoten: präsentieren, überzeugen, verkaufen,
- entwickeln: analysieren, entscheiden, Lösungen finden,
- organisieren: Ziele setzen, Pläne erstellen,
- umsetzen: tun, handeln, erzeugen,
- überwachen: Qualität sichern, Fehler erkennen, evaluieren,
- stabilisieren: unterstützen, Support geben, Service,
- beraten: beobachten, Fragen stellen, Daten sammeln.

■ **DISG-Persönlichkeitsmodell**
Das DISG-Modell basiert auf vier Persönlichkeitstypen:
- D = Dominant: direkt und bestimmt,
- I = Initiativ: optimistisch und aufgeschlossen,
- S = Stetig: einfühlsam und kooperativ,
- G = Gewissenhaft: bedacht und korrekt.

■ **Myers-Briggs-Typenindikator (MBTI)**
Der MBTI-Ansatz basiert auf vier Dimensionen:
- Ausrichtung der Aufmerksamkeit – Extraversion (E)
  oder Introversion (I),

- Aufnahme von Informationen – durch sensitives Empfinden (S) oder Intuition (N),
- Treffen von Entscheidungen – durch Denken (T) oder Fühlen (F),
- Umgang mit der Welt – durch Urteilen (J) oder Wahrnehmen (P).

6.4.3 Teamentwicklung

Die Entwicklung einer Gruppe hin zu einem Hochleistungsteam drückt sich durch das Zusammengehörigkeitsgefühl, Motivation und Leistungsfähigkeit aus. Das bekannteste Modell der Teamentwicklung ist das von Bruce W. Tuckmann, das im Projektmanagement fünf Phasen umfasst. Dabei kann keine der Phasen ausgelassen werden. Die Phasen sind in ◘ Abb. 6.12 dargestellt und in Stichpunkten beschrieben.

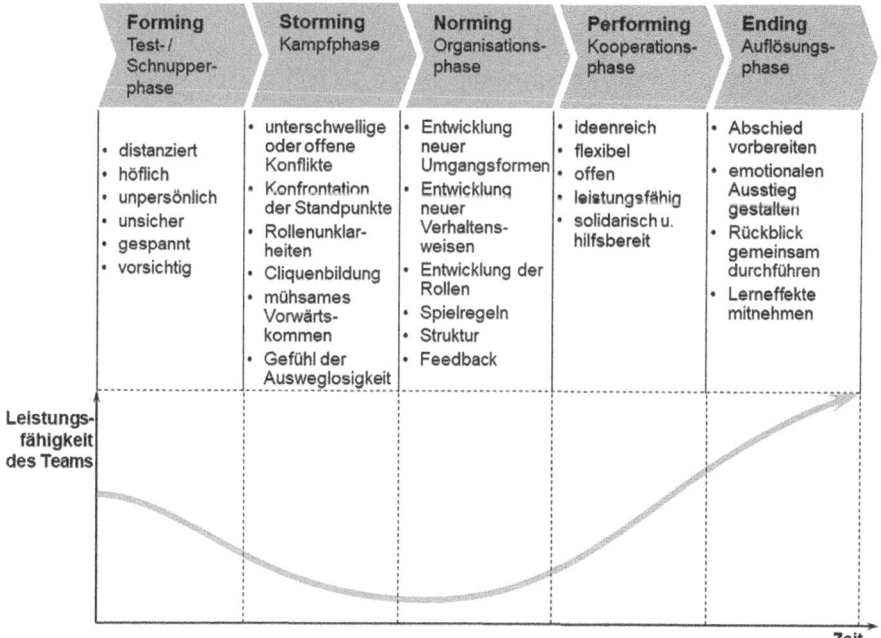

◘ Abb. 6.12 Teamentwicklung nach Tuckmann

6

- **Forming**

In der Formingphase haben die Teammitglieder unterschiedliche individuelle Ziele, Interessen und Fähigkeiten. Es besteht Unsicherheit, Abhängigkeit und Orientierungsbedarf. Die Mitglieder beginnen sich gegenseitig „abzutasten". Das Team probiert Verhaltensmuster aus.

- **Storming**

In der Stormingphase treten Konflikte zwischen Teammitgliedern und Untergruppen auf. Aufruhr gegen Führungskräfte ist ein Phänomen. Es gibt teilweise Widerstand gegen andere Meinungen. Die Rollen und Gemeinsamkeit von Zielen werden hinterfragt. Es werden Grenzen abgetastet und gezogen.

- **Norming**

In dieser Phase entwickelt sich Gruppenzusammenhalt. Es erfolgt die Unterordnung der verschiedenen Interessen unter eine gemeinsame Aufgabe. Es entstehen Spielregeln, die von allen akzeptiert werden. Man akzeptiert den anderen und sorgt dafür, dass der Fortbestand des Teams gewährleistet wird.

- **Performing**

In der Performingphase wird Energie für die eigentliche Aufgabenerfüllung verfügbar. Persönliche Probleme untereinander haben Nachrang gegenüber der Arbeit. Rollenverständnis ist flexibel und funktional.

- **Ending**

In dieser Phase wird der Abschluss des Projekts und die Auflösung des Teams vorbereitet. Der Projektleiter muss hier besonders auf ein emotionales Ende achten und aufpassen, dass das Team nicht vor Ende auseinanderfällt, da andere Aufgaben schon warten.

Die Herausforderung und Hauptaufgabe im Rahmen der Teamentwicklung besteht für einen Projektleiter darin, das Team beim Durchlaufen der ersten drei Phasen in der Form zu unterstützen, dass diese relativ schnell und mit Zufriedenheit durchlaufen werden. Dabei muss er seine Selbst- und Sozialkompetenz einbringen. Denn zur Beschleunigung der Phasen gehört sicherlich erhöhte Kommunikations- und Konfliktkompetenz.

Im Rahmen der Teamentwicklung können die Methoden und Instrumente der Organisations- und Kommunikationsplanung helfen, das Team schneller zu entwickeln und Konflikte zu vermeiden. Diese sind Organigramm, Rollenbeschreibung, Funktionendiagramm, Spielregeln und Kommunikationsplan (▶ Abschn. 3.1.4). Das Organigramm, die Rollenbeschreibung und das Funktionendiagramm unterstützen den schnellen Aufbau von Strukturen und die Rollenverteilung im Team. Der Kommunikationsplan unterstützt den wichtigen Austausch, gerade am Anfang eines Projekts. Das im Rahmen der Teamentwicklung mächtigste Instrument sind die Spielregeln, da diese komplett offen sind und vom Team frei gestaltet werden können.

6.4.4 Virtuelle Teamarbeit

In Projekten wird heute vermehrt *virtuell* zusammengearbeitet, d. h. eine physische Zusammenkunft erfolgt nicht, es werden stattdessen verschiedene digitale Medien genutzt (Chatsysteme, Videokonferenzsystem, spezielle sog. Kollaborationssysteme). Virtuelle Teamarbeit erfolgt standortverteilt. Die Teammitglieder arbeiten an verschiedenen Orten und teilweise in internationalen Projekten in verschiedenen Zeitzonen.

Virtuelle Teamarbeit entsteht,

- wenn unterschiedliche Expertise von verschiedenen Standorten gleichzeitig benötigt wird,
- in internationalen Projekten, bei denen das Projektteam an unterschiedlichen Standorten und ggfs. auch in unterschiedlichen Zeitzonen arbeitet,
- wenn Kostenreduzierung hinsichtlich Reisekosten/-zeiten erforderlich ist.

Virtuelle Teams stellen hohe Anforderungen an die Führung, da die im Rahmen der Kommunikation, Motivation und Teamentwicklung wichtige persönliche und emotionale Ebene nicht vorhanden ist.

Die wesentlichen Herausforderungen von virtuellen Teams sind:

Herausforderungen virtueller Teamarbeit

- Arbeiten in unterschiedlichen Zeitzonen,
- kulturelle und sprachliche Unterschiede,
- Abhängigkeit von technologie-unterstützter Kommunikation,
- virtuelle Kooperation im interkulturellen Team,

6

- Auswirkungen von Kulturunterschieden auf Kommunikation und Arbeitsprozess,
- Nutzen von Kulturunterschieden,
- Umgang mit Sprachproblemen,
- vertrauensvolle Kooperation,
- Schaffen einer *dritten Kultur* im virtuellen Raum,
- wenige persönliche Kontakte,
- fehlende Regeln.

Erfolgsfaktoren virtueller Teamarbeit

Die Erfolgsfaktoren der virtuellen Teamarbeit sind (vgl. Rattay, 2013, S. 299 ff.):
- Teamfähigkeit der einzelnen Teammitglieder ist grundsätzlich vorhanden,
- Medienkompetenz als Voraussetzung ist gegeben,
- alle Projektbeteiligten sollten über die Projektmanagementelemente (insbesondere Projektziele) informiert sein,
- verschiedene Rollen sind geklärt,
- Kommunikationsplan (Wer informiert wann wen und in welcher Frequenz?) ist erstellt,
- nach Möglichkeit persönliches Kick-off-Meeting und Start-Workshop zu Beginn der Zusammenarbeit,
- geeignete Technik (intuitiv bedienbar und schnell erlernbar) ist vorhanden.

6.4.5 Feedback

Feedback ist eine Wahrnehmungsrückmeldung über das Verhalten inkl. der Kommunikation einer Person oder Gruppe (vgl. Majer & Stabauer, 2010, S. 118). Es ist nicht die Antwort auf irgendeine Frage. Feedback ist eine Methode innerhalb des Selbstmanagements, der Führung, des Teammanagements und auch des Konfliktmanagements. Feedback hat viele Vorteile, aber falsch angewandt auch einige Nachteile.

Grundsätzlich kann Feedback motivieren und die Entwicklung einzelner Projektbeteiligter oder des gesamte Projektteams stärken.

Für ein erfolgreiches Feedbackgespräch gibt es eine Reihe von Faktoren, die berücksichtigt werden sollten:

- Ansprechen von positiven und negativen Themen – Die Entwicklung eines Projektbeteiligten basiert sowohl auf positiven als auch auf negativen Erfahrungen. Beide Seiten sollten adressiert werden.
- Trennung von Wahrnehmungen und Interpretationen – Interpretieren bedeutet, den Mitarbeiter zu bewerten, und Bewertungen sind im Rahmen von Lösungswegen eher kontraproduktiv.
- Aktives Zuhören – Aktives Zuhören sichert ein umfassendes Bild der Situation und ein besseres Verständnis.
- Akzeptanz unterschiedlicher Sichtweisen – Das Verständnis und die Akzeptanz von unterschiedlichen Sichtweisen und Meinungen führt eher zu einer gemeinsamen Lösung.
- Gemeinsam Vorgehensweise abstimmen – Im Rahmen der Identifizierung und des Führungsstils ist eine gemeinsam erarbeitete und abgestimmte Vorgehensweise zielführend (vgl. Rattay, 2013, S. 204 ff.).

Erfolgsfaktoren Feedbackgespräch

Weihnachtsfeier Ei-Ti AG – Teammanagement

Laura Leiter bekommt die Aufgabe sich zu überlegen, wie man Teamzusammenhalt in Projekten in Zukunft noch besser gestalten könnte. Dabei erinnert sie sich an die Theorie zur Teamentwicklung nach Tuckmann (❏ Abb. 6.12). Laura Leiter erkennt schnell, dass ein neues Team immer durch Teamentwicklungsmaßnahmen geführt werden sollte, um sicherzustellen, dass ein neues Team produktiv zusammenarbeitet. Sie weiß auch, dass bei Tuckmann Teams immer fünf Phasen durchlaufen.

Laura Leiter plant für die Zukunft in der Formingphase eine Team-Building-Aktivität, bei der alle Teammitglieder ihre Interessen, Fähigkeiten und Arbeitsstile teilen und eine gemeinsame Vision für die Zukunft des Teams entwickeln müssen.

In der zweite Phase, der sogenannten Stormingphase, würden die Ziele und Rollen jedes einzelnen des Projekts vorgestellt werden. Laura Leiter erkennt, dass sich hier Konflikte und Meinungsverschiedenheiten ergeben könnten, da oft Teammitglieder ihre eigenen Ideen und Meinungen miteinbringen möchten. Sie überlegt sich, dass hier die Organisation eines Meetings helfen könnte, bei dem die Teammitglieder ihre unterschiedlichen Perspektiven teilen und gemeinsam Lösungen erarbeiten könnten, um Meinungsverschiedenheiten zu überwinden.

Laura Leiter weiß, dass danach die Normingphase folgt, bei der alle Team-mitglieder, ihre Rollen und Verantwortlichkeiten verstanden haben sollten und auf dessen Basis sie effektiv zusammen arbeiten werden. Zusätzlich fällt Laura Leiter ein, dass eine Retrospektive mit dem Team, bei der die Teammitglieder ihre Erfolge und Herausforderungen reflektieren und gemeinsam Ziele für die Zukunft des Teams set-zen hier besonders hilfreich wäre.

In der Performingphase erfolgt dann die Zusammenarbeit und Zielerreichung. Laura überlegt sich daher, wie sie die Leistungen des Teams würdigen kann, um die Teamdynamik aufrechtzuerhalten. Adhoc fällt ihr direkt ein, dass es gut wäre ein Team zum Lunch einzuladen. Sobald ein Projekt erfolgreich abgeschlossen wird, weiß Laura Leiter aus eigener Erfahrung, dass es wichtig ist, mit allen gemeinsam die Zusammenarbeit zu evaluieren und dem Team Wertschätzung auszusprechen, um diese auch für weitere Projekte motivieren zu können.

6

■ Abb. 6.13 fasst nochmal die wesentlichen Erfolgs-faktoren für das Teammanagement zusammen und zeigt die Konsequenzen, wenn einer dieser Faktoren ver-nachlässigt wird.

Faktoren					Ergebnis
Ziele definieren	Kompetenzen verteilen	Motivation	Ressourcen	Aktionen planen	
✓	✓	✓	✓	✓	Fortschritt
✗	✓	✓	✓	✓	Verwirrung
✓	✗	✓	✓	✓	Angst
✓	✓	✗	✓	✓	Verzögerung
✓	✓	✓	✗	✓	Frustration
✓	✓	✓	✓	✗	Fehlstart

■ Abb. 6.13   Erfolgsfaktoren Teammanagement

6.5 Konfliktmanagement

Konflikte gibt es überall, wo Menschen zusammenarbeiten. Im Projektmanagement arbeiten Menschen häufig unter Druck und sind besonderen Rahmenbedingungen
(häufig wechselndes Team, temporärer Charakter) aus-
gesetzt. Das Risiko eines Konflikts ist in Projekten besonders hoch.

> **Konflikt**
>
> Prozess der Auseinandersetzung aufgrund unterschied-
> licher Interessen von Einzelpersonen oder Gruppen.

Dabei gibt es unterschiedliche Konfliktarten, wie
z. B. Interessenskonflikte, Beziehungskonflikte, Zielkonflikte, Machtkonflikte, Rollenkonflikte, kulturelle
Konflikte etc. Im Rahmen der Konfliktlösung ist es immer
wichtig, den primären Grund, d. h. die Konfliktart, zu
kennen.

Konflikte werden auf unterschiedliche Weise aus-
getragen. Auf der einen Seite gibt es den akuten *heißen*
und meist offensichtlichen Konflikt. Auf der anderen Seite
gibt es denn eher latenten *kalten* Konflikt, der unter-
schwellig sein kann oder „brodelt".

Die Lösung eines Konflikts ist immer ein Prozess, der
in mehreren Schritten abläuft:

Phasen des Konflikt-
managements

1. **Konfliktwahrnehmung** – Zunächst einmal ist es wichtig, wahrzunehmen, dass überhaupt ein Konflikt vorliegt. Diese Wahrnehmung funktioniert in der Regel
über die Feststellung, dass eine veränderte Situation
vorliegt, durch unerklärliche Verhaltensmuster und
Anzeichen negativer Gefühle bei einer oder beiden
Parteien.
2. **Konfliktursache** – Wie bereits oben angedeutet, ist die
Kenntnis des Grunds des Konflikts sehr wichtig, denn
nur so kann auch eine nachhaltige Lösung gefunden
werden. Dabei sollten die beteiligten Konfliktparteien
ihre Standpunkte mittels subjektiver Situations-
beschreibungen (Gründe und Gefühle) verdeutlichen.
Es sollte gemeinsam nach dem Grund gesucht werden,
Übereinstimmungen sowie Differenzen sollten festgestellt werden.

6

3. **Lösungssuche und -umsetzung** – Die Suche nach Lösungen kann in folgenden Teilschritten durchlaufen werden:
   - Suche nach Lösungsalternativen,
   - Prüfung auf Akzeptanz und Umsetzbarkeit,
   - *Win-Win-Situation* als Ideallösung,
   - Entscheidung für eine Lösungsalternative,
   - aktive Umsetzung.
4. **Lösungssicherung:**
   - Evaluation: Ist die Lösung erfolgreich umgesetzt worden?
   - Reflexion der Konfliktlösung; wiederholte Prüfung auf Akzeptanz der Lösung von beiden Parteien,
   - Erstellung eines Lösungsfahrplans, um einen konstruktiven Umgang mit erneuten Konflikten zu gewährleisten (vgl. Rattay, 2013, S. 222 ff.).

Praxistipp

Konfliktmanagement

Im Rahmen eines erfolgreichen Konfliktmanagements sollten folgenden Hinweise berücksichtigt werden:
- Konflikte nicht aufschieben,
- Berücksichtigung der emotionalen Ebene/Beziehungsebene, auch durch das Ausdrücken von Gefühlen,
- Wahrnehmungen als Wahrnehmungen, Interpretationen als Interpretationen und Gefühle als Gefühle erkennen und behandeln,
- Fragen nach Gefühlen und Beweggründen des Konfliktpartners,
- Mitarbeiter über Fragen und Feedback führen,
- Ich-Botschaften verwenden, z. B. „Ich habe wahrgenommen, dass du Schwierigkeiten hast, dein Arbeitspaket umzusetzen", anstatt „Du hast Dein Arbeitspaket nicht ganz umgesetzt",
- nachvollziehbare und vernünftige Argumentation und Offenheit,
- Fokus auf Win-Win-Lösungen,
- authentisch bleiben.

6.6 Zusammenfassung

- **Persönliche und soziale Kompetenz**
- Der persönliche und soziale Kompetenzbereich kann in die fünf Kompetenzfelder eingeteilt werden:
  - Selbstmanagement,
  - Kommunikation,
  - Führung,
  - Teammanagement und
  - Konfliktmanagement.
- Das Selbstmanagement ist die Basis der vier anderen Kompetenzfelder und unterteilt sich in die fünf Kompetenzen:
  - Selbstwahrnehmung und Selbsterkenntnis,
  - Zielmanagement und Selbstentwicklung,
  - Motivation,
  - Organisations- und Zeitmanagement,
  - Gesundheits- und Stressmanagement.
- Selbstwahrnehmung und Selbsterkenntnis spielen sich auf mehreren Ebenen ab (körperlich, emotional, mental und in Bezug auf das Verhalten).
- Motivation gliedert sich in Selbst- und Fremdmotivation, in intrinsische und extrinsische Motivation.
- Bekannte Modelle innerhalb der Motivationsforschung sind die Maslowsche Bedürfnispyramide und die Zwei-Faktoren-Theorie nach Herzberg.
- Das Organisations- und Zeitmanagement beinhaltet zahlreiche Methoden zur Arbeitsstrukturierung und -priorisierung, wie z. B. die Eisenhower-Matrix, die ABC-Analyse, die Alpen-Methode, Kanban light oder die Pomodoro-Technik.
- Kommunikation ist eine Basiskompetenz für alle Projektbeteiligten. Hierbei spielen die Wahrnehmung und deren Phänomene eine wesentliche Rolle.
- Wichtige Kommunikationsmodelle sind das Sender-Empfänger-Modell nach Shannon/Weaver und das 4-Seiten-Modell von Schulz von Thun.
- Führung spielt im Projektmanagement eine besondere Rolle, da der Projektleiter eine temporäre Führungskraft und meist ohne direkte Weisungsbefugnis ist.

6

- ▬ Wesentliche Modelle, Konzepte und Stile der Führung sind das situative Führen, die Machtgrundlagen der Führung, die Management-by-Konzepte sowie die emotionale Führung.
- ▬ Wichtige Themen innerhalb des Teammanagements sind unterschiedliche Rollen(-modelle) im Team und der Entwicklungsprozess nach Tuckmann, virtuelle Teamarbeit und das Feedback.
- ▬ Konfliktmanagement basiert auf einem vierstufigen Prozess mit den Schritten:
  - – Konfliktwahrnehmung,
  - – Konfliktursache,
  - – Lösungssuche und – umsetzung,
  - – Lösungssicherung.

6.7 Wiederholungsfragen

❓ Persönliche und soziale Kompetenz

1. Warum ist die persönliche und soziale Kompetenz im Projektmanagement besonders wichtig? (*Lösung* Kap. 6)
2. Warum ist das Selbstmanagement die Grundlage der sozialen Kompetenz? (*Lösung* ▶ Abschn. 6.1)
3. Erklären Sie den Begriff Motivation und dessen Einteilung. (*Lösung* ▶ Abschn. 6.1.3)
4. Welche Methoden und Instrumente gibt es im Rahmen des Organisations- und Zeitmanagements und was sind deren Merkmale? (*Lösung* ▶ Abschn. 6.1.4)
5. Welche Kommunikationstheorien gibt es und warum sind diese für das Projektmanagement wichtig? (*Lösung* ▶ Abschn. 6.2)
6. Welche Wahrnehmungsphänomene gibt es und wie können diese das Verhalten eines Projektleiters beeinflussen? (*Lösung* ▶ Abschn. 6.2.2)
7. Warum ist die Führung innerhalb von Projekten herausfordernd? (*Lösung* ▶ Abschn. 6.3)
8. Was sind relevante Führungsmodelle und deren Merkmale? (*Lösung* ▶ Abschn. 6.3.1)
9. Was sind relevante Führungskonzepte und deren Merkmale? (*Lösung* ▶ Abschn. 6.3.2

10. Was sind relevante Führungsstile und deren Merkmale? (*Lösung* ▶ Abschn. 6.3.3)

11. Erklären Sie die Teamentwicklung nach Tuckmann? (*Lösung* ▶ Abschn. 6.4.3)

12. Was ist beim Konfliktmanagement zu berücksichtigen? (*Lösung* ▶ Abschn. 6.5)

Multiprojektmanagement

Inhaltsverzeichnis

7

Multiprojektmanagement

Lernziele dieses Kapitels

Nach der Lektüre dieses Kapitels ...
- kennen Sie die Merkmale und die Bedeutung des Multiprojektmanagements.
- können Sie Multiprojektmanagement, Einzelprojektmanagement, Programmmanagement und Portfoliomanagement erklären und voneinander abgrenzen.
- kennen Sie die Besonderheiten und Merkmale des Programmmanagements.
- kennen Sie die Aufgaben, Methoden und Instrumente des Portfoliomanagements und können diese auch anwenden.
- kennen Sie die Aufgaben und Rollen eines Project Management Offices (PMO).

Das siebte Kapitel hat die in ◘ Abb. 7.1 gezeigte Struktur.

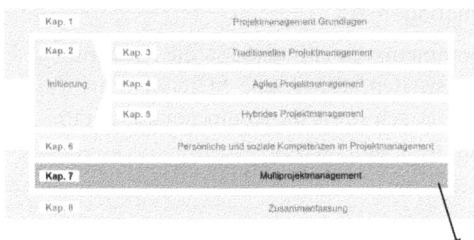

Kap. 7	Multiprojektmanagement		
7.1	Übersicht	7.4	Project Management Office (PMO)
7.2	Programmmanagement	7.5	Zusammenfassung
7.3	Portfoliomanagement	7.6	Wiederholungsfragen

☐ **Abb. 7.1**　Struktur Kap. 7

7.1　Übersicht Multiprojektmanagement

Laut DIN69909-1 ist das Multiprojektmanagement ein „organisatorischer und prozessualer Rahmen für das Management mehrerer einzelner Projekte. Das Multiprojektmanagement kann in Form von Programmen oder Projektportfolios organisiert werden. Dazu gehört insbesondere die Koordinierung mehrerer Projekte bezüglich ihrer Abhängigkeiten und gemeinsamer Ressourcen" (DIN, 2013). In Anlehnung an die Begrifflichkeiten dieses Buchs wird Multiprojektmanagement folgendermaßen definiert.

Definition Multiprojektmanagement

Multiprojektmanagement (MPM)

Multiprojektmanagement ist ein Vorgehensmodell für die Planung, Auswahl, Überwachung und Steuerung mehrerer einzelner Projekte in einer Organisation oder einer Organisationseinheit.

Das wesentliche Merkmal des Multiprojektmanagements ist also die Sichtweise auf mehrere Projekte. Im Gegensatz dazu beschäftigt sich das Einzelprojektmanagement mit der Initiierung, der Planung, dem Controlling und dem Abschluss eines einzelnen Projektes (► Kap. 1).

Abgrenzung Multiprojektmanagement und Einzelprojektmanagement

　　Darüber hinaus gibt es im direkten Zusammenhang mit dem Multiprojektmanagement noch die Begriffe *Portfoliomanagement* und *Programmmanagement*.

┌─ **Programmmanagement** ─────────────────────────┐

Das Programmmanagement umfasst die Gesamtheit
von Vorgehensweisen, Prozessen, Methoden, Instrumenten und Vorlagen sowie die Kompetenzen, um Programme erfolgreich umzusetzen.

└──┘

┌─ **Portfoliomanagement** ─────────────────────────┐

Projektportfoliomanagement ist eine Untermenge des
MPMs und umfasst die permanente Planung, Priorisie-
rung, Überwachung und Steuerung aller Projekte einer
Organisationseinheit bzw. des Unternehmens.

└──┘

7

Je nach Unterscheidungskriterium erfolgt eine Zuordnung
des Programmmanagements, wie in ◘ Tab. 7.1 dargestellt,
zum Einzel- und Multiprojektmanagement. Das Portfoliomanagement gehört bei allen Sichtweisen zum Multiprojektmanagement. Das Projektmanagement ist bei allen
Sichtweisen Bestandteil des Einzelprojektmanagements.

Im Rahmen dieses Buchs erfolgen eine zeitliche und
methodische Unterscheidung von Einzel- und Multiprojektmanagement und damit die Zuordnung des
Programmmanagements zum Einzelprojektmanagement.

Effektivität vs.   Die Unterscheidung und Abgrenzung von Projekt-,
Effizienz   Programm- und Portfoliomanagement soll in ◘ Abb. 7.2
                   verdeutlicht werden.

◘ **Tab. 7.1**   Abgrenzung und Einordnung des Portfolio-, Programm- und Projektmanagements

	Zeitliche Sichtweise (permanent vs. temporär)	Anzahl der Projekte (ein Projekt vs. mehrere Projekte)	Methodische Sichtweise
Multiprojekt-management (MPM)	Permanent: Portfolio-management	Mehrere Projekte: Pro-gramm- und Portfolio-management	Methoden des MPMs: Portfolio-management
Einzelprojekt-management (EPM)	Temporär: Programm- und Projektmanagement	Ein Projekt: Projekt-management	Methoden des EPMs: Programm- und Projekt-management

Die richtigen
Ziele!

**Multiprojekt-
management**
Die richtigen
Projekte tun!

**Einzelprojekt-
management**
Die Projekte
richtig tun!

Strategie

Projektportfolio

Programme und
Projekte

Ziele abgeleitet aus den
Strategien und den
Rahmenbedingungen

Effektivität
Die richtigen Projekte aus
strategischen und
wirtschaftlichen
Gesichtspunkten

Effizienz
Senkung der Kosten und
Zeiten durch gute Planung
und optimierte
Projektdurchführung

▢ Abb. 7.2   Abgrenzung Portfolio-, Programm- und Projektmanagement (Dechange & Friedrich, 2013, S. 104)

Damit ergibt sich ein weiterer Unterschied zwischen Einzel- und Multiprojektmanagement in der grundsätzlichen Zielsetzung. Das Multiprojektmanagement fokussiert sich auf die Effektivität, d. h. die Auswahl und Überwachung der richtigen Projekte. Hingegen verfolgt das Einzelprojektmanagement die Effizienz, d. h. das Projekt richtig (erfolgreich) durchzuführen.

Das Multiprojektmanagement umfasst dabei im Wesentlichen folgende Elemente:

- Portfoliomanagement inkl. Terminmanagement und Kostenmanagement,
- Standardisierung,
- Ressourcenmanagement,
- Risikomanagement,
- Wissensmanagement,
- Dokumentenmanagement/Berichtswesen.

Auch wenn die Funktionen zum Teil dieselbe Bezeichnung wie die Projektmanagementelemente des Einzelprojektmanagements haben, so haben sie doch im Einzel- und Multiprojektmanagement eine andere Bedeutung. Vor diesem Hintergrund sind in ▢ Tab. 7.2 die wesentlichen Unterschiede bei den namensgleichen Projektmanagementelementen dargestellt.

⬛ Tab. 7.2 Unterschied Einzel- und Multiprojektmanagement nach Projektmanagementelementen

Projekt-management-element	MPM	EPM
Termin-management	Nur die Ecktermine der Projekte und die Abhängigkeiten zwischen den Projekten werden geplant, überwacht und gesteuert	Detailplanung und Controlling der Arbeitspakettermine und deren Abhängigkeiten auf Projektebene
Kosten-management	– Planung und Controlling des Gesamt-budgets des Projektportfolios bzw. Programms – Budgetverschiebungen zwischen Projekten	Planung und Steuerung des Budgets auf Arbeitspaketebene und Konsolidierung auf Projektebene
Ressourcen-management	– Ressourcen-Bedarfsrechnung und Kapazitätsabgleich auf Portfolioebene für alle Projekte/Programme – Erstellung von Lösungsszenarien in Konfliktsituationen	Projektspezifisch auf Arbeitspaketebene (je nach Detaillierungsgrad je Mitarbeiter, Ressourcenart oder Kompetenzlevel)
Risiko-management	– Planung und Controlling des Projektportfolio-Gesamtrisikos – Konsolidierung der Risiken (Projekt, Programm und Projektportfolio) aufgrund der Abhängigkeiten zwischen den Projekten	– Planung und Controlling der Projektrisiken – Definition von präventiven und korrektiven Maßnahmen
Dokumenten-management/Berichtswesen	– Gesamtberichte und -auswertungen – Projektübersichten (Ampelberichte) – Ausgewählte Projekteinzelberichte	– Projektantrag – Projektplan – Projektstatusbericht – Entscheidungsvorlagen – Änderungsanträge – Abschlussbericht

7.2 Programmmanagement

Programmmanagement » „Das Programmmanagement ist eine temporäre Aufgabe mit dem Ziel, die zugeordneten Projekte (inkl. evtl. Teilprojekte) so zu steuern, dass …

- das Programm im definierten Termin- und Kostenrahmen mit der geforderten Qualität und Leistung und zur Zufriedenheit der Kunden realisiert wird,
- gemäß den Vorgaben aus dem Berichtswesen rechtzeitig zu den definierten Meilensteinen, die Informationen und Ergebnisse aus den Projekten vorliegen und

- die Schnittstellen aus den Projekten aufeinander abgestimmt sind, um die Synergien optimal nutzen zu können." (Dechange & Friedrich, 2013, S. 113)

Analog dem Projektleiter hat der Programmmanager die Entscheidungsbefugnis zwischen den Projekten Start- und Endtermine, Budget und Ressourcen zu verschieben. Die wesentlichen Verantwortungsbereiche eines Programmmanagers sind:

Verantwortungsbereiche des Programmmanagers

- Erreichen der Programmziele gemäß Auftrag,
- Repräsentant des Programms,
- Führung des Programmteams,
- Budget und Ressourcen,
- Abgleich und Nutzen von Synergien aller Projekte im Programm,
- Berichterstattung.

Bei den Abhängigkeiten von Projekten innerhalb eines Programms kann grundsätzlich zwischen einer Projektekette und einem Projektenetzwerk unterschieden werden.

Projektekette

Bei einer Projektekette sind die Projekte linear angeordnet, d. h. es kann erst das nächste Projekt starten, wenn das vorherige Projekt beendet ist. Die Projekte haben eine 1:1-Beziehung, d. h. jedes Projekt hat einen Vorgänger und einen Nachfolger – bis auf das erste Projekt, das keine Vorgänger hat, und das letzte Projekt, das keinen Nachfolger hat.

Bei einem Projektenetzwerk können die Projekte sowohl parallel zueinander verlaufen als auch jeweils mehrere Vorgänger oder Nachfolger haben.

Projektenetzwerk

Der wesentliche Nutzen des Programmmanagements ist:

Nutzen des Programmmanagements

- effektivere und effizientere Planung und Steuerung aller Projekte eines Programms in Abstimmung und Abgleich mit der Ressourcenverfügbarkeit,
- höhere Produktivität der eingesetzten Ressourcen und des Budgets (Effizienz),
- Reduktion der Komplexität des Programms durch das Aufzeigen von Interdependenzen zwischen den Projekten und den Aktivitäten der permanenten Organisation,
- Nutzung von Synergien und der Berücksichtigung von projektspezifischen Abhängigkeiten und
- Verbesserung der Ergebnisse (Einhaltung von Terminen, Kosten und Ergebnissen) durch ein durchgängiges und übergreifendes Risikomanagement und ein zeitnahes Reporting zu allen Projekten des Programms.

Das Programmmanagement hat dieselben Phasen wie das Projektmanagement eines einzelnen Projekts und nutzt dieselben Methoden und Instrumente, die von ▶ Kap. 2 bis 5. erklärt werden. Auch die persönlichen und sozialen Kompetenzen aus ▶ Kap. 6 sind identisch.

7.3 Portfoliomanagement

Das Projektportfoliomanagement ist ein wesentlicher Baustein des Multiprojektmanagements, dessen Hauptaufgaben die Planung und das Controlling des Projektportfolios sind.

Ein Projektportfolio ist eine Art *Projektlandkarte,* die darstellt, wie „sinnvoll" einzelne Projekte sind. Seine Stärke liegt in der einfachen und zweckmäßigen Visualisierung von Sachverhalten und dient damit maßgeblich als Kommunikationsinstrument.

Ein Projektportfolio besteht aus unterschiedlichen Projekten, die in Abhängigkeit von mindestens zwei Kriterien in einer Matrix (Portfolio) dargestellt und bewertet werden (◘ Abb. 7.3).

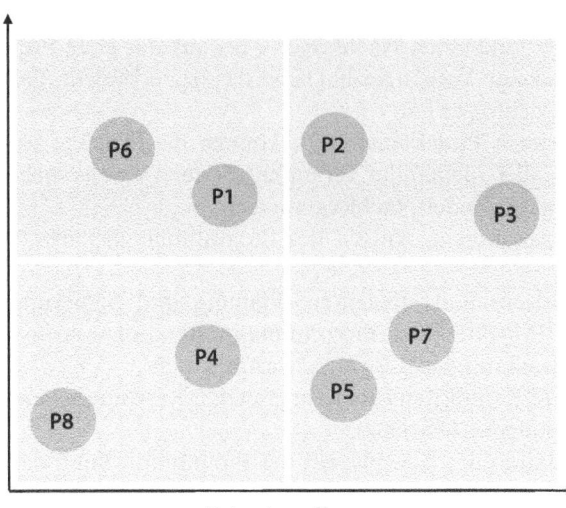

Kriterium I
(z.B. Strategische Bedeutung)

Kriterium II
(z.B. Wirtschaftlichkeit)

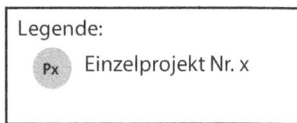

Legende:

Px Einzelprojekt Nr. x

◘ **Abb. 7.3**   Beispiel Projektportfolio

Das Projektportfoliomanagement teilt sich im Wesentlichen in die Managementphasen *Vorbereitung, Planung* und *Controlling* auf.

Die Vorbereitungsphase hat die Festlegung der Rahmenbedingungen und eine erste Bewertung zum Ziel.

Die Planung des Projektportfolios fokussiert dabei auf die Auswahl und Priorisierung von Projekten und Programmen zur Umsetzung der übergeordneten Organisationsziele bzw. Unternehmensziele, die Beurteilung von beantragten Projekten sowie die Bewilligung, Zurückstellung und Ablehnung von Projektanträgen und Change Requests laufender Projekte.

Das Controlling des Projektportfolios umfasst die kontinuierliche Überwachung von laufenden Projekten (Projektfortschritt, Budget, Risiken, Ressourcen, Termine) aus der Sicht der Organisation sowie die Lösung von projektübergreifenden Konflikten bzgl. Terminen, Ressourcen und Budgets.

Die drei Phasen mit ihren wesentlichen Aufgaben sind in ◘ Abb. 7.4 dargestellt.

Im Rahmen der Vorbereitungsphase des Projektportfoliomanagements sollen folgende Aufgaben erfüllt werden:

Aufgaben der Vorbereitungsphase

- **Festlegung von Rahmenbedingungen**
- – Festlegung der Portfolioziele (z. B. Wirtschaftlichkeitsmaximierung, Ressourcenoptimierung etc.),
- – Festlegung von unterschiedlichen Projektportfolios (z. B. intern, extern, F&E und/oder verschiedene OE),
- – Festlegung einheitlicher Bewertungskriterien in Abhängigkeit von den Portfoliozielen für die unterschiedlichen Portfolios.

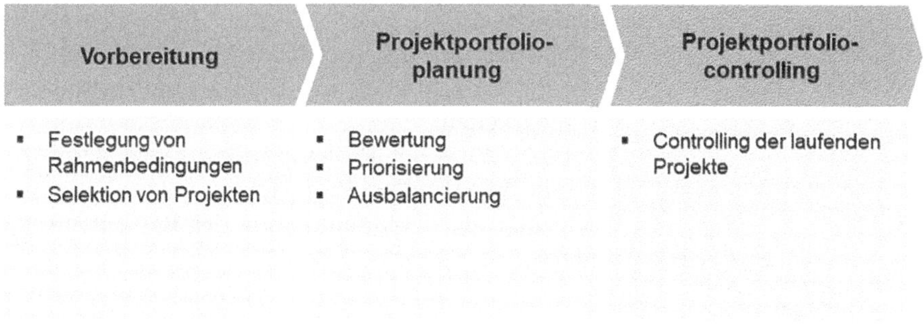

◘ **Abb. 7.4** Aufgaben des Projektportfoliomanagements aufgeteilt nach den Phasen *Vorbereitung, Planung und Controlling*

Selektion von Projekten auf Basis der Initiierungsphase des Einzelprojektmanagements:
- Feststellung der Projektwürdigkeit,
- Einteilung in Projektklassen und Projektkategorien,
- Einteilung in Muss-, Soll- und Kann-Projekte,
- erste Abschätzung der strategischen Bedeutung, erste wirtschaftliche und technische Abschätzung (Machbarkeit),
- Zusammenfassen von Projekten mit gleicher Zielrichtung und/oder gleichen Themen zu Programmen,
- Clustern von Projekten, die gemeinsam zu betrachten sind (Abhängigkeiten, z. B. Bewilligung).

Aufgaben der Planungsphase

Die Projektportfolioplanung umfasst:

Bewertung
- Bewertung der beantragten Projekte auf Basis des Projektantrags und der verschiedenen Kriterien (Wirtschaftlichkeit, strategische Bedeutung, Risiko etc.) pro entsprechendem Projektportfolio,
- Neubewertung aller laufenden Projekte; bei der Bewertung ist der Fertigstellungsgrad der lfd. Projekte mit zu berücksichtigen; Muss-Projekte werden identifiziert,
- Abhängigkeiten und Risiken zwischen den Projekten werden herausgearbeitet,
- Selektion der Projekte in „genehmigte", „gestoppte", „aufgeschobene" Projekte.

Priorisierung
- Priorisierung der genehmigten Projekte anhand der Priorisierungskriterien (z. B. Wirtschaftlichkeit, strategische Bedeutung etc. unter Berücksichtigung von Abhängigkeiten).

Ausbalancierung
- Ausbalancierung der verschiedenen Projektportfolios unter Berücksichtigung von Budget- und Ressourcenverfügbarkeiten,
- Verabschiedung der Projektportfolios und damit die Freigabe der einzelnen Projekte,
- Festlegung und Kommunikation der Ressourcen und Budgets.

Beim Projektportfoliocontrolling sind die wesentlichen Aufgaben:

Aufgaben der Controllingphase

- Erhebung des Status der laufenden Projekte,
- Analyse der einzelnen Berichte auf Konsistenz und Auswirkungen auf das Projektportfolio,
- Verdichtung der Projektstatusberichte zu einem Projektportfoliobericht,
- Identifizierung, Analyse und Erarbeitung von Lösungsalternativen von Konflikten,
- Neubewertung der Projekte der Projektportfolios,
- ggfs. Neuplanung der Projektportfolios; bei gravierenden Änderungen der Rahmenbedingungen wird das Portfolio im Prozessschritt Projektportfolioplanung neu geplant (optional).

Um Projekte effektiv auszuwählen, zu priorisieren (Multiprojektmanagement) und effizient umzusetzen (Einzelprojektmanagement) werden Projekte in der Vorbereitungsphase in Projektklassen, Projektkategorien und in der Planungsphase in Projektprioritäten eingeteilt.

Die Einteilung verfolgt den nachstehenden Zweck:

- **Projektklasse (Wie?)**

Auf Basis der Projektklasse werden das Vorgehensmodell und die Bewertungskriterien für die Auswahl der Projekte im Rahmen der Projektportfolioplanung festgelegt. Die Projektklasse bildet sich dabei aus den unterschiedlichen Projektarten, wie z. B.

Projektklasse

- Branche des Unternehmens (Bau, Anlagenbau, IT, Pharma etc.),
- Standort (Inland, Ausland),
- Inhalt (Kunde, Forschung, intern, z. B. IT, Organisation, Marketing, Personal),
- Investitionsphase (Studie, Konzeption, Realisierung, Relaunch),
- Wiederholungsgrad (einmalig, wiederholbar),
- Kunde (interner oder externer Kunde).

In der Praxis findet man häufig die Projektklassen *interne Projekte, externe Projekte* und *Forschungs- und Entwicklungsprojekte.*

- **Projektkategorie (Wie viel?)**

Die Projektkategorie legt die notwendige Qualifikation des Projektleiters, den Umfang des Projektmanagements inkl. der zu verwendenden Methoden und Instrumente

Projektkategorie

7

sowie die Berichts- und Eskalationswege des Projekts fest. Die Projektkategorie wird in der Regel anhand der Größe und Komplexität des Projekts festgelegt.

■ **Projektpriorität (In welcher Reihenfolge?)**

Projektpriorität

Die Projektpriorität wird anhand der Bewertungskriterien projektspezifisch ermittelt und legt fest, ob und wann ein Projekt durchgeführt wird. Die Projektpriorität wird in der Regel anhand der Dringlichkeit sowie der strategischen und wirtschaftlichen Bedeutung festgelegt.

Schwachstellen ohne Projektportfolio- management

Ohne ein Portfoliomanagement werden in einer Organisation Projekte meist ohne offizielle Abstimmung durchgeführt und es ergeben sich häufig folgende Schwachstellen:

- Einige Projektideen werden nicht offiziell identifiziert und umgesetzt, obwohl sie der Organisation einen großen Nutzen bringen könnten.
- Die Auswahl der Projekte erfolgt auf Gruppen-, Abteilungs- oder Bereichsebene ohne ggfs. die Zielsetzung der gesamten Organisation zu unterstützen.
- Die Auswahl ist nicht transparent, da die Selektionskriterien nicht transparent sind.
- Projekte unterlaufen „offizielle Wege" (sog. *U-Boot-Projekte*) oder befinden sich auf der Überholspur (*Abteilungsegoismen*). Diese Projekte werden dann durch die Macht Einzelner unterstützt und müssen nicht zwangsläufig zur Organisationsstrategie passen.
- Das Projektmanagement fokussiert sich nur auf singuläre Projektergebnisse (keine Abhängigkeiten), dabei bleiben Synergiepotenziale unentdeckt.
- Einflussfaktoren, wie Risiko und Abhängigkeiten zwischen den Projekten, werden vernachlässigt.

Somit sichert ein Portfoliomanagement, dass alle ausgewählten Projekte einen Beitrag zum Unternehmenserfolg hinsichtlich der gewählten Portfoliozielsetzung (z. B. wirtschaftlicher Beitrag, strategische Bedeutung) leisten. Überdies werden nur so viele Projekte selektiert, wie die Organisation aus Budget- und Ressourcensicht verträgt. Es erfolgt eine verbesserte Auslastung von Ressourcen und aufgrund der Projekttransparenz ist eine Entscheidungsfindung leicht möglich.

7.3.1 Ablauf des Projektportfoliomanagements

Schematisch läuft ein Projektportfoliomanagement in unterschiedlichen Stufen (Filterebenen) ab, die in den Managementphasen Vorbereitung, Planung und Controlling hinterlegt sind. ◘ Abb. 7.5 zeigt den schematischen Ablauf des Projektportfoliomanagements.

Neue Vorhaben werden in der Vorbereitungsphase selektiert.

■ **1. Selektion**
In einem ersten Schritt des Projektportfoliomanagements werden die Projekte nach folgenden Kriterien bewertet und kategorisiert:

— **Projektwürdigkeit:** Die Projektwürdigkeit kann im Rahmen des Projektportfoliomanagements noch einmal überprüft werden oder findet erstmalig an dieser Stelle statt.
— Einteilung in **Projektklassen und Projektkategorien.**

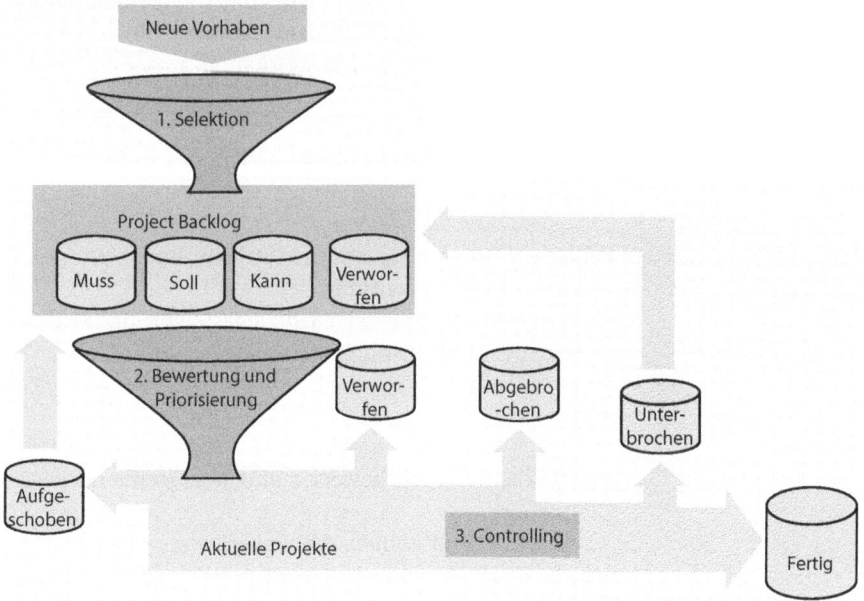

◘ **Abb. 7.5**   Ablauf des Projektportfoliomanagements

7

— **Art der Projekte hinsichtlich der Bedeutung für das Unternehmen** (Muss-Projekte, Soll-Projekte, Kann-Projekte, zurückgestellt, verworfen): Muss-Projekte haben in der Regel eine gesetzliche Grundlage, die im Rahmen eines Projekts erfüllt bzw. umgesetzt werden muss. Projekte dieser Kategorie müssen durchgeführt werden. Die Soll-Projekte sind wichtige Projekte aus Organisationssicht. Hier liegen meist strategische Überlegungen zugrunde. Die Kann-Projekte sind die sog. *Nice-to-have-Projekte.* Diese Projekte werden in der Regel dann durchgeführt, wenn noch Geld und Personal vorhanden ist.

— **Machbarkeit:** Die Machbarkeit kann im Vorfeld bei der Erstellung des Projektauftrags ermittelt werden. Die Machbarkeit findet meist nur bei technischen Projekten Anwendung und bedarf eines größeren Aufwands, der im Rahmen der Projektinitiierung oft nicht zu leisten ist. Aus diesem Grund werden dann eigenständige Projekte aufgesetzt, um die Machbarkeit zu verifizieren.

■ **2. Bewertung und Priorisierung**

Kriterien bei externen Projekten

Die selektierten Projekte werden anschließend im zweiten Schritt priorisiert. Mögliche Kriterien sind dabei insbesondere von der Art des Projektauftraggebers abhängig. Das heißt die externen Projekte können hinsichtlich folgender Kriterien priorisiert werden:

— Umsatz,
— Gewinn,
— Kundenklasse (z. B. A-, B-, C-Kunde),
— Risiko.

Kriterien bei internen Projekten

Typische Kriterien für interne Projekte sind:
— strategische Bedeutung,
— Wirtschaftlichkeit oder Effizienzsteigerung (z. B. mithilfe des Returns on Investment),
— Dringlichkeit,
— Risiko.

Die Risiken werden bewertet und übergreifende Risiken identifiziert.

Anschließend sollten Abhängigkeiten überprüft werden, z. B. ob Projekte mit niedriger Priorität vorgezogen werden müssen, um abhängige Projekte mit höherer Priorität zu ermöglichen.

Die Prioritätenliste wird hinsichtlich der Ressourcen ausbalanciert.

Es werden machbare Szenarien gebildet, in denen laufende Projekte mit niedriger Priorität gestoppt oder verschoben werden, um das optimale Projektportfolio zu ermitteln.

Das Controlling der laufenden Projekte umfasst die regelmäßige Analyse der Projektdaten aus dem Einzelprojektmanagement sowie der Ressourcensituation. Ergänzend können auch Reviews und Audits eingesetzt werden.

Der schematische Ablauf des Controllings des Projektportfolios und der Zusammenhang mit der Planung des Projektportfolios wird in ◐ Abb. 7.5 dargestellt.

Im Rahmen der finalen Projektbewertung gibt es ebenfalls eine Reihe von Kriterien in Form von Kennzahlen, um über die Güte eines Projekts zu entscheiden.

Beispiele für mögliche Kennzahlen für alle Projektklassen:

Allgemeine Kennzahlen

- Vergleich der aktuellen Planung zum freigegebenen Planungstand (Kosten, Ressourcen, Termine, Risiken)
- Vergleich des aktuellen Fertigstellungsgrads zum geplanten Fertigstellungsgrad,
- Termintreue der Projekte (Anteil der Meilensteine und/oder Arbeitspakete, die ohne Zeitverschiebung beendet wurden),
- Terminenge (Anzahl der Arbeitspakete pro Projekt, die auf dem terminkritischen Pfad liegen),
- Umsetzungsquote der Arbeitspakete (Anzahl an Arbeitspaketen, die abgeschlossen wurden),
- Fehlerraten in den unterschiedlichen Entwicklungsphasen,
- Konfigurationsmanagement (Anzahl Änderungen),
- Anforderungsmanagement (Anzahl Änderungen),
- Mitarbeiter (Fluktuationsrate, Fehlzeiten, Zufriedenheit, Überstunden),
- Stakeholderzufriedenheit,
- Übersicht Fremd- und Eigen-Claim usw.

Zusätzlich Kennzahlen für Kundenprojekte können sein:
- Kundenzufriedenheit,
- Gewinn-Entwicklung der Projekte,
- Geschäftswertbeitrag der Projekte.

7.3.2 Ausgewählte Methoden und Kennzahlen zur Projektbewertung und Priorisierung

In ► Abschn. 7.3.1 wurden bereits einige Kriterien zur Auswahl und Priorisierung von Projekten genannt. In diesem Abschnitt werden die Kriterien anhand konkreter Methoden und Kennzahlen weiter dargestellt.

■ **Wirtschaftlichkeitsanalyse**
Für die Darstellung der Wirtschaftlichkeit gibt es zahlreiche Methoden und Kennzahlen, wie z. B.
▬ statische Methoden:
  − Kostenvergleichsrechnung,
  − Gewinnvergleichsrechnung,
  − Rentabilitätsrechnung,
  − Amortisationsrechnung;
▬ dynamische Methoden:
  − Kapitalwertmethode,
  − Annuitätenmethode,
  − interne Zinsfußmethode;
▬ mehrdimensionale Methoden:
  − Scoring-Modelle bzw. Nutzwertanalyse,
  − Simulationsmodelle,
  − Checklisten.

Diese Kennzahlen und Methoden werden hier nicht weiter vorgestellt. Es sei an dieser Stelle auf einschlägige Literatur der Finanzwirtschaft verwiesen.

■ **Abhängigkeitsanalysen**
Das Thema *Projektabhängigkeiten* hat im Rahmen des Multiprojektmanagements eine große Bedeutung. Es geht dabei nicht um die Betrachtung der Bedeutung eines einzelnen Projekts für die Organisation, sondern um die Abhängigkeiten der Projekte untereinander. Dabei gibt es grundsätzlich zwei verschiedene Abhängigkeiten.

Aktive Abhängigkeit   Die aktive Abhängigkeit gibt an, wie hoch andere Projekte von diesem Projekt abhängig sind.

Passive Abhängigkeit   Die passive Abhängigkeit gibt an, wie hoch das Projekt von anderen Projekten abhängig ist.

Abhängigkeit von	Abhängigkeit zu				Akt. Abh.	Abh. Fak.
	Projekt 1	Projekt 2	Projekt 3	Projekt 4		
Projekt 1						
Projekt 2						
Projekt 3						
Projekt 4						
Pas. Abh.						
Abh. Fak.						

◘ Abb. 7.6   Abhängigkeitsanalyse
Legende:
Pas. Abh. – Passive Abhängigkeit
Akt. Abh. – Aktive Abhängigkeit
Abh. Fak. – Abhängigkeitsfaktor
Abhängigkeit von 0–3 (gar nicht abhängig bis stark abhängig)

Eine Abhängigkeitsanalyse wird in der Regel mit der Methode des paarweisen Vergleichs vorgenommen. Dabei wird jedes Projekt mit den jeweiligen anderen Projekten paarweise verglichen. Hierzu kann man eine Tabelle nutzen, die die Projekte entsprechend in Zeilen und Spalten auflistet und dann über eine zahlenmäßige Bewertung (z. B. 0 – keine Abhängigkeit, 1 – geringe Abhängigkeit, 2 – mittelmäßig Abhängigkeit und 3 – starke Abhängigkeit) die Projekte paarweise vergleicht (◘ Abb. 7.6).

Aufgrund von Abhängigkeiten zwischen den Projekten können strategisch und wirtschaftlich niedrig bewertete Projekte eine hohe Priorität erhalten.

Abhängigkeiten sind durch Input-/Output-Verknüpfungen nacheinander durchgeführter Projekte, eine gemeinsame technische Basis, gemeinsame Risiken, gemeinsame Ressourcen, gemeinsame Kunden und Verknüpfung innerhalb von Programmen (Ziele) gegeben.

Die Abhängigkeiten können auch in einer Matrix bzw. einem Portfolio dargestellt und in vier Felder eingeteilt werden (◘ Abb. 7.7).

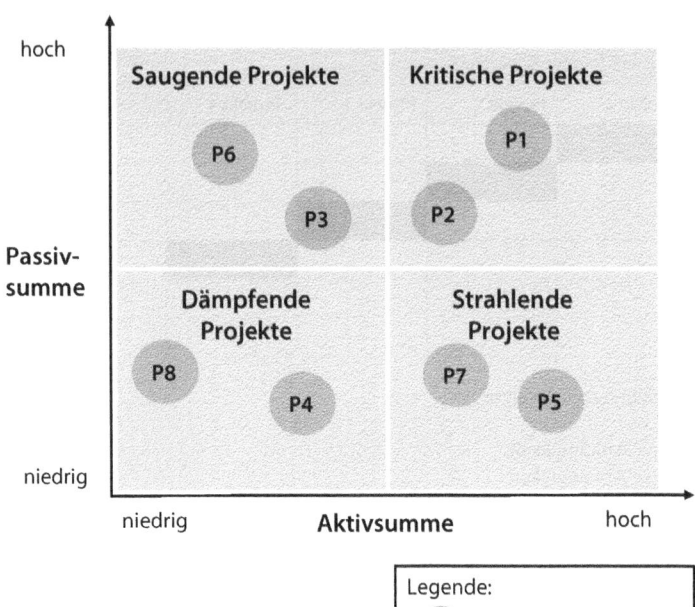

◘ **Abb. 7.7**   Abhängigkeitsmatrix

Kritische Projekte

■ **Kritische Projekte**
Projekte im rechten oberen Quadranten weisen eine hohe Vernetzung auf. Einflussnahmen und Abhängigkeiten sind gleichermaßen hoch. Dadurch steigt deren Komplexität und Risiko.

Saugende Projekte

■ **Saugende/Passive Projekte**
Sie sind in hohem Maße abhängig von anderen Projekten, nehmen selbst aber kaum Einfluss.

Strahlende Projekte

■ **Strahlende/Aktive Projekte**
Projekte im rechten unteren Quadranten nehmen Einfluss auf andere Projekte, sind aber selbst unabhängig. Sie erhalten deswegen eine hohe Bearbeitungspriorität.

Dämpfende Projekte

■ **Dämpfende/Träge Projekte**
Der Quadrant links unten enthält Projekte mit einem geringen Vernetzungsgrad. Sie sind unkritisch.

■ **Strategische Bedeutung**

Die strategische Bedeutung von Projekten kann mithilfe einer Nutzwertanalyse bzw. Scoringtabelle (▶ Abschn. 2.8.4) ermittelt werden.

Zur Bewertung der Projekte hinsichtlich ihrer strategischen Bedeutung wird folgendermaßen vorgegangen:
1. Festlegung strategischer Ziele,
2. Gewichtung der strategischen Ziele,
3. Bewertung der Projekte entsprechend strategischer Zielunterstützung.

Der strategische Erfüllungsgrad gibt an, wie weit die Strategie vom Projekt unterstützt wird. Es lassen sich drei verschiedene strategische Erfüllungsgrade ermitteln:
1. strategischer Erfüllungsgrad Projekte, d. h. dass ein Projekt die Strategien unterstützt,
2. strategischer Erfüllungsgrad Portfolio, d. h. dass ein strategisches Ziel vom Projektportfolio unterstützt wird,
3. strategischer Erfüllungsgrad gesamt, d. h. dass die Gesamtstrategie vom Projektportfolio unterstützt wird.

In ◘ Tab. 7.3 ist die entsprechende Scoringtabelle dargestellt.

Vorgehensweise zur Ermittlung der strategischen Bedeutung

◘ **Tab. 7.3** Scoringtabelle zur Ermittlung der strategischen Bedeutung

	Strategie 1	Strategie 2	Strategie 3	Strategie 4	Str. Bedeutung	SEG Projekte (a)
Gewichtung	2	3	1	2	Max. 24	
Projekt 1	2	0	2	3	12	50 %
Projekt 2	3	2	2	3	20	83 %
Projekt 3	0	1	2	1	7	29 %
Projekt 4	1	1	2	2	11	46 %
Summe	6	4	8	9	50	
SEG Portfolio (b)	50 %	33 %	67 %	75 %		52 %

Legende:
Str. Bedeutung – Strategische Bedeutung
SEG – Strategischer Erfüllungsgrad
Gewichtung von 1–3 (1 – geringes Gewicht; 2 – mittleres Gewicht; 3 – hohes Gewicht)
Unterstützung von 0–3 (0 – gar nicht unterstützend bis 3 – stark unterstützend)

7

Die Werte in ◘ Tab. 7.3 werden folgendermaßen berechnet:

Der maximale Wert der strategischen Bedeutung (hier: 24) berechnet sich aus den Gewichtungen der Strategien multipliziert mit dem maximalen möglichen Wert für die strategische Unterstützung (hier: 3).

Die strategische Bedeutung berechnet sich pro Projekt aus der Bewertung pro Strategie multipliziert mit der Gewichtung pro Strategie, z. B. für das erste Projekt $2*2 + 0*3 + 2*1 + 3*2 = 12$.

Der strategische Erfüllungsgrad Projekte (a) berechnet sich aus dem Verhältnis der strategischen Bedeutung und dem maximalen Wert der strategischen Bedeutung, z. B. für Projekt 1 aus 12 dividiert durch 24 ergibt 0,5 bzw. 50 %.

Der strategische Erfüllungsgrad Portfolio (b) ist das Verhältnis der Summe der Einzelbewertungen pro Strategie dividiert durch den maximal möglichen Wert der Strategie. Bei vier Projekten mit der höchsten Bewertung von 3 ist der maximal mögliche Wert 12. Damit ergibt sich z. B. für die Strategie 1 der strategische Erfüllungsgrad Portfolio zu 50 % (6 dividiert durch 12).

Der strategische Erfüllungsgrad gesamt (c) ist der Mittelwert der strategischen Erfüllungsgrade der Projekte. In dem Beispiel hat er einen Wert von 52 %, d. h. das Portfolio bestehend aus den vier Projekten unterstützt die Gesamtstrategie (die vier Strategien) zu 52 %.

■ **Dringlichkeit**

Das Thema Dringlichkeit spielt bei Projekten ebenfalls eine große Rolle. Hier kann mittels einer einfachen Metrik, z. B. von

- 0 – überhaupt nicht dringlich (kein Endtermin),
- 1 – geringe Dringlichkeit (z. B. Fertigstellung innerhalb der nächsten zwei Jahre),
- 2 – dringlich (z. B. Fertigstellung bis Ende des Jahres),
- 3 – sehr dringlich (z. B. Start sofort und Fertigstellung so schnell wie möglich)

eine Bewertung erfolgen.

- **Risikoindex**

Der Risikoindex aus dem Einzelprojektmanagement (► Abschn. 3.1.10) kann herangezogen werden, um die Risikostärke eines Projekts anhand einer Kennzahl darzustellen. Diese Kennzahl kann herangezogen werden, wenn es starke Unterschiede in der Risikostärke von Projekten gibt. Diese hat wiederum eine Auswirkung auf die Reihenfolge.

7.4 Projektmanagement Office (PMO)

Die Aufgaben des Multiprojektmanagements werden häufig in Form eines Projektmanagement Offices (PMO) organisiert. Das PMO stellt die organisatorische Umsetzung des Multiprojektmanagements dar.

Typische Aufgaben eines PMO sind:

- Dokumentenmanagement für projektspezifische Dokumente,
- Management des Projektmanagement-Systems (Handbuch, Methoden, Werkzeuge, Standards, Prozesse, Vorlagen etc.),
- Wissensmanagement (insbesondere Lessons Learned),
- Unterstützung bei der Projektbudgetierung,
- Kompetenzentwicklung der Projektorganisation,
- Ressourcenmanagement,
- Projektportfoliomanagement,
- Coaching und Consulting der Projektorganisation (z. B. Projektmanager, Projektteam),
- unternehmerische Entscheidungsunterstützung durch analysierte Projektergebnisse,
- Förderung der Projektkultur und des Projektmarketings,
- operative Unterstützung der Projekte, Projektadministration und -koordination (Dechange & Lau, 2010, S. 70).

Die Rollen eines PMOs sind in ◨ Abb. 7.8 dargestellt.

- **Portfoliosteuerungsgremium**

Das Portfoliosteuerungsgremium ist die oberste Genehmigungs-, Eskalations- und Priorisierungsinstanz der gesamten Projektorganisation. Es ist eine permanente Rolle im Rahmen des Projektportfoliomanagements.

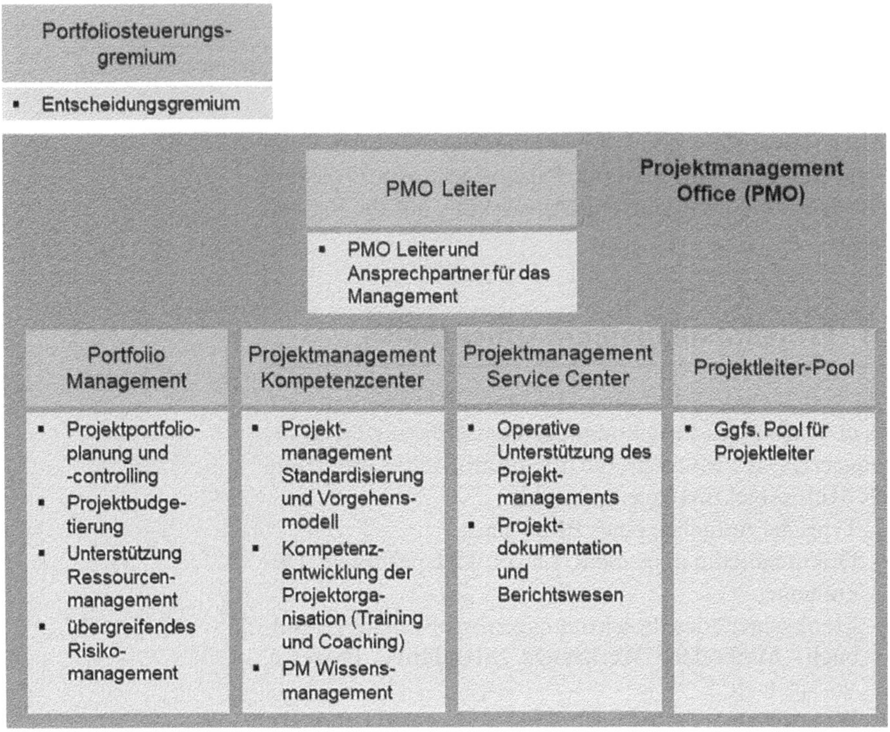

Abb. 7.8 Rollen eines PMO

Das Portfoliosteuerungsgremium ist die zentrale Entscheidungsinstanz für das Projektportfolio und Freigabeinstanz der Einzelprojekte und Programme. Das Gremium ist mit den betroffenen Entscheidungsträgern des Projektportfolios besetzt. In der Praxis sind dies Führungskräfte des höheren Managements.

■ **Portfoliomanagement**

Das Portfoliomanagement ist ebenfalls eine permanente Rolle des Projektportfoliomanagements und meist Teil eines Projectmanagement Offices. Es übernimmt die Funktion eines Navigators, Koordinators und Organisators der gesamten Projektlandschaft und ist die zentrale Instanz zur Planung, Steuerung und Priorisierung des Projektportfolios.

Das Projektportfoliomanagement verantwortet die Umsetzung und Einhaltung der Strategie- und Unternehmensziele in den Projekten und Programmen sowie die Anwendung der abgestimmten Kriterien zur Projektauswahl und -priorisierung. Das Projektportfoliomanagement bereitet die Unterlagen zur Entscheidungsfindung des Portfoliosteuerungsgremiums vor.

Häufig gibt es innerhalb des Projektportfoliomanagements die Rolle des Projektecontrollers. Sie hat eine beratende Servicefunktion. Der Projektecontroller koordiniert die Projektaufträge, Change Requests, Projektstatus- und Projektabschlussberichte und überprüft diese auf formelle Richtigkeit und Vollständigkeit. Der Projektecontroller verdichtet die Informationen der einzelnen Projekte zu Berichten und analysiert und überwacht die Abhängigkeiten zwischen den Projekten. Er kann auch im Projektmanagementservice angesiedelt sein, falls es kein eigenes Portfoliomanagement gibt.

■ **Projektmanagement-Kompetenzcenter**

Das Projektmanagement-Kompetenzcenter ist für die permanente Weiterentwicklung des Projektmanagements innerhalb der Organisation verantwortlich. Das Kompetenzcenter entwickelt und verantwortet das Projektmanagementvorgehensmodell der Organisation. Es ist das interne Wissens-Center für Projektmanagement. Das Projektmanagement-Kompetenzcenter besteht aus Mitarbeitern mit Expertenwissen zum Projektmanagement. Des Weiteren hat es folgende Aufgaben:

– Kompetenzentwicklung der Projektorganisation inkl. Projektmanagement Training, Coaching und Consulting,
– Verantwortung der Weiterentwicklung des Projektmanagements, z. B. im Rahmen eines kontinuierlichen Verbesserungsprozesses und/oder der Reifegradentwicklung,
– Entwicklung und Betreuung der im Unternehmen eingesetzten PM-Software und PM-Werkzeuge,
– Entwicklung der Projektkultur.

■ **Projektmanagement Service Center**

Das Projektmanagement Service Center ist für die operative Unterstützung der beteiligten Mitarbeiter der Projektorganisation verantwortlich. Es ist für die technische Umsetzung und Verfügbarkeit der Projektmanagement-

7

methoden und -instrumente zuständig. Die Mitarbeiter beherrschen diese Methoden und Werkzeuge entsprechend gut und unterstützen das Projektmanagement eines Projekts oder Programms als Einzelperson oder in Form einer Gruppenrolle eines sog. *Projekt Offices.*

■ **Leiter des Projektmanagement Offices**
Der Leiter des Projektmanagement Offices hat die Gesamtverantwortung des Projektmanagements in einer Organisation und ist die direkte Führungskraft der o. g. Rollen im PMO (bis auf das Projektportfoliogremium).

7.5 Zusammenfassung

■ **Multiprojektmanagement**
- Multiprojektmanagement, Einzelprojektmanagement, Programmmanagement und Portfoliomanagement können vollständig voneinander abgegrenzt werden.
- Das Multiprojektmanagement hat die Effektivität im Fokus, wohingegen das Einzelprojektmanagement auf die Effizienz zielt.
- Das Programmmanagement bedient sich im Wesentlichen der Methoden und Werkzeuge des Einzelprojektmanagements.
- Projekte innerhalb eines Programms können als Projektekette oder als Projektenetzwerk strukturiert sein.
- Das Projektportfoliomanagement besteht aus den Phasen *Vorbereitung, Planung* und *Controlling*.
- Die Hauptaufgaben sind das Selektieren, Bewerten und Priorisieren von Projekten unter Berücksichtigung der Budget- und Ressourcensituation.
- Die Bewertung von Projekten basiert meistens auf wirtschaftlichen Kennzahlen, Abhängigkeitsanalysen, strategischer Bedeutung von Projekten, Dringlichkeiten etc.
- Das Multiprojektmanagement wird in der Praxis häufig in Form eines Projektmanagement Offices organisatorisch umgesetzt.

- Die gängigsten Rollen eines Projektmanagement Offices sind das Portfoliosteuerungsgremium, das Portfoliomanagement, das Projektmanagement-Kompetenzcenter, das Projektmanagement Service Center und der Projektmanagement-Office-Leiter.

7.6 Wiederholungsfragen

? Multiprojektmanagement

1. Wie lassen sich Multiprojektmanagement, Einzelprojektmanagement, Programmmanagement und Portfoliomanagement voneinander abgrenzen? (*Lösung* ▶ Abschn. 7.1)
2. Was ist der Unterschied zwischen Programmmanagement und Einzelprojektmanagement? (*Lösung* ▶ Abschn. 7.2)
3. Was ist der Zweck und Nutzen des Portfoliomanagements? (*Lösung* ▶ Abschn. 7.3)
4. Was sind die einzelnen Schritte des Portfoliomanagements? (*Lösung* ▶ Abschn. 7.2)
5. Welche Bewertungsparameter sind im Rahmen des Portfoliomanagements sinnvoll und warum? (*Lösung* ▶ Abschn. 7.3)
6. Was ist ein Projektmanagement Office und wie kann es strukturiert werden? (*Lösung* ▶ Abschn. 7.3)

Zusammenfassung

8

Zusammenfassend werden nochmal die für das Projektmanagement relevanten Methoden, Instrumente und Dokumente des Einzelprojektmanagements in der Tabelle ◘ Tab. 8.1 aufgelistet.

Ergänzend werden in ◘ Tab. 8.2 alle relevanten Modelle, Ansätze, Methoden und Instrumente der persönlichen und sozialen Kompetenzen im Rahmen des Projektmanagements zusammengefasst.

◘ Tab. 8.2 fasst alle relevanten Modelle, Ansätze, Methoden und Instrumente der persönlichen und sozialen Kompetenz im Rahmen des Projektmanagements zusammen.

◘ **Tab. 8.1**   Übersicht der Methoden und Instrumente des Projektmanagements

Vorgehensmodell/ Phase	Projektmanagementelemente	Methoden und Instrumente	Verweis Abschnitt
TPM – Initiierung	Alle	– Project Canvas – Abgrenzungs- und Kontextanalyse – Projektauftrag	▶ Abschn. 2.1 ▶ Abschn. 2.7
TPM – Initiierung, Planung	Ziele	– Zielhierarchie – Zielmatrix – SMART-Regel	▶ Abschn. 2.4
TPM – Initiierung, Planung	Umfeld	Umfeldregister (*Umfeldtabelle/-liste*)	▶ Abschn. 2.5

□ Tab. 8.1　(Fortsetzung)

Vorgehensmodell/ Phase	Projekt-management-elemente	Methoden und Instrumente	Verweis Abschnitt
TPM – Initiierung, Planung	Stakeholder	– Stakeholderregister (Stake-holdertabelle/-liste) – Stakeholdermatrix *(Stake-holder Portfolio)*	▶ Abschn. 2.6
TPM – Initiierung,	Lieferobjekt	Ergebnispläne: – Objektstrukturplan – Anforderungsliste – Lastenheft	▶ Abschn. 3.1.1
TPM – Planung	Arbeit	Projektstrukturplan (phasen-orientiert, objektorientiert oder funktionsorientiert)	▶ Abschn. 3.1.3
TPM – Planung	Organisa-tion/Kom-munikation	– Organigramm – Rollenbeschreibung – Kommunikationsplan – Funktionendiagramm – Spielregeln	▶ Abschn. 3.1.4
TPM – Planung	Zeit	– Meilensteinplan – Terminliste – Netzplan – Balkenplan	▶ Abschn. 3.1.5
TPM – Planung	Ressourcen	– Ressourcenplan – Ressourcenhistogramm	▶ Abschn. 3.1.6
TPM – Planung	Kosten	– Kostenplan – Kostengangslinie – Kostensummenlinie	▶ Abschn. 3.1.7
TPM – Planung	Risiko	– Risikoregister (Risikoliste) – Risikomatrix *(Risiko-portfolio)*	▶ Abschn. 3.1.10
TPM – Planung	Alle	Projektplan	▶ Abschn. 3.1.4
TPM – Controlling	Lieferobjekt, Arbeit	Fortschrittsgrad (verschiedene Messungen)	▶ Abschn. 3.2.2.2
TPM – Controlling	Zeit	Terminfortschritt, Meilen-steintrendanalyse	▶ Abschn. 3.2.2.4
TPM – Controlling	Arbeit, Kos-ten, Zeit	Earned Value Management	▶ Abschn. 3.2.2.6
TPM – Controlling	Organisation	Soziales Controlling (Feed-back, Blitzlicht, Stimmungs-barometer, etc.)	▶ Abschn. 3.2.2.8

(Fortsetzung)

8

■ **Tab. 8.1** (Fortsetzung)

Vorgehensmodell/ Phase	Projekt-management-elemente	Methoden und Instrumente	Verweis Abschnitt
TPM – Controlling	Alle	Statusreport	► Abschn. 3.2.3
TPM – Abschluss	Alle	Lessons Learned, Abschluss-bericht	► Abschn. 3.3
APM – Scrum	Organisation	Rollen (Product Owner, Scrum Master, Entwicklungs-team)	► Abschn. 4.2.1
APM – Scrum	Alle	Artefakte (Product Backlog, Sprint Backlog, Produkt-inkrement, Impediment Back-log, Taskboard, Burn-down-Chart)	► Abschn. 4.2.2
APM – Scrum	Alle	Scrum Ereignisse (Sprint, Sprint Planning, Daily Scrum, Sprint Review, Sprint Retrospective)	► Abschn. 4.2.3
APM – Kanban	Arbeit, Zeit Organisa-tion, Res-sourcen	Kanban Board	► Abschn. 4.3

Legende:
TPM – Traditionelles Projektmanagement
APM – Agiles Projektmanagement

■ **Tab. 8.2** Übersicht der Modelle, Ansätze, Methoden und Instrumente der persönlichen und sozialen Kompetenzen

Kompetenzfeld	Thema	Modelle, Ansätze, Methoden und Instrumente	Verweis Abschnitt
Selbst-management	Motivation	Maslowsche Bedürfnispyramide; Herzberg Zwei-Faktoren-Theorie, intrinsische und extrinsische Moti-vation	► Abschn. 6.1.3
Selbst-management	Organisation- und Zeit-management	Eisenhower-Matrix, ABC-Ana-lyse, Alpen-Methode, Kanban Light, Pomodoro-Technik	► Abschn. 6.1.4

◘ Tab. 8.2 (Fortsetzung)

Kompetenzfeld	Thema	Modelle, Ansätze, Methoden und Instrumente	Verweis Abschnitt
Selbst-management	Gesundheits- und Stress-management	SOR-Modell	► Abschn. 6.1.5
Kommunikation	–	– Kommunikationsarten (verbal, para-verbal, non-verbal) – Wahrnehmungsphänomene – Sender-Empfänger-Modell – Vier-Seiten-Modell der Kommunikation	► Abschn. 6.2
Führung	Führungs-modelle	Situatives Führen und Macht-grundlagen der Führung: – Legitimation – Fähigkeit zur Belohnung – Fähigkeit zur Bestrafung – Identifikation oder Vorbild – Expertenwissen und Informationen	► Abschn. 6.3.1
Führung	Führungs-konzepte	Management-by-Konzepte: – Management by Objectives – Management by Delegation – Management by Exception – Management by Results	► Abschn. 6.3.2
Führung	Führungsstile	Verschiedene Führungsstile: – Autoritärer Führungsstil – Beratender Führungsstil – Kooperativer Führungsstil – Demokratischer Führungsstil – Delegativer Führungsstil – emotionale Führung	► Abschn. 6.3.3
Team-management	Team-zusammen-stellung	Persönlichkeits- und Rollen-modelle: – Belbin-Rollenmodell – Teammanagementsystem (TMS) – DISG-Persönlichkeitsmodell – Myers-Briggs-Typenindikator (MBTI)	► Abschn. 6.4.2
Team-management	Teament-wicklung	Teamentwicklungsmodell nach Tuckmann: Forming, Storming, Norming, Performing, Adjourning	► Abschn. 6.4.3
Konflikt-management	Konflikt-lösung	Phasenmodell: Konfliktwahr-nehmung, Konfliktursache, Lösungssuche und -umsetzung, Lösungssicherung	► Abschn. 6.5

.

Serviceteil

Literatur

Anderson, D. J., Roock, A., & Wolf, H. (2015). *Kanban: Evolutionäres Change Management für IT-Organisationen* (it-agile). dpunkt.

Andler, N. (2015). *Tools für Projektmanagement, Workshops und Consulting: Kompendium der wichtigsten Techniken und Methoden* (6. Aufl.). Publicis.

Antonovsky, A., & Franke, A. (1997). *Salutogenese: Zur Entmystifizierung der Gesundheit.* (Forum für Verhaltenstherapie und psychosoziale Praxis). dgvt-Verlag.

Axelos, A. (2017). *Managing successful projects with PRINCE2.* The Stationery Office Ltd. https://ebookcentral.proquest.com/lib/gbv/detail.action?docID=4863041. Zugegriffen am 21.03.2018.

Bea, F. X., Scheurer, S., & Hesselmann, S. (2020). *Projektmanagement* (Grundwissen der Ökonomik, 2388, 3. Aufl.). UTB.

Beck, K., et al. (2001). *Manifest für agile Softwareentwicklung.* http://agilemanifesto.org/iso/de/

Belbin, R. M. (2010). *Management teams: Why they succeed or fail* (3. Aufl.). Elsevier Butterworth-Heinemann.

Bengel, J., Strittmatter, R., & Willmann, H. (2001). *Was erhält Menschen gesund? Antonovskys Modell der Salutogenese: Antonovskys Modell der Salutogenese – Diskussionsstand und Stellenwert.* Bundeszentrale für gesundheitliche Aufklärung (BZgA).

Cohn, M. (2006). *Agile estimating and planning.* Pearson Education.

Cohn, M. (2013). *User stories applied: For agile software development* (Addison-Wesley signature series, 18. Aufl.). Addison-Wesley.

Collins, M. D., & Jackson, C. J. (2015). A process model of self-regulation and leadership: How attentional resource capacity and negative emotions influence constructive and destructive leadership. *The Leadership Quarterly, 26*(3), 386–401. https://doi.org/10.1016/j.leaqua.2015.02.005

Dechange, A. (2016). *Achtsamkeit im Projektmanagement – Darstellung und Kritische Würdigung.* Grin.

Dechange, A., & Friedrich, B. (2013). Multiprojektmanagement in der Energiewirtschaft. In C. Lau, A. Dechange, & T. Flegel (Hrsg.), *Projektmanagement im Energiebereich* (S. 101–124). Springer.

Dechange, A., & Lau, C. (2010). Effiziente und erfolgreiche Implementierung von Projekt Management Offices. In C. Steinle et al. (Hrsg.), *Handbuch Multiprojektmanagement und -controlling: Projekte erfolgreich strukturieren und steuern* (2. Aufl., S. 69–88). Schmidt.

Dillerup, R., & Stoi, R. (2016). *Unternehmensführung: Management & Leadership; Strategien – Werkzeuge –Praxis* (5. Aufl.). https://doi.org/10.15358/9783800651139

DIN. (2009a). *DIN 69901-1 Projektmanagement – Projektmanagementsysteme – Teil 1: Grundlagen*. Beuth.

DIN. (2009b). *DIN 69901-3 Projektmanagement – Projektmanagementsysteme – Teil 3: Methoden*. Beuth.

DIN. (2009c). *DIN 69901-5 Projektmanagement – Projektmanagementsysteme – Teil 5: Begriffe*. Beuth.

DIN. (2013). *DIN 69909-1:2013-03 Multiprojektmanagement – Management von Projektportfolios, Programmen und Projekten – Teil 1: Grundlagen*. Beuth.

Dobiey, D., & Wargin, J. J. (2001). *Management of change: Kontinuierlicher Wandel in der digitalen Ökonomie*. Galileo Press.

Dulewicz, V., & Higgs, M. (2005). Assessing leadership styles and organisational context. *Journal of Managerial Psychology, 20*(2), 105–123. https://doi.org/10.1108/02683940510579759

Frank Habermann. (2016). Der Projekt Canvas – Projekte interdisziplinär definieren. *Projektmanagement Aktuell GPM, 1*(2016), 45–52.

Goldratt, E. M. (2002). *Die kritische Kette: Ein Roman über das neue Konzept im Projektmanagement*. Campus.

Goleman, D. (1997). *Emotionale Intelligenz* (dtv, 36020, 3. Aufl.). Deutscher Taschenbuch Verlag.

Goleman, D., Boyatzis, R. E., & McKee, A. (2015). *Emotionale Führung* (Ullstein Taschenbuch, 36466, 8. Aufl.). Ullstein.

GPM Deutsche Gesellschaft für Projektmanagement e. V. (Hrsg.) (2015). *Makroökonomische Vermessung der Projektwirtschaft*. GPM.

Gray, C. F., & Larson, E. W. (2014). *Project management: The managerial process*. McGraw-Hill Education.

Hellbeck, T. (2023). *Entwicklung eines Bewertungssystems für die Selektion eines hybriden Projektmanagementansatzes*. Grin.

Hüsselmann, C. (2021). *Lean Project Management Hybride Methoden wertschöpfend anwenden*. Schäffer-Poeschel Verlag für Wirtschaft.

International Project Management Association. (2015). *IPMA -Individual Competence Baseline 4th version (ICB4)*. IPMA.

ISO. (2000). *DIN EN ISO 9000: 2000: Qualitätsmanagementsysteme – Grundlagen und Begriffe*. Deutsches Institut für Normung.

ISO. (2012). *ISO 21500 – Guidance on project management*. ISO.

Jürgen Kuhrts (2012). Das Selbstmanagement des Projektleiters in Angewandte Psychologie für das Projektmanagement. Ein Praxisbuch für die erfolgreiche Projektleitung; Springer.

Komus, A., & Putzer, J. (2017). *Projektmanagement mit dem PM-Haus: Inklusive 42 Praxistipps: mit durchgängigem Beispiel „FlexVelo"*. Books on Demand.

Königbauer, M. (2021). Adaptives Referenzmodell für hybrides Projektmanagement, Dissertation.

Lehky, M. (2011). *Leadership 2.0: Wie Führungskräfte die neuen Herausforderungen im Zeitalter von Smartphone, Burn-out & Co. managen*. Campus. http://www.content-select.com/index.php?id=bib_view&ean=9783593411729

Litzcke, S., Schuh, H., & Pletke, M. (2013). *Stress, Mobbing und Burnout am Arbeitsplatz: Umgang mit Leistungsdruck – Belastungen im Beruf meistern – Mit Fragebögen, Checklisten, Übungen* (6. Aufl.). Springer. https://doi.org/10.1007/978-3-642-28624-7

Lorenz, R.-F. (2016). *Salutogenese: Grundwissen für Psychologen, Mediziner, Gesundheits- und Pflegewissenschaftler* (3. Aufl.). Ernst Reinhardt Verlag. http://www.content-select.com/index.php?id=bib_view&ean=9783497602537

Majer, C., & Stabauer, L. (2010). *Social competence im Projektmanagement: Projektteams führen, entwickeln, motivieren.* Goldegg.

Motivation: So bringen Manager und Mitarbeiter Höchstleistung (2010). 2010, 5(2).

Patzak, G., & Rattay, G. (2017). *Projektmanagement: Projekte, Projektportfolios, Programme und projektorientierte Unternehmen* (Linde international, 7. Aufl.). Linde. http://ebooks.ciando.com/book/index.cfm/bok_id/1581764

Pichler, R. (2009). *Scrum: Agiles Projektmanagement erfolgreich einsetzen.* dpunkt.

Project Management Institute. (2021). *A guide to the project management body of knowledge (PMBOK guide) Siebte Ausgabe und der Standard für das Projektmanagement.* Project Management Institute.

Rattay, G. (2013). *Führung von Projektorganisationen: Ein Leitfaden für Projektleiter, Projektportfolio-Manager und Führungskräfte projektorientierter Unternehmen* (Linde international, 3. Aufl.). Linde.

Reichart, T., & Müller-Ettrich, R. (2014). *Burnout-Gefährdung bei Projektmanagerinnen und Projektmanagern Ergebnisse Burnout-Studie.* GPM.

Robbins, S. P., & Fischer, I. (2017). *Management: Grundlagen der Unternehmensführung* (Always learning, 12. Aufl.). dgvt-Verlag.

Rosenthal, R., & Jacobson, L. (1976). *Pygmalion im Unterricht: Lehrererwartungen und Intelligenzentwicklung der Schüler* (Beltz-Monographien Erziehungswissenschaft, 3. Aufl.). Beltz.

Roth, G. (2017). *Persönlichkeit, Entscheidung und Verhalten: Warum es so schwierig ist, sich und andere zu ändern* (12. Aufl.). Klett-Cotta.

Schmitt, R., & Pfeifer, T. (2015). *Qualitätsmanagement: Strategien – Methoden – Techniken* (5. Aufl.). Hanser. http://www.hanser-elibrary.com/isbn/9783446440821

Schwaber, K., & Sutherland, J. (2020). *Der Scrum Guide: Der gültige Leitfaden für Scrum: Die Spielregeln.* dgvt-Verlag.

Sterrer, C., & Winkler, G. (2009). *Let your Projects fly: [Projektmanagement, Methoden, Prozesse, Hilfsmittel]* (Goldegg Management, 3. Aufl.). Goldegg.

Techt, U., & Lörz, H. (2011). *Critical Chain – Projektmanagement: Schneller, besser, termingerecht; [beschleunigen Sie Ihr Projektmanagement; Transparenz über Fortschritt und Risiken schaffen; mehr Projekte in kürzerer Zeit realisieren]* (Haufe Praxisratgeber, 2. Aufl.). Haufe-Lexware. http://www.wiso-net.de/webcgi?START=A20&T_FORMAT=5&DOKM=2178_HAUF_0&TREFFER_NR=2&WID=63042-2510004-90026_6

Timinger, H. (2015). *Wiley-Schnellkurs Projektmanagement* (Wiley Schnellkurs). Wiley. http://gbv.eblib.com/patron/FullRecord.aspx?p=2048554

Timinger, H. (2017). *Modernes Projektmanagement: Mit traditionellem, agilem und hybridem Vorgehen zum Erfolg.* Wiley. http://www.wiley-vch.de/publish/dt/books/ISBN978-3-527-53048-9/

Timinger, H. (2021). *Modernes Projektmanagement: Mit System zum richtigen Projektmanagement.* Wiley.

VersionOne. (2017). *VersionOne 11th Annual State of Agile Report.*

Wanner, R. (2013). *Earned-value-Management: So machen Sie Ihr Projektcontrolling noch effektiver; [Projektmanagement für Profis]* (3. Aufl.). Amazon Distribution GmbH.

Watzlawick, P., Bavelas, J. B., & Jackson, D. D. (2017). *Menschliche Kommunikation: Formen, Störungen, Paradoxien* (Klassiker der Psychologie, 13. Aufl.). Hogrefe AG.

Weibler, J. (2016). *Personalführung* (3. Aufl.). Vahlen. http://gbv.eblib.com/patron/FullRecord.aspx?p=4652617

Wysocki, R. K. (2014). *Effective project management: Traditional, agile, extreme* (7. Aufl.). Wiley. http://lib.myilibrary.com/?id=550382

Stichwortverzeichnis

A

ABC-analyse 103
Abgrenzung
– Multiprojektmanagement
  und Einzelprojektmanagement 451
– Projekt- und Produktrisiko 199
– Projektmarketing
  zu Changemanagement 366
– sachliche 62
– soziale 62
– zeitliche 61
Abgrenzungsanalyse 61
Abhängigkeit
– aktive 464
– passive 464
Abhängigkeitsanalyse 465
Ablaufplanung 146, 147
Abschlussphase 44
Absichtserklärung 353
Abwehr 359
Actual cost (AC) 241
Adjourningphase 438
agiles Manifest 33
agiles Prinzip 267
agiles Projektmanagement 33, 270
– Erfolgskriterien 270
– Merkmale 269
– Nachteil 270
– Vorteil 270
aktive Abhängigkeit 464
AKV-Prinzip 130
Akzeptanz
– emotionale 359
– rationale 359
allgemeine Kennzahl 463
Analyse 95
Änderungsantrag 254
Anforderungskatalog 112
Anforderungsmanagement 112
Angst 407
Ansatz 26
Arbeit 15, 118
Arbeitsform 8
Arbeitsfortschritt 220
Arbeitspaket 15, 117, 120
– eingeplante Puffer 174
Arbeitspaketbeschreibung 126

Arbeitspaketkarte 126
Arbeitspaketspezifikation 126
Arbeitspaketstatusbericht 251
Arbeitspaketsteckbrief 126
Arbeitstag 150
Aufgabe 118
– des Controllings 246
Aufwand 149
Axiom von Watzlawick 412, 413

B

Benjamin-Effekt 407
Beobachten 99
Bericht
– ereignisorientierter 142
– periodischer 142
Berichterstattung 250
Beschaffungsmanagement 345
Beschaffungsplanung 345
Beschleunigung 167
Bewertung 96
– quantitative 202
Blitzlicht 248
Bottom-up-Ansatz 117
Brainstorming 96
Brainwriting 96
Branche 11
Budget at Completion (BAC) 241
Burn-Down-Charts 278
Business Case 69

C

Certified Associate in Project Management
  (CAPM) 39
Change requests 254
Changemanagement 356
Claim 355
Claimmanagement 355
Contingency Reserve 204
Controlling 246
– soziales Siehe soziales Controlling 248
Controllinginstrument 248
– qualitatives 256
– quantitatives 256
Controllingphase 44, 458

H

Heiligenschein-Effekt 404
Hierarchie-Effekt 404
hybrides Projektmanagement 316
Hygienefaktoren 387, 388

I

Impediment backlog 278, 279
Individual competence baseline (ICB) 36
Informationsdefizit 357
Initiierungsphase 43
Inkrement 275
inkrementelles modell 31
Instrument 5, 27
Integration 359
Intelligenz
– emotionale 428
internes Projekt 349
– Kriterien 462
– mit externen Lieferanten 350
– mit internen Lieferanten 349
– ohne Lieferanten 349
INVEST-Prinzip 275
IPMA Level 36
Ishikawadiagramm 100, 101
ISO 21500 39
Ist-Fortschrittsgrad 221

K

Kanban 33, 270, 296
– Gemeinsamkeiten mit Scrum 301
– Merkmale 296, 300
Kaufvertrag 351
Kennzahl
– allgemeine 463
– Steuerung des Workflows 299
Kick-off 140
Kommunikation 16, 139, 402
– non-verbale 408
– paraverbale 408
Kompetenz 36
– des Selbstmanagements 379
– emotionale 418
– kognitive 418
Konflikt 443
Konfliktmanagement 443

Kontext
– sachlicher 63
– sozialer 63
– zeitlicher 63
Kontextanalyse 61
Kontrolle 216
korrektive Maßnahme 207
Kosten 16
Kostenabweichung 237
– Ursache 237
Kostenart 186, 187
Kostencontrolling 237
Kosten-Nutzen-Darstellung 69
Kosten-Nutzen-Rechnung 69
Kostenziel 79
Kreativität 95
Krise 199
kritisches Projekt 466

L

Lastenheft 112
Leistung 13
Leistungsdomänen des PMBOKs 38
Leistungsfortschritt 220
Leistungsumfang 13
Leistungsziel 79
Lessons-Learned-Methode 261
Lieferantenauswahl 346
Lieferobjekt 85, 118
– Planung 112
Lieferobjektfortschritt 221
Lieferobjektplanung 111
Lieferobjektqualität 114

M

Machbarkeitsstudie 70
Magic estimation 287
Management 416
– by Delegation 423
– by Exception 423
– by Objectives 423
– by Results 423
Management reserve 204
Manifest
– agiles 33
– für agile Softwareentwicklung 33
Maßnahmencontrolling 201, 208

GPSR Compliance

The European Union's (EU) General Product Safety Regulation (GPSR) is a set of rules that requires consumer products to be safe and our obligations to ensure this.

If you have any concerns about our products, you can contact us on ProductSafety@springernature.com

In case Publisher is established outside the EU, the EU authorized representative is:

Springer Nature Customer Service Center GmbH
Europaplatz 3
69115 Heidelberg, Germany

The manufacturer's authorised representative in the EU is Springer
Nature Customer Service Centre GmbH, Europaplatz 3, 69115 Heidelberg,
Germany. If you have any concerns regarding our products, please
contact ProductSafety@springernature.com

Printed and bound by CPI Group (UK) Ltd, Croydon, CR0 4YY
28/04/2026
02098518-0011